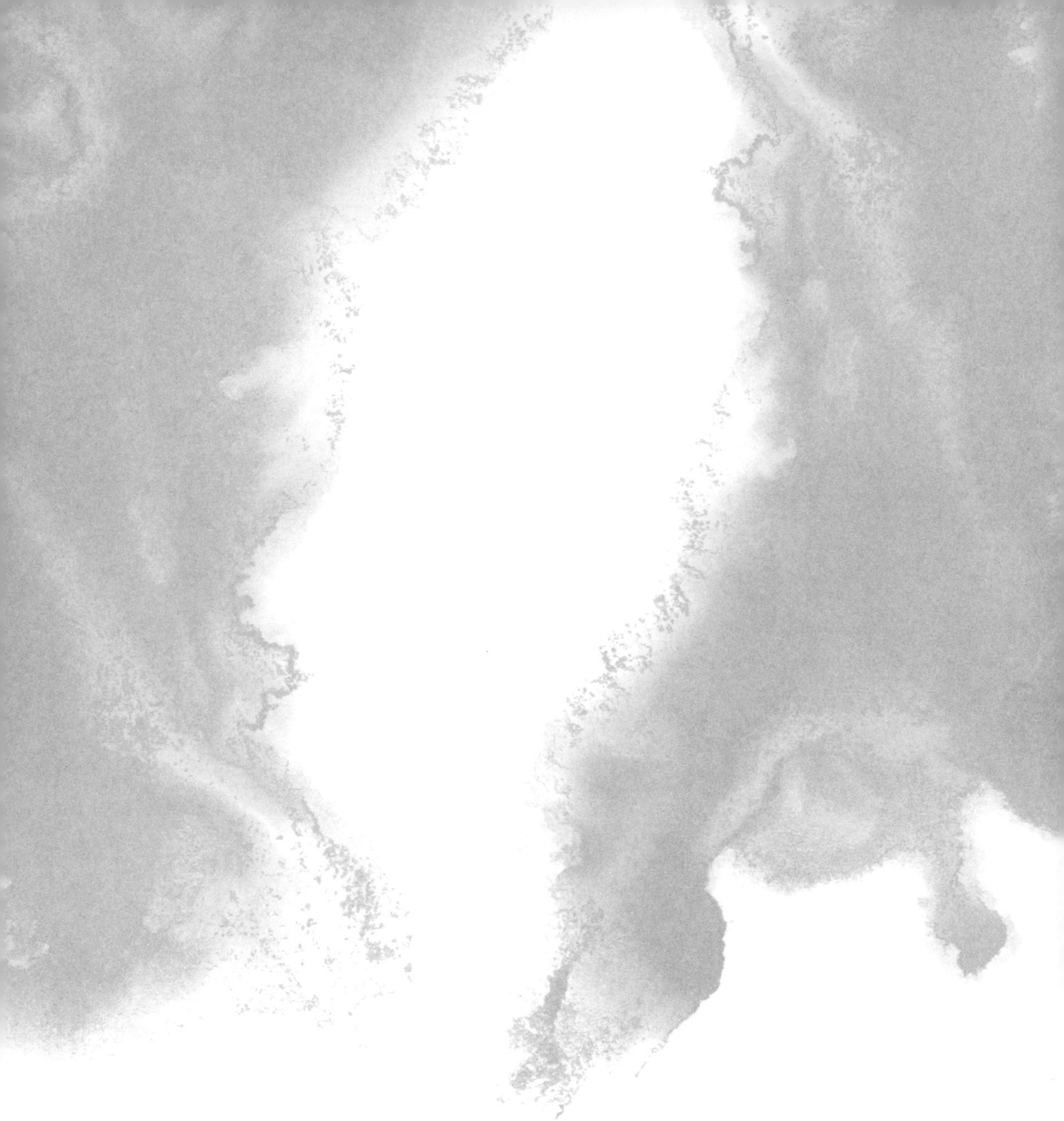

臺灣總統選舉

臺灣認同的成長與爭奪

小笠原欣幸——著

李彥樺——譯

common master press+
大家出版

前言

臺灣每隔四年就會舉行一次每人一票的全民普選，選出總統。臺灣的總統不僅是中華民國元首，更是三軍統帥。總統大選除了選出臺灣接下來四年的政治領袖之外，更直接決定了臺灣的未來走向。總統大選可說是象徵及實踐臺灣民主的最大政治活動，向來在臺灣社會上受到高度關注。

總統大選反映了臺灣的特殊社會結構及外在環境因素，牽連相當複雜，過程往往是一波三折。作為臺灣政治體制下的制度之一，總統大選的力量一直以來都足以改變臺灣的政治結構，重塑民眾的意識及認同。而且總統大選的強大力量不僅發揮在臺灣的內部，還會對兩岸關係及美日中關係造成深遠影響，牽動整個東亞的國際政治局勢。

自一九八〇年代後期至九〇年代前期，臺灣歷經了從威權主義體制到民主的轉換過程。如今雖然已過了四分之一個世紀，臺灣的民主政治卻還處於發展中的階段。就跟其他的民主國家一樣，執政黨與在野黨不斷持續著毫無建設性的鬥爭對立。難以形成共識，一直是臺灣政治的一大問題。臺灣的選民都有一種力不從心的感覺，一方面堅持自由與民主，另一方面卻又無法妥善運作民主政治。

臺灣的政治瞬息萬變，躍進與困頓輪番上演，不斷重蹈著過與不及的覆轍。期待與失望的落差，醞釀出了民眾對政黨政治的不信任感，再加上網路的發達，形成了各種不理性的情緒化政治現象。中國憑藉著一黨專制，創造出了驚人的經濟成長，其施加於臺灣的統一壓力，對臺灣的民主政治無疑是雪上加霜。

即便如此，臺灣的民眾長年以來依然成功維持著整體社會的平衡與安定。位在東亞地區的臺灣，成功從威權主義體制轉型之後，雖然一路走來跌跌撞撞，但依然能夠持續發展民主政治、積極保障人權、不斷嘗試自由化政策，展現了對多元文化的包容。雖然大規模的政治集會及抗爭活動在臺灣是家常便飯，但是對於敵對勢力的大規模政治集會及抗爭活動抱持尊重態度，在臺灣也被視為理所當然的事情。這些民主化之後的歷程，都在在證明了臺灣價值。

總統直選在一九九六年第一次實施，到如今已舉行了七屆。本書聚焦在過去歷次總統大選上，分析七屆總統大選的過程及結果，彙整總統大選所反映出的臺灣政局變動，深入探討臺灣民主政治一路走來的過程。

序章簡單介紹了臺灣在民主化、臺灣化上的政局變動，以及民眾認同意識的變遷，說明臺灣實施總統大選以來的政治環境。第一章從內在及外在的角度，剖析總統大選的議題，另外補充說明利用標準差分析臺灣選舉的方法。

第二章以一九九六年的第一屆大選為主軸，彙整臺灣實現總統直選的過程及兩岸關係的結構，分析選情及投票結果。

第三章之後，則按照年份順序，依序介紹第二屆之後的六次大選（二〇〇〇年、二〇〇四年、二〇〇八年、二〇一二年、二〇一六年、二〇二〇年），整理大選的勢力結構及候選人的選舉策略，並分析選票的動向。分析項目除了全臺灣的投票數字之外，還深入探討各縣市、鄉鎮及村里投票所的投票狀況。

終章則以總統大選在臺灣政治中所扮演的角色作為全書的總結。在這七屆的總統大選中，臺灣的選民所展現出的民意趨勢，是持續發展臺灣認同，以及追求臺灣的和平存續。其中總統大選可說是促成「臺灣認同意識抬頭的最大主因」，而一九九六年正是這股潮流的「起點」。然而中間的過程只能不斷在錯誤中摸索前進，令臺灣的民意失去方向，變得搖擺不定。在終章的最後，則概觀近年的情勢，說明臺灣的民主政治如何遭受來自內側（選民的過度期待）及外側（中國）的強大壓力，而陷入極為嚴峻的窘境之中。

提到選舉研究，學界大多盛行的是自美國發展起來的多元勝算對數模型（multinomial logit model），但是本書沒有採用這套理論。關於總統大選，臺灣已有許多學者發表了多篇論文。這些論文大部分採用美式的選舉分析方法，配合大規模調查所得到的龐大資料及縝密的統計學分析，研究的成果可說是極為豐碩。尤其是擁有大量研究人力的政治大學選舉研究中心，經年累積下來的選舉相關研究論文，重要性都不容小覷。

但筆者身為一介外國人，就算使用了臺灣學者最精擅的研究方法，也難以在研究成果上做出自己的特色。因此本書採用的方法，是精讀中央選舉委員會所公布的選舉數據，利用標準差（standard deviation）、直方圖（histogram）、相關係數（correlation coefficient）等分析方式，從自己的觀點解讀臺灣選民的投票行為。

選舉是臺灣政治活動的焦點。筆者先從比較政治學的角度，掌握臺灣政治的梗概，再加入選舉的觀點，進一步解讀臺灣政治。這樣的研究方法，逐漸發展為站在外國研究者的立場，深入瞭解當地狀況的一種區域研究。筆者致力於觀察選舉的基層現場，追蹤每一場選戰的攻防過程，直接聆聽選民對於選舉的心聲，試圖透過選舉掌握臺灣政治的特徵。因此本書可視為從選舉觀點出發的臺灣區域研究。

對臺灣的選民及候選人進行採訪，是筆者經常使用的研究方法。中央層級者包含總統、總統身邊親信、閣員、立法委員、政黨幹部等；地方層級者有縣市長、縣市議員、鄉鎮市長、鄉鎮市民代表等；基層層級則有村長、里長等等。除此之外，筆者還對許多一般民眾也進行了訪問調查。

筆者身為外國人，雖然在理解臺灣的選舉活動上常感到力有未逮，但另一方面身為外國人卻也不無好處。那就是可以站在什麼也不懂的立場，問出一些最基本的問題，或是針對臺灣學者絕對不會著墨的一些根本性議題提問。有時對方會徹底漠視筆者的問題，有時則會熱心地詳加解釋。

在臺灣政治的對立關係上，本地媒體記者及學者也往往無法置身事外。因此他們進行採訪的時候，選舉相關人士不見得會坦誠說出想法或實際狀況。相較之下，筆者身為外國學者，對於臺灣政治的利害衝突並沒有直接的關聯，再加上絕不洩漏採訪內容的承諾，因此比較能夠從相關人士的口中問出較真實的心聲。雖然這一類的採訪內容只能作為紀錄彙整之用，但透過長期的累積，筆者逐漸掌握了臺灣選舉之中外國人較難深入理解的基層現場運作。以此做法，筆者已經對臺灣的選舉及政治進行了長達二十五年的觀察。

本書是以臺灣的選舉及政治作為政治學上的研究主題。政治學的分析研究對象，必定是實際存在之物。臺灣在實質上是一個國家，本書將臺灣視為研究的對象，與日本、美國、韓國等國家並無不同。在臺灣，有一個名為中華民國的國家，分析研究此現實是本書在政治學上的主題，這與外交關係上是否承認中華民國為國家無關。因此在本書中，中華民國、國家、總統、政府（行政院）、國會（立法院）等用語皆直接沿用而不作調整。

本書是針對臺灣的總統選舉進行綜合性探討的研究書籍。過去日本從未有出版物以過去歷屆的臺灣總統選舉為主題。在臺灣，雖然有概觀臺灣過去二十年總統選舉過程的研討會報告論文集，但還沒有任何一本研究書籍針對七屆的總統選舉進行通盤的論述。當然關於每一次的總統選舉，都可找到相當優秀的研究文獻。在中國，也同樣找不到網羅了七屆臺灣總統選舉的書籍。甚至是在英文的文獻上，也有著相同的狀況，因此本書作為臺灣總統選舉的研究著作，筆者深信具有一定程度的意義。

但願本書所剖析的臺灣總統選舉歷程，能夠成為探討東亞民主政治的參考材料。同時也期待在日本，能夠有更多人關注臺灣的民主政治發展。此外，也希望中國的讀者有機會一讀本書的中譯本。若能讓中國的民眾藉此瞭解臺灣的政治發展及民主政治的歷史演變，將是筆者最感欣慰之事。

目次

蔡英文、馬英九、陳水扁、李登輝等歷任總統接見筆者

頭銜以拍攝時間為準

左上：與蔡英文總統的合照（攝於 2018 年）

左下：與陳水扁總統的合照（攝於 2000 年）

右上：與馬英九總統的合照（來源：中央社，攝於 2014 年）

右下：與李登輝前總統的合照（攝於 2016 年）

序章

臺灣政治概論

民主化與臺灣化的政治變動

臺灣的定位

實質上的國家

臺灣是位於中國大陸沿岸以東約兩百公里的島國。其名為中華民國（Republic of China，簡稱ＲＯＣ），但目前（二〇二一年五月為止）全世界只有十五個國家承認中華民國具有國家地位。

臺灣有領土、人民，也有政府。有效統治的地區約與日本九州相當，若與歐洲諸國相比，和荷蘭、比利時等國相去不遠（正確來說是小於荷蘭而大於比利時）。人口約兩千三百五十六萬人（二〇二〇年），多於荷蘭及比利時。經濟規模方面，國內生產總值（ＧＤＰ）在全世界排名第二十一（二〇二〇年），比非洲任何一個國家都高。每人平均ＧＤＰ約兩萬八千美金，在全世界排名第三十一（二〇二〇年）。以亞洲來看，低於新加坡、香港、日本、澳門及韓國，高於馬來西亞、泰國、印尼及菲律賓。不管是人口、面積還是經濟規模，臺灣在全世界的排名都屬於中上。

但是包含日本及美國在內的國際社會絕大多數國家，都不承認中華民國的國家地位。中華民國沒有辦法加入聯合國等各種國際組織。就連奧運也無法以正式國名參加，只能使用「中華臺北」（Chinese Taipei）這種名稱，這是因為中華人民共和國主張臺灣為中國的一部分。所有與中華人民共和國締結邦交的國家，都「承認」這個主張。日本表示「十分理解及尊重」（一九七二年《日中聯合聲明》），而美國則表示「承認」（acknowledge）（一九七八年《美中聯合聲明》）。

但是中華人民共和國在一九四九年成立之後，從來不曾統治過臺灣。臺灣實施的法律，是中華民國的法律，而非中華人民共和國的法律。臺灣擁有自己的統治組織（行政院、立法院、司法院相當於其他國家的三權機構），總統及立法委員皆是基於臺灣選民的普選而誕生。臺灣擁有海關及軍隊，能夠管理及防衛領土。外國人要進入臺灣，需要的不是中國當局簽證而是臺灣當局簽證。臺灣民眾要出國，使用的是中華民國護照。全世界共有一百四十六個國家給予中華民國護照持有人免簽入境的待遇。相較之下，給予中華人民共和國免簽入境的國家只有七十一國[1]。這些事實都在在顯示出臺灣是有別於中國的「獨立國家」。

然而在國際政治上，臺灣持續受到中國打壓。臺灣的總統沒有辦法拜訪日本、美國等主要國家，也沒有辦法參加國際會議。別說是總統，即便是閣員層級要參加國際會議也頗有難度。就連原本應該與政治無關的世界衛生組織（WHO），臺灣也沒有辦法加入（臺灣曾在二〇〇九年之後以觀察員身分出席，但自二〇一七年之後亦不再受到邀請）。

彙整以上狀況，可知臺灣對於臺灣本島及其周邊島嶼的有效統治與其他獨立國家無異，卻在國際上不受承認。基於此現狀，我們可以說臺灣雖為實質上的國家（de facto state），但主權受到部分條件的限制。臺灣所稱的「維持現狀」，指的是維持其國家性。

關於臺灣的「現狀」，由於涉及相當複雜的歷史過程，需要深入探討研究。當以臺灣作為政治學、比較政治學或國際政治學的研究對象時，不管是政治制度（總統、行政院、立法院）、政治過程、選舉及安全保障，都將臺灣視為獨立國家進行分析。但是另一方面，當日本的學者從外交的觀點論述臺灣時，必須留意日本政府並不承認臺灣為一個國家。

我們經常看到「臺灣獨立」這種字眼。但所謂的「臺灣獨立」，在意義上與波羅的海諸國從舊蘇聯獨立，以及東帝汶從印尼獨立並不相同。臺灣早已擁有中華民國這個國名及獨立的國家機關，並非受統治者，因此沒有必要發動獨立戰爭，與宗主國或統治國交戰。然而中國提出警告，倘若臺灣試圖公開宣布此獨立事實，或是藉由制訂新憲法對獨立賦予法理上的定義，將不惜動用武力。

中國共產黨將統一臺灣視為國家的核心目標。打從清朝時代，臺灣就被中國視為帝國主義諸國侵犯中國主權、分裂中國國土的象徵。中國共產黨將統一臺灣視為「中華民族偉大復興」的實現。如今的中國民族主義，已經正當化了共產黨的一黨專政體制，而臺灣問題亦包含在其核心思想之中。統一臺灣是其絕不退讓的目標。

未來臺灣要如何迴避中國的施壓？是否會朝著統一的方向與中國對談？抑或一邊試探中國的底線一邊建立新的機制？維持現狀真的有可能做到嗎？下一步應該怎麼走，臺灣內部也正搖擺不定。要釐清這個問題，就得先對臺灣的定位及自我認同的變化進行一番梳理。

來自中國大陸的移民

在進入近代之前，居住在臺灣的是一群馬來—玻里尼西亞（Malayo-Polynesian）系統的原住民。這些原住民分成了好幾個小部落各自生活，當時並沒有足以稱之為國家的統治機關。到了一六二四年，荷蘭佔領臺灣南部地區作為殖民地。西班牙也曾有短暫的時期佔領臺灣北部地區，但後來遭荷蘭驅逐。一六六一年，鄭成功的軍隊敗給了清朝而逃往臺灣，與臺灣的荷蘭殖民地政府交戰。一六六二年，鄭成功擊退荷蘭軍，開始統治臺灣。在這個時期，有不少漢人越過海峽移居臺灣。

鄭成功的父親鄭芝龍，原本是在中國大陸沿海地區活動的海盜兼商人。鄭成功忠於明朝，打算以臺灣作為反抗清朝的據點。但是來到臺灣不久後，鄭成功就去世了。一六八三年，留在臺灣的鄭氏政權遭受清朝攻擊而投降，從此臺灣歸清朝所有。清朝雖然禁止中國大陸的百姓接近臺灣，但福建省南部沿海地區陸續有百姓偷渡，後來連廣東省內陸居民也加入了偷渡的行列，臺灣的漢族移居人口與日俱增。

清朝對臺灣的統治政策長期以來相當消極，基本上只是盡量不讓臺灣成為反清勢力的溫床而已。直到十九世紀中葉，臺灣受到歐洲列強及日本的覬覦，清朝才加強了對臺灣的統治。然而日中甲午戰爭一戰，清朝敗北，將臺灣割讓給了日本。臺灣於是在一八九五年成為日本的殖民地，臺灣與中國大陸不再是同一個國家。

在這個時期，臺灣的居民是由少數的原住民與大量的漢人所組成。這些漢人絕大部分是來自對岸福建省南部的移民及其後代子孫（閩南系），以及來自廣東省內陸的移民及其後代子孫（客家系）。這些漢人就是所謂的本省人[2]。他們接下來成為大日本帝國的國民，與他們在中國故鄉的親戚走上了完全不同的歷史之路。

日本派出軍隊駐紮臺灣，在臺灣設置擁有極大權限的臺灣總督府，開始其殖民地統治。日本統治初期，臺灣各地都有人率眾反抗，但這些反抗勢力一一遭軍隊及警察鎮壓，造成各地不少的傷亡。其中最大規模的抗日事件，為發生在一九三〇年的霧社事件。

臺灣總督府除了維持治安及建立行政制度之外，還推動經濟基礎建設的現代化，致力於改善教育及醫療環境。這些施政原本都只是日本國策的一部分，其目的在於對臺灣進行更有效率的殖民地統治，使臺灣成為日本進軍南洋的據點。但由於促成了臺灣的發展，逐漸獲得臺灣居民的正面評價。

在中國大陸方面，一九一一年發生辛亥革命，清朝遭到推翻，中華民國誕生。一九一九年，中國國民黨（縮寫為ＫＭＴ）成立時，在臺灣有少數居民響應其中國民族主義的號召，追隨中國國民黨的行動。但也有一些居民是當時在滿洲及中國大陸沿岸為日軍及日本企業效力。一九三七年，爆發日中戰爭，臺灣人在大陸中國人的眼裡成了敵國的一員。第二次世界大戰期間，臺灣的年輕人也受到動員，以日本軍人或隨軍人員的身分進入南洋戰區。另外還有一些臺灣人被送往日本的本州，成為工廠裡的工人。臺灣雖然沒有成為戰場，但部分都市還是遭到了美軍轟炸。

一九四五年八月，日本宣布投降，中華民國接收臺灣。同年十月二十五日，舉行了光復儀式。自這個時期起，臺灣的定位成為中華民國（中國）的地方自治體（臺灣省），臺灣的民眾皆成為中華民國的國民。但其後中國國民黨與中國共產黨爆發內戰，中國國民黨挫敗後帶著大量的政府官員及軍隊從中國大陸逃往臺灣。在這個時期進入臺灣的中國人，就是所謂的外省人。

在中國大陸，中華民國的勢力遭到消滅。一九四九年十月一日，中華人民共和國在北京宣布建國。毛澤東雖提出「解放臺灣」的主張，但當時中國人民解放軍的海、空軍實力不足，無法攻打臺灣。中華民國，雖然統治地區僅限於臺灣本島及周邊島嶼，但是存續了下來。包含美國在內的主要國家在當時皆與中華民國維持外交關係，並不承認中華人民共和國的主權，由此形成了「統治中國大部分地區的國家」（中華人民共和國）及「統治中國小部分地區的國家」（中華民國）隔著臺灣海峽互相對峙的情況。居住在臺灣的漢族，再度與中國故鄉的親戚步上了截然不同的歷史之路。

四大族群

臺灣的居民可分為四大族群，分別為原住民、閩南系本省人（福佬人）、客家系本省人（客家人），以及外省人。到了一九九二年，各自的人口比例為原住民一・七%、閩南系本省人七三・三%、客家系本省人十二%、外省人十三%[3]。值得一提的是政府自一九九一年之後就不再針對外省人進行人口統計，而客家系與閩南系在人口統計之中本來就沒有區別，因此兩者的數值皆是依據研究者的社會調查所做出的推估（**圖1**）。

這四大族群形成了三股不同層級的對立意識，分別為本省人對外省人、閩南系對客家系、漢族（閩南系、客家系、外省人）對原住民。而其核心問題，就在於「本省人還是外省人」的省籍情結。在威權

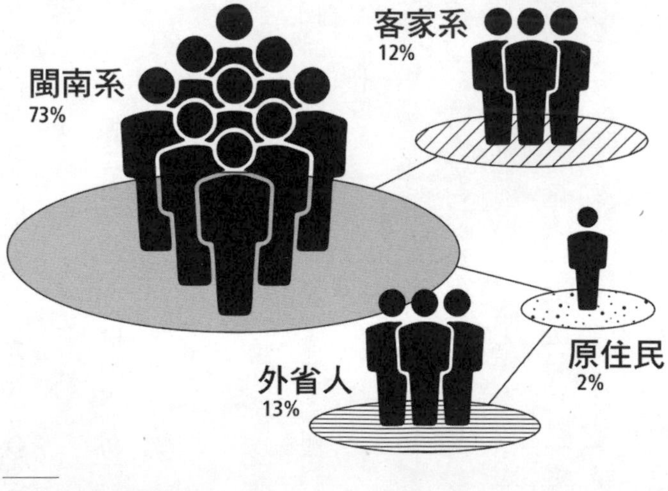

圖1　臺灣的四大族群

出處：筆者依據黃宣範（1993）的資料所繪製（數字僅為人口比例的概數）。

主義體制期間，政府打出了「臺灣居民都是中國人」的政治口號，個別的族群意識被視為禁忌。但是隨著臺灣的民主化，禁忌遭到破除，原本受到壓抑的族群意識開始抬頭。

威權主義體制

中國國民黨的統治

中華民國憲法於一九四六年十二月制訂，並於一九四七年的十二月在包含臺灣的全中國實施。中國採行專制政治的歷史相當悠久，而中華民國憲法的體制正是為了順應中國的狀態而制訂，內容架構相當複雜。憲法中規定了總統、國民大會及五權（即行政院、立法院、司法院、監察院及考試院的五院），國民大會選出總統，總統提名行政院長，立法院行使對行政院長的同意權，而國大代表及立法委員則分別透過選舉選出。

一九四七年十一月，政府依據此憲法舉行全中國的國大代表選舉。隔年（一九四八年）五月，蔣介石（一八八七—一九七五）在國民大會上獲選為第一任總統。同年為了鎮壓叛亂的共產黨，政府頒布《動員戡亂時期臨時條款》，賦予總統極大的權限，中華民國憲法中關於選舉及人權保障的條文也遭到凍結。到了一九四九年，政府又實施戒嚴令及其他各項法律及行政命令，諸如言論、集會、結社、出版等各項國民權利及自由皆遭到嚴格限制。除了國民黨（及一些有名無實的小政黨）之外，民眾不得再組成其他政黨。中國國民黨在臺灣的威權主義體制至此成形，同時也建立起了政黨與國家一體化的「黨國體制」。

蔣介石打出了「反攻大陸」的口號，期盼能夠再度統治中國大陸。同時他為了維持自己的正統性，並沒有修改當初在中國大陸制訂的中華民國憲法，企圖藉此守住「中華民國為中國的正統國家」的形象。也因為這個緣故，雖然中華民國的統治領土只有臺灣，卻長年維持統治全中國的假象。在中國大陸選出的那些國大代表及立法委員，來到臺灣後任期無限期延長，形成了「萬年民代」及「萬年國會」。

關於中華民國的領土，憲法條文僅規定「依其固有之疆域」，並沒有明訂範圍。然而國大代表的遴選地區，則明確定出了蒙古、西藏及邊疆地區（新疆維吾爾地區），由此可知中華民國憲法所預設的領土是中國大陸。而且依照憲法條文的規定，中華民國的領土「非經國民大會之決議，不得變更之」。

蔣介石完全不打算修改憲法，將領土限定在臺灣的範圍之內。臺灣的定位，就只是「中華民國的一個地方」，因此中華民國的中央政府所管理的地區，與臺灣省政府所管理的地區幾乎完全相同。蔣介石持續以「這只是統一中國前的暫時性措施」來正當化這個假象。一直要到李登輝的時代，臺灣省政府才獲得簡化。

至於中華人民共和國方面，對於臺灣所抱持的立場則是「臺灣是中華人民共和國的神聖領土的一部分。完成統一祖國的大業是包括臺灣同胞在內的全中國人民的神聖職責」（中華人民共和國憲法前序言）。因此中華人民共和國及中華民國其實都主張「一個中國」原則，差別只在於哪一邊才是正統的中國。

這場爭執的本質，就只是中國共產黨與中國國民黨內戰的延伸。對於臺灣的定位，雙方一致認定臺灣為中國的一部分。因此不論任何一邊，都沒有推動（或是允許）臺灣獨立的想法。內戰所造成的創傷及雙方的互不信任實在太深，國民黨與共產黨互相視對方為叛亂勢力。在這樣的狀況下，中華人民共和國與中華民國互相敵對，杜絕一切往來，嚴禁兩國國民互相交流或拜訪。

蔣介石不僅對臺灣進行極權統治，而且為了防範中國共產黨的滲透，還徹底對中華民國國民灌輸了反共思想。臺灣不管是在人口還是領土面積上，與中國大陸相比都處於絕對的劣勢。然而臺灣的民眾卻跨越了這道現實的逆境，對中國共產黨抱持著絕不屈服的堅定意志。由此可看出蔣介石的獨裁統治能力確實有其過人之處。然而在這反共的口號之下，人權遭到了殘酷漠視，也是不爭的事實。

若從國際政治的現實層面來看，逃到臺灣的中華民國能夠擋下毛澤東的攻勢，必須歸功於美國的軍事力量。

然而蔣介石在臺灣所建立的強大軍事實力，也同樣不容小覷。為了強化國軍的實力，蔣介石還特地聘請了曾經在中國作戰的前日軍將領擔任國軍軍事顧問。要論斷蔣介石這個人物，並不是容易的事。

中國民族主義與臺灣民族主義

國民黨在臺灣不斷大力宣揚其中國民族主義（當時稱為中華民國愛國主義）為公定思想。在這套體制之下，黨政軍的重要機關都是由外省人所掌控，本省人所佔的比例相當小。就連教育機構、新聞媒體及演藝圈，也是外省人佔了優勢。

在語言政策上，政府將北京話認定為國語，至於臺灣社會普遍使用的閩南語、客家語及原住民語言則被視為低等語言。政府靠著教育政策、文化政策及媒體操控，向臺灣居民灌輸「臺灣為中華民國（中國）的一部分（臺灣省），住在臺灣的人都是中國人，統一中國是全中國人的神聖職責」的思想。

但是在臺灣，有些人排斥中國國民黨的統治。主要的原因，在於一九四五年之後國民黨政府對臺灣的統治策略令他們失望。此時形成了受統治的本省人對掌權的外省人產生反抗之心的對立結構。本省人與外省人同樣都是漢人，而且同樣都是來自中國大陸的移居者，但因國民黨在臺灣採行的中國民族主義及威權主義體制，使這兩個族群產生了上下階級的差異。

一九四七年二月二十八日，臺北市發生了一起警察與當地居民的衝突，這起事件導致本省人長期累積的不滿徹底爆發，引發了全島規模的大暴動（二二八事件）。國民黨政府實施血腥鎮壓與清算，令本省人之中的知識份子大受打擊，從此本省人開始對政治抱持不信任與恐懼。這群人不僅痛恨蔣介石及國民黨，同時也對外省人厭惡。

不過並不是所有的本省人都抱持這樣的想法。也有一些本省人接受國民黨的統治政策站在服從的立場，或是對政治漠不關心。有些本省人會刻意避免與外省人往來，但也有些本省人並不放在心上。這些本省人願意接納國民黨的中國民族思想，事實上是有理由的。本省人的家庭大多藏有祖譜，他們知道自己的祖先來自中國大陸的何處，也知道自己是第幾代。雖然歷經了日本統治，本省人還是保有敬祖的觀念。因此很多本省人認為自己跟中國畢竟還是有著血濃於水的淵源。

國民黨政府完全架空憲法所規定的人權保障及民主政治制度，恣意箝制人民的自由，指揮警察及情治機關監視民眾，打著反共的名義，逮捕、監禁及殺害反抗政府的民眾（白色恐怖）。在此同時，本省人的地主階層也因為國民黨政府所實施的土地改革而深受打擊。二二八事件及土地改革，讓原本有可能成為潛在反抗勢力的社會階層失去了力量。

有很長一段時間，新聞媒體完全沒有報導二二八事件及白色恐怖的真相，許多人都被蒙在鼓裡。但是在家人、朋友或街坊鄰居慘遭牽連的民眾心裡，已經留下了極深的恨意與傷痕。全臺灣不論任何縣市，都存在著這種民主化運動先烈的受難歷史，一則又一則的悲劇故事在許多家族裡流傳了下來。這種歷史的傷痕很難隨著歲月的流逝而撫平。

臺灣獨立的思想，便誕生於這種對政治體制的批判聲中。有一群人開始想要打倒中國國民黨的臺灣統治，建立一個與中國毫無關係的國家（臺灣共和國），這樣的思想就是所謂的臺灣民族主義[4]。

這是一種非常堅定的臺灣歸屬意識，不僅否定自己是中國人、排斥中國民族主義，而且建立了有別於中華民族的臺灣民族觀，標榜著有別於中國文化的臺灣文化，可說是一種徹底瓦解中華民國觀念與架構、積極追求建立臺灣共和國的建國思想及運動。抱持臺灣民族主義的人，通常都被稱作「獨派」。

臺灣在實現民主化之前，臺獨思想及言論受到嚴格禁止與取締。臺獨人士在臺灣難以推廣其思想，因此將主要的活動地點轉移至海外。臺獨人士一開始以日本為活動據點，但後來逐漸將重心轉移至美國。即便如此，臺灣島內還是經常出現獨立思想的信奉者，冒著生命危險鼓吹臺灣獨立。

民主化之後，雖然臺獨人士已能夠公開活動，但初期有很多人依然對臺獨運動抱持著戒心。這一來是因為政府當局長年不斷宣稱臺灣民族主義是「危險思想」，二來是因為民眾之中有一些人是中華民國政策體制下的既得利益者，三來則是因為還有很多人對臺灣社會內部的衝突對立感到憂心。不過臺灣民族主義作為對抗主流意識形態的力量，支持的民眾還是與日俱增，在民主化之後的臺灣逐漸擁有比中國民族主義更強大的影響力[i]。

自由主義陣營的一員

蔣介石、蔣經國時代的威權主義體制是一種高壓迫害的政治，這是無庸置疑的事情。從各種侵犯人權的紀錄及不民主的制度，都在在可以看出當時的政府是如何以殘酷的手段讓民眾的內心產生恐懼及對他人的不信任。但是在這個政治體制之中，還是包含了一點自由的空間。主要的原因，是中華民國自詡為自由主義陣營的一員。

當時雖然中央層級的國大代表及立法委員都不舉行選舉（後來以「增額」的名義實施部分選舉），但在地方縣市，包含縣市長及縣市議會議員等地方公職都會定期舉行選舉。由於國民黨擁有強大的權力、資金及影響力，這些選舉的過程稱不上公平公正，但至少非國民黨人士（當時稱為「黨外人士」）還是可以參選，而且也有少數當選的例子。

i　在大部分的民意調查裡，支持獨立的人數比例都比支持統一的人數比例還高，但是都沒有過半數。

	族群	語言	政治	經濟
國家	外省人	北京話	中央權力	國營大企業
社會	本省人	臺灣話	地方派系	中小企業

表 1　威權主義體制下的國家與社會

出處：由筆者製作。

國民黨沒有辦法將統治的力量延伸至全臺灣的每個角落，因此必須以「糖果與鞭子」的手法掌控全臺各地的地方勢力。這些地方勢力也就是所謂的地方派系，成員大多是本省人，他們只要不違背國民黨的意識形態或挑戰國民黨的正當性，就可以自由爭取地方利益。國民黨在選舉時獲得他們的支持，並且以行政機構的預算及人事權作為回饋，形成了一種侍從主義政治（clientelism）[5]。

臺灣與共產黨所統治的中國大陸不同，採行的是資本主義經濟政策。經濟活動雖然受到不少限制，但大致上是自由的。臺灣的經濟成長為國家主導型，經濟的核心是國營或公營的大企業，這些大企業在實質上都是由國民黨所掌控，但是一般的民眾還是可以創業。當時出現了許多中小企業彼此競爭，也不乏創業成功的故事。例如從做家庭手工起家的電器零件公司、幾個朋友一起合資建立的新創公司、從擺地攤做起的企業經營者，或是曾經被當成政治犯的人所經營的旅行社等等。在這個過程中，社會也逐漸累積了財富。

在臺灣的威權政治體制之下，國家與社會的關係結構實際上非常複雜，但這個「國民黨國家」統治「臺灣人社會」的結構可以簡化如表 1 及圖 2。**表 1** 是從族群、語言、政治、經濟等各要素區分出國家與社會的特徵差異。國家的政經權力機關是由外省人所掌控，但受到統治的社會則是以人口比重極高的本省人為核心。社會雖然遭受國家壓迫，但還是有臺灣話（閩南話、客家話）、地方派系、中小企業等自由發揮的空間。

圖 2 則是國家的壓迫與滲透及社會自由空間的相關圖。在這個體制之

下，國家不僅會壓迫政治自由，而且還會強行讓名為中國民族主義的官方意識形態滲透到臺灣人的社會之中。不過社會還是有著少許的自由空間，並沒有完全遭受國家滲透及掌控。

蔣經國

蔣經國（一九一〇—一九八八）年輕時曾經是共產主義的信奉者，在一九二五年至蘇聯的莫斯科留學。當他的父親蔣介石開始在中國打壓共產黨時，蔣經國還曾公開批評父親。但後來史達林掌控蔣經國作為人質，讓他到工廠裡當工人。在這個嚴苛的環境之中，蔣經國才深刻理解蘇聯共產黨的恐怖統治機制。直到十二年後的一九三七年，蔣經國才得以回到中國。

蔣經國從此成為父親蔣介石的忠實輔佐者。國民黨搬遷至臺灣的初期，蔣經國負責的都是治安、情治及特務等比較祕密的工作。後來他才逐漸站上政治的舞臺，先後擔任國防部長、行政院副院長及行政院長，取代年事已高的蔣介石，開始掌握實權。蔣介石於一九七五年去世，三年後蔣經國就任總統，成為威權主義體制下名副其實的最高領導者。

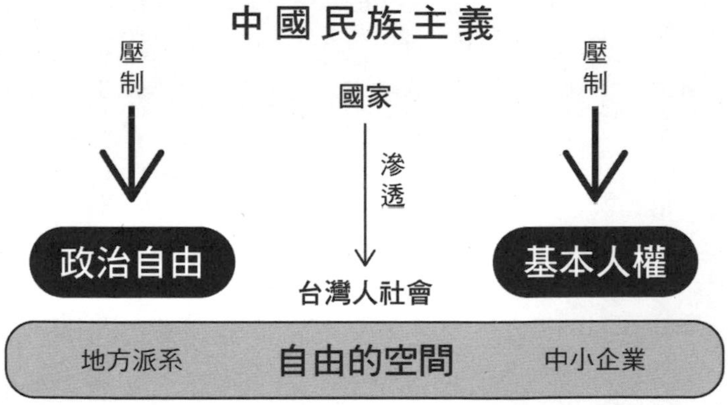

圖 2　威權主義體制下的國家與社會
出處：由筆者製作。

蔣經國雖然繼續推廣中國民族主義及強化威權主義體制，但在方向上也稍微做了一些調整。為了發展臺灣經濟，蔣經國推動大型基礎建設計畫，合稱為「十大建設」。此外蔣經國也開始積極任用本省人，他一方面保留當初在中國大陸選出的國大代表及立法委員，一方面以「增額」的名義增加臺灣地區議席，在一定限度內開放舉行中央層級的選舉。在蔣介石的時代，臺灣只是「反攻大陸」的臨時據點，但是蔣經國則打算將臺灣當成永久的棲身之所，並且開始思考如何讓中華民國體制永久持續下去。

「中華民國為中國的正統國家」這樣的觀念，與中華民國只統治臺灣及其周邊島嶼的現實，落差實在太大。中華民國能夠在一定程度上維持其正統性，必須歸功於冷戰期間以美國為主的西方諸國的支持。即便如此，中華民國還是在一九七一年被迫退出聯合國。一九七二年，中國與美國的關係大幅改善，日本承認中華人民共和國，與中華民國斷交。到了一九七九年，美國也與中華民國斷交。這一連串的變化，對臺灣造成了巨大的衝擊。國民黨政府不僅喪失了「外在的正統性」，更因為漠視自由與人權的問題而承受來自美國的強大壓力。

在國內，「黨外人士」的民主化運動有越演越烈的趨勢。蔣經國明白要想長久存續，對體制的修正（民主化）是不可避免的必經之路。然而一旦這麼做，將會宣告國民黨的一黨專制時代終結，外省人也會失去優勢地位。蔣經國雖站在權力的頂點，卻也無法輕易做出決斷。一九七九年十二月，蔣經國下令鎮壓民主運動（美麗島事件）。但是另一方面，他也很慎重地逐步修改施政的方向。例如否定政權世襲、管束恣意妄為的特務機關、允許民進黨建黨、解除戒嚴令等等，都是他做出的重要決定，啟動民主化的過程。

臺灣在蔣經國時代實現了奇蹟般的高度經濟成長，社會結構也出現重大轉變。這個時期的臺灣雖然在國際社會上遭到孤立，來自中國的統一攻勢也日益強勁，但是臺灣靠著發展經濟及提升防衛能力，在國際上展現出了存在感。不過蔣經國心中所想的臺灣化僅限於體制的修正，與臺獨人士所追求的臺灣化並不相等。雖然蔣經國在一九八六年親口說出「我也是臺灣人」這句話，但是沒有一字一句提到要修改或放棄中國民族主義。但方向盤逐步轉向民主化的結果，也讓中華民國的體制在臺灣社會出現本土化的現象，這是不容置疑的事實。蔣經國的行動，為臺灣的長久存續打下了基礎。我們可以說，蔣經國是為了不變（守護中華民國）而求變。

民主化與臺灣化

黨外人士

臺灣民主運動的推手主要是「黨外人士」，這個詞的意思是「國民黨之外」。在國民黨一黨專制的時代裡，民眾並沒有言論、集會及結社自由，但還是有少數的非國民黨人士站在批判國民黨的立場持續進行活動，這就是所謂的「黨外運動」。自一九五〇年代之後，臺灣省議會及縣市議會就有幾名「黨外人士」當選議員，也曾出現過議員被捕入獄的例子。由於受到政府嚴密監視，這些「黨外人士」無法緊密聯繫或建立組織，只能在各自縣市的位置上持續進行活動。

對國民黨抱持批判立場的雜誌，被稱為「黨外雜誌」。這些「黨外雜誌」往往在創刊後不久就會遭受停刊處分。到了一九七〇年代，對於打壓自由人權及萬年國會的不滿，以及對臺灣未來前途的不安，逐漸在臺灣社會蔓延開來。一九七九年八月，一群「黨外人士」創辦了名為《美麗島》的雜誌。《美麗島》在各地都有據點，並且以「美麗島之夜」的名義舉行讀者集會。這是「黨外運動」第一次建立起遍及全島的聯繫網。

一九七九年十二月，《美麗島》在高雄舉辦一場爭取人權的遊行活動。遊行隊伍與警察部隊在街頭爆發衝突，《美麗島》的主導者全部遭到逮捕。這就是所謂的美麗島事件。一九八〇年一月，政府以叛亂罪起訴這些主導者及抗爭運動家，但因受到國際輿論壓力，被迫公開軍事法庭的審判過程。帶頭的施明德遭判無期徒刑，其他幹部也分別遭判十二至十四年有期徒刑。在這起事件中遭受有罪判決的幾個人，後來大多在民進黨擔任要職。

一九八〇年二月二十八日，當時審判還沒有結束，因參加美麗島事件而遭到逮捕的林義雄（臺灣省議員）家中高齡母親及兩名年幼女兒竟慘遭殺害（凶手不明）。由於這起事件的發生日期與二二八事件同為二月二十八日，令臺灣人的社會頓時陷入了恐懼的深淵。然而臺灣的民主運動並沒有因此而停下腳步。

一九八〇年十二月，許多美麗島事件的涉案者家人參選國大代表、立法委員「增額」選舉，且成功當選。一九八一年十二月，在美麗島事件審判中擔任辯護律師的陳水扁、謝長廷等人也當選地方議會的議員。原本「黨外人士」的主張基本上傾向於在中華民國的體制之內推動民主化，但歷經此事件後，核心理念轉變為「住民自決」，然後再逐漸轉變為臺灣民族主義。

一九八六年九月，民主進步黨（縮寫為ＤＰＰ）成立。這是一群反抗國民黨統治體制的「黨外人士」在歷經了政府對美麗島事件的鎮壓之後，挑戰「黨禁」（對組織政黨的禁止令）組成的政黨。當時參加建黨大會的人都有覺悟可能會遭到逮捕及鎮壓，但是蔣經國並沒有下令取締[11]。民進黨提出解除戒嚴令、維護言論自由及保障人權等訴求，與國民黨正面對決，成為政治體制民主化的一股推力。

李登輝的登場

一九八八年一月，總統蔣經國去世，副總統李登輝（一九二三—二〇二〇）依循憲法規定繼任總統職位。李登輝是第一個當上總統的本省人。剛開始李登輝並沒有穩固的權力基礎，但他發揮了卓越的政治手腕，繼任國民黨的黨主席，在一九九〇年三月舉行的國民大會上當選總統，繼續推行蔣經國啟動的民主化及臺灣化施政路線。

在民主化方面，李登輝廢除《動員戡亂時期臨時條款》，讓臺灣不再處於內戰時期的緊急狀態，接著實現了國民大會及立法院的全面改選。除此之外，李登輝還推動臺灣省長、臺北市長及高雄市長民選、特赦政治犯，並且為二二八事件道歉。

在臺灣的定位及發展方向上，李登輝採取比較謹慎的做法。首先在一九九一年，通過《國家統一綱領》，再次確認國家的基本政策為統一中國。《國家統一綱領》中包含「中國的統一……是海內外中國人共同的願望」、「大陸與臺灣均是中國的領土，促成國家的統一，應是中國人共同的責任」等詞句。

但另一方面，李登輝也開始使用「中華民國在臺灣」的概念。在李登輝的時代，政府重新修訂憲法，加入了《憲法增修條文》。在此條文之中，使用「中華民國自由地區」一詞，來定義由中華民國所有效統治的臺灣本島、周邊島嶼及福建省沿岸島嶼。此條文成為「中華民國在臺灣」的法源依據。國民大會及立法院的全面改選，就是限定在這個範圍之內。

總統的遴選方式，也有了重大的變革。過去的總統選舉採間接選舉，以此維持「包含臺灣在內的中國各地選出國大代表，國大代表選出總統」的空殼形式。直到一九九六年之後，才改成「由中華民國自由地區全體人民選舉之」，也就是由臺灣人民進行直接選舉。以自由、公平的方式選出在臺灣擁有最高權力的總統，不僅是臺灣民主化的最後一個重要里程碑，而且像這樣由臺灣的選民直接選出與中國毫無關係的中華民國總統，也可視為臺灣化的重要起點。

這個變革讓政權的正統性基礎產生了根本性的變化。接下來的臺灣政治，必定會比過去更加偏向以臺灣為

ii 當時蔣經國曾告訴副總統李登輝「因為其行為（結黨）未構成違法要件，不易依法處理，但必須在現階段注意其動向」。李登輝，《見證臺灣：蔣經國總統與我》（臺北：允晨文化，二〇〇四年），頁187-189。

中心，這是顯而易見的趨勢。這可說是一種政治根源上的臺灣化。因此總統民選的推動，引發了國民黨內部以外省人為主的非主流派，以及中國共產黨內以江澤民為首的領導階層的強烈反彈。簡言之，民主化的政治變革帶來了另一個名為臺灣化的政治變革。

李登輝與「臺灣認同」

民主化的政治變革始於蔣經國時代的末期，結束於李登輝時代。這項變革同時帶來了臺灣化的現象，這是必然的結果。專門研究臺灣政治體系的若林正丈，從㈠政府領導階層的臺灣化、㈡政治權力正統性的臺灣化、㈢意識形態的臺灣化、㈣國家體制的臺灣化，這四個面向來定義臺灣化[6]。當然只要沒有修改中華民國憲法的本文，就不可能達到完全的臺灣化，但是在現實上，中華民國確實已經逐漸轉變為臺灣化的中華民國，若林稱這個現象為「中華民國臺灣化」[iii]。

在此同時，臺灣人的自我認知也產生了變化。有越來越多的臺灣居民認定自己是臺灣人，並且抱持著「大陸是中國，臺灣是臺灣」的觀念。這些臺灣人認為臺灣的主權掌握在自己的手中。臺灣的經濟成長，更是增加了臺灣居民身為臺灣人的自信。在這個過程中，逐漸產生了一種較為溫和的政治立場，名為「臺灣認同」，介於中國民族主義與臺灣民族主義這兩種意識形態的中間。

臺灣居民如何自我認定，會因其立場而大相逕庭，這本身就是臺灣政治的爭執點之一。直到一九八〇年代末期為止，中國民族主義都是主流，大多數的人都認為「我是中國人，臺灣是中國的一部分，兩岸應該要統一」。但是進入一九九〇年代之後，關於中國的資訊大量流入臺灣，造訪中國的臺灣人也越來越多。臺灣人發現對岸的中國採行的是共產黨的一黨專制體制，社會習慣及意識也截然不同，要當成同一個國家實在頗為困難。但是當討論到「臺灣是什麼」的問題時，結果往往是爭論不休。

李登輝認為臺灣如果不建立自己的認同感，未來勢必會陷入窘境，但如果拋棄中華民國體制，反而會讓臺灣更加危險。因此李登輝在擔任總統期間，採行了中華民國臺灣化的路線，建立起一個讓民主化的中華民國與臺灣能夠共存的框架。一方面提高臺灣人的本土意識，一方面將漸進式的「臺灣認同」引導為民意的主流，而非激進的臺灣民族主義[7]。李登輝提倡臺灣民族主義，是卸下總統職位之後的事。

李登輝展現高明的政治手腕，一方面領導抱持中國民族主義的國民黨，另一方面卻又能夠獲得抱持強烈臺灣意識的本省人的支持。李登輝經常使用臺灣話（閩南話）發言。身為中華民國總統，竟然光明正大說出長年以來被視為次等語言的臺語，這帶給抱持強烈臺灣意識的本省人莫大的勇氣。李登輝所秉持的這個立場，同時也成為阻止民進黨勢力進一步擴張的一股力量。

李登輝在一九九四年與司馬遼太郎對談時，曾說出「我在二十二歲之前都是日本人」。自詡為中國正統政權的中華民國，最高領導人竟然說出自己年輕時是敵國國民這種話，引發了外省人為主的強烈反彈。但是對於曾經歷過日本統治時期的本省人來說，這就像是以最自然的方式表達了「臺灣認同的歷史觀」。由此可知，對日本抱持的觀感，也是臺灣認同爭議的要素之一。

此外，李登輝談到自己在白色恐怖時期曾經遭受調查，原因是懷疑他曾與共產黨相關組織有往來，李登輝形容當時的自己「晚上幾乎不曾好好睡過一覺」[8]。這件事在當時的臺灣幾乎沒有人知道，絕大部分的人都認為「李登輝只是個靠著服從國民黨往上爬的政治人物」。因此這句話一出口，本省人立刻對李登輝產生了一股

iii【編注】「臺灣化」一詞之意義幾乎等同臺灣習稱的「本土化」，但是在若林書中，兩者在學術使用上有細微的出入。詳細的討論可見若林正丈，《戰後臺灣政治史》，頁16，注11。

「原來他也是臺灣社會的一分子」的親近感。

在外交方面，李登輝想盡辦法與沒有正式外交關係的國家交流，靠著臺灣的民主化及經濟成長，提升臺灣在國際社會中的存在感。這樣的做法發揮了一定程度的效果。在國內，李登輝則企圖藉由民主化讓政黨之間能夠自由競爭，且透過選舉讓中國國民黨轉變為融入臺灣社會的國民黨。不過這個企圖只成功了一半。李登輝成功鞏固了「臺灣認同」的觀念，但是始終沒有辦法讓國民黨變成「抱持臺灣認同」的政黨。

另一方面，李登輝也承受了「增長黑金腐敗政治」的批評聲浪。為了與黨內的守舊派外省人爭奪權力，李登輝積極拉攏地方上的本省人派系勢力。當時因為民主化而放寬了許多限制，正是地方派系積極爭權奪利的時代，這些地方派系靠著買票及與地方政府之間的利益分贓而迅速壯大，但國民黨由於在選舉時必須仰賴這些地方派系，所以沒有採取有效的因應對策。此外，國民黨擁有龐大的黨內資產，經營各種黨內事業，因此在選舉的時候能夠投入大量的資金。雖然已經成功實現了民主化，但黨國體制的遺害並沒有根除，尤其是都市區域的選民，對此的批評聲浪特別大。

「臺灣認同」的定義

「臺灣認同」經過梳理之後，可以得到以下定義。「臺灣認同」雖然重視臺灣的主體性，但在國家的選擇上，「臺

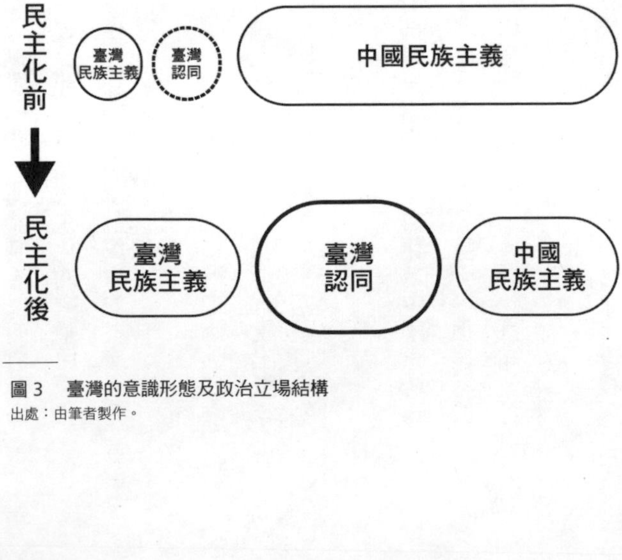

圖3　臺灣的意識形態及政治立場結構
出處：由筆者製作。

灣認同」支持的是歷經民主化及臺灣化的中華民國的國家性，不同於追求成立臺灣共和國的臺灣民族主義，或是信奉大中國概念的中國民族主義。這雖然是一種中間路線，支持者也屬於中間派，但並非毫無特色，而是一種與臺灣的民主政治及對臺灣的強烈歸屬意識相結合的中間路線，因此以單純的「中間派」來稱呼並不十分恰當。

「臺灣認同」是一個受到廣泛運用的詞彙，一般而言代表著對臺灣的愛、臺灣的主體性或臺灣人的自我認知。筆者用它來代表臺灣的一種政治立場，與臺灣民族主義、中國民族主義並列。

民主化前的臺灣政治，如**圖3**所示，在意識形態上為中國民族主義及臺灣民族主義的兩極狀態。由於「臺灣認同」是以中華民國的民主化及臺灣化為前提，因此在這個階段很難產生類似的構想，僅有一些零星的討論[iv]。雖然重視臺灣的主體性是「黨外人士」的共同思想，但在不容許民主化及臺灣化的中華民國體制之下，不管再怎麼分析歸納，最後所得到的結論必定是臺灣民族主義。作為一種政治立場的「臺灣認同」，是在民主化之後才開始出現。

「臺灣認同」雖然在一些特徵上與臺灣民族主義相近，但是筆者認為「臺灣認同」與臺灣民族主義是兩種不同的概念。兩者的共通點是對臺灣的愛，差異點則是臺灣民族主義要求的是瓦解中華民國，建立屬於臺灣自己的國家，而「臺灣認同」接納了「中華民國在臺灣」的現狀及國家性，並不涉及臺灣建國思想[9]。在統獨問題上，「臺灣認同」的立場是維持現狀。

「臺灣認同」雖然是以臺灣人的自我認同為基礎，但在「臺灣人」的定義上卻有著模糊空間。從自我認同

iv 雖然有些臺灣人心中抱持著臺灣認同的情感，但在國民黨的威權主義統治之下沒有機會說出口。

的角度來看，「臺灣認同」包含認同自己是「臺灣人」，以及認同自己「既是臺灣人也是中國人」。相較之下，臺灣民族主義的立場是只認同自己是「臺灣人」。但反過來說，說出自己是「臺灣人」的人，並不見得全部都是臺灣民族主義的支持者。同樣的道理，站在中國民族主義立場的人，原本應該認定自己為「中國人」，但是歷經臺灣的政治結構變革之後，有些人可能會認為自己「既是臺灣人也是中國人」。

進入一九九〇年代之後，中國民族主義雖然逐漸喪失領導地位，但是依然擁有一定的影響力。而臺灣民族主義雖然有擴大的趨勢，但是距離過半數還相當遙遠。在一九九六年的總統選舉之後，「臺灣認同」開始浮上檯面，而後地位逐漸穩固。

從**圖 4** 可看出民主化之後的意識形態結構如何與民進黨及國民黨的立場重疊。雖然意識形態與政治立場有三大類，但主要的政黨只有兩個。這個三與二的結構，形成了臺灣選舉政治的核心。對於兩黨而言，如果完全只立足在民族主義的基礎上，勢必無法獲得足夠的選票，因此兩黨都必須尋求「臺灣認同」支持層的選票。但是兩黨的核心支持者都要求堅持民族主義的立場，因此陣

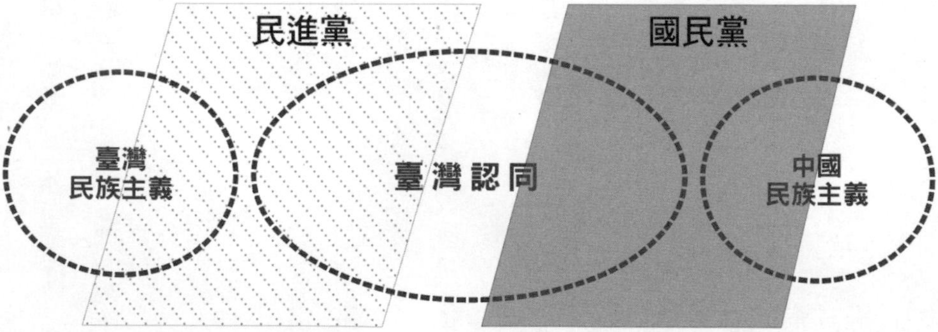

圖 4　臺灣的意識形態、政治立場及兩大政黨的支持結構會
出處：由筆者製作。

營的內部很容易產生摩擦。而且為了確立己方與對手陣營的差異，雙方往往還必須爭奪有利的定位。

值得一提的是，臺灣還不曾出現以「臺灣認同」為基本立場的政黨。雖然有一些政治人物嘗試過，但是到目前為止還沒有成功的例子。這一來是因為「臺灣認同」的思想比較鬆散，難以建立組織，二來是因為其他兩種民族主義都能夠激發支持者的熱誠，而「臺灣認同」並不具備與其對抗的條件。

民進黨

民進黨就像大雜燴，聚集了所有反對國民黨的人，所以對於臺灣的未來展望，黨的方針一直搖擺不定。一九九一年十月，民進黨歷經了黨內的爭辯之後，才制訂出以建立臺灣共和國為方向的黨綱。自此之後，民進黨便自我定位為標榜臺灣民族主義的政黨。但是在作為民主化重要里程碑的一九九一年十二月國大代表選舉上，民進黨慘遭敗北，沒有獲得預期的席位。接著到了一九九六年的第一次總統民選，民進黨再度慘敗。

其後民進黨逐漸修改黨的路線，開始以現實論為訴求的重點，例如強調臺灣與中國並不能劃上等號的「一中一臺論」（後來陳水扁的「一邊一國論」便是源自於此）、「臺灣本來就是獨立狀態，根本沒有必要宣布獨立」等等。民進黨內的主流聲音是走向現實路線，接納李登輝所建立的「中華民國在臺灣」的框架，以透過選舉取得中華民國政權為目標，而非發動獨立戰爭或革命運動。這也正是「臺灣認同」的路線。

然而黨的理念還是維持臺灣民族主義。雖然曾有聲音主張要修改或凍結黨綱，但是這件事到目前為止都還沒有付諸行動。這讓民進黨陷入了矛盾的狀態，一方面基於選舉及統治的現實考量而將重心放在「臺灣認同」，另一方面卻又持續懷抱著臺灣民族主義的理念。

一九九九年五月，民進黨在黨代表大會上通過《臺灣前途決議文》，正式宣布認同臺灣為一主權獨立的國家，名稱為中華民國〉。這等於是以間接的手法訂定了民進黨的基本方針，正當化黨立場的轉變，原本反體制的民進黨改為追求中華民國政權。為了臺灣的生存，民進黨決定善加利用中華民國這層外殼。簡單來說，就是不公開講獨立，而是先透過選舉取得政權，接著透過教育及文化政策鞏固「臺灣認同」思想，確保最後能走民族主義的方向。民進黨稱這個方針為「新中間路線」，並推出陳水扁（一九五〇—）角逐二〇〇〇年的總統大選。

陳水扁在二〇〇〇年的總統大選中達成連任，這讓過去的反體制派一躍成為中華民國體制內的統治者。陳水扁在總統就職演說上提出了「四不」（不會宣布獨立，不會更改國號，不會推動「兩國論」入憲，不會推動統獨議題公投），凍結了臺灣民族主義的理念。

從政治勢力圖來看，民進黨在臺灣剛民主化之後，地方上的民意支持度較薄弱，並不具備與國民黨抗衡的實力。但是民進黨在縣市及鄉鎮層級上持續經營，終於逐漸獲得民眾的認同，鞏固了民進黨在地方上的民意基礎。雖然在立法院的席次並沒有過半，但是陳水扁在二〇〇四年的總統大選中順利連任，由此可看出民進黨的勢力正在逐步擴大。民進黨在進入陳水扁的第二任期之後，再度將施政的方向切換至臺灣民族主義的路線上。

族群與政治

本省人與外省人

民進黨的前身，是所謂的「黨外運動」，當時存在著「統治勢力＝國民黨＝外省人」的觀念，而本省人對外省人的反感形成了在背後支持黨外運動的原動力。筆者在前文曾經提過，國民黨、民進黨這兩大政黨分別是以兩個極端的民族主義為根源，但其中還隱含著無法完全以理論來解釋的強烈情結。

統獨之爭只是政策上的抉擇問題，多數人的心態是傾向維持現狀，但在民眾的深層心理之中，另外還存在著情感上的好惡問題。對於中華民國體制的觀感，一直是在臺灣區分支持政黨的重要基準。也就是對於第二次世界大戰之後就一直統治臺灣的中華民國體制，是完全接納還是排斥的差別。而在此觀感的背後，夾帶著如何看待戰前的日本，以及對戰後日本的好惡情感問題。

有些人尊敬蔣介石、蔣經國父子，且完全能夠適應國民黨的統治體制，但也有些人心生厭惡，因而參與或認同民主化運動。這兩種人的歷史觀截然不同，分別由國民黨和民進黨的黨員（及忠心的支持者）所抱持，從中可看出非常明顯的省籍差異。

然而實際上的結構並沒有那麼單純。在此兩者之間，還存在著形形色色的人，例如對歷史認知淡薄的人、族群意識較薄弱的人、厭惡兩陣營對立關係的人，以及抱持牆頭草心態的人。維持現狀的「臺灣認同」就是在這樣的環境下醞釀成形。

從人口結構來看，閩南系本省人約七三％，佔了壓倒性的多數。假如臺灣的政治完全取決於族群，民主化後的臺灣政治結構應該會更加單純才對。然而實際上在民主化後，國民黨依然能維持拉攏本省人的統治結構。閩南系本省人有些支持國民黨，有些支持民進黨，而客家系本省人則大多支持國民黨。

換句話說，國民黨的支持者是多數的外省人及大約一半的本省人，而民進黨的支持者則是大約一半的本省

v 民進黨在一九九五年五月的全國黨代表大會上通過的基本方針文件。為了配合陳水扁的新中間路線，實質凍結了提及臺灣獨立及制訂新憲法的臺獨黨綱。這是民進黨內第一份承認「中華民國」名稱的文書，內容並明確定義當前的現況為「一九九二年的國會全面改選、一九九六年的總統直接民選、以及修憲廢省等政治改造工程，已使臺灣事實上成為民主獨立國家」。

人。身為本省人卻支持國民黨，可能基於各種不同的理由。有些人是因為認同中國民族主義，有些人是因為可以從國民黨的統治結構中獲取利益，有些人則是因為高學歷、高所得而具有較強的體制意識。

在威權主義體制之下，外省人與本省人之間有著上下階級關係，外省人相對於本省人往往擁有特別待遇及優越感。這反映出國民黨逃到臺灣後，以臺灣為反攻大陸據點的政治社會結構。但是民主化之後，在數量優勢的推動下，屬於多數派的本省人開始在政治上嶄露頭角。對於臺灣的認知，也是以離開了大陸好幾代的本省人的認知為主流，臺灣自然而然進入了價值觀的核心。因此對外省人來說，民主化剝奪了外省人的既得利益，而臺灣化則將外省人作為精神支柱的中國排除在外（去中國化）。即使是第二代、第三代的外省人，也傳承了這樣的看法，只是在程度上或許有些不同。

因此在一九九〇年代，許多外省人都強烈排斥李登輝所推動的民主化及臺灣化政策。他們將李登輝視為敵人，認為李登輝是讓國民黨變質的罪魁禍首。雖然李登輝政府還是會拔擢外省人為閣員，也從來不曾制訂出任何損及外省人權利的法令，許多外省人還是覺得自己是受害者。

一九九三年，一群對李登輝抱持不滿的外省籍政治人物退出國民黨，組成了一個繼承中國民族主義的新政黨，名為「新黨」。黨主席郁慕明曾感慨「不知道從何時開始，在臺灣想說『我是中國人』這句話會感到很痛苦、很不自在」，並強調都是李登輝、陳水扁等人煽動了省籍情結。

對於支持新黨的外省人來說，「中國人」為國族觀念，而「臺灣人」為地域觀念。新黨的基本盤是外省人，大多來自於臺北市等大都市，但靠著批判李登輝政府的貪污腐敗、政權僵化導致的行政效率低落等等，以及對中國的積極表態，也獲得了都市地區部分本省籍中間選民的支持。

在大多數外省人的心裡，顛覆中華民國、推動臺灣獨立就像是一場剝奪了自身族群的安身之地、存在意義及過去貢獻的噩夢，因此這些外省人對民進黨非常警戒。為了打壓臺獨人士，他們不惜與中國共產黨攜手合作。不過在外省人之中，還是有一些人抱持「臺灣認同」，甚至有少數人支持臺灣獨立。

客家人

客家人在省籍上與閩南系同為本省人，但政治傾向相當複雜，會隨著居住地區而有所不同。北部的客家人大多支持國民黨，而南部的客家人則有些支持國民黨，有些支持民進黨。客家人的人口比閩南人要少得多，移民的時期也較閩南人晚。在清朝時代，客家人常為了爭取土地和河川資源而與佔多數的閩南系居民發生爭執。

民主化之後，隨著閩南系本省人的意識抬頭，客家意識也抬頭。閩南系的本省人通常將臺灣人的語言分成北京話、臺灣話、客家話及原住民語言。但是在客家人的眼裡，這種只把閩南話當成臺灣話的區分方式相當不公平。同樣的道理，大多數客家人也對閩南人自稱臺灣人的言行相當不滿。

客家意識較強的客家人，會將民進黨視為仰賴閩南人的族群意識博取支持的政黨。在國民黨的統治之下，客家話及客家文化同樣遭到打壓，與閩南話、閩南文化無異，因此客家人也對國民黨很反感。但是客家人對於抱持自我本位主義的閩南人同樣保有戒心，這樣的客家意識造成了對民進黨的警戒心態。權衡比較之後，多數的客家人傾向支持國民黨。不過還是有客家人的本省人意識比客家意識更強，內心認為反抗國民黨比起劃分閩南、客家更加重要。像這樣的客家人，就會支持民進黨，但這在客家族群屬於少數派。

原住民

原住民只佔總人口的二％，比例相當小，而且又區分成十六族，所以政治上的影響力可說是微乎其微。但是在選舉戰略上，原住民是相當重要的關鍵族群。臺灣的各主要政黨為了強調對族群融合的認同，以及為了展現出幫助弱勢的立場，因此都打出了各種關懷原住民教育、文化及生活的政策。

尤其是想要推進臺灣民族主義、反對「一個中國」原則的民進黨來說，強調原住民政策更是具有特別的意義。原因是，原住民的存在，彰顯了臺灣擁有與中國大陸不同的歷史、民族及文化，讓世人能夠對「臺灣國族」一詞發揮更大的想像。因此民進黨總是非常積極地提出原住民政策，不僅承認原住民的「自然主權」，更進一步推動「原住民族自治」。

但是原住民的各部族對於民進黨的態度都頗為冷淡。最大的理由，就在於原住民的生活環境太過嚴苛。原住民的失業率是臺灣全體人口失業率的三倍，而且原住民孩童的教育環境也遲遲沒有獲得改善。這使得原住民對於政治人物所提出的承諾不抱任何期待。而且在原住民的生活環境中，剝奪他們的生存權或者與他們對立的族群，主要不是外來的國民黨或是外省人，而是本省人。

因為日本統治時代及國民黨統治時代都採行同化政策的關係，原住民的各部族語言及文化都面臨失傳的危機。但是在原住民的記憶及歷史觀之中，若要問到底是什麼讓原住民面臨今天的窘境，終究得歸咎於閩南系及客家系的漢人移民導致原住民的生活空間受到壓迫。因此原住民無法信任以本省人的支持為基本盤的民進黨，反而更傾向於支持地位在本省人之上的國民黨。

如上所述，四個族群分別擁有自己的歷史觀，政治立場也是錯綜複雜[10]。不論在任何一個團體之中，必定有人希望宣揚族群意識，也必定有人不這麼希望。不管哪一個政黨，都是以推動族群融合共存為政策，但由於選舉必定會從選票上分出勝負，族群意識的提升成了難免的結果。在選舉活動中刻意挑起族群對立，容易引發其他團體的抨擊，因此對族群意識上的訴求大多是透過私底下的口耳相傳。不過近年來年輕一輩已經出現族群意識上的變化，因此對於族群之間關係的認知也必須隨著時代而改變。

民主化與選舉

臺灣的選舉

選舉在臺灣是一大盛事，這點即使是日本人也時有耳聞。很少有日本人會對選舉感到興奮，因此大多數日本人見了臺灣的選舉盛況都會感到驚訝。明明是枯燥乏味的選舉造勢集會，卻能夠吸引成千上萬的人，不畏風雨到場聆聽演講，還不時拍手及喝采。為什麼選舉能夠讓臺灣人如此狂熱？這股熱情到底從何而來？

最能讓整個臺灣陷入高潮的選舉，當然就是總統選舉了。但即使只是地方上的縣市長選舉，民眾的熱情與興奮也是毫不遜色。臺灣的總統選舉及地方上的縣市長選舉，不僅事關接下來的四年將由誰執掌政權，更可從中看出不同社會勢力的實力競賽到底由哪一方勝出。臺灣到底是一個什麼樣的地方？臺灣未來該何去何從？臺灣的居民到底是什麼人？這些與自我主體意識有關的立場，都會在選舉的時候互相衝擊、激盪。各種主體意識、族群、團體及地方派系互相較勁，不同領域的勢力鬥爭互相影響，經過非常錯綜複雜的過程，最後才決定出當選者。

事實上臺灣人特別重視選舉，也是威權主義時代所遺留下的風氣。臺灣即使是在威權主義體制期間也會實施地方選舉。而且在不影響國民黨一黨專制的前提之下，也曾實施立法委員的部分改選。在冷戰時代，由於國民黨政府自詡為「自由陣營」的一員，因此在選舉期間多少會放寬對民眾的限制。這使得選舉活動成為戒嚴令之下少數的自由空間之一。由於政治活動在平時完全遭到禁止，不難想像反國民黨的勢力在選舉上會投注多大的熱情。

政治的「政」在日文中與「祭典」同音（まつりごと），而臺灣的選舉就像是一場盛大的祭典。抬神轎的人越多，看熱鬧的人就越多。遊行的隊伍把氣氛炒得熱絡，就會有更多人加入遊行的行列。基於臺灣的政治習慣，抬神轎的人也會因為做了人情而得到一些好處。就跟其他國家的選舉一樣，每一座神轎會在圍觀者的面前分出高下，但臺灣選舉的最大特色，就是圍觀者也會被拉進神轎的隊伍之中。政策優劣的爭論並不是沒有，但是比重相當小。當自己抬的神轎比別人的神轎更加氣派，抬神轎的人就能獲得優越感。批評對方的神轎像破銅爛鐵是家常便飯，而遭批評的一方會認為自己所屬的集團遭到侮辱，立刻還以顏色，雙方開始你一言我一語地互相謾罵。

選舉的結果，攸關自己能不能保住面子，因此就算原本只是圍觀者，也會輕易受到煽動而跟隨神轎的隊伍前進。而且圍觀者在加入隊伍的時候，還會設法把其他的圍觀者也拉進隊伍之中。兩組神轎的人馬互相對峙，比較人數的多寡時，旁邊還會有一些伺機而動的圍觀者，看清楚了人數優劣之後，會加入人多的那一方。因此在實際開票之前，選舉的局勢每天都會發生變化。有人說臺灣人很會計算利益得失，但是在選舉這件事上，臺灣人往往會為了面子或人情而拋棄利益，更是讓選舉的不確定性大增。

到底誰輸誰贏，往往得到最後一刻才會揭曉，群眾的關心程度及情緒當然也會更加高漲。投票前一天的造勢集會，若以日本人容易理解的例子來比喻，氣氛就像是世界盃足球賽的日本代表隊要出發前所舉行的預祝活動。支持者深信候選人一定能夠順利當選，不斷拚命祈禱及吶喊，正如同球迷深信代表隊一定能夠旗開得勝，不斷拚命祈禱及吶喊。在這個名為選舉的盛大祭典活動當中，抬轎者與圍觀者之間的一體感所形成的相乘效果，正是臺灣選舉活動令群眾為之狂熱的幕後因素。

臺北市長選舉

挑起族群對立的第一場選舉，就是一九九四年的臺北市長選舉。自一九六七年升格為院轄市之後，臺北市長都是由中央政府直接任命，民主化之後才恢復民選。主要的參選人有三人，分別是原本官派時代的臺北市長黃大洲（國民黨、本省人）、以及陳水扁（民進黨、本省人）、趙少康（新黨，外省人）。

陳水扁出身於臺南的貧困農家，積極參與「黨外運動」，具有很強的本省人意識，抱持臺灣獨立的理念。趙少康陣營在選戰中打出「中華民國保衛戰」的口號，數次動員外省籍的支持群眾，在臺北市內舉行大型造勢集會，批評李登輝及陳水扁。過去的臺灣從來不曾出現過如此強大的集結力量，喚起了本省人的危機意識，就連原本對政治不感興趣的人也積極投入選戰之中。陳水扁在選戰中完全不提臺灣獨立，只以「希望、快樂」為口號，強調市政改革，但是選舉活動的會場仍明顯表現出對新黨及趙少康的反感。

選戰演變成了本省籍的陳水扁與外省籍的趙少康的對抗局面。各種涉及省籍的言論此起彼落，雙方陣營的敵對意識自然也越來越高漲。最後的得票率為陳水扁四三・七%、趙少康三〇・二%、黃大洲二五・九%，陳水扁成功過關，讓民進黨第一次拿下臺北市長寶座。

這個時期各政黨之間的全面競爭才剛開始沒多久，大家都還摸不清楚民主化之後的政黨政治會怎麼發展，不瞭解主要的爭議點會是該重視自由市場競爭還是社會福利這類政策議題，還是對腐敗黑金政治及政治改革的立場，抑或是族群意識的問題。事實上在一九九〇年代前期，許多專家都預測區分本省、外省的省籍情結會隨著歲月而慢慢消失。

然而在一九九四年的臺北市長選舉中，本省人與外省人的對立情結卻徹底浮上檯面，令樂觀的專家跌破了眼鏡。對於日常生活中不曾意識到省籍問題的民眾，這場臺北市長選舉也帶來了相當大的衝擊。許多人為了支持哪個候選人的問題而與朋友或同事發生口角，造成人際關係的摩擦。筆者曾經親眼看過好幾個這樣的例子。選舉雖然是民主化的成果，卻也喚醒了沉睡中的省籍意識。

不過同時進行的臺灣省長選舉，卻朝著完全相反的方向發展。扣除了臺北市及高雄市之後，臺灣本島大部分地區都屬於臺灣省的管轄範圍，人口絕大多數都是本省人。臺灣省長由官派改為民選，被視為總統民選之前的過渡性措施。臺灣省長的選舉只舉辦過一次，其後到了一九九八年就實施了「精省」。

在這場選舉，李登輝刻意挑選外省籍的宋楚瑜為國民黨的候選人，並提出「只要是肯為臺灣做事的人，不管什麼時候來到臺灣，都是臺灣人」的新臺灣人主義，打了一場以族群融合為訴求的選戰。雖然後來李登輝與宋楚瑜反目成仇，但是在一九九四年的當下，李登輝在為宋楚瑜拉票的時候，曾說宋楚瑜是「吃臺灣米、喝臺灣水長大，與我們共同打拚的臺灣人」。

另一方面，民進黨則推出陳定南（本省人）為候選人，並且在選戰中主打族群意識，提出「臺灣人應該把票投給臺灣人」的主張，但是並沒有獲得廣泛的支持。得票率為宋楚瑜五六・二％、陳定南三八・七％，宋楚瑜大勝。宋楚瑜雖然是外省人，但是本省人大多考量到政績、行政能力及所屬政黨等候選人條件，最後還是把票投給了宋楚瑜。一九九四年的臺北市長選舉及臺灣省長選舉出現了南轅北轍的結果，由此可看出當時臺灣政治的主軸還處於搖擺不定的階段。

到了一九九八年的臺北市長選舉，省籍問題再度浮上檯面。陳水扁在擔任臺北市長的四年期間，不僅整肅了市府職員的綱紀，而且也積極改善臺北市內的交通問題，市民的滿意度頗高。憑藉著現任市長的知名度及任內表現，一般認為他獲得連任的機會相當大。

與陳水扁對抗的候選人，有國民黨的馬英九（外省人）及新黨的王建煊（外省人）。新黨嚴厲抨擊李登輝所率領的國民黨是一個黑金腐敗的政黨。但是支持新黨的外省人，卻把票投給了國民黨的馬英九，而非新黨的王建煊。從這個行動可看出，外省人無論如何都要讓陳水扁落選，即使拋棄自己所支持的政黨候選人也在所不惜。得票率為陳水扁四五・九％、馬英九五一・一％，而王建煊只有三・〇％，陳水扁落選了。

臺北市以外的本省人對臺北市長選舉的結果相當不滿。由於外省人對陳水扁表現出了非常強烈的排拒感，反而激發起了閩南系本省人的族群意識。這股族群意識在閩南系本省人的人口比例較高的南部及中南部持續滲透，成為陳水扁在二〇〇〇年的總統大選中獲得高票的主因。

一九九六年總統選舉

接著來看看各種選舉當中最重要的總統選舉。一九九六年三月的總統選舉是第一次的總統民選，不僅是民主化的重要里程碑，更是「臺灣認同」發展的重要起點。這場選舉的候選人共有四名，分別為國民黨的現任總統李登輝（本省人）、民進黨的彭明敏（本省人）、獲得新黨支持的林洋港（本省人），以及無黨籍的陳履安（外省人）。李登輝在國民黨內的地位相當穩固，因此在相當早期的階段，就可以預期國民黨是由李登輝出來參選。副總統候選人則是當時擔任行政院長的連戰。

當時在國民黨內，一般認為唯一能跟李登輝一較高下的人物，是當時擔任司法院長的林洋港。林洋港知道國民黨不會推舉自己為候選人，因此打算與新黨聯手對抗李登輝。另一方面，由於新黨是以外省人為主的政黨，黨員考量臺灣的人口結構，認為推舉外省人出來參選總統並不是明智的做法，因此也在尋求合適的本省籍候選人。雙方的想法一拍即合，林洋港於是在新黨的支持下出馬角逐總統職位，副總統候選人則是當時軍旅出身的外省籍政治人物當中最具實力的郝柏村。

民進黨則於內部先進行了一次黨內初選，角逐者是中間路線的許信良及獨派的彭明敏，最後由彭明敏勝出，獲得民進黨提名。彭明敏是臺獨運動的精神領袖，長年流亡海外，直到一九九二年才回到臺灣。此時的民進黨正值方向轉換期，選戰中的訴求主軸還不明確，不曉得該走強調臺灣民族主義的路線，還是該走強調有能力取代國民黨統治臺灣的路線。

第四名候選人是陳履安。陳履安是陳誠的兒子，而陳誠是蔣介石的得力助手，曾經擔任臺灣省主席，陳履安自己也曾經擔任國防部長及監察院長，在當時頗有聲望。他批評現有的政黨，以無黨籍的身分出馬角逐總統，一度成為世人注目的焦點。

這場選舉的觀察重點，在於過去採行一黨專制的國民黨在民主化之後是否依然能維持政權。就像是一塊試金石，考驗身為外來政權的國民黨能否為佔臺灣人口大多數的本省人所接納。

李登輝在一九九五年的訪美之行，為這場選戰帶來了相當大的影響。雖然只是私人行程而非正式外交拜訪，但是對於長年在國際上遭到孤立的臺灣人而言，李登輝在康乃爾大學以「民之所欲，長在我心」為題的演講，可說是相當輝煌的外交成果。就連平日排斥國民黨的民進黨支持者，也大多讚揚李登輝的訪美之行，認為李登輝此舉「讓世人知道臺灣的存在」。

但李登輝訪美也讓中國大為震怒，中國一方面嚴厲批判李登輝，另一方面更在對岸實施軍事演習，對臺灣施加壓力。隨著選舉逐漸逼近，中國為了阻止李登輝當選，更是持續展開大規模的軍事演習，朝著臺灣北部的基隆外海及南部的高雄外海試射飛彈。對此李登輝表現出絕不屈服的強硬態度，還曾經以臺語的「空包彈」來形容中國所發射的飛彈，成功安撫了驚恐不安的臺灣人，展現出過人的領導能力[11]。

中國的恐嚇，激起了臺灣人對中國的反感，也提升了「臺灣認同」的強度。但是民眾的支持對象不是民進黨，而是國民黨的李登輝。一場候選人多達四名的選舉，一人要拿到過半數的選票並不容易，而李登輝的得票率竟高達五四・〇%，民進黨的彭明敏只有二一・一%，林洋港一四・九%，陳履安一〇・〇%。

李登輝勝利的原因除了訪美及中國的恐嚇之外，還有另一個重要因素，那就是李登輝的政治立場在臺灣的兩極化民族主義生態中找到了絕佳的位置。李登輝將臺灣的未來發展定位為中華民國的臺灣化，將追求中國民族主義的新黨及追求臺灣民族主義的民進黨推向政治舞臺的兩個極端，藉此鞏固了懷抱「臺灣認同」且排斥激烈變化的中間選民的支持。

接下來李登輝繼續依循「臺灣認同」推動教育及文化政策，並在一九九九年以「兩國論」集其大成。「兩國論」將兩岸關係定位在「國家與國家，至少是特殊國與國的關係」。雖然這番話理性論述了中華民國與中華人民共和國隔著臺灣海峽的相對關係，而且符合臺灣內部大多數人對現況的認知，卻引來中國的強烈反彈，中國再度以軍事演習向臺灣施壓。

二〇〇〇年總統選舉

二〇〇〇年的總統選舉，考驗的是臺灣的民主化是否已經上了軌道。在選舉的洗禮下誕生兼具正當性及安定性的政府，可說是民主化的重要成果之一。這場選舉實質上是由三人角逐總統寶座。國民黨推出的是以李登輝接班人自居的連戰，民進黨推出陳水扁，此外還有脫離了國民黨的宋楚瑜，以無黨籍的身分參選。

這場選戰的重點，在於如何追求兩岸關係的安定及國內的改革。陳水扁擁有擔任臺北市長時的政績，大多數人都認為他有能力推動國內改革，但也有很多人擔心如果讓他當上總統，兩岸關係將發生巨大的變化。因此陳水扁陣營打出新中間路線的口號，盡量不提及臺灣民族主義，只把訴求的重點放在政黨輪替後將會改革腐敗的黑金體制。另一方面，連戰則是和四年前的李登輝一樣，主打「安全牌」及強調改革決心。但是民眾都抱持懷疑，認為他可能無法大刀闊斧改革黑金問題。而且在李登輝的「兩國論」已經引起中國強烈反彈的情況下，強調把臺灣交給國民黨就一定安全的「安全牌」也變得效果薄弱。

在配套政策方面，較有利的是宋楚瑜。他刻意與李登輝的「兩國論」保持距離，表現出改善兩岸關係的企圖，並且嚴厲批判國民黨的腐敗黑金政治體質。宋楚瑜挑選高雄出身的張昭雄（本省人）作為副總統候選人，藉此營造出族群平衡與超黨派的形象。宋楚瑜在擔任臺灣省長期間，對於地方人士所提出的要求都細心應對，因此聲譽頗佳，贏得了包含國民黨地方派系領袖在內的閩南系本省人的支持。宋楚瑜雖然是外省人，但是在閩南系、客家系及原住民之中都有不少支持者，聲勢遠大於過去以外省人為主的新黨。然而在選戰期間，宋楚瑜遭到對手揭發金融醜聞（興票案），導致原本一路領先的氣勢大減，選戰也因此而陷入混亂局面。

另一方面，連戰陣營為了奪回被宋楚瑜分走的退役軍人等外省人選票，在選舉活動中不斷向外省人示好，然而這個舉動反而進一步失去本省人的支持。此外，連戰企圖鞏固地方派系支持的種種策略，反而強化黑金腐敗的形象，因此一直到最後都無法提升支持度。相較之下，陳水扁陣營則是利用嶄新的選舉活動來吸引年輕族群，成功帶動了聲勢。投票的一星期前，當時德高望重的中央研究院院長李遠哲以及一些著名的企業家都表態支持陳水扁，更是讓陳水扁成功超越了對手。

宋楚瑜對於興票案的真相一直沒有交代清楚，不過進入司法調查階段之後，民眾對醜聞的關心也漸漸淡了。這件事雖然造成宋楚瑜的支持率下滑，但還不至於成為致命傷，宋楚瑜依然成功舉辦了幾次大型的活動。而且在國民黨的支持者當中，開始出現「棄連保宋」的說法，局勢漸漸轉為對宋楚瑜有利。討厭外省人的本省人看見宋楚瑜的氣勢回升，也開始採取「棄連保陳」的行動。

投票的前幾天，中國的國務院總理朱鎔基以強硬的口吻再次重申絕不允許臺灣獨立，不希望看見陳水扁當選總統。然而這樣的介入干預反而引發了臺灣選民的反感，導致陳水扁成功當選。得票率分別為陳水扁三九・三％、宋楚瑜三六・八％、連戰二三・一％，投票率高達八三％。由於臺灣並沒有不在籍投票或提前投票的制度，因此可以說只要是有辦法投票的選民，全都投下了自己的一票。

除了民進黨支持者的選票之外，陳水扁還獲得了無黨派族群及年輕族群的選票。從省籍的觀點來看投票結果，陳水扁支持度較高的地區都是閩南系本省人較多的地區，而宋楚瑜支持度較高的地區則是外省人、客家人及原住民較多的地區。由此可看出二〇〇〇年的總統選舉刺激了臺灣人的族群意識，不同族群採取不同投票行動的情況變得明顯。

臺灣的政治制度屬於「半總統制」（Semi-presidentialism），與法國及韓國相似。政黨如果無法在國會中保有過半數的席次，就算贏得了總統選舉，權力還是相當有限。陳水扁的得票率只有四成，立法院依然由國民黨掌握過半席次，因此臺灣的政治局勢依然是國民黨佔了優勢。話雖如此，二〇〇〇年的總統選舉畢竟讓戰後就一直統治臺灣的國民黨下野，建立起民進黨政府，衝擊可謂非常大。這一年是民進黨建黨的第十四年。

這次選舉在台灣史上頭一次由選舉實現政黨輪替，也具有歷史意義。雖然有限制，但是台灣的選民感受到自己手中的一票能改變政治的真實感。這是一場證明民主化已經結實的選舉。

臺灣化與對立結構

藍綠兩大陣營

二〇〇〇年的總統選舉，對臺灣的政治結構造成了非常大的影響。選舉結束之後，由黨主席連戰所統率的國民黨放棄了李登輝時代的「臺灣認同」路線，再度向中國民族主義靠攏，並開始整合反臺獨的政黨。連戰抱持著非常強的中國人意識，這點與李登輝不同。

在二〇〇〇年總統選舉中一度聲勢驚人的宋楚瑜，選後創立了親民黨。宋楚瑜的氣勢，主要來自無黨派的清新形象，以及凡事皆以臺灣為重的宣傳詞句。但是後來的親民黨在意識形態上逐漸偏向中國民族主義的立場，與一九九〇年代的新黨有一些相似。

國民黨雖然失去了政權，但依然擁有龐大的組織票及黨資源。另外再加上親民黨，以及新黨，形成了三在野黨聯合陣營，合力對抗陳水扁政權。由於國民黨的象徵色是藍色，所以這個在野黨聯合陣營就被稱作「藍色陣營」（藍營），而立場較偏向中國民族主義的人則被稱作「深藍」。

另一方面，李登輝一改擔任總統期間的立場，創立了一個堅持臺灣民族主義的政黨，名為臺灣團結聯盟（臺聯），李登輝因此遭國民黨開除黨籍。在此之前，獨派只有一些知名的評論家，形成各自表述臺獨立場的分散狀態。在政黨層級方面，主張臺獨的政黨就只有一個名為建國黨的泡沫政黨。李登輝的臺聯成立之後，吸收了這些臺獨人士。臺聯雖然與民進黨之間沒有政策協定，但是明確表態支持陳水扁政府，因此民進黨與臺聯形成了一個執政黨聯合陣營。自從臺聯成為執政黨陣營的一分子之後，獨派也開始在政治上掌握影響力。由於民進黨的象徵色是綠色，所以這個執政黨聯合陣營就被稱作「綠色陣營」（綠營），而立場較偏向臺灣民族主義的人則被稱作「深綠」。

臺灣的政治結構於是形成了兩大陣營對峙的局面，分別是臺灣意識較強的綠色陣營，以及中華民國意識較強的藍色陣營。然而不管是哪一邊，基礎票都沒有過半，因此雙方都是竭盡所能地爭取「臺灣認同」的中間選票。雙方陣營在二〇〇一年十二月的立法委員選舉時正面對決，由**表 2** 可以看出綠營的勢力大幅提升。不過藍營雖然席次減少，還是維持過半。

二〇〇四年總統選舉及立法委員選舉

二〇〇四年的總統選舉，是現任總統陳水扁與在野黨共同支持的候選人連戰單挑對決。

	1998 年		2001 年		2004 年	
民進黨	70	綠營 70 席	87	綠營 100 席	89	綠營 101 席
臺聯	—		13		12	
國民黨	123	藍營 134 席	68	藍營 115 席	79	藍營 114 席
親民黨	—		46		34	
新黨	11		1		1	
無黨籍及其他	21	其他 21 席	10	其他 10 席	10	其他 21 席
合計	225 席		225 席		225 席	

表 2　1998 年、2001 年、2004 年立法委員選舉結果

出處：由筆者根據中央選舉委員會提供的資料所製作。

選戰期間的民意調查，原本是由連戰、宋楚瑜的組合領先，但是陳水扁慢慢迎頭趕上，在最後一刻逆轉勝。得票率為陳水扁五〇・一％，連戰四九・九％，差距之小可說是歷年罕見。陳水扁能獲勝，當歸功於積極主張「臺灣認同」的選舉策略奏效。

陳水扁以二〇〇二年的「一邊一國論」為基礎，不斷重複「我們不能成為別人的附屬品，我們不是別人的地方政府」之類強調臺灣主體性的言論，不拘泥於族群及省籍，展現出「對臺灣這塊土地的愛」。這樣的選舉策略發揮了相當大的功效，不僅提升了閩南系本省人的支持度，讓基本盤處於劣勢的陳水扁陣營鞏固原有的民意基礎，而且還拉攏了許多中間選民。與二〇〇〇年的總統選舉相比便可看得出來，陳水扁在所有縣市的得票率都提升了，而其中閩南系本省人所佔人口比例較高的地區，成長的幅度尤其明顯。投票前一天的槍擊事件，以及事件發生後雙方陣營應對方式的好壞，也對陳水扁產生了加分的效果[12]。

然而陳水扁的選戰策略並沒有明確區分出「臺灣認同」與臺灣民族主義的差異，這一點在臺灣社會內部引發了正反兩極化的感受。雖然來自「臺灣認同」選民的支持度增加了，但是當陳水扁政府想要向臺灣民族主義靠攏的時候，就會引起選民的排斥與不安。

中國一再強調絕對不容許臺灣獨立，這一點對臺灣的居民形成了極大的壓力。中國曾經公開表示，當臺灣策劃獨立、長期拒絕和平交涉，或是有外國勢力介入的時候，就會對臺灣動用武力[13]。中國是否真的會攻擊臺灣，各方看法不一，但是臺灣民眾確實普遍擔心中國的動向會直接威脅臺灣的安定與繁榮。自一九九〇年代之後，隨著臺灣與中國的民間交流越來越頻繁，經濟關係越來越深，中國在臺灣人心中的份量也越來越重。不少臺灣人認為中國越來越巨大，與中國對抗實在不是明智之舉。

二〇〇四年的總統大選激烈地將臺灣切割成了兩半。選舉結束之後，執政黨與在野黨變得更加壁壘分明。二〇〇四年十二月的立法委員選舉，可看出綠營已出現由盛轉衰的跡象。當時的藍營正因為三月的總統選舉敗選而士氣低落，內部一片混亂。相較之下，綠營則因為陳水扁連任成功而士氣大振。選前一般認為綠營應該能夠趁勝追擊，在立委選舉中搶到過半數的席次，或者至少能夠讓藍營的席次不再過半。但是選舉結果從**表 2** 可以看得出來，綠營只拿到一百零一席，距離過半數的一百一十三席還差了十二席。

當然能不能拿到席次，還得看每個選區候選人的個人能力。但是陳水扁在選戰中表現出了「制訂新憲法」的企圖心，還說出了「中華民國的簡稱就是臺灣」、「中國共產黨支持國民黨」、「中國以六百一十枚飛彈恫嚇臺灣」、「臺灣人一定要分清楚敵人跟朋友」等等態度強硬的言論，都讓臺灣的選民開始擔心綠營繼續壯大下去恐怕不是好事。

每個人都想知道，陳水扁政府在推動臺灣化之後的下一個階段，是會繼續朝著臺灣民族主義的方向前進，還是會設法改善臺灣與中國的關係。然而陳水扁政府卻在剩下的三年半任期中，開始陷入無所適從的狀態。立法院因為在野黨的抵制而持續空轉，行政院所提出的每一項重要法案都因為立法院拒絕審議而無法通過。新任監察委員也無法依憲法規定取得立法院的同意，而陷入沒有監察委員的窘境。向美國購買武器的特別預算案，也沒有辦法排入審議程序。國民黨自從在二〇〇四年的立法委員選舉中成功挽回了頹勢之後，開始轉守為攻，靠著「不管什麼都反對」的手段，讓陳水扁政府完全無法運作。

行政部門由綠營掌控，立法院卻是由藍營掌控，導致整個政府的施政陷入癱瘓狀態。自從經歷了民主化之後的一連串風波，執政黨與在野黨之間毫無建設性的對立成了家常便飯，選民對政黨的不信任感也越來越強烈。

立委選舉之後，在野黨陣營中的國民黨與親民黨的關係惡化，陳水扁看準了這一點，打算藉由拉攏親民黨來瓦解在野黨陣營。陳水扁延請宋楚瑜作為拜訪中國的代表，並以陳、宋兩人的十項共識作為回饋。這公布於二〇〇五年二月的十項共識，令綠營的支持者大驚失色。雖然這些共識的大致框架與陳水扁在二〇〇〇年五月的總統就職演講內容相去不遠，但如果對照陳水扁在二〇〇四年選戰中那些傾向臺灣民族主義的強硬言論，不免給人突然走回頭路的印象。因此十項共識一公布，立刻引來李登輝及臺聯等獨派人士的嚴厲抨擊。

對於獨派人士的批判，陳水扁做出以下的反駁：「在我的任期之內，要我把國號改為臺灣共和國，我做不到。李登輝前總統在他的十二年總統任期內，他也沒有做到。縱使今天總統給他做，他也做不到。」然而這番話聽在批判者的耳裡，卻只是火上加油。

由於在兩岸政策上，陳水扁與宋楚瑜原本就水火不容，因此兩人的蜜月期並沒有維持太長的時間，很快就恢復了對立。親民黨變得比以前更加強硬地反對陳水扁政府，行政院與立法院的對立也變得更加嚴峻。陳水扁為了突破少數黨執政的困境而做的努力不僅徒勞無功，反而還因為耍手腕的關係而喪失了民進黨支持者的信任。陳水扁政府除了少數黨執政的問題之外，總統、行政院及執政黨之間也出現溝通不良的狀況，從改善民眾生活的角度來看，政績並不理想。

中國的攻勢與臺灣的分裂

中國在二〇〇五年三月制訂了《反國家分裂法》，成為對臺灣行使武力的法源依據。據說原本要制訂的是更加強硬的《國家統一法》，後來改成了《反國家分裂法》，已經是軟化後的版本，但即使如此，還是足以令臺灣及國際社會人心惶惶。

民進黨針對《反國家分裂法》提出嚴厲聲明，認為這是「改變兩岸現況，破壞臺灣海峽和平的戰爭法」。在中國制訂《反國家分裂法》不久後，民進黨立刻發起一百萬人的抗議遊行，向國際社會表達臺灣的不滿。然而就在陳水扁政府一股腦地反抗中國的時候，中國除了以強硬態度制訂《反國家分裂法》，還使出了收買人心的手段。

胡錦濤政府一方面對於宋楚瑜訪中表現出樂觀其成的態度，另一方面竟然搶先招待國民黨主席連戰，將了陳水扁一軍。國民黨主席連戰在二〇〇五年四月首次拜訪中國，與共產黨總書記胡錦濤對談。這場對談吸引了世人的目光，被視為中國國民黨與中國共產黨達成和解的歷史時刻[14]。

中國與臺灣的溝通，是以「一個中國」作為前提。當臺灣想要改善與中國的關係，這個前提就成了最大的問題。對於中國共產黨而言，「一個中國」指的當然是中華人民共和國，而臺灣是中國的一部分。所以對於陳水扁及民進黨而言，這是個不可能接受的前提。相較之下，國民黨則主張「一個中國」指的是中華民國。這就是所謂的「一中各表」，雖然國民黨與中國共產黨對於「中國」的解釋並不相同，但是在「一個中國」上，雙方的立場卻是一致的。這個「一中各表」的論點，對於國民黨來說，就像是維持中華民國主權的生命線。胡錦濤政府為了建立與國民黨的對話，也不否定國民黨的想法。雙方靠著這種曖昧不明、模稜兩可的立場達成了共識，這就是所謂的「九二共識」。

中國的策略令陳水扁一時不知所措，對於連戰該不該訪中的說詞搖擺不定，行政院及民進黨也全亂了方寸。中國利用在野的國民黨營造出兩岸關係改善的氛圍，將陳水扁政府逼上窘境的謀略，可說是極為成功。藉由這種無視臺灣政府，直接和在野黨陣營進行協商的手法，中國政府可說是將陳水扁政府耍得團團轉。緊接著，中國又公布了許多政策，想盡辦法向臺灣居民示好。例如贈送貓熊、對臺灣水果進口大陸採優惠措施，以及減免臺灣學生到中國大學就讀的學費等等。不僅如此，中國還積極主導各種兩岸交流活動，以各種名義招待臺灣的農業團體幹部、國民黨的縣市層級幹部、退役軍人及藝文人士至中國參訪。

中國打算以香港所採行的「一國兩制」來說服臺灣民眾，但是臺灣民眾並無意願接受這套「一國兩制」。尤其是在一九九七年香港歸還中國之後，臺灣人親眼目睹北京的影響力在香港政壇日益壯大，「一國兩制」對臺灣人而言更是缺乏吸引力。在臺灣不論任何一份民意調查，對「一國兩制」的支持率都極為低迷，在這一點上，臺灣的民意是有共識的。

但是另一方面，雖然「臺灣認同」在一定程度上已經受到普遍接納，但是對於該和中國維持什麼樣的關係，民意卻出現了分歧。李登輝和臺聯秉持的是臺灣民族主義的立場，主張拉開臺灣和中國的距離，不僅推動將中華改成臺灣的「正名運動」，而且主張應該「制訂新憲法」來宣示臺灣的獨立主權。陳水扁為了鞏固自己的政權，也表達了贊同之意。而國民黨則反對臺灣民族主義，主張應該和中國持續對話。中國也隨著國力的壯大，不斷施展各種策略，企圖扭轉臺灣的民意。

臺灣認同的普及

馬英九政府

國民黨在二〇〇〇年之後聲勢每況愈下，連戰在二〇〇五年八月卸下黨主席職位，由馬英九（一九五〇—）繼任。曾經擔任臺北市長的馬英九，擁有超高的知名度及聲望，他以黨內改革為訴求，成功為國民黨重建清新形象，讓國民黨聲勢大振，重新展現出奪回政權的企圖心。相較之下，民進黨不管是國內政治還是兩岸關係都遇上了瓶頸，陷入事事掣肘的窘境。二〇〇五年十二月的縣市長選舉，國民黨大勝而民進黨大敗。

不僅如此，陳水扁的親信及家人又相繼遭揭發金錢醜聞，陸續有民間團體發起要求總統下臺負責的抗議活動。二〇〇六年九月，臺北市街頭幾乎每天都擠滿了反陳水扁的遊行隊伍。二〇〇六年十一月，總統夫人遭起訴，陳水扁幾乎可說是被逼上了絕境。

這個時期的陳水扁為了維護號召力，開始往獨派靠攏，企圖藉由強調臺灣民族主義，來為自己爭取一條活路。但是他推動「以臺灣名義加入聯合國公投」的做法，不僅惹惱了中國，也導致臺美關係惡化。至於民進黨內部的其他人，此時則各自盤算著如何在陳水扁卸任後獲取最大利益，早已把身為執政黨的政策提案工作拋在腦後。陳水扁的政府就這麼在施政不彰的情況下退場，中間選民對民進黨大失所望，批評的聲浪如排山倒海而來。

馬英九的父母都是中國大陸出身的外省人，本人則在一九五〇年出生於香港，之後立即被家人帶來了臺灣。馬英九生長在中國民族主義觀念極強的家庭，學生時期曾經參加保釣運動（主張釣魚臺列島主權的抗議活動），對日本表達強硬的捍衛領土立場。馬英九於哈佛大學攻讀博士，鑽研國際法，回臺後擔任蔣經國總統的祕書，在黨國體制之中逐步往上爬。他清楚掌握了臺灣政局的變化，主動學習臺語（閩南話），並且在言談中適度論及「臺灣化」。

馬英九認為國民黨要贏得選戰，勢必要修正中國民族主義的路線，因此立場開始逐步偏向「臺灣認同」。另一方面，民進黨為了對抗馬英九，開始往臺灣民族主義的方向靠攏。但是這樣的做法，等於是把「臺灣認同」的選票送給馬英九。中國共產黨也很期待身為外省人的馬英九能夠當選總統，但是馬英九已經公開表態「不統不獨」，也就是維持現狀。

二〇〇八年一月的立法委員選舉，首次實施新制度。委員席次減半，採用單一選區（小選區）制。國民黨拿到將近四分之三的席次，民進黨大敗（**表3**）。接著到了三月的總統選舉，民進黨提名謝長廷（曾任高雄市長、行政院長），試圖維持政權，但提名馬英九的國民黨成功奪回政權。謝長廷批評馬英九是抱持抗日思想的中國人，選舉結果卻是徹底慘敗。此時臺灣民族主義的勢力確實已擴大，但還不到過半數的程度[15]。

身為外省人的馬英九當選總統，意味著臺灣政治中的族群意識正在下滑。有人認為「馬英九能當選是因為陳水扁做得太爛」，但如果馬英九打從一開始就以統一為訴求，恐怕還是無法順利當選。雖然族群因素還是不容忽視，但是國家認同的路線問題及兩岸政策更加重要。

馬英九一上任，旋即展開與中國的協商，迅速實現了兩岸直航及中國觀光客來臺旅遊，並在二〇一〇年締結了相當於兩岸自由貿易協定的《海峽兩岸經濟合作架構協議》（ECFA）。隨著中國經濟的快速成長，臺灣經濟成為大中華經濟圈分工結構中的一分子，對中國的依賴越來越強。大量臺灣企業家遠赴中國發展，與家人一同住在中國，同時也有許多學生前往中國就讀大學。

馬英九的政府帶有雙面性格，一方面加深與中國的合作藉此削弱獨派勢力，另一方面卻又向中國強調中華民國的存在，在實質上拒絕與中國統一。民進黨批評馬英九政府的兩岸政策將會損及臺灣的自立能力，而國民黨則批評民進黨的兩岸政策太過自我封閉，會傷害臺灣的經濟發展。雖然雙方陣營都主張維持現狀，強調將會維持臺灣在本質上的國家運作模式，但做法卻是截然不同。由於藍綠雙方的心結太深，完全不信任對方，因此臺灣內部無法進行對話。雙方陣營的激烈對峙，可說是民主化之後的臺灣政治所無法逃避的命運安排。

二〇一二年一月的總統選舉，馬英九擊敗民進黨的蔡英文，成功獲得連任。同時舉行的立委選舉，國民黨也獲得了過半數的席次。馬英九成功連任的最大原因，在於他改善了兩岸關係，而

<table>
<tr><th></th><th colspan="2">2008 年</th><th colspan="2">2012 年</th><th colspan="2">2016 年</th></tr>
<tr><td>民進黨</td><td>27</td><td rowspan="3">綠營 27 席</td><td>40</td><td rowspan="3">綠營 43 席</td><td>68</td><td rowspan="3">綠營 73 席</td></tr>
<tr><td>臺聯</td><td>0</td><td>3</td><td>0</td></tr>
<tr><td>時代力量</td><td>—</td><td>—</td><td>5</td></tr>
<tr><td>國民黨</td><td>81</td><td rowspan="3">藍營 82 席</td><td>64</td><td rowspan="3">藍營 67 席</td><td>35</td><td rowspan="3">藍營 38 席</td></tr>
<tr><td>親民黨</td><td>1</td><td>3</td><td>3</td></tr>
<tr><td>新黨</td><td>0</td><td>0</td><td>0</td></tr>
<tr><td>無黨籍及其他</td><td>4</td><td>其他 4 席</td><td>3</td><td>其他 3 席</td><td>2</td><td>其他 2 席</td></tr>
<tr><td>合計</td><td colspan="2">113 席</td><td colspan="2">113 席</td><td colspan="2">113 席</td></tr>
</table>

表 3　2008 年、2012 年、2016 年的立法委員選舉結果
將 2016 年的親民黨納入藍營似乎並不妥當，但基於過去藍綠結構的連續性，姑且不加以更動。
出處：由筆者根據中央選舉委員會提供的資料所製作。

且他維持現狀的「不統不獨」路線也獲得了選民的正面評價。值得注意的是馬英九兩度當選總統，並不代表「臺灣認同」勢力的衰退。事實上根據觀察結果，馬英九上臺之後，臺灣民意中的「臺灣認同」反而有增強的趨勢。臺灣的主流民意，是既希望維持臺灣自立，卻也希望藉由與中國的交流獲得經濟成長，馬英九可說是相當巧妙地掌握了臺灣人的心理[16]。

但是民意的風向逐漸出現了變化。馬英九在上臺前開出提高經濟成長的政治支票，但是上臺後臺灣的經濟成長卻陷入低迷，國內的改革也一直停滯不前。當初馬英九那套「加強兩岸經濟往來能夠拉抬臺灣經濟」的說法開始受到質疑。人氣下滑了後，馬英九從第二任期開始把重心放在追求兩岸關係的歷史政績，例如舉行馬習會（馬英九與習近平的直接對談）。但是在與北京進行策略性交涉的過程中，馬英九對於他在第一任期內所堅持的原則開始出現了妥協的跡象，導致臺灣的民意有越來越多的聲音認為「馬英九的兩岸政策一味倒向中國大陸」[17]。二〇一三年六月，兩岸簽署《海峽兩岸服務貿易協議》，但是在立法院內的審查遲遲無法通過，馬英九政府失去耐性，在二〇一四年三月企圖強行結束審查，因而引發了學生佔領立法院的「太陽花學運」。從學生的激烈舉動，可明顯看出臺灣人「不想被中國吞沒」的心情。臺灣的民意也傾向支持學生，馬英九政府迫於無奈，只好退讓。在這個例子裡，可以看出臺灣的民意正因為陷入「繁榮與自立的矛盾」[vi]，而變得極度不穩定。這年十一月所舉行的九合一地方選舉，國民黨大敗，馬英九引咎辭去國民黨主席職位。此後國民黨內部陷入混亂，聲勢大衰，到了二〇一六年的總統、立法委員二合一選舉，國民黨再度敗北。

二〇一六年總統選舉及立法委員選舉

二〇一六年一月的總統選舉，民進黨的蔡英文（一九五六—）大勝國民黨的朱立倫及親民黨的宋楚瑜。同時舉行的立法委員選舉，民進黨所獲得的席次也遠超過半數（**表3**）。雖然蔡英文是本省人而朱立倫是外省第二代，但省籍並非這次選舉的重點。

這場選舉的意義，比起「睽違八年的民進黨執政」及「第三次政黨輪替」，更重要的是民進黨第一次在立法院獲得過半的席次，配合總統及行政院，終於實現了「完全執政」。陳水扁在任期間，由於藍營擁有立法院席次過半，民進黨根本沒有辦法依照黨內的希望通過法案。臺灣的政治制度是「半總統制」，如果從這一點來看，二〇一六年才真正算是政黨輪替。

民進黨勝利的原因是什麼？最重要的，應該是廣泛意義上的「臺灣認同意識的盛行」。國民黨的理念是以中國民族主義為根源，因此與臺灣認同意識本質上不好相處。當然「馬英九政府的失敗」也是重要的勝因，但是光憑這一點，沒有辦法說明所有的現象。雖然民眾在經濟方面對馬英九政府相當不滿及失望，但是絕大部分選民心中所期待的是「在重視臺灣認同意識的同時，把經濟也搞好」，而非「只要把經濟搞好，臺灣認同的問題可以擱在一邊」。相較之下，蔡英文政府很精確地把陳水扁時代的臺灣民族主義路線修正為維持現狀的路線。

除此之外，民進黨在「地方上的勢力擴大及豐富的人才資源」也是勝因。民進黨在地方上擁有相當多的中生代及年輕人才，這一點相較於國民黨佔了不小的優勢。另外，「政黨與公民運動之間的聯繫」也是值得注意的重點。臺灣的社會有各式各樣的公民運動，這些運動都與民進黨維持著微妙的關係。其中最大的公民運動，就屬「太陽花學運」，這個運動隱含著一股否定所有既有政黨（包含民進黨）的能量。民進黨於是策動建立一個反國民黨的聯合勢力，在選戰中支持時代力量這類新政黨及柯文哲這類無黨派候選人，此一策略成功將公民

vi　這個詞源自於筆者所參與的科學研究費基盤 B 研究計畫〈繁榮與自立的矛盾——後民主化時代臺灣的國際政治經濟學〉（代表：松田康博）。參見松田康博・清水麗編著，《現代臺灣的政治經濟與兩岸關係》，第3－4頁。

運動轉化為政治力量。

相較之下，國民黨自從二〇一四年十二月馬英九辭去黨主席之後，處境就變得極為艱困。原本國民黨的選票基礎是北部的軍公教人員及中南部的地方派系，但這兩者的組織力及選票凝聚力都大不如前。決定國民黨總統候選人的黨內初選，剛開始竟然只有非屬主流的洪秀柱登記參選，較具實力的吳敦義、朱立倫及王金平都不願出馬。國民黨的總統候選人確定為洪秀柱之後，由於她公布了向中國民族主義靠攏的路線方針，再加上支持率非常慘澹，國民黨主席朱立倫以身為黨主席必須負起責任的名義，在選戰期間取代洪秀柱，自己披掛上陣，成為國民黨總統候選人。但是這樣的補救措施並沒有辦法挽回國民黨的頹勢，不論是總統選舉還是立委選舉都以大敗收場。

蔡英文政府

蔡英文政府透過民進黨在立法院的過半席次，陸續推動年金改革、一例一休、非核家園、轉型正義、同婚合法化等重要改革。敢對年金這種沉痾動刀並不是壞事，但由於並非所有民眾都理解民進黨的改革理念，蔡英文政府在這種狀態下一口氣推動太多改革，導致個別的不滿聲音匯聚在一起，形成了強大的反彈聲浪。此外兩岸關係沒有進展也是令蔡英文政府遭受批判，再加上政府運作頻頻出問題，致使蔡政府的滿意度越來越低，民進黨在二〇一八年的九合一選舉中大敗，乍看之下蔡英文在二〇二〇年似乎不太可能連任成功。

沒想到總統選戰一開始，蔡英文竟然大幅領先國民黨候選人韓國瑜，以臺灣選舉史上最高得票數成功連任總統。立委選舉方面，民進黨也在立法院維持過半數的席次。扭轉選戰趨勢的最重要因素，是二〇一九年年初中國國家主席習近平對臺灣的重要演講，以及香港在同年六月爆發的大規模抗議活動。這些事件刺激了民眾的臺灣認同心理，提高了民眾認為臺灣相當危險的危機意識，對蔡英文均相當有利。除此之外，美中關係惡化及美國加強對臺灣的協助，對於走「親美反共」路線的蔡英文也都有加分的效果。

二〇二〇年的選舉結果與二〇一六年可說是大同小異，不僅得票結果相似，選情結構也相同，基本上都是民進黨搭上了廣義的臺灣認同意識擴張的順風車而獲得勝利。這場選舉再度證明了國民黨與臺灣認同意識的格格不入。即便國民黨能在地方選舉上獲勝，但是到了總統選舉這種國家層級的選舉，終究還是處於劣勢。因此我們可以說臺灣政治已經進入了民進黨的相對優勢時期。

二〇二〇年選舉才剛結束不久，立刻便爆發了新冠肺炎疫情，整個臺灣籠罩在緊張之中。不過在各大強國都因為無法抑制疫情蔓延而導致感染及死亡人數急遽攀升的狀況下，蔡政府成功阻擋了病毒的入侵，不僅展現出臺灣人的堅毅，也提升了臺灣人的自信心。民眾對蔡英文的滿意度，在這個時期到達了自蔡英文上臺以來的最高點。

然而在新冠肺炎疫情趨緩之後，臺灣政治馬上又回歸到執政黨與在野黨不管什麼事都針鋒相對的局面。蔡英文政府遇上了好幾個難題，個別的政策也引來批評聲浪。尤其是開放美國豬肉進口的決定，引來了過半數民意的反對。空軍墜機事故及臺鐵的列車事故頻傳，突顯出了臺灣脆弱的一面。再加上旱災、民眾對電力供給的不安，以及新冠肺炎疫情突然變得嚴峻，都讓蔡英文政府的運作再度陷入困境。

公民投票及罷免投票雖然是組成臺灣民主政治的重要機制，但這兩者都在制度設計的討論不夠周延的狀況下降低了通過門檻，因而成為在野黨為難執政黨的有效手段。政府遭受批評是臺灣政治的常態，可以預見二〇二二年的地方選舉對民進黨來說勢必又是一場硬仗。

不過制度雖然有缺陷，卻並非一無是處。選民每四年能參與一次國家層級及地方層級的選舉，此外還能不定期參與公民投票及罷免投票。在行使權利的過程中，民眾雖然對政治依然不滿，卻已經認同制度本身。這樣的認同不僅強化了臺灣的民主政治，也讓臺灣認同意識變得更加鞏固了。

如今中國已很難靠和平的手段顛覆臺灣的現況，正因為如此，中國才會加強軍事恐嚇的力道。但是這樣的做法反而提高美國及日本的警戒，各國開始討論如何阻止中國改變臺海現狀而進行討論並付諸行動。

歷經了七次的總統選舉後，「臺灣認同」已成為臺灣的主流民意，也就是大多認為自己是臺灣人、認定臺灣應該要維持現狀，這已是不爭的事實。但是隨著中國實力提升，臺灣不斷受到騷擾，內部的對立情況也越來越嚴重。面對為了統一無所不用其極的中國，如何四兩撥千斤也成為臺灣政治上舉足輕重的議題。

第一章
總統選舉的交鋒議題

每一次選戰都打得如火如荼的臺灣總統大選，爭辯的都是一些什麼樣的議題呢？「保守或革新」、「左翼或右翼」這些對立的思想在臺灣並不會成為左右選舉結果的關鍵議題。唯有關於國家認同的意識形態問題，才具有影響總統大選結果的決定性力量。此外，還有族群之間的對立情結，以及一些在其他國家的選舉中也常能看見的議題，例如候選人的能力、政策及權力鬥爭等等。

除了以上這些臺灣的內在因素之外，還得再加上來自中國、美國及日本等國家的外在因素。這所有內在及外在的各種因素會在選戰中互相牽連影響，形成複雜的變化。這麼一來，就會讓人看不清楚交鋒議題的本質，而且就算是相同的議題，也會隨著時間而改變其形態及造成的影響。另外也得注意到臺灣社會及臺灣周遭環境的變化。在進入個別的選舉分析之前，筆者想要先釐清一些在選戰中往往糾纏不清的交鋒議題。

內在因素

國家認同問題

決定臺灣總統選舉結果的最重要交鋒議題，分別為㈠關於國家認同問題（包含兩岸關係）的大方向（意識形態問題），再加上㈡族群對立意識的社會因素，這兩項為臺灣選舉所特有的交鋒議題。另外，還要再加上㈢候選人的能力及形象、政黨的組織力及聲勢、㈣政策、㈤權力鬥爭（派系鬥爭）這些在其他國家的選舉中也常能看見的政治因素。以上這㈠～㈤都屬於內在因素的範疇。

關於㈠國家認同問題，既是臺灣未來該朝什麼方向前進的路線問題，亦是臺灣基本地位認定（圍繞台灣應有狀態）的意識形態問題，在每次的選舉中都必定舉足輕重[1]。日本媒體在報導臺灣總統選舉的時候，通常也是以「統一或獨立」的兩極化結構進行介紹。

筆者在序章中已談過，臺灣的政治立場可分為三大派，分別為希望臺灣的未來朝著統一方向發展的中國民族主義、朝著獨立方向發展的臺灣民族主義，以及在上述兩者的中間，希望維持現狀的「臺灣認同」，也就是支持民主化和臺灣化的中華民國。若以民意結構來看，屬於中間派的「臺灣認同」的人數最多，但由於政黨結構為國民黨及民進黨這兩大政黨對峙，所以每到選舉的時候，選戰必定圍繞在這兩大政黨是偏向「統一或是獨立」的立場上。

然而候選人並不會明確開出「統一」或是「獨立」的政治支票。聲勢較大的候選人，通常會為了獲得中間派「臺灣認同」的選票，而表現出維持現狀的姿態。而且在論述上，通常會強調「自己的立場是維持現狀」並且批評對手「企圖推動獨立／統一」。事實上為了確保當選之後政權能夠順利運作，候選人確實有必要在選舉的時候表態維持現狀。

不過雖然是維持現狀，雙方還是會為了盡可能朝自己的民族主義方向前進，而想盡一切辦法讓自己處在較有利的政治立場上。如此一來，候選人針對個別問題的發言及行動就成了爭執的焦點。具體的衝突點，包含中華民國的框架該朝什麼樣的方向改變，以及如何與中國相處、是否該與中國保持距離之類的兩岸政策。不管是主張統一或是獨立，都會引來相當激烈的情感反彈。為了不讓對方獲勝，雙方都可說是無所不用其極。這種「無論如何不能讓對方得意」的情緒性想法，會對選戰造成相當大的影響。

要判斷選舉的局勢，除了必須確認候選人及政黨的政策立場之外，還必須仔細觀察選民的反應。如果只是認為「臺灣的總統大選就是統一跟獨立的對決」，將無法看清實際的選戰局勢。反過來說，如果只看每一名候選人的表面立場，就一概認為「每個候選人都想要維持現狀」，也無法完全貼近事實。

每個候選人都很清楚，如果太過強調民族主義，會很難當選。但是如果太過隱藏民族主義的主張，也會讓原本熱心的支持者喪失繼續支持的意願與熱情。分寸是否能拿捏得恰到好處，考驗著候選人及競選總部的手腕。但由於兩難的處境沒有辦法改變，候選人只能反覆「釋放及隱藏」統一（或獨立）及維持現狀的片面訊息。

在選戰的局勢之中，最重要的就是中間選民的動向。雖然統稱為中間派，但由於「臺灣認同」是一種溫和鬆散的政治立場，所以實際上涵蓋的範圍相當廣，有些人的想法可能比較貼近臺灣民族主義，有些人則可能抱持比較強的中華民國意識。對於個別選舉議題的反應，每個人也不盡相同。

想要吸收「臺灣認同」選民的票並非易事。民進黨由於基礎票較少，因此通常會巧妙操作與臺灣定位有關的選舉議題，藉此提升支持率。有些人會因為心中沉睡的臺灣意識突然覺醒，而把票投給民進黨；但也有些人會感覺民進黨為了政治目的而抬出「臺灣」這塊大招牌，而被迫表態的不舒服感。所以在選戰中強調主體意識，是一種雙面刃的策略。

「臺灣認同」雖然屬於中間派，但既然染上了一點「臺灣」色彩，自然距離中國民族主義比較遙遠。國民黨一旦主張「統一」，就無法拿到這些選票。因此國民黨會刻意淡化中國民族主義的意識形態，一方面在一定程度上表達出貼近臺灣的立場，一方面強調接近中國、與中國進行經濟交流所能帶來的經濟效益。

中國對全球經濟的影響力越來越大，臺灣很難一方面減少與中國的經貿交流，一方面又維持經濟繁榮。臺灣民族主義的支持選民當然也想要獲得經濟利益，但並不希望為了經濟利益而犧牲臺灣的經濟自立能力。至於「臺灣認同」的支持選民，則是希望「臺灣既能自立，又能經濟繁榮」。強調臺灣的經濟自立與強調中國所能帶來的經濟效益，究竟何者能勝出，由於還牽扯到候選人的能力等其他問題，必須要等到選舉結果出爐才能知道答案，所以每一場選戰可以說都是充滿了變數。

族群

族群問題是涉及深層情感的議題。筆者在序章中曾經提及，臺灣社會可區分為閩南系本省人、客家系本省人、外省人及原住民這四個族群，各自形成了「本省人對外省人」、「閩南系對客家系」、「漢人對原住民」這三種不同領域的族群情節。推動族群和平共處，是選舉活動中較為恰當的訴求，因此每個候選人在表面上都會高喊族群融合的口號。但是在表面下，由族群意識（省籍意識）所衍生出的輸贏問題反而更容易成為爭論的焦點。

日本的新聞媒體在報導臺灣選舉的時候，經常會把這個現象形容為「本省人與外省人的對立」。但是族群與政黨支持的結構絕對沒有那麼單純。倘若「本省人支持民進黨，外省人支持國民黨」這個單純的結構能夠成立，民進黨早就實現長期執政。然而實際上在人口比例中佔了絕大多數的閩南系本省人，就呈現有些人支持國民黨、有些人支持民進黨的狀態。至於外省人、客家人及原住民，則是支持國民黨的比例較高。

如果要為「本省人與外省人的對立」下一個更嚴謹的定義，或許可以定義為「閩南系本省人中心意識較強的勢力」與「外省人優越意識較強的勢力」的對立關係。臺灣政治在本質上確實存在著這樣的二元結構。但是這樣的認知，依然不能代表一切。雖然族群上的屬性相當重要，但是除此之外，還是有一些追求族群融合的人、對煽動對立的言論站在批判立場的人，以及族群意識較薄弱的人。這些人就屬於族群問題的中間派。他們存在於外省人、客家人及原住民之中，也存在於閩南系本省人之中。不管是對「閩南系本省人中心意識」，還是對「外省人優越意識」，他們都會刻意保持距離。因此在觀察選舉的時候，我們必須注意到還有另外一層族群意識及排拒族群意識的對立結構。

李登輝所提倡的「新臺灣人論」（只要是肯為臺灣做事的人，不管什麼時候來到臺灣，都是臺灣人），就是國民黨試圖拉攏這些中間選民的一次嘗試。然而按照「新臺灣人論」，任何人都可以認定為「新臺灣人」，因此靠這套說法很難在選舉過程中長時間維持選民的熱情支持。另一方面，民進黨的選戰策略則是不斷強調「臺灣人」的立場，試圖誘發選民的族群意識。這樣的策略雖然很容易獲得支持，但也同樣容易引來反感，可說是一把雙面刃。

此外，對中華民國抱持何種看法的「歷史觀」，也是一大問題。對於蔣介石及蔣經國時代的中華民國歷史，是毫不懷疑地接納，還是打從心底反感？這種歷史觀的差異，也會對選舉時的投票行為造成非常大的影響。前者會傾向於投給國民黨，而後者則會傾向於投給民進黨。這種歷史觀又會與㈠統獨問題及㈡族群對立情結互相影響，深植在每個人的心中。

民主化之後的臺灣社會，隨著多元化及多元化主義的擴大，族群因素的重要性開始下滑。身為外省人的馬英九在二〇〇八年當選總統，正是最好的證明。然而族群因素並非完全消失，而是與其他衝突點複雜交錯，隱藏在其他衝突點背後，對選情造成影響。能不能觀察出這些族群因素的微妙影響力，也是一大重點。

候選人

候選人的能力及形象、政黨的組織力及聲勢也是選戰中的重要影響因素。想要打贏選戰，組織力是不可或缺的必要條件，但是選舉並不是光靠政黨的基礎票就能獲勝。選民還會比較候選人的能力條件，並觀察候選人針對臺灣所抱持的立場。就算立場符合要求，但如果候選人本身魅力不足，還是無法獲得選民的熱心支持。反過來說，如果候選人擁有相當大的魅力的話，即便針對臺灣所抱持的立場與理想有一點差距，也還可以彌補。

臺灣與韓國或菲律賓不同，在政治結構上是政黨組織力量比政治人物個人更加重要。即便如此，倘若推舉出來的候選人太弱或太缺乏魅力，還是可能遭支持者拋棄，甚至該政黨的基礎票都保不住。這就是所謂的「棄保效應」，英文稱之為 Tactical Voting（策略投票），經常發生在三名以上的候選人競爭一個名額的選舉活動上。

當「棄保」發生時，選民會拋棄自己原本支持的政黨，把票投給另一黨的候選人。例如自己原本所支持的候選人Ａ看起來勝算很小，這時候選民為了不讓自己最討厭的候選人Ｃ當選，就會拋棄候選人Ａ，把票投給較有可能當選的候選人Ｂ。「棄保效應」在臺灣不僅會影響選情，甚至有可能會引起極大的變化。二〇〇〇年的總統大選中，擁有穩固政黨組織的連戰正是「棄保」的犧牲者。

要正確判斷選舉的情勢，必須仔細觀察候選人有什麼樣的形象，以及能否為選民所接納。此外趨勢的變化也相當重要，必須要看清楚該候選人所屬政黨的聲勢正在上升還是下滑。

政策

政策雖然也是選舉的重要因素之一，但是並不見得一定會成為選舉的重要議題。爭論的方向不同，對選戰的影響也會大相逕庭。總統選舉的時候，雖然每個陣營都會提出政策白皮書，但是在臺灣，一般經濟及社會政策的討論並不至於影響選戰的整體局勢。

候選人的政策能否有效促進經濟成長，選民確實有相當大的期待。但是具體的經濟政策往往不是討論的重點，選民通常只會有一些籠統的印象，例如這個候選人是否重視經濟、是否知道民間疾苦等等，這些印象會被包含在㊂的候選人要素之中，並影響選戰。一般而言，國民黨的候選人大多與經濟界關係緊密，因此容易給人重視經濟的印象；而民進黨的候選人大多草根性較強，容易給人瞭解民間疾苦的印象。民進黨除了喜歡強調對經濟的重視之外，還喜歡拋出與臺灣認同相關的議題，以及國民黨的黨產問題、轉型正義、廢核等政治議題，與向來主打經濟政策的國民黨之間產生「哪一邊比較重視經濟」的攻防。

當經濟政策與兩岸政策扯上關係，就會演變成㊀的路線問題，對選舉造成巨大影響。強化臺灣與中國的經濟關係，能夠促進臺灣經濟的成長與繁榮，這個說法在一九九六年的第一次總統選舉中並沒有成為討論的重點，因為那個時候臺灣經濟對中國的依賴程度還不高。

但是到了二〇〇〇年之後，由於中國經濟大幅成長，加上臺灣經濟停滯不前，有越來越多的臺商為了尋求出路而前往中國大陸發展。在政治上，臺灣人追求自立的想法越來越強烈，但是在經濟上，臺灣的企業陸續轉移至中國大陸。隨著兩岸經貿關係的擴大，臺灣的經濟自立能力備受威脅。有些人擔心「臺灣經濟會遭中國吞沒」，但是隨著經濟全球化及中國市場越來越重要的時代認知，有些人反而認為「臺灣不能在經濟競賽中落後」。

抱持中國民族主義觀念的人，原本就認為「中國只有一個，臺灣是中國的一省」，因此當反共思想變得薄弱，與中國大陸的交流及貿易就是一件可以樂觀其成的事情。越來越多人認為中國的發展增加了臺灣人一展長才的機會，甚至有人認為追求臺灣認同等於是把臺灣人關在臺灣這塊小小的土地上，無形中浪費了許多新的商業契機。

臺灣認同的崛起，遇上了這個複雜的狀況，引出選民心中的極大迷惘。臺灣經濟對中國的依賴，從陳水扁時代開始擴大，自二〇〇八年之後，與中國是否該保持距離的問題在㈠路線之爭的框架之內成為選舉的攻防。「繁榮與自立的矛盾」在未來只會更加嚴峻。

權力鬥爭

除了國家認同問題及族群對立情結之外，還有另一個從基層影響臺灣選情的因素，那就是權力鬥爭與派系鬥爭。這個因素從表面上很難看得出來，卻極為重要。這些權力鬥爭最大的目的，就是讓某個政治團體在選戰中獲勝，藉此掌握行政機關的預算、資源及人事權。政治團體在當選之後，會將這些預算、資源及人事權當作報答支持的酬庸，或是進一步尋求支持的談判籌碼。不管是在臺灣，還是在其他國家，這都是選舉中相當常見的現象。

總統大選的選戰總是相當激烈，其中最激烈的戰場，並非各黨中央黨部或是各大報社媒體聚集的臺北，而是各地方縣市。能否有效凝聚地方選票，是決定總統大選結果的關鍵。臺灣的地方選舉，幾乎等同於地方派系的選舉。以下舉兩個最典型的例子，那就是雲林縣及嘉義縣的地方選舉。

雲林縣、嘉義縣的縣長選舉及鄉鎮長選舉，往往是地方派系或地方政治家族的廝殺戰場。每個村莊及社區都會有人遊說拉票，隨著投票日一天天逼近，整個村里都會籠罩在緊張及興奮的氛圍之中。勝利的一方，可以獨佔地方行政權力，掌握各種資源及利益，用以擴大派系的勢力。敗北的一方，則會喪失所有的權益，勢力也會被削弱，甚至是瓦解。「參加者人人有份」的日本協商手段在臺灣並非主流做法，因此想要在「非贏即輸」的競賽中成為贏家，就必須動員所有地緣及血緣人脈，以人情、利益及脅迫作為籌碼，甚至發生暴力事件也不是什麼稀奇的事。

這些地方派系的鬥爭雖然激烈，但畢竟只是那一小塊地區的內部鬥爭，國家認同問題並不會成為衝突點。而且不管是雲林縣還是嘉義縣，居民絕大多數都是閩南系本省人，族群問題也不會成為衝突點。再加上境內大多是農村地區，因此也不是「農業人口對抗工業人口」之類不同產業所引發的鬥爭問題，當然更不是勞工對雇主之類的階級鬥爭。再者，地方派系基於組織性質，絕大部分都認為開發比環境重要，重視環境的公共政策理念大多來自於外部的環保團體，因此這也不會成為地方派系之間的衝突點。

像這樣的勢力之爭，由於雙方在社會上屬於同一族群，因此當想要貶低對方或抬高己方時，就只能強調己方有多麼講道義、重人情，並且批判對方的不講義氣、不守信用及奸詐狡猾。這種地方派系的爭執如果要追究其根源，最後往往會發現只是一些微不足道的私事所引發，例如幾年前某場選舉的候選人提名之爭，或是某項人事布局的主導權之爭所引發的嫌隙2。因此比起政策上的辯論，更常見的做法是藉由批判對方來強調己方的正當性，如此一來，當然也很容易產生造謠、抹黑及揭瘡疤的負面選舉文化。

像這樣的地方派系之爭，也有所謂的中間派。但是這些中間派並不是因為對政治不感興趣，所以才保持中立，而是為了仔細觀察哪一邊的勝算比較大，或是哪一邊贏了對自己比較有利，也就是俗稱的「西瓜派」[i]。另外，也有一些人對這些地方派系抱持否定的批判態度，這些人大多傾向支持民進黨，但是民進黨其實也常被捲入地方派系的鬥爭之中，或是在選戰中主動利用地方派系。

總統選舉雖然是範圍遍及整個臺灣的選舉活動，但是在性質上也跟地方選舉一樣，是數個集團之間的勢力之爭。雖然以政黨結構而言，是國民黨與民進黨的兩大陣營對決，但在各地方的基層，還是必須拉攏當地的強勢地方派系或地方政治家族。這些地方勢力過去幾乎都是由國民黨所掌控，但現在民進黨也開始設法拉攏，使其成為自己的選票基礎。只要成功拉攏某地區的地方勢力，該地區就會變成該陣營的票倉。在選戰的基層地區，一定程度上是依循著地方派系鬥爭的機制在運作著。二〇〇〇年的總統大選，宋楚瑜以無黨籍的身分參選，卻還是擁有與其他候選人一拚的實力，正是因為他在各地的地方派系之間已經建立起了人脈。

當然總統選舉還是以政黨為核心單位。政黨是公眾的組織，而地方派系或地方政治家族只不過是私人的集團，兩者不應該相提並論。但如果撇除國家認同問題、族群問題等國政層級上的衝突點，我們從很多例子都可以看得出來，臺灣選舉政治的原點其實就是地方派系鬥爭[3]。總統選舉中拉攏及鞏固票源的方式，與地方選舉有共通之處。總統候選人最有效的拜票行動，就是多跑大小鄉鎮，強調當選後對地方的回饋及改善公共建設。這與威權主義體制時期的侍從主義政治在本質上並無不同，同時也是一種人情的「欠」與「還」的機制[4]。此外，農村居民的思想中，都根深蒂固存在著父母官式的政治觀念，這一點也會被選戰利用[ii]。

總結來看，臺灣總統選舉的本質是集團之間的權力鬥爭，與地方選舉政治有其共通之處。在這些爭奪權力的勢力角逐過程中，國家認同問題所發揮的機能是賦予一個冠冕堂皇的理由，讓政黨的立場能夠更加鮮明。有些人是非常認真地思考著國家認同問題，有些人則其實並不那麼在意。當然前者佔了多數，但後者的數量也不少，足以影響選舉。如果沒有辦法提出夠多的利益，就沒有辦法吸引「西瓜派」；沒有辦法吸引「西瓜派」，就無法打贏選戰。易言之，「國家認同問題」雖然重要，卻沒有辦法決定一切。這樣的政治結構，讓臺灣的選舉變得非常複雜，如果想要進行簡單的切割，往往沒有辦法看清真正的局勢[iii]。

外在因素

臺灣同時受到了中國、美國及日本這三個國家的影響。對臺灣來說，這三個國家都很重要，但是影響程度的大小及形態卻各自不同，對總統選舉的影響也大相逕庭。以下就政治、經濟及軍事的觀點，簡單整理這三個國家的影響力。

i 臺灣政治用語。源自於臺語諺語「西瓜偎大邊」，意指搖擺不定，會向有利可圖的一方靠攏的人或派系。

ii 稱統治者為「父母官」或「大人」，完全服從並向其尋求庇護的態度。認為政治並非參與的對象，而是依賴、陳情、放棄或反抗的對象，有時也會發展出極端的選民意識。

iii 舉例來說，嘉義縣的林派在二〇〇〇年之後集體加入民進黨，是原本以南部為據點的民進黨將勢力延伸至中部的重要事件。如果從派系鬥爭的角度來看，我們可以說林派是因為遭黃派徹底打壓，為了尋求出路才投靠民進黨。但從另一方面，我們也可以說這代表廣義臺灣認同的擴展及本土意識的刺激。現實中的政治事件，往往是兩種因素互相影響而形成，如果只以其中一個角度觀察，將無法看清真實的狀況。

中國

中國以統一臺灣作為國家目標，不管是在政治、經濟或是軍事領域，都對臺灣有著相當大的影響力。在政治上，中國共產黨為了「阻止臺獨、促進統一」，而採取了各式各樣的政治行動（即所謂的「統一戰線工作」）。共產黨不僅將勢力滲透進臺灣的部分政黨、政治團體、媒體界、宗教界及年輕人的交流之中，而且還在臺灣建立了像「中華統一促進黨」這樣立場偏向中國共產黨的組織。此外，共產黨也不斷嘗試操縱臺灣輿論，企圖將臺灣的民意導向統一的方向。中國的網路專業人士也常私下操控臺灣的網站，而且頻繁地對臺灣發動網路攻擊。

中國對臺灣的政治影響力大幅增強的契機，是二〇〇五年連戰、胡錦濤對談所促成的國共合作。這是中國第一次有機會接觸臺灣的兩大政黨之一。中國接著花了十年的時間拉攏國民黨，在二〇一五年促成馬習會，獲得了一定的成功。

不管是一九九六年的李登輝，還是二〇〇〇年的連戰，都不曾想過要在選舉前會見中國共產黨的領導人，討論雙方的政策及立場。相較之下，二〇〇八年的馬英九雖然不曾拜訪中國，卻以江丙坤為代理人，與中共高層進行了多次會談。二〇一六年的朱立倫也曾親自前往中國會見習近平，討論雙方的政策及立場。今後要成為國民黨的總統候選人，恐怕都必須先和中國打聲招呼。

然而臺灣畢竟是獨立的政治實體，擁有自己的統治機關，中國的滲透工作不見得每次都能發揮效果。例如馬英九雖然和中國共產黨攜手合作，卻不願意進行統一協商。那是因為國民黨想要贏得臺灣的總統大選，就必須向民眾作出維持現狀的保證。二〇〇八年及二〇一二年，中國方面也都認同應該以國民黨的勝選為優先考量，因此對於馬英九的態度睜一隻眼閉一隻眼。由此可知中國的政治影響力越來越強，足以對國民黨造成一定程度的影響，但還無法直接掌控臺灣政治。

在經濟方面，中國相對於臺灣，可說是佔了相當大的優勢。一九九六年的第一次選舉與二〇二〇年的第七次選舉，兩岸的經濟關係可說是截然不同。如今臺灣的ＧＤＰ有相當大的部分，是由對中國的貿易，以及前往中國發展的臺灣企業所貢獻。隨著臺灣經濟對中國的依賴度越來越高，中國的經濟影響力也會越來越大。

中國採取了「以商圍政」的策略，企圖利用經濟來利誘臺灣人。例如藉由購買臺灣農產品及養殖魚貨，來接觸及拉攏臺灣的地方派系及地方政治家族。到目前為止，中國雖然曾經針對個別的臺灣企業或經營者採取阻撓、妨礙的手段，但還不曾對臺灣發動經濟制裁。假如中國真的發動經濟制裁，臺灣將遭受非常沉重的打擊。但是這麼做對中國的經濟也會造成負面影響，因此中國應該也不敢輕易嘗試。

二〇一六年上臺的蔡英文政府正是因為擔心這個狀況，開始推動「新南向政策」，但是要轉移臺灣對中國的依賴，需要不少的時間。習近平政權在二〇一八年公布「惠臺三十一項措施」，針對臺灣企業及就學者給予與中國人同等的待遇，強化了吸收臺灣人才的力道。二〇二〇年的選舉，是公佈優惠措施之後的第一次臺灣總統大選。但是中國提供的經濟利益對總統選舉的影響有限。

軍事方面，中國不僅軍事力量超越臺灣，而且每年不斷擴張軍備，藉此向臺灣施壓。從臺灣實施總統民選的一九九〇年代起，中國就陸續增加對準臺灣的飛彈，近年來中國的戰艦及戰鬥機也開始在臺灣附近繞行。中國的軍隊頻頻舉行軍事演習，以進攻臺灣作為假想目標。不過中國軍隊的實力還沒有強大到能夠在短時間之內迅速攻下臺灣。中國主要是想藉由呈現強大的軍事力量，讓臺灣的內部產生「抵抗中國是徒勞無益」的氛圍，如此一來，中國就希望主張放棄增強國防實力、追求和平協議的候選人有機會當選總統。

中國集結了以上政治、經濟及軍事力量，企圖干涉臺灣的總統選舉。每次總統大選，中國都會分析候選人及選舉情勢，設法讓選舉結果有利於「阻止臺獨、促進統一」。依重點是「阻止臺獨」還是「促進統一」的不同，中國介入臺灣選舉的方式也會不同。

美國

美國對臺灣的影響非常巨大，因為臺灣能否維持政權而不被中國統一，完全取決於美國的對中及對臺政策[5]。不過美國處理兩岸問題的態度，已經與冷戰時期不同。臺美斷交之後，美國的外交政策開始以中國為重，因此有人認為臺灣的戰略價值只是美中關係的附屬品。然而當美國政府開始出現輕視臺灣的舉動，美國的國會就會出現相反的推力以維持平衡，由此可知「中國及臺灣對美國而言不是二擇一的問題，美國想要同時將中國及臺灣納入掌控之中」[6]。

美國雖然與臺灣並沒有邦交，但因通過了《臺灣關係法》，會主動介入及保護臺灣的安全，所以美國的軍事力量對臺灣有著相當大的影響力。而且美國對臺軍售可說是臺灣國防戰備的生命線。倘若美國停止販售武器給臺灣，也不再介入臺海安全，臺灣馬上就會陷入危機，當然也沒有辦法平平安安地選舉總統。

美國一直是站在維持臺海現狀的立場觀察著臺灣總統選舉，若有必要也會介入干涉。但就算不直接介入，美國也會對選舉造成一定程度的影響。所謂的臺海現狀，指的是臺灣是實質上的國家，不受中國統治。美國認為維持臺海現狀對自己有利，因此反對中國以武力統一臺灣（以武力變更現狀），會為了不讓臺灣遭統一而提供協助。

中國想要改變臺海，促成統一，因此會與美國產生立場上的衝突。但是另一方面，美國站在維持現狀的立場，也反對臺灣獨立。因此當中國基於戰術觀點而將政策的重點放在阻止臺獨而非促進統一的時候，美中的立場會一致。

美國認為維持臺海安定及臺灣島上的民主體制，是一件對美國有利的事，因此美國會為了維持現狀而採取各種政治措施，以牽制臺灣政府的動向。就算是相當重視臺灣戰略價值的布希政府（二〇〇〇—〇八年），當陳水扁政府做出了美國所不樂見的舉動時，也會對臺灣施加壓力，在選舉中採取對民進黨不利的策略。由此可知美國對臺灣的政治會造成多大的影響。

臺灣的總統候選人依照慣例會在選舉期間拜訪美國，表明自己的立場及兩岸政策，尋求美國政府的理解。馬英九、蔡英文及朱立倫都曾這麼做過。

美國與國民黨及民進黨分別都有著友好的關係。從歷史來看，國民黨繼承了冷戰同盟時期的人脈，而民進黨則是繼承了協助臺灣推動民主化時建立的人脈，但後來這些人脈形成了相當複雜的關係。近年來美中關係惡化，美國的政治界是否會對親中的國民黨及反中的民進黨貫徹中立立場？抑或是會依其偏好而設法干涉選舉結果？要知道這個問題的答案，還需要進一步的觀察。

美中的戰略交鋒

每到總統選舉，美中兩國的動向及影響力必定會成為注目的焦點。一九九六年的第一次總統大選，中國發動了激烈的反李登輝政治宣傳活動及大規模的軍事演習，企圖影響臺灣選民的投票行為。美國則不僅表明對臺灣民主化的支持，而且還派出航母戰鬥群協防臺灣周邊海域。美國的介入減輕了來自中國的軍事威脅，讓臺灣的選民感到安心，選情也因而偏向李登輝。

二〇〇〇年的總統大選，中國雖然沒有進行軍事演習，但是同樣提出不得支持陳水扁的強硬警告，企圖影響選情。美國則雖然沒有直接介入，但明確表明了支持臺灣民主化及維持現狀的立場，讓臺灣能夠在和平的狀況下實施選舉，可說是間接造成了影響。

二〇〇四年的總統大選，中國不再直接干涉。理由有兩點，第一是前兩次干涉選舉都造成了反效果，第二則是當時的選情是由國民黨的連戰領先。另一方面，美國雖然對於帶有臺灣民族主義色彩的陳水扁抱持戒心，但也沒有直接干涉。

結果陳水扁連任成功，中國的期待再次落空。胡錦濤政府因此決定改變策略，一方面制訂不排除武力犯臺的《反國家分裂法》，一方面與國民黨攜手合作。靠著國共合作，中國第一次有機會直接接觸臺灣的兩大政黨之一，也讓中國的影響力進入了新的階段。

二〇〇八年的總統大選，中國屬意的馬英九當選總統。早在陳水扁時代，中國就無視陳水扁政府而直接與國民黨協商，發表了對臺灣農產品及養殖漁貨進口中國的優惠措施，並且暗中支持主張兩岸對話交流的馬英九。另外，由於陳水扁政府企圖利用帶有臺灣民族主義色彩的言論鞏固政權基礎，與美國產生了嫌隙。相較之下，馬英九則強調維持現狀，獲得了美國的認同。美國公然批評陳水扁政府，在一定程度上造成了二〇〇八年的總統大選對國民黨有利而對民進黨不利。

二〇一二年的總統大選，中國為了讓馬英九連任，也想盡辦法發揮影響力。但是根據過去的經驗，中國明白在接近投票日的時候過度介入，很有可能引發選民的反感，形成反效果，因此在選舉期間，中國表現得相當低調。中國所採取的方法，是在馬英九的第一任期裡提供非常多的經濟利益，藉此讓馬英九在選舉時處於優勢。在投票不久前，許多臺灣的企業家紛紛表態支持「九二共識」，有人說這是「中國在背後操控」，不論真相為何，總之可視為中國發揮了間接的影響力。

美國在這個時期並沒有明確表態，但是對於主張維持臺海現狀的馬英九，應該也是站在支持的立場。至少在美國的主流看法之中，並沒有任何不贊成馬英九連任的聲音。相反地，由於陳水扁時代臺美關係不佳，部分政府相關人士提出了不利於蔡英文的意見，這讓臺灣社會產生了「美國不太支持蔡英文」的普遍認知。雖然難以認定蔡英文落選是美國所造成，但是美國的舉動還是很有可能對選情造成了微妙的影響。

二〇一六年的總統大選，馬英九的兩岸政策成為衝突點，臺灣的民意大多不信任馬英九的兩岸政策，社會上普遍有著「不能讓臺灣被中國吞沒」的聲音。原因就在於過去胡錦濤政府的對臺政策較為溫和，相較之下，新領導人習近平的對臺政策則嚴格得多。早在總統大選的一年前，習近平就提出了「地動山搖」的強烈警告。

投票的兩個月前，習近平又大動作地跟馬英九會談。但由於國民黨內部的混亂，中國無法改變蔡英文在選情上的優勢。國民黨內部的混亂，就算是中國也同樣束手無策。二〇一六年的選舉，中國也沒辦法掌控國民黨的動向。

美國雖然沒有發表政府的正式聲明，但應該也不樂見臺灣與中國走得太近。美中關係既已出現對立的跡象，這個時期的臺灣對美國來說便具有更高的戰略價值，因此美國對於主張維持現狀的蔡英文抱持肯定的態度。

到目前為止，美國雖然支持臺灣的民主化，但一直避免直接干涉臺灣的政黨政治，對於國民黨及民進黨都保持著相同的距離。中國則加強了對國民黨的支持，國民黨的親中路線也越來越明顯。二〇二〇年的總統選舉，是美中正式對立之後的第一次總統選舉，結果顯示，美國的影響力大於中國。

日本

日本雖然表明支持臺灣的自由民主政治，但不會介入臺灣的選舉。日本並不像中國及美國那樣，對臺灣具有直接的影響力，但也不是對臺灣毫無影響。

日本與臺灣雖然沒有邦交，但是透過貿易、投資及技術合作，建立起了緊密的經濟關係。而且從互訪遊客人數也可以看得出來，兩國之間有著相當緊密的社會關係，交流可說是十分熱絡。事實上日本與臺灣的關係，對於維持現狀也發揮了一定程度的效果。中國長年來一直處心積慮在國際上孤立臺灣，但日本與臺灣還是發展出了相當深厚的關係，這個事實間接鼓勵了臺灣人選擇維持現狀的意願。

在日本與臺灣斷絕邦交的一九七〇年代，以及日中關係最為友好的一九八〇年代，日本社會對臺灣的理解相當有限，而且為了不損及日中關係，日本對臺灣的態度可說是相當冷淡。即使到了今日，日本對臺灣的瞭解依然不夠充分。但在臺灣實現民主化之後，日本人逐漸加深了對臺灣的認識，而那個時期，正好就是臺灣開始實施總統民選的時期。

日本政府的立場，認為臺灣是「共同擁有自由、民主政治、基本人權及法治等基本價值，有著緊密經濟關係及人文交流的重要伙伴，同時也是值得珍惜的好友」iv。在臺日雙方政界人士的非正式交流中，因為意識到中國的關係，經常強調自由及民主是雙方所共有的基本價值。雖然這並不涉及直接的政治行動，但從臺灣所面臨的狀況來看，還是有著一定的意義。當然來到臺灣旅行或是對臺灣感興趣的日本人，並不見得都抱持著日本政府的見解，但是熱絡的民間交流及良好的感情互動經過長期的累積，形成了「日本支持著臺灣」的訊息。

日本政府的政策長年以來一直處在兩難的狀態，一方面要遵守《日中聯合聲明》的框架，另一方面又要確保關心臺灣的空間。雖然其表達方式大多模稜兩可，常引來「這麼做有何意義」的質疑，但如果日本政府所採行的政策是限縮與臺灣之間的交流的話，可能加深台灣的孤立，會引起部分臺灣選民決定放棄維持現狀。總括來看，日本一方面維持著與中國的友好關係，另一方面在私底下對臺灣的維持現狀提供了一些幫助。雖然對總統選舉並不會造成直接的作用，但是對結果還是會產生一定程度的影響。

中國、美國及日本都對臺灣發揮了直接或間接的影響力，這與臺灣的定位息息相關。統派希望加強與中國的關係，而獨派則希望加強與美國、日本的關係。就算同樣是希望維持現狀的民眾，有些人認為與美國、日本及中國都保持相同的距離對臺灣比較有利，有些人則認為應該加強與美國、日本的交流而與中國保持距離對臺灣比較有利，這些不同想法都會在選舉引起交鋒。

觀察總統選舉

臺灣的總統大選不僅會改變臺灣的政局，還會對兩岸關係及美日中關係造成深遠影響，牽動整個東亞的國際政治局勢。每次總統大選，都會有外國媒體及研究人員來到臺灣，觀察選舉的過程。外國人關注的焦點，大多集中在統一、獨立的意識形態問題及美中兩國的力量拉鋸戰上。而臺灣人關注的焦點，則會集中在候選人的言行舉止上。以下將針對選戰的概略過程及選情的掌握方式稍做說明。

選戰的概略過程

大約從投票日算起的一年前，選戰就正式開打了。投票日原本是在三月，但從二〇一二年起，為了與立委選舉在同一天進行，因此提前到了一月。以下便設定為一月投票，彙整出選戰的時程規劃及過程。

首先，總統候選人的資格，必須符合年滿四十歲、在「中華民國自由地區」（臺灣地區）連續居住滿六個月以上、設籍十五年以上這三個條件。持外國國籍、回復中華民國國籍、因歸化取得中華民國國籍、大陸地區人民或香港、澳門居民經許可進入臺灣地區者，不得成為候選人[7]。選舉事務由行政院底下的中央選舉委員會主管並指揮。

其次，要成為候選人有兩個方法，第一個方法是由最近一次選舉的得票率超過五％以上的政黨提名（政黨推薦候選人），第二個方法則是——由一・五％以上的公民連署提名（無黨籍候選人）。過去七屆總統選舉，當選者都是政黨提名的候選人，目前還沒有靠公民連署參選的無黨籍候選人當選的例子。

iv 《外交藍皮書二〇一八》（日本外務省，二〇一八年），頁39。

選舉活動會在春節結束後（通常是二月）正式開始。民進黨、國民黨內部想要參選總統的人，會為了讓自己獲得政黨提名候選人而開始進行各種活動。如果在黨內競爭的階段，有某個人具備超強實力而讓其他角逐者打退堂鼓，政黨提名就會直接決定而不用舉行黨內初選。過去像這樣的例子很多，一九九六年的李登輝、二〇〇〇年的陳水扁及連戰、二〇〇四年的陳水扁及連戰、二〇〇八年的馬英九、二〇一二年的馬英九、二〇一六年的蔡英文都是依循這個模式。

如果黨內有兩個人以上想要出馬參選總統，就會在四月到六月之間舉行黨內初選，決定政黨提名候選人。黨內初選的方式經常改變，民進黨在一九九六年採取的是幹部、黨員投票及一般民眾投票的兩階段初選，到了二〇〇八年變成黨員投票及民意調查，到了二〇一二年又變成只仰賴民意調查。民進黨靠黨內初選所選出的總統候選人有一九九六年的彭明敏、二〇〇八年的謝長廷、二〇一二年的蔡英文，最後都在總統大選中落敗，只有二〇二〇年的蔡英文在經過初選後仍順利當選。

國民黨的黨內初選一開始是由臨時代表大會進行表決，後來改成黨員投票，後來又改成黨員投票搭配民意調查。但由於每次都只有一人參選，所以在二〇一六年之前並不曾真正舉行黨內初選。二〇一六年的黨內初選不僅是國民黨的第一次黨內初選，而且情況相當特殊。當時只有洪秀柱一人參選，黨內進行了民意調查，只是為了確認要不要讓洪秀柱成為國民黨提名候選人。後來洪秀柱雖然獲得提名，但中途又被撤換，導致國民黨大敗。

二〇二〇年國民黨的黨內初選，改成只以民意調查的支持度來決定。民進黨跟國民黨最後都採用民意調查作為初選方式，這是為了確實推舉出能夠贏得選戰的候選人。黨員投票或是以黨員為對象的民意調查往往只會選出深綠或深藍立場的候選人，民進黨跟國民黨都很清楚這種候選人很難拿到中間選民的選票。

從首屆到六屆，經由黨內初選所選出的候選人沒有成功當選總統的例子，到了第七屆蔡英文才打破這限制。這可能意味著一旦進行了黨內初選，就會對正式的總統選舉不利。但以因果關係來說，應該不是「因為進行了黨內初選，所以輸了」，而是因為勝算高的陣營必定有一個實力堅強的候選人，所以「根本不必進行黨內初選」。

決定提名候選人的黨內程序，兩黨都一樣。黨內初選的結果出爐之後，黨內就會召開中央常務委員會進行議決。接著在六至七月召開臨時代表大會，對政黨提名候選人進行最終確認。到這裡，都算是選戰的前哨戰。但在這個階段，氣氛就已經開始有些劍拔弩張。從七、八月起，算是選戰的中期。臺灣對這個時期的選舉拜票活動，實質上幾乎是放任的狀態。候選人每天都會繞行大小鄉鎮、在各種活動上露臉，週末還會舉辦中等規模的造勢集會。此外，還會透過媒體及網路來打知名度及製造話題。臺灣並沒有針對網路選舉活動的相關規範。

無黨籍候選人的連署期間是從九月開始的四十五天，只要達成連署條件，就可以成為總統候選人。到目前為止，透過連署方式成為候選人有五例，分別為一九九六年的林洋港及陳履安、二〇〇〇年的宋楚瑜及許信良，以及二〇一二年的宋楚瑜。其中二〇〇〇年的宋楚瑜是得票率最接近當選的無黨籍候選人。此外還有一些人雖然宣布參選，但連署人數未達標準，最後只好放棄。

不管是政黨提名候選人，還是無黨籍候選人，都必須在十一月中旬向中央選舉委員會正式提出參選的申請。接著靠抽籤決定候選人的編號，在十二月上旬公布，接著就正式進入選舉競選活動期間。法律所規定的競選活動期間為二十八天，但是當進入法定競選活動期間的時候，選戰其實已經進入尾聲了。競選活動只能在早上七點至晚上十點進行。競選活動期間，候選人會透過電視公開發表政見。從投票的十天前起，到投票結束為止，不得以任何方式發布與選舉有關的民調資料，亦不得加以報導、散布、評論或引述。《選罷法》的相關規定近年來在執行上有越來越嚴格的趨勢。

到了投票當天，凡是在臺灣連續居住六個月以上且年滿二十歲的「中華民國自由地區」（臺灣地區）居民都可以前往投票。就算人在國外，只要過去曾經在臺灣居住六個月以上，且持有有效護照，就可以在出國前向戶籍所在地戶政事務所申請選舉人登記。但由於臺灣並沒有郵寄投票或遠端投票的制度，所以在投票當天一定要回來臺灣投票。

投票的地點並非現在的居住地點，而是戶籍所在地。臺灣也沒有不在籍投票或提前投票的制度。投票的方式，不是像日本那樣寫出候選人的名字，而是在印有候選人名字的投票單上，以選舉委員會的專用印章，在規定的欄位內蓋章。據說這是為了避免有人靠筆跡判斷投票者的身分。

每個村、里等基層行政單位會設置一個至數個投票所，投票所的設置地點大多是學校、宮廟，或是公共設施。投票結束之後，當場就會進行開票作業。日本的開票作業是每個市町村單位只有一個開票地點，因此必須從各投票所將投票箱送往指定地點。但是在臺灣，開票作業都是在投票所內當場進行，所以投票箱完全不必移動。這樣的做法可以減少舞弊的疑慮。

開票的時候，開票人會拿起一張張蓋了印章的選票進行唱名，並且高舉選票讓見證人看見。無效票的判斷也是當場進行。開票作業結束後，所有的選票都會封印留存。如果在選舉過後，有人提出選舉無效訴訟或是當選無效訴訟，法院就會下令開啟投票箱進行驗票。過去的總統大選，只在二〇〇四年進行過一次驗票程序。

觀察重點

筆者在前文中曾經提過，臺灣總統選舉的核心爭議是「臺灣應有的狀態」。但除此之外，還涉及了許多內在及外在因素，這些因素就是選戰中的觀察重點。具體來說到底要觀察什麼才能掌握選舉情勢，以下依筆者自己的經驗提出一些看法。

選舉情勢必定有一些前因後果，不會突然形成。要掌握選舉情勢，最重要的資料就是過去總統選舉的投票結果。但就算是地方選舉（縣市長選舉），從掌握長期趨勢的角度來看，同樣不能忽視。除此之外，當然還有立法委員選舉。但如果地方選舉與立法委員選舉要擇一，還是應該以地方選舉為重＞。整理這些選舉資料，就可以推估出總統選舉各陣營的基礎票，這可說是觀察選舉的起點。接下來，就是看各陣營在選戰中，除了基礎票之外還能額外拿到多少票。

有一點相當重要，但是很容易遭到忽視，那就是必須審慎觀察各政黨候選人的決定方式，例如有沒有經過黨內初選。這可說是選舉的前哨戰，一般民眾的關心程度還沒有那麼高。但如果陣營在這裡遇到問題而沒有處理好，接下來的選戰就會打得相當辛苦。仔細觀察候選人的決定過程，在一定程度上就可以推測出接下來支持率會繼續成長，還是毫無起色。

進入選戰的中期之後，觀察的重點就變成了候選人的群眾魅力，以及各陣營的運籌帷幄能力。總統候選人一定每天都會參加各種活動，與選民接觸及交流，藉此開拓票源。在這個時期，各陣營都會舉辦非常多中小規模的活動，只要前往活動會場，觀察聽眾或參加者的反應，就可以清楚感受到候選人受歡迎的程度及群眾魅力。由於候選人及陣營都認為與選民的交流相當重要，因此臺灣的總統選舉中並不會強力執行對候選人的維安措施，就算是外國的學者，也可以輕易接近候選人，與候選人握手及拍照。

候選人所拜訪的團體或組織，也必須加以確認。候選人每到一個地方，必定都會被媒體包圍，發表一些言論。此外，候選人也可能透過臉書之類的網站，直接向選民發送訊息。候選人在選戰期間的動向及發送的訊息是否條理分明，也是觀察重點。這個時期的候選人雖然有可能公布一部分的活動行程，但大多數只會通知媒體記者及支持的團體，因此必須想辦法掌握候選人每一天的行程表及移動路線。

進入選戰的中期之後，還必須注意網路論戰的動向。從網路上每天討論的話題，就可以清楚看出候選人受

∨ 自二〇一二年之後，立法委員選舉與總統選舉改為同時進行，因此立法委員選舉失去了作為先行指標的意義。相反地，縣市長選舉改為在總統選舉的一年兩個月前實施，因此作為先行指標的意義大幅提升。

關注的程度是上升還是下滑。在選戰中期，候選人在網路上的形象及引發話題的類型都會逐漸定型，從中或許也可以預測出實際的得票情況。像這樣在網路或媒體上的聲量競賽，有個選舉術語叫做「空戰」，而實際的拉票行動則叫做「陸戰」。「空戰」是否會影響「陸戰」，可說是評估觀察的一大重點，因此網路上的動態追蹤及活動現場的實際觀察都是不可或缺的重要工作。

到了選戰接近尾聲的時候，觀察的重點則轉變為大型造勢集會。雖然候選人還是會參加各種活動及拜訪各種團體，但這個時期的候選人會被大量媒體記者追著跑，維安工作也開始嚴格執行，而且身邊往往圍繞著一大群支持者，因此這個時候要接近候選人會變得非常困難。週末通常會有好幾個地方同一天舉辦大型造勢集會，候選人會像趕場一樣陸續在每個會場露臉。

這些大型集會往往會吸引非常大量的人潮，除了支持者之外，還包含一些受到組織動員的人，以及一些關心選舉的人。因此這時必須注意不能給他們添麻煩，一邊在會場的內側及周圍繞行，一邊推估參加的人數。累積了夠多觀察集會的經驗之後，只要看會場的大小及參加者的聚集密度，就可以大致推估出參加人數。接著再與主辦單位所公布的參加人數一比較，就可以知道主辦單位灌水的程度。

會場的稍遠處，往往會停著許多輛遊覽車，車身上通常會標明所屬團體或地區，從這些遊覽車就可以看出陣營的動員狀況。此外還要大致判斷出參加者的年齡層、社會階層及男女比例。而且像這種時候，最好先查明該會場在政治社會結構上屬於哪個區塊，例如是藍的多還是綠的多，是農村人口多還是中產階級多等等。

接著要觀察的是參加者的支持熱度。在接近選戰尾聲的十一、十二月會場上，只要觀察整個會場的熱絡程度，就可以大致掌握候選人的聲勢。但是這必須仰賴過去觀察選舉的經驗。如果以日本人的基準來看，臺灣的選舉造勢集會每一場都看起來「場面極度熱絡」。但如果仔細觀察，其實還是有著微妙的差異。有些集會甚至是因為感覺「快要輸了」，所以才拚命「炒熱氣氛」。選舉情勢的判斷一定要謹慎小心，除了民意調查的支持度變動之外，還必須對照過去的選舉資料。

有些大型的集會，可能前方的參加者非常熱情，但是後方的氣氛就顯得有些冷清。在會場裡繞行，就能體會這些現象。臺灣的選舉造勢集會，參加者在中途離去是稀鬆平常的事情，但如果候選人的群眾魅力夠強，大部分的參加者都會耐心聽完集會最後的候選人演講。相反地，如果候選人的群眾魅力不足，在演講的途中離去的人就會變多。

二〇一二年的蔡英文造勢集會上，有很多人在蔡英文進行演講的時候離開。但同樣是蔡英文的演講，二〇一六年的會場幾乎沒有人中途離去。同樣是蔡英文，但選情不一樣，由此可知有的時候由現場觀察可以推估出選情。近年來有不少集會會進行網路直播，就算在東京也能掌握各候選人的活動狀況，跟以前比起來方便了許多。但是支持者的熱情程度，還是必須親自到會場才能看得出來。

如果要靠造勢集會來判斷選情，最好的時機點並非投票的前幾天，而是大約兩個月前到一個星期前。投票前的週末及投票前一天的造勢集會，可以說是選戰活動的壓軸，因此無論任何陣營的集會，氣氛一定非常熱絡，參加者都是抱著炒熱氣氛的目的參加集會。說得更明白一點，投票前幾天的大型集會，是為了讓敵對的陣營看見己方陣營有多麼聲勢浩大及團結熱情。在這種集會上進行觀察，只會看見一些虛假的演技而已。選戰最後一天晚上在臺北舉行的大型造勢晚會，正是最好的例子。相較之下，高雄、臺中等地也會在最後一天的較早時間舉辦大型集會，由於故意炒熱氣氛的心態比較沒有那麼強烈，多少還可以判斷出一些實際狀況。

想要靠選戰最後一天的大型集會推測出當選者是誰，大概只有在二〇〇〇年以前的總統大選才做得到，尤其是過了二〇〇八年之後，幾乎成了不可能的任務8。例如在二〇〇八年的大選中，謝長廷慘敗給了馬英九，但是謝長廷陣營在最後一天的大型集會可說是聲勢浩大，從日本造訪臺灣觀察選舉的人都以為謝長廷已經迎頭趕上。而實際的結果，謝長廷卻是以相當大的差距落敗。

二〇一二年的選舉，馬英九在選戰尾聲與蔡英文拉開了差距。但是，最後一天，蔡英文陣營放出了「李登輝將會參加晚會」的消息。從日本前往臺灣的選舉觀察者都被這個消息吸引，前往民進黨在新北板橋舉行的晚會。有些媒體記者見李登輝與蔡英文在臺上擁抱，臺下觀眾大受感動的畫面，寫出了類似「蔡英文急起直追」的新聞報導，但最後的結果還是馬英九成功連任。

選舉結束之後的訪問調查也很重要。在選舉結果剛出爐的時候，偶爾能意外聽見相關人士吐露真實心聲。此外，在選舉結束數個月之後的訪談，往往也能有意外收穫。只要一邊揭示選舉資料一邊提問，就能問出許多有助於選舉分析的內情，有時甚至能得知檯面下的動作或陣營的計畫。確實做好選舉相關人士的訪談，對於下一次的選舉觀察也有相當大的助益。

如上所述，臺灣的總統選舉會受到內在及外在的諸般因素影響。在其交互作用之下，令臺灣選舉政治的動力不斷開展。從下一章起，筆者將依序介紹每一屆的選舉。

補論：以標準差剖析臺灣選舉—在雲林縣遇到的方法論

雲林縣的選舉

筆者認為要理解臺灣的政治及選舉情勢，就必須確實掌握各地方的動向。因此筆者把焦點放在位於臺灣中南部的雲林縣，持續進行了定點觀測。雲林縣的人口約七十萬人，以農業為主要產業，有著居民多為本省人且地方派系色彩濃厚等中南部縣市的共同特徵。筆者認為只要確實理解一個縣的地方政治，相關知識就能運用在其他縣的觀察上。

開始在雲林縣內進行訪查之後，就有消息靈通的居民告訴筆者「這個村子是〇〇候選人的票倉、這個村子是□□候選人掌握的」。與投票資料一一比對，筆者發現確實每個村子的各候選人得票率都相差甚大，同一候選人在不同投票所的得票率也截然不同。

這時筆者發現了一件事，那就是在臺灣的選舉，每個投票所都會公布每個候選人的得票數。在日本，開票是以區市町村為單位，各投票所的投票箱會集中在同一個地點，統一進行開票及公布得票數。相較之下，臺灣不僅在每個村、里都設有投票所，而且當場就可以知道投票結果，因此可以針對投票行為進行精細分析。這是在日本分析選舉的時候無法做到的。

除此之外，筆者還得知了一件事，那就是各候選人的拉票方式，與該候選人在每個投票所的得票率有著相當大的關係。在雲林縣，自從臺灣在一九九〇年代實現了民主化之後，每一次選舉的選戰都非常激烈。地方派系的各陣營會在每個村里展開積極的拉票工作，因此會出現在某個村里成功拿到了絕大部分的選票，但是另外一個村里的選票都被對手陣營拿走的情況。因為這個緣故，所以同一名候選人在不同投票所的得票率會相差甚大。

親國民黨的地方派系主要利用來拉票的組織有㈠農會、㈡水利會，以及㈢行政組織[9]。而拉票的關鍵，則是包含㈣地方政治家族的地緣關係在內的個人人脈。各陣營都會透過這些組織及人脈進行拉票，最後還會在每個最基層行政單位的村里內進行固票活動。因為每個村里都有投票所，各陣營都會詳細推估每個投票所能拿到多少票，並與選舉結果進行比對。投票雖然是採不記名方式，但是在較小的村子裡，誰會投什麼票大致都猜得出來。

拉票的時候，除了利用地緣及血緣關係之外，還會使用利誘、收買及脅迫等手段。由於行動是以投票所為單位，所以會發生兩個地區明明產業結構及社會結構完全相同，投票所開出來的候選人得票率大相逕庭的現象。換句話說，這些得票率的差距（離散程度），在某種程度上反映出了各陣營拉票活動的強度。

假如候選人原本就有相當大的人氣，而且沒有進行拉票的話，照理來說在相鄰村里的得票率應該會很接近，離散程度應該會很小。沒有辦法進行強力拉票活動的候選人，各投票所得票率的離散程度也應該會較小。值得一提的是，外省人在雲林縣的人口比例只有三・一〇%，原住民更是只有〇・〇三%，而且客家系本省人幾乎已經與閩南系本省人同化，所以族群問題並不會成為選舉時的攻防。

在研究這些候選人的競選活動的過程中，筆者想到了可以利用標準差來表示出各陣營拉票活動的強度。筆者試圖針對在雲林縣舉行的立法委員選舉、國民大會代表選舉、縣長選舉及縣議員選舉的選舉資料，以標準差的方式進行分析，發現雖然有限制，在某種程度上可以把選戰的實際狀況數值化。使用標準差來進行選舉分析，是筆者在雲林縣內訪查時想到的方法論。

一九九五年立法委員選舉

雲林縣長期以來是由親國民黨的地方派系（地方政治家族）獨佔縣政。一九八〇年代有林派（林桓生）及許派（許文志），

順序	候選人	政黨	得票數	得票率	當選	現任
1	許舒博	國民黨	67,076	19.47%	○	
2	林明義	國民黨	65,726	19.08%	○	○
3	廖福本	國民黨	65,261	18.95%	○	○
4	廖大林	民進黨	52,106	15.13%	○	○
5	林國華	民進黨	49,294	14.31%		
6	吳修榮	國民黨	22,417	6.51%		
7	蘇洪月嬌	無黨籍	14,075	4.09%		
8	藍照慶	新黨	8,471	2.46%		

表 1-1　1995 年立法委員選舉雲林縣選區的結果
出處：筆者參照中央選舉委員會資料所製成。

一九九〇年代之後又多了廖派（廖泉裕）、福派（廖福本）及張派（張榮味），形成五大勢力割據。親國民黨的地方派系滲透到了農會、水利會及鄉鎮市公所之中，能夠動員的選票相當可觀。相較之下，民進黨一直沒有辦法獲得組織的支持，選舉時只能仰賴個人（地方政治家族）成立的後援會，形成了如廖大林派、林國華派、蘇洪月嬌派vi之類以家族為核心的派系集團。由於沒有辦法滲透到農會、水利會之類組織之中，凝聚票源的能力比國民黨的地方派系弱了一些。後來因為張榮味當上了縣長，張派聲勢大振，其他派系的實力都被削弱。但是到了二〇〇五年，民進黨的蘇治芬當選縣長，進入了民進黨優勢時期10。

接著我們實際以一九九五年立法委員選舉的雲林縣選區資料，來回顧這些地方派系的激烈鬥爭。本次選舉採複數選區制，由八名候選人角逐四個席次（**表1-1**）。實際上較有實力的是國民黨的許舒博（許派）、林明義（林派）、廖福本（福派），以及民進黨的廖大林、林國華這五人。選民人數五十一萬八千八百七十八人，有效票數三十四萬四千四百二十六票，無效票數五千零五十五票，投票率六七・三五％。選區內共有五百一十二處投票所，每一投票所的平均選民人數為一千零一十三人。

開票結果，當選者為國民黨的許舒博、林明義、廖福本三人，以及民進黨的廖大林。由於此次選舉採行的是複數選區制，同一政黨的候選人競爭也相當激烈。國民黨的三人都以相當強勢的固票方式聞名，民進黨的候選人如果不採取同樣強勢的手段，想要在這個選區當選並不容易。以下就以如今已經過世的林明義作為分析的對象。

vi 蘇洪月嬌是蘇治芬的母親，丈夫蘇東啟是白色恐怖的受害者。其勢力被稱為「蘇家班」。

林明義擔任過三屆立法委員，本身是少林拳法的高手，在立法院是有名的行動派，每當執政黨與在野黨發生衝突事件的時候，新聞上經常可以看見他的名字。林明義的地盤，是位在縣內中央的虎尾鎮。當地很多人都覺得他是黑道流氓，但是他向來親自接聽電話，而且接到選民的請求必定會採取行動，因此也有許多人覺得他是「值得信賴的人」[vii]。

林明義以第二高票當選，得票率為一九・○八%。**圖1-1**是以棒狀圖標示出林明義在二十個鄉鎮市的得票率。得票率最高的是虎尾鎮的四六・七○%，最低則是古坑鄉的三・五○%，各鄉鎮市的得票率離散程度非常大，得票率的標準差為九・七○（得票率的平均值為一八・六八%）。

縣內合計有三百八十三個村、里。有些村、里的投票所不止一處，所以投票所共有五百一十二處。分析林明義在各投票所的

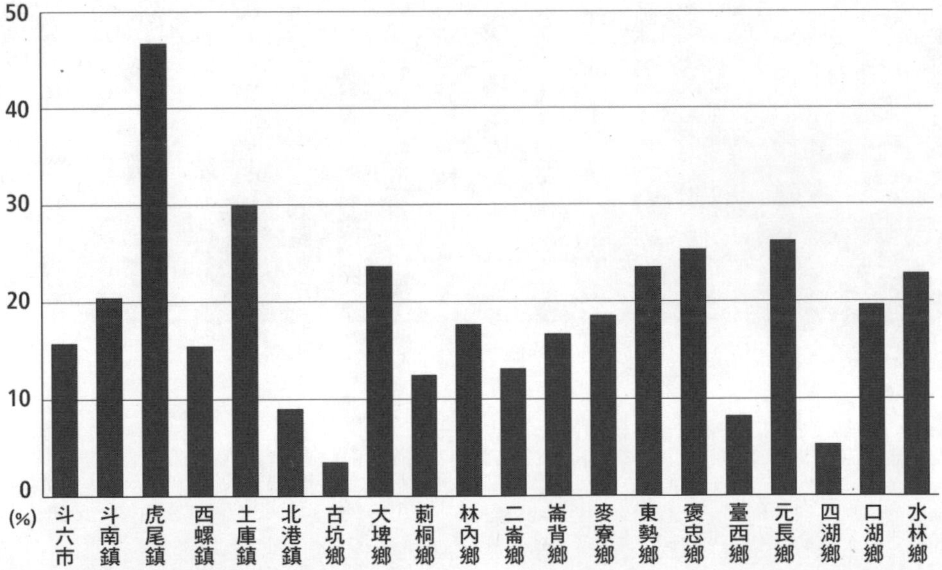

圖 1-1　林明義候選人於各鄉鎮市的得票率（1995 年立法委員選舉，雲林縣選區）

出處：筆者參照中央選舉委員會資料所製成。

得票率，會發現數值差距比鄉鎮市層級的差距更大，最高為八一・六五%，最低僅○・三五%。**圖1－2**是林明義在選區內五百一十二處投票所的得票率棒狀圖。如果僅有一根細線特別長，就代表林明義在該地區唯獨特定投票所的得票率特別高。從這張圖，可以明顯看出林明義在每一個投票所的得票率有著極大的落差。全部五百一十二處投票所的得票率標準差為一二・五三（得票率的平均值為一九・○一%）[11]。

林明義在每個投票所得票率差距這麼大，是因為每個村里內部各候選人搶票的情況非常激烈。筆者在前文已提過地方派系拉票活動的概觀狀況，以下將從最基層的投票所進行細部分析。虎尾鎮是林明義的地盤，

vii 林明義在進行選舉活動的時候，身旁總是跟著十多名身穿黑衣的年輕護衛。筆者在二○○一年九月十日訪問過林明義，但是其獨特的氣勢令筆者畏縮，沒問幾個問題就草草結束了。

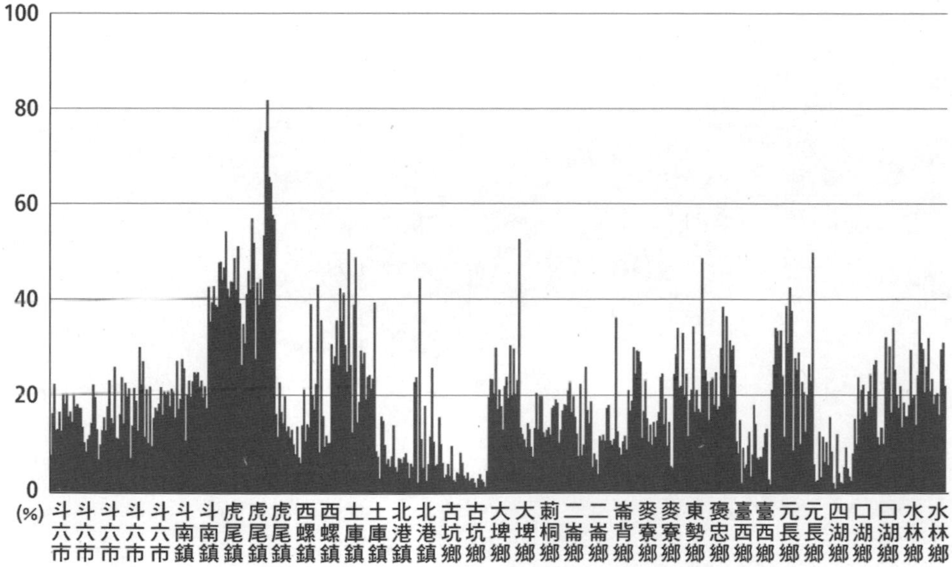

圖 1-2　林明義候選人於各投票所的得票率（1995 年立法委員選舉，雲林縣選區）
出處：筆者參照中央選舉委員會資料所製成。

他在這裡的得票率高達四六・七%。如果繼續細分下去，會發現林明義在虎尾鎮中的主要據點西屯里的得票率更高達八一・七%，在周邊村里的得票率也很高。

在臺灣的選舉之中，候選人在其出生地或主要據點的得票率較高，是非常普遍的現象。因為整個村里會形成一股風氣，共同支持當地的強勢候選人，把他們當成英雄／女英雄。這不僅反映傳統的地緣人脈，反映出候選人平日就經常在根據地從事各種競選（服務選民）的活動。就算是候選人的出生地，如果候選人平日什麼也沒做，當然不可能拿到那麼多選票。投票日將至的時候，候選人還會再三提醒或呼籲選民記得去投票。

反過來說，要在敵方候選人的據點拿到選票是一件極為困難的事情。在這次的選舉裡，有兩名候選人是以古坑鄉為據點（廖福本與林國華）。由於這兩人在古坑鄉徹底鞏固了票源，所以林明義在古坑鄉的得票率只有三・五%。如果深入分析，會發現古坑鄉有兩個投票所的得票率都不滿一%。

林明義的得票率最低的投票所只有〇・

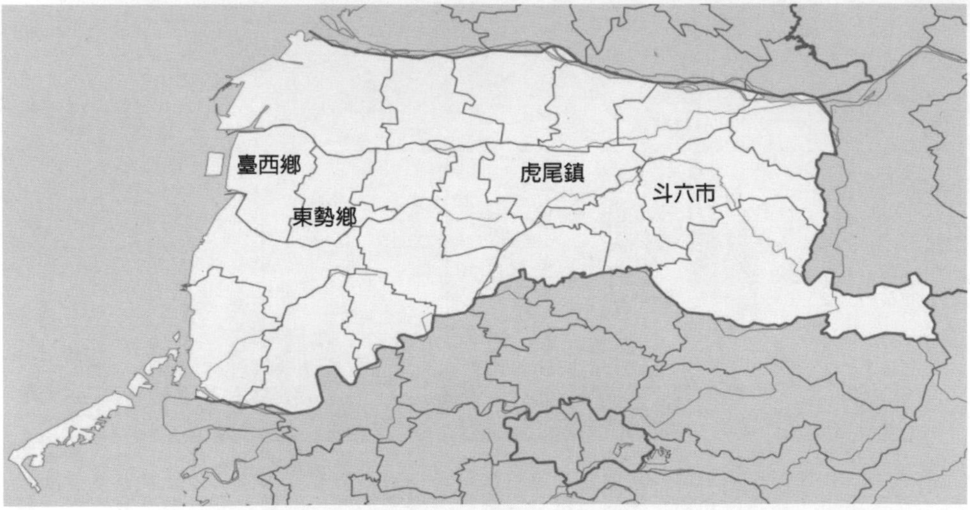

圖 1-3　雲林縣行政區域圖（東勢鄉的位置）

出處：筆者利用無版權圖片修改而成（https://commons.wikimedia.org/wiki/File:Yùnlîm_-_Hûnlîm_-_(Yunlin_County)_location_map.svg，2019 年 6 月 30 日連結）。

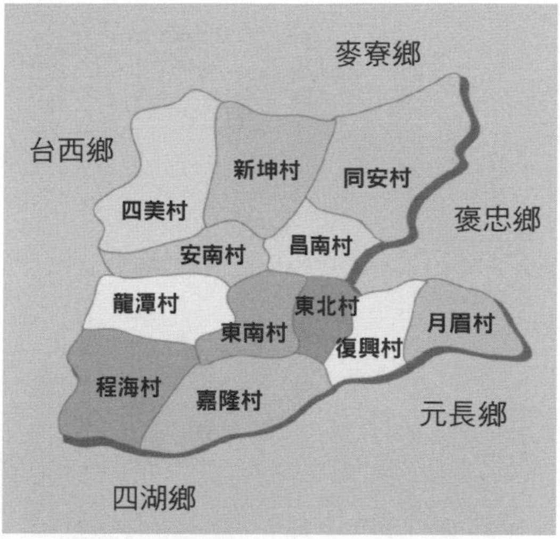

圖 1-4　雲林縣東勢鄉行政區域圖（12 個村）
出處：東勢鄉公所網站（http://www.dongshih.gov.tw/content/index.asp?m=1&m1=8&m2=75，2019 年 6 月 30 日連結）。

三五％，位在四湖鄉飛沙村內，得票數只有三票。國民黨排名第四的候選人吳修榮出身政治家族，四湖鄉正是家族的地盤，而飛沙村更是吳家的出生地。由此可看出在雲林縣內兩個投票率極端的投票所，都有著相當明顯的地緣因素。

那麼，在非自身地盤的地區，要怎麼擊敗競爭對手，鞏固自己的票源呢？這裡以雲林縣二十個鄉鎮市中的東勢鄉為例（**圖1－3**）。東勢鄉位於雲林縣的西部，人口約兩萬人，為雲林縣內典型的農業地區。九〇年代的主要農產品為稻米及花生。鄉內共有十二個村（**圖1－4**），全鄉皆是平坦土地，村與村之間河川或丘陵之類的自然阻隔。每個村都是以當年從福建省移民過來時的集團為單位，村民大多有親戚關係。

東勢鄉的鄉民絕大部分以務農為生，有些人兼經營小規模的土木營建公司。就算是鄉的中心地帶，也只有小小的商店街，以及鄉公所、農會等公共設施。在九〇年代，這一帶甚至沒有便利商店。離開了中心地帶，就只有遼闊的農田。對當地的居民來說，能夠在東勢鄉公所或農會工作，不僅能夠得到穩定的收入，而且還是身分地位的象徵。

每個村內皆設有投票所，各村的選民最少為四百五十六人，最多為兩千零八十五人。其中有三個村設置了兩處投票所，所以全鄉投票所共有十五處。各投票所的選民最少為四百五十一人，最多為一千四百一十人，平

	許舒博	林明義	廖福本	廖大林	林國華	吳修榮	蘇洪月嬌	藍照慶
昌南村	24.51%	48.49%	1.24%	8.17%	9.95%	1.78%	5.68%	0.18%
四美村	50.69%	20.07%	10.32%	3.10%	7.91%	3.56%	2.87%	1.49%

表 1-2　雲林縣東勢鄉的昌南村和四美村的各候選人得票率（1995 年立法委員選舉，雲林縣選區）
出處：筆者參照中央選舉委員會資料所製成。

均一處投票所的選民為九百四十九人。

一九九五年的立法委員選舉，由於並沒有任何候選人出身東勢鄉，因此東勢鄉成為各地方派系瓜分的地區。但是在所有候選人之中，許舒博的地盤在東勢鄉西側的臺西鄉，而林明義則是位在縣中央的虎尾鎮，所以這兩人在選戰中較佔優勢。以下以兩人競爭最激烈的昌南村和四美村為例。昌南村與四美村不僅位置很近，而且產業結構及社會結構幾乎完全相同。村內的選民人數，昌南村為九百六十三人，四美村為一千兩百六十一人。村面積為昌南村二・六平方公里，四美村五平方公里。兩個村子的中央都有廟，四美村由於面積稍微大了一點，所以有兩處投票所。

昌南村的得票率，林明義為四八・四九%，許舒博為二四・五一%。四美村的得票率，林明義為二〇・〇七%，許舒博為五〇・六九%（**表 1－2**）。兩個村子的得票結果，幾乎可說是恰好相反。這兩個村子裡皆有具影響力的人物（農會職員 A、公所職員 B），分別支持林明義及許舒博，並對村民強力拉票。A 及 B 分別會將村內選民的資料上交至陣營內部，陣營會派出不同的人拜訪每一名選民，再次確認其投票意願。如果在以前，陣營派出的代表通常還會餽贈一些金錢，作為支持該候選人的謝禮。如此一來，其他候選人就沒有可趁之機。正因為這樣的做法，得票率才會以村里為單位出現巨大差異。

標準差數值的評價

以上，筆者以林明義為例，談及了各投票所的得票率離散程度極大的現象，並且說明了這是各陣營以強勢的手段固票所造成的結果。接下來，筆者想要比較雲林縣選區全體的各候選人得票率標準差大小。**表1-3**計算出了全部五百一十二處投票所的各候選人得票率標準差。

以細微差距成為最高票及次高票當選者的許舒博及林明義，兩人的標準差數值都很高，這是原本就可以預期的結果。但是數值最高的候選人，其實是以第四高票當選的民進黨候選人廖大林。民進黨的廖大林照理來說應該較缺乏組織力，但是他的標準差數值高達一三・八八，超越了許派許舒博的一三・一四，以及林派林明義的一二・五三。這又是怎麼一回事呢？

廖大林身為民進黨候選人，當時有著相當清新的形象，因為他是學者出身。在一九九二年，他就當選了立法委員。廖大林的地盤為西螺鎮，這是人口比較多的地區。在這次一九九五年的選舉中，廖大林以西螺鎮唯一候選人的身分，打了一場強調地緣關係的選戰，在該鎮獲得了五七・八八%的超高得票率。但是在其他鄉鎮，地方派系勢力成了相當大的阻礙，而且民進黨的另一名提名候選人林國華還瓜分了一部分的民進黨基礎票。

觀察廖大林在各投票所的得票狀況，可以看出他的拉票活動集中在西螺鎮以及兩側的二崙鄉、莿桐鄉這三個鄉鎮。尤其是西螺鎮三十二處投票所的得票率高得相當不自然，由此可看出他一定在西螺鎮的幾個里進行過強勢的固票行動，並非單純只是因為他出身當地[12]。

	許舒博	林明義	廖福本	廖大林	林國華	吳修榮	蘇洪月嬌	藍照慶
平均值	20.23%	19.01%	18.68%	14.42%	14.11%	6.97%	4.28%	2.31%
標準差	13.14	12.53	9.60	13.88	10.46	10.15	4.60	1.69

表 1-3　1995 年立法委員選舉雲林縣選區的全投票所各候選人得票率的平均值及標準差

出處：筆者參照中央選舉委員會資料所製成。

像廖大林這樣在特定鄉鎮獲得超高得票率，卻在其他鄉鎮成績不佳的情況，標準差的數值就會偏高。在此次選舉中落選的國民黨吳修榮也出身政治家族，在家族的地盤四湖鄉及周邊的北港鎮、口湖鄉進行強勢拉票活動，獲得相當程度的選票，但在其他鄉鎮成績不佳，因此吳修榮的得票率離散程度也很大，標準差數值偏高。

像這類候選人的標準差數值，可能會跟縣內競爭最激烈的地方派系候選人一致，甚至更高，這有可能弱化了標準差作為指標所能帶來的意義。但即便如此，從雲林縣選區的狀況，至少可以看出以地緣之類關係進行強勢拉票的程度會反映在標準差的數值上。雖然光看數值就做出判斷相當危險，但如果能夠配合當地訪查，標準差作為反映拉票程度的指標還是具有一定的有效性。

本書雖然不再深入探討，但標準差還可以用來做更進一步的分析。例如以鄉鎮市為單位，將各候選人的得票率標準差計算出來，由於數值較高代表進行過強勢拉票活動，因此可以看出各候選人分別將選戰的重心放在哪些鄉鎮市上。像這種無法從得票率數值看得出來的內情，只要利用標準差就能窺得一二。

臺北市的立法委員選舉

接著我們來看一九九五年立法委員選舉在都市區的情況，以下用臺北市第二選區作為例子。該選區也屬於複數選區制，由三十六名候選人角逐九個名額。選民人數九十一萬四千零八十五人，有效票數五十八萬四千四百四十九票，無效票數七千零九十票，投票率為六四・七一％。選區內的投票所共有五百七十一處。投票結果，新黨在這個選區表現出色，獲得了三個席次，而國民黨表現不佳，只獲得了兩個席次。另外，民進黨則是配票成功，獲得了四個席次（**表1-4**）。

以下我們以第八名當選的民進黨沈富雄作為分析對象。臺北市第二選區內有六個區（大安、中山、中正、大同、萬華、文山），合計二百二十四個里。人口較多的里，會設置不止一處投票所，所以投票所共有

順序	候選人	政黨	得票數	得票率	平均得票率	標準差	當選	現任
1	朱惠良	新黨	60,485	10.35%	10.27%	4.43	○	
2	顏錦福	民進黨	56,848	9.73%	9.79%	4.10	○	○
3	葉菊蘭	民進黨	56,364	9.64%	9.68%	3.04	○	○
4	周陽山	新黨	54,456	9.32%	9.23%	4.20	○	
5	潘維剛	國民黨	53,984	9.24%	9.14%	4.49	○	○
6	李慶華	新黨	52,997	9.07%	8.99%	3.68	○	○
7	黃天福	民進黨	50,072	8.57%	8.59%	5.51	○	
8	沈富雄	民進黨	48,275	8.26%	8.31%	2.77	○	○
9	陳鴻基	國民黨	41,177	7.05%	7.21%	4.64	○	
10	趙寧	國民黨	39,803	6.81%	6.81%	2.62		
11	邵宗海	國民黨	20,765	3.55%	3.56%	4.25		
12	魏鏞	國民黨	18,188	3.11%	3.11%	1.98		○
13	邱彰	無黨籍	14,394	2.46%	2.46%	0.72		

表 1-4　1995 年立法委員選舉臺北市第二選區的結果
只記載得票率 1% 以上的 13 名候選人。
出處：筆者參照中央選舉委員會資料所製成。

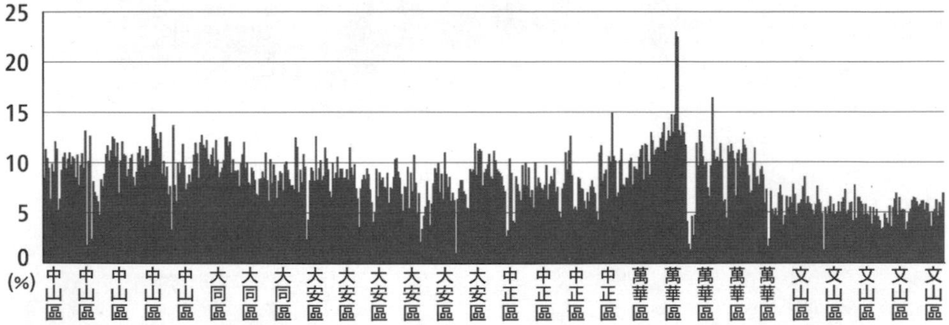

圖 1-5　沈富雄候選人於各投票所的得票率（1995 年立法委員選舉，臺北市第二選區）
出處：筆者參照中央選舉委員會資料所製成。

五百七十一處。沈富雄的得票率最高為二二・九六%，最低為〇・九二%，平均值為八・三一%，標準差二・七七[13]。**圖1－5**是沈富雄在所有投票所的得票率棒狀圖。整體來看相當平均，各投票所的離散程度並不大。得票率特別高的兩處投票所，都位於他的據點萬華區頂碩里。

在這有九個名額的選區，民進黨提了四個推薦候選人。為了防止得票不均而全盤皆輸，民進黨競選總部還要求支持的民眾依照自己的生月日投給指定的候選人。當然選民不見得嚴格遵守這項配票指示，但在不進行強硬催票的前提下，這樣的做法發揮了一定的效果。民進黨的四名候選人成立了共同競選總部，發送四候選人聯名的宣傳單，在選戰中主打提升民進黨的形象，結果四人全部當選。

沈富雄自己就是競選總部的幹部，他不敢「偷跑」從事任何個人的拜票活動，因此當選的名次在民進黨的四個候選人當中是最低的。而且，若看標準差，沈富雄在所有當選者之中也是最低的。沈富雄這個例子，可以視為訴諸間接手法的都市型選舉的典型案例。在民進黨的所有候選人當中，黃天福的標準差為五・五一，為民進黨四名候選人當中最高的。但是黃天福的得票率為八・七五%，與沈富雄相差不多。再比較標準差，就可以明顯看出，黃天福一定是靠「偷跑」搶到了一些個人票。黃天福的兄長是民進黨的傳奇人物黃信介。

臺北市的國民黨候選人由於可以利用退役軍人、公務員這些管道拿到組織票，所以標準差的數值比沈富雄高。但是退役軍人支持的潘維剛，標準差有四・四九，而仰賴動員個人後援會及地毯式拜票的陳鴻基，標準差也有四・六四，但跟雲林縣地方派系候選人的標準差數值比起來都很低。

不過如果只比較臺北市第二選區內的數值，還是可以看出競選活動的做法差異會反映在數值上。不管是民進黨的四名候選人，還是國民黨的五名候選人，只要看標準差的高低，就可以知道政黨把組織力投入哪一名候選人的拉票活動。雖然數值的比較要相當謹慎小心，但是在臺北市，投票所層級的標準差數值同樣在一定程度上會反映出曾經進行的拉票及固票活動。跟雲林縣選區主要候選人的標準差比起來，臺北市第二選區主要候選人的標準差數值整體而言都比較低，那是因為名額及候選人數的差異所導致。

雲林縣林明義的競選方式，與臺北市第二選區沈富雄的競選方式，可以說分別代表了臺灣農村型選舉及都市型選舉。兩名候選人的標準差數值，就像是兩個極端。筆者以同樣的方法計算出這場立委選舉其他選區主要候選人的標準差，幾乎都在上述兩名候選人的數值之間。

縣長選舉與市長選舉

到目前為止，筆者論述了標準差能夠運用在複數選區制的選舉分析上。但如果是只有一個名額的首長選舉（單一選區制的選舉），標準差是否也能發揮功效呢？以下我們以一九九七年的雲林縣長選舉及一九九四年的臺北市長選舉為例。

對於雲林縣的地方派系及地方政治家族而言，縣長選舉是最重要的一場選舉。一九九七年的雲林縣長選舉中，國民黨的提名候選人原本為林派的蘇文雄，但後來林派的張榮味不服氣，決意脫黨組成張派，以無黨籍候選人的身分參選。至於民進黨，則是立法委員廖大林出馬參選，讓這場選舉形成了三強鼎立的局面[14]。

雖然結果是由蘇文雄以三四・九三%的得票率當選縣長，但張榮味的得票率也有三四・〇四%，蘇文雄可說是贏得相當僥倖。民進黨的廖大林則以二九・一一%居於第三。全縣共有三百八十四個村、里[15]，各候選人的得票率標準差為蘇文雄一〇・三六、張榮味一一・四七、廖大林

順序	候選人	政黨	得票數	得票率	平均得票率	標準差
1	蘇文雄	國民黨	125,376	34.93%	35.30%	10.36
2	張榮味	無黨籍	122,166	34.04%	34.43%	11.47
3	廖大林	民進黨	104,499	29.11%	28.41%	10.49

表 1-5　1997 年雲林縣長選舉結果以及主要三個候選人的村、里得票率標準差

出處：筆者參照中央選舉委員會資料所製成。

一〇・四九（**表 1 - 5**）。這場九七年的縣長選舉，國民黨因為蘇、張之爭而分裂，給了民進黨趁虛而入的機會，不管是從組織動員還是競選資金的規模來看，選戰都打得極為激烈。三人在村里層級的標準差都超過了一〇，數值可說是非常高，這意味著三人都進行了相當強勢的催票活動。

接下來我們來看一九九四年的臺北市長選舉。臺灣實現了民主化之後，臺北市長由任命改為民選，本次是制度變更之後的第一場選舉。國民黨推出現任臺北市長黃大洲（本省人），民進黨推出立法委員陳水扁（本省人），新黨推出立法委員趙少康（外省人）[16]。結果是由陳水扁以四三・六七％的得票率當選。趙少康為三〇・一七％，黃大洲為二五・八九％。臺北市內共四百三十五里[17]，三名候選人的得票率標準差為陳水扁一〇・六〇，趙少康一一・三二，黃大洲三・二〇（**表 1 - 6**）。筆者在序章中便已提及，這是一場徹底展現本省人與外省人對立情結的激烈選舉[18]。

臺北市長選舉及雲林縣長選舉都是由三名實力堅強的候選人角逐首長寶座，因此相當適合進行比較。從立法委員選舉中，臺北市與雲林縣的標準差差距來推測，臺北市長選舉所採用的應該也是都市型的拉票活動，三名候選人的標準差數值應該很小才對，但是實際上趙少康與陳水扁的標準差數值卻非常高，幾乎和雲林縣地方派系候選人的標準差數值相去不遠。

從現實層面來看，地方派系式的拉票活動應該無法在臺北市順利進行才對，何況選舉期間也沒有傳出什麼買票或脅迫之類的消息。另一方面，

順序	候選人	政黨	得票數	得票率	平均得票率	標準差
1	陳水扁	民進黨	615,090	43.67%	43.97%	10.60
2	趙少康	新黨	424,905	30.17%	29.71%	11.32
3	黃大洲	國民黨	364,618	25.89%	26.04%	3.20

表 1-6　1994 年臺北市長選舉結果以及主要三個候選人的里得票率標準差

出處：筆者參照中央選舉委員會資料所製成。

概觀整場選舉，族群之間（閩南系本省人與外省人）的激烈對抗意識相當明顯，因此標準差的高數值應該可視為投票受族群意識影響的程度[19]。

以下舉位於臺北市西側萬華區內的頂碩里及新和里為例（**表1-7**）。頂碩里鄰近臺鐵萬華站的南側，自古以來居民以閩南系本省人的比例較高。從頂碩里往青年公園的方向前進一個路口，就進入了新和里。新和里有一些軍眷住宅，因此外省人的比例比較高。三名候選人的得票率，頂碩里為陳水扁六〇・八〇%、趙少康一四・八七%、黃大洲二四・〇二%；新和里為陳水扁一九・八四%、趙少康五五・四七%、黃大洲二四・四三%，兩個里的投票傾向截然不同。陳水扁與趙少康的得票率差異，反映出了這兩個地區的族群結構差異。整個臺北市內都有類似的投票狀況。因此我們可以說，陳水扁與趙少康的標準差數值之大，反映出了兩陣營所打的這場選戰有多麼激烈。

市長選舉出現了這麼明顯的族群對立，為什麼相同的現象並沒有出現在立法委員的選舉上？理由就在於立法委員選舉的臺北市第一選區、第二選區皆為九個名額的複數選區制，不管是閩南系本省人、外省人還是客家人都可以有超過一人參選、超過一人當選。在這種情況下，比起族群之間的競爭，族群內部的競爭反而更加激烈。再加上族群之間很難明確分出輸贏，因此能夠產生的緊張感也相當有限，這就是複數選區制的特徵。相較之下，只有一個人能夠當選的市長選舉，就很容易演變為族群之爭。

所有的標準差數值之中，最耐人尋味的是黃大洲的數值。黃大洲的標

	陳水扁	趙少康	黃大洲	有效投票數	投票率
頂碩里	60.80%	14.87%	24.02%	5,224	82.34%
新和里	19.84%	55.47%	24.43%	5,801	81.66%

表 1-7　臺北市萬華區頂碩里和新和里的各候選人得票率（1994 年臺北市長選舉）

出處：筆者參照中央選舉委員會資料所製成。

準差數值只有三・二〇，比九五年立法委員選舉國民黨候選人潘維剛的四・四九及陳鴻基的四・六四還低，接近幾乎沒有進行個人拉票活動的沈富雄的二・七七。在陳水扁與趙少康的激烈競爭之中，黃大洲遭到了邊緣化（棄保）。從黃大洲的標準差來看，國民黨的組織動員幾乎沒有發揮任何效果。

黃大洲的原本支持者當中，省籍意識較強的人都被陳水扁陣營及趙少康陣營的激烈拉票活動給拉走了。剩下的人，基於對現任市長黃大洲的評價及印象，或是基於對國民黨候選人的評價及印象，而把票投給了黃大洲。這些評價及印像都是透過媒體報導間接形成的，因此各投票所的得票率離散程度並不會太大。

事實上二〇〇〇年總統選舉的標準差數值，正與陳水扁、趙少康、黃大洲的數值相近。陳水扁與宋楚瑜同樣因為省籍意識的關係，打了一場相當激烈的選戰，導致夾在中間的連戰遭到了棄保。

在總統選舉分析上的應用

筆者到目前為止舉了兩種例子，分別為爭奪複數名額的民代選舉，以及爭奪單一名額的首長選舉。從這兩種例子，都可看出利用標準差進行選舉分析具有一定的效果。但如果是一對一的選舉，標準差的有效性就會下降。因為如果是一對一的選舉，每一處投票所都是將一〇〇%的票分給兩個人，一張票不是自己拿到，就是對方拿到。在這樣的狀況下，兩人的得票率高低差異會完全相同。不過即便如此，將兩人的得票率離散程度加以數值化還是有一定的意義，而且跟後述的全投票所直方圖放在一起比較，就可以更加明確地掌握得票率離散程度與票數的關係。

接著筆者想針對與標準差分析有關的全投票所直方圖（histogram）稍做說明。利用計算標準差時不可或缺的全投票所投票資料，繪製出直方圖，就能夠在視覺上更加精準地掌握各候選人的得票狀況。所謂的直方圖，是一種以區間為橫軸，以度數為縱軸的度數分布圖表。運用直方圖的概念，將橫軸設定為得票率「〇%以上未滿一%」、「一%以上未滿二%」、「二%以上未滿三%」直到一〇〇%，也就是從〇%到一〇〇%的一百個區間。另外，在縱軸上，標示的並不是出現次數，而是將出現該得票率的投票所的得票數相加之後的總票數。如此一來，就能將一名候選人在所有投票所的各得票率的總票數以視覺的方式呈現出來。

當然我們也可以利用標準差與平均得票率來繪製出常態分布曲線，將得票的離散程度視覺化。但是常態分布曲線只是顯示出理論上的分布情況，雖然能看出離散程度的大小，卻無法看出票數的多寡。相較之下，直方圖的優點就在於除了離散程度的大小之外，還能將票數也一起視覺化。筆者以雲林縣的林明義為例，實際製作了一張直方圖。使用的資料，是一九九五年立法委員選舉雲林縣選區全部五百一十二處投票所之中，林明義的得票率與得票數。林明義在各投票所的得票率如**圖1-2**，但是這張圖沒有辦法看出什麼得票率拿到了多少票，必須從**圖1-6**直方圖才看得出來。

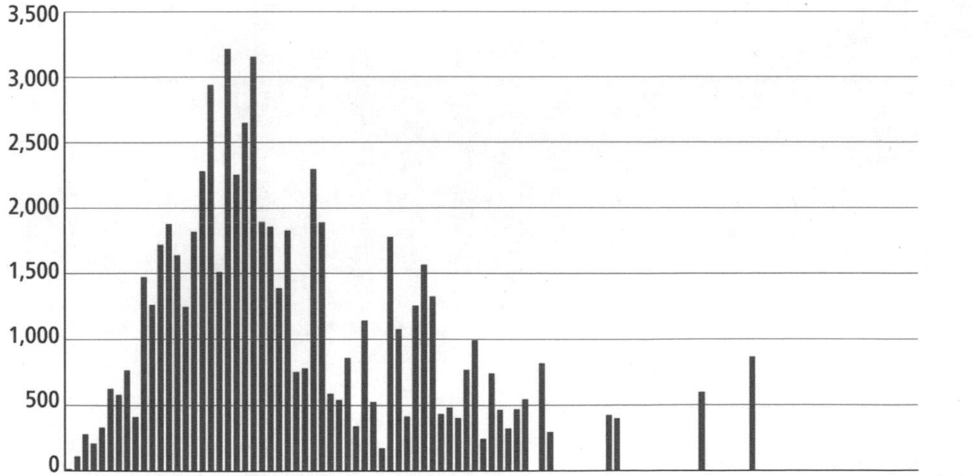

圖 1-6　林明義於全投票所內各得票率的得票數直方圖

出處：筆者參照中央選舉委員會資料所製成。

這張圖的解釋如下。舉例來說林明義的得票率在一九%以上未滿二〇%的投票所，在全雲林縣共有二十四處。林明義在這二十四處投票所的得票數共計三千兩百一十二票，所以在橫軸為「20」的地方，縱軸為「3214」。又如林明義的得票率在四二%以上未滿四三%的投票所，在全雲林縣共有六處，這六處投票所的得票數共計一千五百六十三票，因此橫軸「43」的地方，縱軸就是「1563」。如果把直方圖的縱軸數值加起來，就是林明義的總得票數六萬五千七百二十六票。

這張圖可以從視覺上清楚掌握林明義在哪個得票率上獲得了多少選票。在進行總統選舉的分析時，也是使用這樣的分析方法。不過總統選舉的分析為了清楚比較各候選人的得票狀況，所以會把直柱改成以曲線的方式呈現。另外，如果仔細看林明義的直方圖，會發現有些直柱明顯偏離了常態分布曲線，這表示該投票所曾有強大的人為力量介入。只要使用標準差及直方圖來分析地方選舉，就可以將這些現象全部視覺化。

從下一章開始，筆者就會使用這個方法來分析總統選舉。當要觀察總統選舉各候選人在縣市層級、鄉鎮市層級及投票所層級（實際上為村里層級）的得票分布狀況時，標準差是有效的分析方法。而且同時使用標準差及直方圖，更可以清楚掌握各候選人得票率離散程度及票數的關係。當然只討論標準差的數值並沒有太大的意義，必須一方面以標準差掌握宏觀狀況，一方面深入探討各縣市及各投票所的微觀狀況，才能真正掌握每一次總統選舉的特徵。

標準差方法論的補充說明

筆者所提出的標準差分析方法，並不能用來分析日本的選舉。因為筆者在一開始就已說明過，日本各投票所的投票箱會集中起來統一開票，因此只能得知市町村（包含東京二十三區）層級的投票結果。市町村層級的選民人數規模差異實在太大，就算觀察其標準差數值，也沒有辦法獲得有意義的結論。事實上此分析方法也不適合用在美國，雖然美國的選舉也會公布每一投票所的開票結果，但是美國的領土實在太廣大，各投票所的規模差異太大，因此也很難靠這個方法分析出有意義的結論。臺灣由於會公布每一投票所的開票結果，而且每一投票所的選民人數相對比較平均，因此使用標準差的分析方法才具有一定程度的有效性。

本篇補論使用了比較早的一九九〇年代選舉作為例子，而不使用近年的例子，有兩個理由。第一，一九九〇年代的選舉有著比較極端的離散程度，適合用來說明標準差的運用方式。第二，使用年代較久遠的例子，可以避免引來相關人士的查詢。事實上關於一九九〇年代的雲林縣內選舉，筆者在剛開始進行實地考察的時候，就蒐集到了許多檯面下做法的相關證詞。

其中最敏感的部分，就是買票。筆者常聽人談起地方性選舉有買票情事，但那絕大部分都是傳聞，知道真相的陣營相關人士絕對不會鬆口。筆者到目前為止所訪問過的對象之中，只有兩個人願意告訴筆者詳情。多虧了他們，筆者才能詳細得知「走路工」是如何把錢交給他們，也就是他們如何被買票。筆者是在一九九九年的十月訪問到這兩個人，他們所指的選舉，是在更久以前的九〇年代。他們願意說出詳情，或許是因為筆者是外國的學者吧。

到了二〇〇〇年，陳水扁上臺之後，時任法務部長的陳定南加強取締賄選，有關單位只要接到買票的通報，就必須展開調查。不僅如此，罰則也加重了。因此從二〇〇一年的立法委員選舉之後，筆者再也遇不到一個人願意說明買票的具體狀況。即使到了今天，縣議會的議員選舉依然常傳出買票的謠言，但是要調查詳情卻是難上加難。

第二章

一九九六年選舉

——後民主化的起點

一九九六年三月二十三日，臺灣進行了第一次的總統直選投開票，由李登輝當選總統。選舉是在中國軍事演習所引發的臺海危機下舉行，國際媒體大量報導了中國發射飛彈及美國派出航空母艦的影像。但是選舉的過程本身卻是相當和平且井然有序，沒有爆發任何衝突。這第一次總統直選，不僅是臺灣民主化的里程碑，而且對接下來的臺灣政治結構造成了直接的影響。統治臺灣的中華民國建立起了新的正當性，同時也讓臺灣認同意識開始興盛。一九九六年的選舉，既是臺灣實現民主化的終點，也是後民主化臺灣政治的出發點。

總統直選制度的建立過程

非主流派的反對

以下先簡單整理出總統直選制度的建立過程。大約在一九九〇年至一九九四年之間，認真討論總統遴選方式的風氣開始出現。這是一項相當重要的議題，關係到李登輝所推動的民主化及憲政改革能否成功，但在討論的過程中，也牽動了國民黨內部的權力鬥爭。在得到總統直選的這個結論之前，臺灣政治的權力平衡發生了變化[1]。

李登輝政府推動民主化的第一件事，就是在一九九〇年實施國民大會全面改選。接著便是依據中華民國憲法的既定程序，實施階段性的憲法修正。接下來的立法院全面改選，以及臺灣省、臺北市及高雄市的首長民選，都推動得相當順利。但是總統選舉的方式，在民主化制度設計的研議中可說是最重要的課題，因此遲遲無法得到結論。

一九九〇年三月發生野百合學運[2]，同年六月召開國是會議，才終於形成了「總統應由全體公民一同選出」

的共識。由於國民大會擁有修改憲法的權限，而國大代表絕大多數都是國民黨員，因此國民黨內部能不能討論出一個讓大家都能接受的方案，是最大的關鍵。但是國民黨內部的非主流派還是擁有相當程度的影響力，總統直選的構想因而被壓了下來。

初期國民黨內部的聲音大多反對總統直選，他們主張透過選舉人團以「委任」方式選出總統（間接選舉）。這樣的做法在形式上類似美國總統選舉的選舉人團制度，但是除了臺灣的選舉人之外，海外的華僑、華人也能以選舉人的方式參與選舉，由此可看出他們想要摸索出一個方法，能夠與中國大陸產生關聯。

反對派不贊成總統直選的理由，在於一旦採用直接選舉制度選出總統，那就與「選出臺灣國的總統」沒有兩樣，等同於「宣布臺灣獨立」，而且會造成「總統的權力過於膨脹」。另外也有人認為，依照中華民國憲法的規定，總統本來就是由國民大會選出，因此「間接選舉比較能夠順利移轉制度」。反對總統直選的都是國民黨內的非主流派，如李煥、郝柏村等。就連後來當上總統的馬英九，此時也是主張「委任」方式[3]。

為了確定要提出至國民大會的憲法修正案，國民黨在一九九二年三月舉行了三中全會。但由於黨內不斷出現反對直接選舉的聲音，因此這次會議沒能確定總統選舉的方式[4]。黨內主流派與非主流派的對立情況越來越嚴重，而民意則大多傾向簡單明快的直接選舉制。當時主張直接選舉制的民進黨，不斷在臺北市內發動遊行及靜坐抗議，強烈表達對直接選舉制的支持[5]。

李登輝的反擊

一九九二年七月的國民大會，處理了非常多關於體制改革的憲法修正案，將總統的任期由六年縮短為四年，並且在總統的職權中加入了新的權限，但是關於選出的方式，只變更為由「中華民國自由地區」的全體人民經選舉選出，並沒有規定具體的作法。此時李登輝採取行動，改變了這個趨勢。他巧妙利用了支持直接選舉制的民意壓力及在野黨民進黨的訴求，建立起了一股國民黨內的多數派勢力。

一九九二年十二月十九日，立法院進行全面改選，國民黨雖然拿到了過半數的席次，但民進黨也成功拿到了大約三成的席次。主流派以立法院改選為理由，成功讓非主流派的行政院長郝柏村下臺。一九九三年八月，在舉行國民黨第十四屆代表大會不久前，國民黨內非主流派系「新國民黨連線」的成員宣布脫黨，組成「新黨」，國民黨就此分裂。雖然一些非主流派的成員如郝柏村還留在國民黨內，但是非主流派的勢力在黨內已大幅弱化。

在第十四屆代表大會上，李登輝連任主席，他任命四人為副主席，分別為李元簇、郝柏村、林洋港及連戰。在黨內團結的名義下，李登輝巧妙地壓下了非主流派的郝柏村、林洋港的反對意見。李登輝以「老店新開」來形容此時的國民黨，意味著「國民黨將在本土化之後重新出發」。

一九九四年四月，國民黨舉行中央委員會臨時全體會議，通過了總統直選案。總統的選舉採相對多數制，全臺灣一人一票，得票數較多的候選人就算只多一票也算當選。選舉方式在這個階段已大致底定。李登輝因成功鞏固權力基礎而自信大增，在接受司馬遼太郎的專訪時說出了相當大膽的言論。

同年的七月二十八日，國民大會通過第三次憲法修正案。憲法增修條文第二條明訂「總統、副總統由中華民國自由地區全體人民直接選舉之」、「總統、副總統候選人應聯名登記，在選票上同列一組圈選，以得票最多之一組為當選」。此外亦規定總統、副總統的任期由六年改為四年，僅得連任一次，「自中華民國八十五年第九任總統、副總統選舉實施」。

後來的《總統副總統選舉罷免法》及其施行細則皆是依據此憲法增修條文所制訂。這就是如今在臺灣已舉行多次的總統選舉的法源依據[6]。這一年年底，臺灣舉行了臺北市長、高雄市長及臺灣省長的選舉。總統直選可說是民主化過程的最後一道程序。

兩岸關係結構

兩岸交流與「九二共識」

中國在進入一九八〇年代之後，在鄧小平的主導之下，打起了「和平統一」的口號。一方面準備收回香港，一方面確立對臺政策的大方針為「一國兩制」。中國共產黨在一九七九年公布《告臺灣同胞書》，呼籲祖國統一。一九八一年，共產黨又提出《有關和平統一臺灣的九條方針政策》（葉九條）i，提倡兩岸交流，以及共產黨、國民黨應該為了實現祖國統一而進行第三次國共合作。「一國兩制」的原始宗旨，是考量臺灣居民對社會主義抱持戒心，因而提議中國大陸維持社會主義，臺灣維持資本主義。但是在這樣的架構之下，臺灣將成為「特別行政區」的地方政府，而以北京為中央政府。何況中國僅承認臺灣的「高度自治權」，並不同意讓臺灣「完全自治」7。

當初由蔣經國率領的中國國民黨雖然提倡以三民主義統一中國，但是完全沒有回應中國共產黨的呼籲，採取了「三不政策」，也就是「不接觸、不談判、不妥協」。然而隨著兩岸人民及物產私底下的交流擴大，蔣經國在一九八七年修正了「三不政策」，開放一部分農工業原料間接進口，同時允許人民前往中國大陸探親。

在天安門事件爆發後的混亂局勢之下，江澤民上臺。他的對臺政策基本上維持鄧小平的大方針，並沒有改

i【編注】由當時中華人民共和國全國人民代表大會常務委員會委員長葉劍英提出，故名。

變，然而臺灣在李登輝上臺之後改變了。臺灣政治的民主化及臺灣化，開始兩岸之間以「一個中國」為正統性基礎的框架。臺灣的民主化，隱隱預告著未來必定會出現由臺灣人所建立的臺灣政府。李登輝身為國民黨的領導者，最大的難題在於如何調和臺灣的民主化及「一個中國」這個國民黨奉為圭臬的框架。

一九九一年，李登輝總統廢除了將中國共產黨視為「叛亂集團」的《動員戡亂時期臨時條款》，承認中國共產黨統治中國大陸的事實，讓兩岸關係的發展方向從敵對轉變為共存。同一年，李登輝制訂《國家統一綱領》，確認國家的目標為兩岸統一。《國家統一綱領》中明言「大陸與臺灣均是中國的領土，促成國家的統一，應是中國人共同的責任」。李登輝接著又提出「一個中國，兩個對等政治實體」的概念，作為《國家統一綱領》的補充說明。簡言之，這個時期的臺灣同樣打著「一個中國」的口號，兩岸在理念上是一致的。

李登輝表現出了改善兩岸關係的意圖，設置海峽交流基金會，作為與中國對話的窗口。江澤民也同樣設置了海峽兩岸關係協會，作為與臺灣對話的窗口。雙方開始透過「民間團體」進行接觸。然而當初完全拒絕接觸的「三不」時期並沒有出現的問題，在這個時候都開始浮上檯面。在討論兩岸通郵及通訊等實務性議題的時候，該不該視為同一國家的內部事務來處理，成了一大問題。中國主張應該以同一國家的內部事務來處理，而這個議題的討論過程中就涉及了「一個中國」的問題。

一九九二年十月，雙方的窗口機關在香港進行了事務性協商。當時臺灣主張「一個中國」指的是中華民國，而中國主張「一個中國」指的是中華人民共和國。臺灣方面於是提議「各自以口頭方式表述一個中國的內涵」，中國方面雖然沒有正式同意但也沒有反對，因此就這麼建立起了「一個中國，各自表述」（一中各表）的共識8。中國方面除了堅持「一個中國」原則之外，也認定雙方在進行事務性協商的過程中，已經達成了「對於『一個中國』的意義，雙方各自以口頭方式表述而不談及兩者差異」的共識9。

雙方並未針對這個議題繼續討論，到了一九九三年四月，臺灣海基會的辜振甫董事長與中國海協會的汪道涵會長在新加坡會面，展開了兩岸之間的正式對話。一九九二年兩岸建立的只是一種模稜兩可的默契，並沒有任何同意文書或共同聲明。「九二共識」這個詞直到二〇〇〇年才由李登輝底下的陸委會主委蘇起所「發明」。蘇起認為這種「創造性的模糊」，是兩岸互相妥協的基礎10。換句話說，在一九九二年的當下，根本沒有「九二共識」這種說法。不過既然在隔年的一九九三年，雙方就舉行了兩邊窗口機關的高峰會談，可見得兩岸在一九九二年應該確實有著一定程度的共識。

李登輝在鞏固了政權的一九九三年之後，為了改善蔣介石、蔣經國時代外交政策陷入僵化的問題，開始積極推動對外政策，除了拓展臺灣在國際政治舞臺上的生存空間之外，也嘗試重回聯合國。這項「積極外交」政策的目的，在於向國際社會展現臺灣是一個擁有經濟實力的政治實體。但是在中國的眼中，臺灣的「積極外交」是一種追求獨立的舉動。尤其是重回聯合國這一點，中國認為要實現這件事，除非兩岸變成「兩個中國」或是臺灣獨立。因為這個緣故，中國方面的警戒心態瞬間高漲。原本兩岸關係被視為是在國共內戰後續發展的框架之內，但是臺灣的一連串動作，已經讓這個框架產生了變化。總統直選原本只是臺灣民主化過程中的一項議題，但選舉的實施卻改變了兩岸關係的本質。

一九九四年的臺灣

筆者原本研究的是英國政治，但後來將研究的主題變更為臺灣政治，並且在一九九四年的四月第一次踏上臺灣的土地，在臺北度過了一年的留學生活。這個時期臺灣的景氣非常好，與泡沫經濟剛崩盤的日本可說是有著天壤之別。在臺北，不管是百貨公司、餐廳還是ＫＴＶ，到處都擠滿了想要花錢的人潮。每個地方都在蓋捷運、商業大樓及公寓，整個社會瀰漫著高度經濟成長期的氛圍。

當時的中國也逐漸擺脫了天安門事件的影響，開始走上經濟成長之路，但是經濟基礎還處於非常脆弱的狀態。那個時候的臺灣人對於未來都很樂觀。李登輝政府提出了「亞太營運中心」的大膽構想，企圖讓臺灣在製造業、海運、航空、金融、電信和媒體這六大領域成為亞太地區的營運核心。甚至有人向中國提議「把海南島交給臺灣來開發」，不難想像當時的臺灣有多麼意氣風發。

最大的理由，就在於GDP的規模。臺灣在一九九四年的GDP為兩千五百六十四億美金，而當時中國的GDP為五千六百六十五億美金，臺灣約是中國的四五％。當時臺灣人口約兩千一百萬人，經濟規模卻是擁有十二億人口的中國的將近一半，這是相當驚人的數字。從平均每人GDP來看，中國只有四百七十三美金，臺灣卻有一萬兩千一百零九美金，只能以天差地遠來形容[11]。而且對當時的中國來說，臺灣是香港之外的最大投資國（地區），由此可知臺灣在中國心中的重要性。

在一九九四年的當下，臺灣開放民眾前往大陸旅行已有數年之久，許多臺灣人都有到中國旅行的經驗。但是就在這一年的四月，中國浙江省發生了一起遊覽船上的二十四名臺灣觀光客遭中國強盜殺害的事件（千島湖事件），「中國很可怕」的印象在臺灣人的心中迅速擴散開來。

筆者所認識的外省人或外省人第二代之中，也有不少人曾經回中國大陸的故鄉探親。他們在與筆者閒聊的時候，總是會談到中國的政治體制問題，以及中國的環境過於落後的問題（例如廁所沒有門），最後的結論都是「老實說，實在不太希望看見兩岸統一」。這個時期的臺灣開始流行「大陸妹」一詞。在臺灣的電視連續劇中登場的「大陸妹」，是基於經濟因素而來到臺灣的大陸女性。從「大陸妹」這個詞，就可看出當時臺灣人的優越感。

自從一九九三年兩岸的窗口機關在新加坡進行了高峰會談之後，兩岸關係就變得相對穩定。當時的李登輝政府，是以兩岸統一作為官方政策。臺灣社會雖然對中國共產黨感到不安，但幾乎沒有人認為臺灣的經濟會受中國威脅。臺灣人陷入「繁榮與自立的矛盾」，是後來的事。

相較之下，一九七〇年代的臺灣，則因為外交上的連續受挫而蔓延著一股悲觀的氛圍。到了八〇年代，臺灣靠著高度的經濟成長鞏固了自立的基礎。中國踏上了改革開放之路，臺灣則開始推動民主化，走在中國的前方。進入九〇年代之後，中國爆發天安門事件，震驚了全世界。臺灣雖然與日、美及歐洲諸國並沒有邦交，但在強烈的對比之下，無形中提升了形象。如此回顧下來，一九九四年可說是臺灣對中國最能展現自信的時期。這個時候的臺灣人都認為只要自己夠努力，就能同時掌握「自立及繁榮」。正是這股自信，促成了總統直選的實施。

兩岸的矛盾

李登輝推動「積極外交」、主張臺獨的民進黨勢力大增，以及總統直選制度的實施，這些現象都令中國感到不安。中國屢次發出警告，但臺灣不受中國統治，中國對臺灣並不具決定性影響力也是事實。江澤民也沒有立刻採取強硬的手段，而是從各方面摸索解決問題之道。一九九五年一月，江澤民發表了八項統括性的對臺政策，即所謂的「江八點」。在這八點之中，江澤民並沒有明確表明中國就是中華人民共和國。他雖然強調「一個中國」原則，但企圖模糊化一個中國的涵義12。

「江八點」之中最引人注意的內容，在於提議雙方可先就「在一個中國的原則下，正式結束兩岸敵對狀態」進行談判，以及建議江澤民、李登輝可以互相訪問。但比起這些實際內容，更引人注意的是中國方面的態度稍微軟化。「江八點」雖然保留了當有外國勢力介入或臺灣企圖獨立時中國將行使武力的可能性，但也表示「中國人不打中國人」。由於臺灣方面是以中國宣布放棄行使武力作為雙方談判的前提條件，「江八點」可視為中國共產黨某種程度的讓步。

對於中共所提出的「江八點」，李登輝也在一九九五年四月提出了六大重點作為回應，也就是所謂的「李六條」。不過李登輝雖然回應了江澤民的呼籲，但對於江澤民那些受到關注的提案，李登輝表現出的態度則謹慎保守。不僅如此，李登輝緊接著又訪問美國，等於是給江澤民當頭潑了一盆冷水[11]。江澤民的提案沒有引起臺灣方面的熱烈回應，最大的原因在於中國共產黨基本上認為臺灣問題只不過是國共內戰的後續發展。在這樣的認知之下，中國共產黨以為對不共戴天的國民黨提出「結束敵對狀態」的呼籲已是天大的讓步，必定能夠成為打破僵局的關鍵宣言。然而實際的情況卻是當時的臺灣已經結束一黨專制體制，臺灣認同意識正在逐漸擴張，臺灣人對於統治「一個中國」的政權是否具備正統性的議題基本上並不太關心。因此江澤民試圖為海峽兩岸的正式談判找到切入點的苦心，最後是以徒勞無功收場。

江澤民對於李登輝的訪美行動大為不滿，開始以各種明顯的手段「教訓」臺灣，包含利用中國媒體抨擊李登輝，以及在臺灣的對岸進行軍事演習。這樣的「文攻武嚇」從一九九五年的七月開始，一直持續到了九六年的三月。臺灣感受到了來自中國的強大壓力，緊張感頓時攀升，股票市場也跟著暴跌。原本中國文攻武嚇的對象是李登輝的訪美行為，但是後來逐漸把矛頭轉向了總統選舉。九六年三月，隨著總統選舉投票日逼近，中國的敵意也節節攀升，不斷加強威嚇臺灣的力道。在選戰期間，中國不僅向臺灣的高雄及基隆外海發射飛彈，藉此誇耀中國解放軍自海上封鎖臺灣的能力。美國也派出航母戰鬥群在臺灣周圍海域協防，引發了臺海危機。

江澤民如此處心積慮妨礙臺灣總統直選，理由就在於臺灣如果在其地理範圍內以直接選舉的方式選出最高統治者，臺灣將就此建立一個與中國毫無關係的政治體制，而且將會形成一股臺灣本土的認同意識。況且追根究底，由共產黨主導一切的政治概念，與每個選民都有權力選擇最高統治者的政治概念，在本質上就是完全不相容的。

中國持續以包含軍事威脅在內的強硬態度對臺灣施壓，這點當然國際社會都看在眼裡，但是除此之外還有一點必須注意，那就是中國對於臺灣的選舉及民主政治持續進行著強力的負面宣傳。其理由就在於中共擔心臺灣的民主選舉會引發中國內部的選舉聲浪，而且臺灣偏向分離及獨立的立場，也可能傳染及蔓延至中國內部。因此中國明知道對臺灣施壓只會造成反效果，還是必須維持強硬態度。

中國方面試圖妨礙臺灣總統直選的結論跟手段雖然有所謬誤，但分析卻是相當正確的。臺灣的總統直選，不只是單純臺灣民主化的問題，而是演變成了兩岸問題，成為國際政治的關注焦點。

選戰過程

整個選戰的情勢，可說是圍繞著李登輝發展。只要李登輝當選總統，即便體制改變，國民黨還是可以保有執政黨的地位，這可說是相當自然的趨勢。畢竟第一次總統直選是臺灣民主化的重要里程碑，而民主化的目標是由李登輝所率領的國民黨政府所實現，因此李登輝的當選可說是水到渠成。加上當時臺灣正處於高度經濟成長期間，民眾期望的改革主要是針對快速經濟成長所造成的不良後果，希望徹底改造政經結構的人只是少數派。在這樣的背景之下，國民黨雖然是代表威權主義體制的政黨，但在轉變為民主主義體制之後依然成功維持主導地位。與李登輝對抗的其他候選人，來自於最大的在野黨民進黨、從國民黨分裂出來的新黨，以及國民黨內部的反李派系。以下，我們先從民進黨的黨內情勢開始說明。

ii　一九九五年三月，李登輝曾派其親信蘇志誠向江澤民的親信曾慶紅表達自己打算訪美一事，但中國似乎認為美國絕對不會同意讓李登輝訪美。參見鄒景雯，《李登輝執政告白實錄》（臺北：印刻出版，二〇〇一年），頁203。

民進黨

臺灣實現民主化，本來應該是一件對民進黨有利的事，但民主化的實現，也帶來了中華民國該何去何從的疑問。一九九一年的國民大會代表選舉，可說是民主化的起跑選舉，然而民進黨的成績卻不如支持者預期。這場選舉將決定誰能掌握修憲的主導權，也就是民主政治的遊戲規則將由誰來制訂，而國民黨在這場選舉中獲得了壓倒性的勝利，得到超過四分之三的席次。

全面改選前的國民大會，曾經遭批評為「萬年國會」。國民黨為了服眾，增加了從臺灣選出的代表人數，並且規定只對這些增加的代表進行選舉，這就是所謂的「增額」。一九八六年的增額選舉，國民黨獲得八十四席中的六十八席，得票率六〇・二%。剛成立的民進黨獲得十一席，得票率二二・二%，無黨籍及其他政黨獲得五席，得票率一七・六%[13]。

一九九一年的全面改選，國民黨獲得全部三百二十五席中的兩百五十四席，得票率七一・二%，民進黨獲得六十六席，得票率二三・九%，無黨籍及其他政黨獲得五席，得票率四・九%[14]。國民黨的議席佔有率為七八%（**表2-1**）。跟一九八六年的增額選舉比起來，民進黨的得票率只增加了

	1991年國民大會代表選舉		1992年立法委員選舉	
	席次（合計325）	得票率（%）	席次（合計161）	得票率（%）
國民黨	254	71.2	95	53.0
民進黨	66	23.9	51	31.0
無黨籍	5	4.9	15	16.0

表2-1　1991年國民大會代表選舉及1992年立法委員選舉的各黨席次及得票率
出處：筆者參照若林正丈的《臺灣的政治》及中央選舉委員會資料所製成。

一點點，依然讓國民黨拿到了四分之三以上的席次，可說是一次挫敗。

在這場選戰中，國民黨提出的競選政見是較為務實的「修改憲法」與「安定」，而民進黨提出的則是「制訂新憲法」及「建國」。民進黨在選舉前（一九九一年十月）舉行的全國黨員代表大會上，明確地宣布要建立一個「主權獨立的臺灣共和國」。當然不能否認，國民黨擁有打從威權主義體制時代就建構好的一黨優勢機制，在左右選情的一些條件上（如競選資金、能夠動員的各種組織、候選人培育機制、對媒體的影響力等等）確實極佔優勢。但不管怎麼說，這畢竟是一場競選活動受到保障的民主選舉，民進黨的得票率沒有明顯的成長，應該可視為民眾對臺灣民族主義的支持度相當有限[15]。

相較之下，立法委員選舉的議題並非體制的抉擇，因此批評與不滿國民黨政府的民眾，往往會將票投給民進黨。國大代表選舉結束的一年後（一九九二年），立法院舉行全面改選，國民黨獲得全部一百六十一席中的九十五席，得票率五三・〇%，民進黨則獲得五十一席，得票率三一・〇%，無黨籍及其他政黨獲得十五席，得票率一六・〇%[16]。可以看出相較於國大代表選舉，民進黨在立法院全面改選時的得票率要好得多。

中華民國的憲政體制為「半總統制」，因此在立法院擁有過半數的席次，在施政上具有相當重大的意義。但在威權主義體制的時代，由於國民黨為一黨專制，因此行政權與立法權的分立並沒有受到重視。作為在野黨的民進黨出現之後，雖然在立法院獲得了不少的席次，但是「當民進黨在立法院獲得過半的席次，導致行政與立法互不同調」時，會發生什麼樣的狀況，當時還沒有定論，而且大多數的人都認為那還是很久以後的事。因此在這場立法委員選舉中，民進黨需要做的事情，就只是將自己定位為反對黨，全力抨擊國民黨的一黨優勢體制。當然在地方選舉時，民進黨的立場更是簡單明瞭，無需煩惱。

雖然在這場立法委員選舉中，民進黨的得票率超過了三成，但是如果沒有明確界定出政黨的扮演角色及發展方向，實在很難繼續擴大政黨勢力。民進黨經常與勞工運動、環保運動及反核運動的勢力密切互動，乍看之下有著左派傾向，但民進黨的支持者之中不乏企業家及自營業者，因此對經濟政策很難建立明確的方向。如果

派系名稱	新潮流	美麗島	正義連線	福利國連線	臺獨聯盟
主要領袖	邱義仁	許信良	陳水扁	謝長廷	陳唐山
主要領袖	吳乃仁	張俊宏	陳水扁	謝長廷	蔡同榮
組織力 向心力	強	弱	中等	中等	弱

表 2-2　1995 年時的民進黨內部派系

出處：由筆者所製成。

民進黨繼續維持草創期的做法，就只是不顧一切地對國民黨政府發起各種反抗運動，勢必難以獲得更多民眾的支持。因此這個時期的民進黨，可說是進入了相當艱難的方向調整期17。而且政黨的方向還沒有完全確定，就被迫要決定總統選舉的提名候選人。

民進黨的內部結構也相當複雜。由於民進黨集結了許多當初捨身反抗國民黨威權主義體制的各地「黨外人士」，這些人因而形成了各種派系，在黨內為了爭奪權力及影響力而互相競爭。黨內的主要派系有新潮流、美麗島、正義連線（陳水扁派）、福利國連線（謝長廷派）及臺獨聯盟（並非泛指一般的臺灣獨立追求者，而是專指黨外組織「臺獨聯盟」的成員）等（**表2-2**）。

其中只有新潮流擁有明確的組織及規範。正義連線是以陳水扁為核心的集團，福利國連線則是以謝長廷為核心的集團，兩者雖然都不具組織力，卻有著建立在人際關係上的向心力。臺獨聯盟雖然是在美國建立的組織，但是轉移到臺灣之後並非所有成員都加入了民進黨，而且每個成員對民進黨的看法也各自不同，因此作為一個黨內派系，向心力並不強。美麗島則只是一群在某個時期剛好立場一致的人所組成的團體，所以向心力也很薄弱。美麗島的成員不斷分分合合，衍生出了「新世紀」、「新動力」之類的團體，最後逐漸沒落18。

在民進黨之中，表現出參選總統意願的人，都來自於曾在一九七九年的美麗島事件中遭逮捕的美麗島成員，以及曾經流亡海外的海外獨立運動成員，然而並沒有一個眾望所歸的人選。

在國民黨獨大的體制之下，民進黨身為在野黨，不管是資金還是組織力都不足。對於想要成為政治人物的黨員，黨內能夠提供的資源就只有「民進黨」這塊招牌而已。對於黨員來說，最重要的資源來自於在選舉中當選，獲得公職身分。因此每個懷抱野心的黨員，都在派系或團體的支持之下，爭取成為民進黨的提名候選人。在這樣的狀況之下，如何選出提名候選人是最重要的關鍵問題，為了找出最合適的做法，民進黨不斷修改黨內初選的制度。

當時民進黨所採用的黨內初選制度，依據的是一九九四年修正後的黨規《公職人員候選人提名辦法》，選出方式包含兩個階段，做法新穎且相當複雜。第一個階段，由黨內幹部及一般黨員進行投票（比重為各五〇％），選出兩名候選人。第二個階段，由一般民眾進行投票，最後將第一階段及第二階段以各五〇％的比重進行合計，分數較高者獲選為黨內提名候選人。第二階段的一般民眾投票，只要持有身分證，任何人都可以投票[19]。

一九九五年五月八日，開始接受黨內初選第一階段的登記參選。登記者有四人，分別為許信良（五十四歲）、彭明敏（七十二歲）、林義雄（五十四歲）、尤清（五十三歲）。許信良為美麗島派，彭明敏則受到臺獨聯盟的支持。林義雄雖然與美麗島派屬於同一世代的人，但為無派系；尤清雖然屬於福利國派；但也接近無派系。五月二十七日，舉行了一場電視辯論會。六月十二日，公布第一階段的幹部及黨員投票的開票結果。兩者合計之下，前兩名為許信良及彭明敏，因此第二階段由這兩人進行角逐。

第二階段，民進黨自七月十日起，花兩個半月的時間巡迴臺灣各地，舉辦了五十場政見說明會並舉行投票。這樣的做法模仿的是美國兩大政黨巡迴各州進行總統初選，因此被稱為「Primary」，即公民初選之意。

許信良為客家系本省人，在日治時代的一九四一年出生於新竹州中壢郡（後來的桃園縣中壢市）。在學期間加入國民黨，不僅是相當優秀的學生，還曾經獲國民黨提名參選省議員並當選，但之後政治立場逐漸轉變為反對國民黨。一九七七年，許信良以無黨籍身分參選桃園縣長，成功擊敗國民黨提名候選人。到了一九七九年一月，許信良前往高雄縣參加抗議國民黨的遊行活動[iii]，遭監察院彈劾後，公務員懲戒委員會予以休職二年處分，等同免職，許信良因而正式開始參與「黨外運動」。同年十二月，爆發美麗島事件，許信良當時正在美國，因遭政府拒絕入境而從此滯留國外。一九八九年，許信良偷渡回臺遭逮捕，判刑十年，一九九〇年獲得李登輝總統特赦而出獄。

許信良在一九九一年至九三年期間擔任民進黨黨主席，推動各種爭取總統直選的運動，在民主化運動上頗有貢獻，而且他本人也具備政治家的能力。但由於他主張與中國積極交流，加上領導風格較為獨特，黨內有人對他抱持期許，有人則心生反感。另外還有一小部分成員因為許信良是客家人而不肯信任他。

彭明敏為閩南系本省人，在日治時代的一九二三年出生於臺中州大甲郡（後來的臺中縣大甲鎮）。年紀與李登輝相同，第二次世界大戰期間於日本東京大學求學。二戰結束後，畢業於臺灣大學，其後成為臺灣大學政治系的教授。一九六三年，因起草「臺灣自救運動宣言」而遭逮捕，判刑八年，在自家遭到軟禁，受到嚴密監控。一九七〇年，彭明敏冒險逃離臺灣，輾轉抵達美國，其後於美國就任臺獨聯盟主席，長年推動臺獨運動，於一九九二年返回臺灣。

彭明敏為了實現臺灣獨立的理想，甘願放棄臺灣大學教授的地位，流亡至海外，即使到了美國依然持續臺獨運動，因而被視為臺灣民族主義的精神領袖。但是另一方面，由於他離開了臺灣二十三年，這段期間完全沒有接觸臺灣政治，因此民進黨內部有人懷疑他在實務面上的政治能力。

民進黨這兩名提名的競爭者，簡單來說許信良在政策上充滿了想法，但是有些偏離民進黨的主流理念；彭明敏雖然體現了臺灣獨立的理念，但距離臺灣政治過於遙遠。兩人除了固定的支持者之外，都難以創造更大的聲勢以獲取普遍性的支持。民進黨的黨內初選在社會上受到的關注相當有限，但是另一方面，兩陣營的對決卻是越來越激烈。

九月二十五日，民進黨的黨內初選結束。一般民眾投票的結果，彭明敏獲得十七萬七千四百七十七票，許信良獲得十二萬九千八百一十六票，總投票數約三十萬票。第一階段與第二階段合計之後的點數，彭明敏為四十‧八八，許信良為卅六‧一二，彭明敏當選為民進黨提名候選人[20]。彭明敏指名立法委員謝長廷為副總統候選人。

民進黨採用如此複雜的初選制度，是因為如果只單純進行黨員投票，能夠拉攏較多黨員的派系必定比較有利，如此一來就會出現候選人代繳黨費、增加人頭黨員的弊端。為了防杜弊端，才加入了幹部評鑑及公民初選的做法。這套初選制度的意義，並非只是為了選出提名候選人而已。由於臺灣的社會長期遭到政黨控制，這套制度還有一個崇高的設計理念，那就是讓脆弱的公民社會能夠獲得發展，使其擁有掌握政治主導權的能力。不過理念雖然崇高，執行上卻不算成功。

從五月初接受登記參選，到九月底確定提名候選人，花了五個月的時間，投入大量的人力與資金，換來的卻只是候選人之間的激烈鬥爭及嚴重的黨內對立，吸引社會關注的效果相當有限。另外還有學者指出，參加一般民眾投票的大多是上了年紀的本省籍男性，年輕人及女性並不多[21]，而且還有人冒用身分證重複投票[22]。

民進黨將帶領民主化後的臺灣政治往什麼樣的方向發展？許多人都期待初選的辯論能夠探討這個問題，但抱持現實主義的許信良及抱持理想主義的彭明敏卻沒有辦法就此議題深入討論，辯論的結果只是加劇陣營之間的對立。不過這嚴格來說不是兩名候選人的問題，而是民進黨的問題。臺灣的民主化，是由國民黨的李登輝

iii 【編注】即「橋頭事件」，抗議余登發父子被捕而發起的遊行。

政府所推動，而不是民進黨，這導致民進黨必須重新定義自己在臺灣政治上所扮演的角色。一九九五年五月至九六年三月待在臺北觀察選情的若林正丈，在看完民進黨的初選之後也寫下了這麼一段話：「跟以前比起來，民進黨與現在的臺灣政治及社會動向不再有那麼密不可分的關聯性。他們遭到李登輝壓榨，已喪失了主導議題的能力。」[23]

除了路線、方向的問題之外，民進黨在選舉活動的運作上也有一些問題。初選結束之後，黨內並沒有恢復團結。黨內持續有聲音反對彭明敏的獨立路線，而且不管是黨內的幹部還是地方黨部的成員，都與彭明敏在人際關係上沒有什麼交集。民進黨雖然舉辦了各種競選活動，卻無法像四年後的陳水扁那樣爆發出驚人的能量。這場一九九六年的總統大選，民進黨落敗可以說是理所當然。

國民黨

接著我們來看看國民黨的黨內局勢。有可能威脅到現任總統李登輝的勢力，除了國民黨內的非主流派之外，還有脫離國民黨的新黨。國民黨內部歷經了激烈的權力鬥爭之後，李登輝所率領的主流派鞏固了權力基礎，有些人並不樂見這樣的結果，因而脫離國民黨另組新黨。這樣的事態發展，削弱了國民黨內部的非主流派，反而讓李登輝的權力基礎更加鞏固。非主流派難以在黨內獲取更多的支持，重點成了如何與以新黨為首的反李登輝勢力密切配合。

國民黨決定提名候選人的方式，是由黨代表進行投票。李登輝在一九九五年六月訪美成功之後聲勢大振，八月的黨代表大會舉行投票，李登輝的得票率高達九一％。李登輝成功當選國民黨提名候選人後，指名行政院長連戰為副總統候選人。

國民黨內部與李登輝對抗的人物，是李登輝的長年勁敵林洋港。林洋港在日治時代的一九二七年出生於臺中州新高郡（後來的南投縣魚池鄉）。過去蔣經國提拔的本省人之中，林洋港可說是最具代表性的人物，曾經擔任臺灣省主席、內政部長及行政院副院長。在一九八四年李登輝獲蔣經國指定為副總統候選人之前，林洋港的升遷速度一直在李登輝之上。後來雖然被李登輝超越，但林洋港也在一九八七年五月就任司法院長，躋身五院之長的行列。

一九九〇年的非民選總統選舉，林洋港就曾經試圖與李登輝爭奪總統職位，但因受到李登輝的主流派勢力牽制而失敗。到了一九九四年，林洋港決定辭去司法院長職位，準備在九六年出馬競選總統。

然而林洋港很清楚，如果只是依循國民黨的黨內規則，絕對贏不了李登輝。因此林洋港一直在煩惱怎麼做才能徹底集結非主流派勢力，一開始

圖 2-1　1996 年總統選舉公報

當時除了張貼於公家機關之外，並配送至每一戶

出處：筆者於國史館內攝影。

並沒有明確表達參選的意願。就在這個時候，監察院長陳履安忽然表明要脫離國民黨，以無黨籍的身分參選總統。陳履安一九三七年出生於浙江省，父親陳誠是蔣介石的得力部下，曾任行政院長及副總統。陳履安本人也擔任過經濟部長及國防部長，擁有很高的知名度。因此陳履安忽然站出來對抗李登輝，吸引了社會大眾的關注，一時之間電視及報紙爭相報導陳履安的動向。

林洋港原本打算與陳履安合併參選，但是兩人都不想降格成為副總統候選人，最後交涉破裂。林洋港於是轉變方向，與反李登輝的新黨攜手合作。新黨原本內定以王建煊為提名候選人，後來取消，改為支持林洋港。林洋港於是以無黨籍的身分競選總統，並且指定國民黨內部非主流派大老、前行政院長郝柏村為副總統候選人。另一方面，陳履安則指名女性監察委員王清峰為副總統候選人。王清峰是本省人，除了擔任監察委員之外，還是一名律師。林洋港與陳履安因為不是政黨的提名候選人，所以依規定通過連署門檻，取得了參選資格。

第一屆的總統選舉，就由這四組候選人角逐寶座。若林形容這四組人馬是「命中註定要登上舞臺的演員[24]」（**表2－3**）。

總統候選人	李登輝	彭明敏	林洋港	陳履安
副總統候選人	連戰	謝長廷	郝柏村	王清峰
推薦政黨	國民黨	民進黨	無／連署提名	無／連署提名
出生地	臺北州	臺中州	臺中州	浙江省
年齡	73歲	72歲	68歲	58歲

表2-3　1996年總統選舉候選人

年齡以投票日為基準。林洋港在選報上的資料雖然記載「無推薦政黨」，但實質上是新黨所支持的候選人。李登輝、彭明敏、林洋港的出生地皆使用日治時代的地方行政區名。

出處：筆者參照中央選舉委員會資料所製成。

立法委員選舉

在總統大選的選戰正打得如火如荼的一九九五年十二月，另外還舉行了立法委員選舉。這是一九九二年立法院全面改選之後的第二次選舉，原本是一場重要選舉，可以從中看出選民對李登輝政府作何評價，卻因為與總統大選太接近而受到較少關注。此外在總統大選的同一天，還同時舉行了國民大會代表選舉。立法委員選舉與國民大會代表選舉接踵而來，各地的地方派系都為了爭奪權力而忙得焦頭爛額。

跟上一次的一九九二年選舉比起來，國民黨的席次從一百零三席減少為八十五席，得票率也從五三．〇％下降至四六．一％。民進黨則增加了四席，得票率也從三一．〇％上升至三三．二％。由反李登輝派所組成的新黨則獲得二十一席，得票率十三．〇％。國民黨受到新黨崛起的影響，席次只剛好超過半數，得票率也跌破了五〇％（**表2-4**）。這個嚴苛的結果，彷彿預告著國民黨的未來。但由於當時正值總統大選，立委選舉的結果被解釋成民進黨跟新黨都不會是李登輝的對手。而且不管怎麼說，國民黨畢竟還是佔有立法院的過半數席次，因此這次選舉對政治局勢的影響並不大。

	席次（合計164）	得票率（%）
國民黨	85	46.1%
民進黨	54	33.2%
新黨	21	13.0%
無黨籍	4	7.8%

表2-4　1995年立法委員選舉的各黨席次及得票率

出處：筆者參照中央選舉委員會資料所製成。

臺海危機

雖然四名候選人各自打起了選戰，李登輝還是依然維持著優勢地位。正如同筆者在前文提過的，民進黨的聲勢一直低迷不振。國民黨的反李派系要能夠與李登輝一較高下，條件是必須團結一致，如今林洋港與陳履安各自出馬參選，打從一開始就不可能是李登輝的對手。陳履安雖然一時引發熱烈討論，但是與林洋港決裂之後，聲勢也開始下滑。

此時能夠撼動李登輝的力量，已經不是內部勢力，而是外在的中國壓力。這場總統大選，李登輝最強勁的對手其實是中國共產黨。筆者在第二節曾經說明，在總統大選即將到來的一九九五年，兩岸已開始暗中較量。首先，中國的江澤民發表了八項統括性的對臺政策，李登輝卻以訪美來回應，於是中國開始「文攻武嚇」，爆發第三次臺灣海峽危機。

由於美國的介入，中國並沒有真正對臺灣動用武力，再加上李登輝在選舉中大獲全勝，一般人都認為「中共的恐嚇帶來了反效果」，同時或許也形成了「臺灣社會安然度過了危機」的印象。但其實在一九九五年至九六年的期間，臺灣一直處於相當嚴峻的狀態。

當時待在臺北一年的若林，觀察到了中國的間歇性軍事演習令臺灣社會陷入極度不安[25]。每個人都憂心忡忡地看著電視新聞所報導的共軍動向，股價也跟著暴跌，民眾的日常對話中流露出對臺灣未來的擔憂，協助移民北美的仲介業者接到大量的詢問電話，整個臺灣社會差一點陷入恐慌。

臺灣人能保持冷靜，得歸功於美軍及李登輝。中國共產黨所採取的戰略相當現實，他們會沉著判斷自己和對手的實力差距，以及對手的真正意圖。如果他們判斷對手很弱或是不會採取行動，就會動用武力，但如果他們判斷對手很強或是會反抗，就不會冒險交戰。這個時期美中兩國的軍事實力差距還很懸殊，美軍的一支機動艦隊對付中國沿海的海空軍便已綽綽有餘。

九六年三月，共軍總共舉行了三波軍事演習。第一波是飛彈演習，共軍朝著臺灣北部的基隆外海及南部的高雄外海試射飛彈，藉此誇耀共軍封鎖臺灣的能力。第二波則是將陸海空軍部隊集結在福建省的外海，舉行了一場模擬攻擊臺灣的實彈演習，並且故意在電視播放演習的畫面。共軍並同時宣布接下來還會實施第三波大規模演習[26]。

為了牽制共軍的行動，美國將原本在馬尼拉灣的獨立號航空母艦戰鬥群派往臺灣周邊海域，接著又從中東地區調來尼米茲號航母戰鬥群。國際新聞媒體每天都在播放獨立號航空母艦的航行畫面，以及共軍的演習畫面。就連平日並不關心臺灣情勢的外國人，也感覺到劍拔弩張的氛圍，兩軍可說是一觸即發。所幸隨著美軍航母艦隊的逼近，中國最後以天候不佳為由縮小演習規模，結束了這場臺海危機。

在這一連串的危機當中，是李登輝鼓舞臺灣人，讓臺灣人找回了自信。中國的「文攻武嚇」從九五年的七月就開始了，因此李登輝有時間準備幾條應對之策，例如設置股市穩定基金。在選戰接近尾聲的時候，李登輝承受了排山倒海般的中國軍事壓力，卻能臨危不亂，持續進行競選活動，在演講時批評中國，強調身為臺灣人的尊嚴。由江澤民所率領的中國共產黨，與李登輝所率領的中國國民黨，就像是以臺灣輿論為戰場打了一仗，而李登輝獲得了最後的勝利。

候選人	李登輝	彭明敏	林洋港	陳履安
得票數	5,813,699	2,274,586	1,603,790	1,074,044
得票率	54.00%	21.13%	14.90%	9.98%

表 2-5　1996 年總統選舉的各候選人得票數及得票率
出處：筆者參照中央選舉委員會資料所製成。

投票結果分析

本節將說明選情的概況，記錄四名候選人在各縣市的得票率，分析投票的結果、與省籍的關係及各投票所得票率標準差，並且與國民大會代表選舉進行比較。

概況

三月二十三日，前一天下雨的天空已放晴，透出了淡淡的陽光。整個臺灣井然有序地進入了投票作業。具投票權的人數為一千四百三十一萬三千二百八十八人，總投票數為一千零八十八萬三千二百七十九人，投票率為七六・〇%。雖然李登輝的當選已是可以預見的結果，但由於候選人多達四人，一般評論者多認為李登輝的選票不太可能過半。沒想到如**表 2-5** 所示，李登輝因臺海危機而聲勢上漲，獲得了五百八十一萬三千六百九十九票，以五四・〇%的得票率大獲全勝。第二名的彭明敏只有兩百二十七萬四千五百八十六票，得票率二一・一%，與李登輝差距甚大。第三名的林洋港為一百六十萬三千七百九十票，得票率一四・九%；第四名的陳履安為一百零七萬四千零四十四票，得票率一〇・〇%。

圖 2-2 是將林洋港與陳履安視為同一陣營，合計其得票後與李登輝、彭明敏比較得票率。從這張圖可以看出，中央的李登輝得票

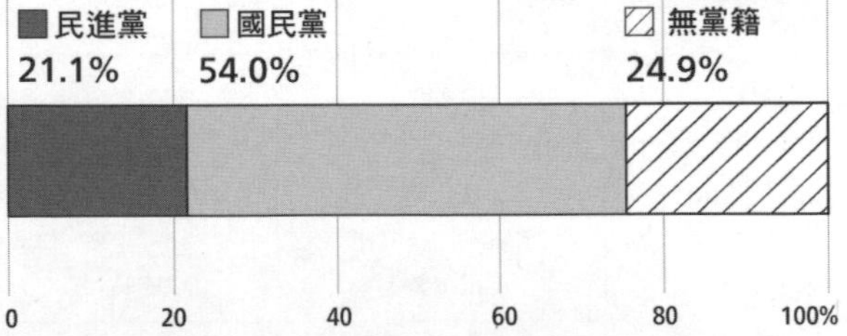

圖 2-2　1996 年總統選舉各陣營得票率
出處：筆者參照中央選舉委員會資料所製成。

率極高，將其他兩者擠到了左右兩側。再看政治立場，彭明敏為臺灣民族主義，李登輝為「臺灣認同」，林洋港及陳履安則大體上可視為中國民族主義。李登輝將民主化之後的臺灣政治朝著溫和的臺灣化方向推進，在臺灣政治中掌握了中央的地位，擊退了主張激進臺灣化的民進黨彭明敏（圖左側）及反對臺灣化的林洋港、陳履安（圖右側）。

國民黨是以「一個中國」為理念的政黨，李登輝身為國民黨主席，卻主張臺灣認同。他一方面反對臺獨，一方面又表現出不向中國屈服的強硬姿態，靠著「國家認同問題」的定位建立起中間地帶的深厚民意基礎，並以新臺灣人論及臺語（閩南話）的演說巧妙地凝聚了中間選民的支持。這場選舉的成功，李登輝在意識形態及族群問題上選擇了絕佳立場當然是主因，但李登輝的優勢並不止如此。從臺灣的高度經濟發展，可看出李登輝還具有高明的經濟手腕，這也是他身為總統候選人的強項之一。而且實際在地方基層掌握票源的各地方派系，大部分都在李登輝的掌控之中。這種種因素綜合起來，形成了穩固的政權基礎。然而李登輝所建立的這個路線及架構，在二〇〇〇年的選舉便已面臨了考驗。

各縣市得票率

表 2-6 是四名候選人在各縣市的得票率。以下將整理從這張表所顯露的特徵。值得一提的是依照中華民國的行政區分，金門縣與連江縣屬於福建省，縣民的政治意識與臺灣本島各縣市頗有差異，投票行為也大相逕庭，再加上選民人數少iv，所以在進行統計的時候經常會將金門縣與連江縣排除在外。另外，南投縣為林洋

iv 一九九六年總統選舉中的選民人數，金門縣為三萬四百七十六人（選民總數的〇・二一％），連江縣為四千六百九十八人（選民總數的〇・〇三％）（依據中央選舉委員會資料）。

縣市	李登輝	彭明敏	林洋港	陳履安
基隆市	50.27%	17.71%	18.60%	13.42%
臺北縣	48.28%	22.55%	17.79%	11.37%
臺北市	38.90%	24.34%	24.87%	11.89%
桃園縣	55.85%	15.16%	16.97%	12.02%
新竹縣	66.20%	11.11%	11.01%	11.67%
新竹市	53.65%	16.17%	17.25%	12.93%
苗栗縣	69.87%	10.70%	9.12%	10.31%
臺中縣	60.15%	16.22%	13.62%	10.01%
臺中市	46.45%	19.55%	22.89%	11.11%
彰化縣	63.63%	18.12%	8.55%	9.70%
南投縣	31.52%	16.63%	46.55%	5.31%
雲林縣	66.29%	19.17%	7.31%	7.22%
嘉義縣	65.70%	22.94%	4.99%	6.37%
嘉義市	47.04%	33.35%	9.71%	9.90%
臺南縣	63.05%	24.47%	5.00%	7.48%
臺南市	56.58%	23.85%	8.60%	10.97%
高雄縣	59.88%	24.30%	8.18%	7.64%
高雄市	50.62%	27.32%	12.77%	9.29%
屏東縣	62.91%	25.46%	5.84%	5.78%
宜蘭縣	54.92%	29.56%	6.58%	8.94%
花蓮縣	64.05%	11.24%	15.80%	8.91%
臺東縣	68.42%	13.37%	10.68%	7.52%
澎湖縣	62.61%	19.92%	7.18%	10.29%
金門縣	40.65%	1.63%	29.63%	28.09%
連江縣	46.51%	1.33%	38.59%	13.56%

表 2-6　1996 年總統選舉　各候選人各縣市得票率

出處：筆者參照中央選舉委員會資料所製成。

港的家鄉，因此狀況較特殊，在進行統計及解釋的時候要特別留心。

除了狀況特殊的南投縣之外，各縣市得票率最高的候選人都是李登輝。其中李登輝得票率最高的六個縣市，第一名為苗栗縣六九・九％，第二名為臺東縣六八・四％，第三名為雲林縣六六・三％，第四名為新竹縣六六・二％，第五名為嘉義縣六五・七％，第六名為花蓮縣六四・一％。李登輝的高得票率，除了代表對李登輝的支持之外，也代表對國民黨的忠誠。

這六個縣市的人口結構相當耐人尋味。第一名及第四名的苗栗縣、新竹縣是客家人口比例比較高的縣，第二名及第六名的臺東縣、花蓮縣是原住民人口比例比較高的縣，第三名及第五名的雲林縣、嘉義縣是閩南系本省人人口比例比較高的縣。這六個縣皆是農業縣，共通點是各縣都有親國民黨的地方派系，對選民的投票行為造成重大影響。從這一點可以看出，地方派系完全在李登輝的掌控之中。不過在後來的藍綠對決結構上，苗栗縣及新竹縣（客家）、花蓮縣及臺東縣（原住民）依然高比例支持國民黨，而雲林縣、嘉義縣（閩南系本省人）則轉變為支持民進黨。

彭明敏得票率較高的六個縣市，第一名為嘉義市三三・四％，第二名為宜蘭縣二九・六％，第三名為高雄市二七・三％，第四名為屏東縣二五・五％，第五名為臺南縣二四・五％，第六名為臺北市二四・三％。這些都是比較支持「黨外運動」的縣市，由數據也可以看出對獨派的彭明敏的支持度較高。但就算是第一名的嘉義市，彭明敏的得票率也只有三三・四％，第二名以下的得票率更是不突出，由此可看出彭明敏並沒有守住這些有機會擴大支持率的據點。

彭明敏得票率較低的縣市，最低的是連江縣一・三％，次低的是金門縣一・六％。他在兩個離島縣都幾乎完全沒有拿到選票。第三低的是苗栗縣一〇・七％，第四低的是新竹縣一一・一％，第五低的是花蓮縣一一・二％，第六低的是臺東縣一三・四％。從第三到第六的四縣，剛好就是李登輝得票率較高的縣市。從彭明敏的得票狀況，可明顯看出民進黨的結構性問題：在客家人、原住民較多的地區難以有效提升支持度。

林洋港得票率較高的六個縣市，第一名為南投縣四六．六％，第二名為連江縣三八．六％，第三名為金門縣二九．六％，第四名為臺北市二四．九％，第五名為臺中市二一．九％，第六名為基隆市一八．六％。南投縣是林洋港的家鄉，他本身曾經擔任南投縣長，弟弟林源朗更是現任南投縣長。林洋港在南投縣擁有極高的聲望，但是在其他縣市沒有什麼個人的影響力，得票基本上仰賴以外省人為主的新黨支持民眾。林洋港的得票率若撇除狀況特殊的南投、金門、連江三縣，基本上是臺北市、臺中市等都市區較高，而中南部的農業縣較低。從林洋港的得票狀況，可看出新黨背書的候選人在本省人較多的中南部農業縣無法獲得支持。

陳履安得票率較高的六個縣市，第一名為金門縣二八．一％，第二名為連江縣一三．六％，以下依序為基隆市、新竹市、桃園縣、臺北市。除了第一名的金門縣特別高之外，第二名以下的差距並不大。金門縣有很多軍眷票，應該是陳履安在擔任國防部長時留下的影響力。陳履安的得票率整體而言都偏低，但是得票狀況相當耐人尋味：在各縣市的得票率差異較小，比李登輝及林洋港都小，關於這一點會在後文詳細探討。

與省籍的關係

在這第一次的總統直選上，省籍因素造成了多大的影響？以下利用㈠相關係數及㈡分布圖來分析各縣市的李登輝得票率及本省人比例，以及林洋港的得票率及外省人比例。首先，筆者將各縣市的本省人、外省人及原住民比例製作成了一個表。使用的統計數值，來自於《中華民國八十一年內政部統計提要》中收錄的內政部統計處一九九一年統計數據。這是臺灣政府最後一次針對外省人的人口進行統計調查[27]。

表2－7是排除了金門縣、連江縣的臺灣二十三縣市本省人、外省人及原住民人口比例表，以下將分析其特徵。本省人比例較高的前六個縣市，依序為彰化縣九七．〇％、雲林縣九六．九％、嘉義縣九五．二％、苗栗縣九三．九％、臺南縣九三．六％、澎湖縣九一．六％。而本省人比例最低的縣市是臺東縣五五．五％，

縣市	人口	本省人	外省人	原住民
基隆市	355,894	77.89%	20.77%	1.33%
臺北縣	3,107,278	82.13%	17.27%	0.60%
臺北市	2,717,992	72.57%	27.24%	0.19%
桃園縣	1,385,165	79.08%	19.35%	1.57%
新竹縣	379,443	90.28%	6.12%	3.60%
新竹市	328,911	82.13%	17.63%	0.23%
苗栗縣	551,016	93.86%	4.80%	1.34%
臺中縣	1,286,839	90.90%	8.47%	0.62%
臺中市	774,197	84.01%	15.75%	0.24%
彰化縣	1,254,228	96.99%	2.90%	0.11%
南投縣	539,211	90.44%	5.24%	4.31%
雲林縣	753,710	96.86%	3.10%	0.03%
嘉義縣	554,746	95.22%	4.07%	0.72%
嘉義市	258,468	88.94%	10.91%	0.15%
臺南縣	1,035,861	93.58%	6.31%	0.11%
臺南市	689,541	87.88%	12.04%	0.08%
高雄縣	1,132,153	87.11%	11.88%	1.01%
高雄市	1,396,425	83.81%	15.85%	0.33%
屏東縣	897,176	86.34%	8.33%	5.33%
宜蘭縣	453,765	91.20%	6.50%	2.29%
花蓮縣	353,490	61.18%	16.13%	22.70%
臺東縣	255,887	55.46%	14.12%	30.42%
澎湖縣	95,446	91.61%	8.30%	0.10%
總計	20,556,842	84.67%	13.65%	1.68%

表 2-7　臺灣各縣市本省人、外省人、原住民人口比例（1991 年）

金門縣及連江縣除外。

出處：筆者參照內政部統計處《中華民國 81 年內政統計提要》資料所製成。

	林得票率	外省人比例
基隆市	18.60%	20.77%
臺北縣	17.79%	17.27%
臺北市	24.87%	27.24%
桃園縣	16.97%	19.35%
新竹縣	11.01%	6.12%
新竹市	17.25%	17.63%
苗栗縣	9.12%	4.80%
臺中縣	13.62%	8.47%
臺中市	22.89%	15.75%
彰化縣	8.55%	2.90%
南投縣	46.55%	5.24%
雲林縣	7.31%	3.10%
嘉義縣	4.99%	4.07%
嘉義市	9.71%	10.91%
臺南縣	5.00%	6.31%
臺南市	8.60%	12.04%
高雄縣	8.18%	11.88%
高雄市	12.77%	15.85%
屏東縣	5.84%	8.33%
宜蘭縣	6.58%	6.50%
花蓮縣	15.80%	16.13%
臺東縣	10.68%	14.12%
澎湖縣	7.18%	8.30%

表 2-9　林洋港的得票率及外省人比例

	李得票率	本省人比例
基隆市	50.27%	77.89%
臺北縣	48.28%	82.13%
臺北市	38.90%	72.57%
桃園縣	55.85%	79.08%
新竹縣	66.20%	90.28%
新竹市	53.65%	82.13%
苗栗縣	69.87%	93.86%
臺中縣	60.15%	90.90%
臺中市	46.45%	84.01%
彰化縣	63.63%	96.99%
南投縣	31.52%	90.44%
雲林縣	66.29%	96.86%
嘉義縣	65.70%	95.22%
嘉義市	47.04%	88.94%
臺南縣	63.05%	93.58%
臺南市	56.58%	87.88%
高雄縣	59.88%	87.11%
高雄市	50.62%	83.81%
屏東縣	62.91%	86.34%
宜蘭縣	54.92%	91.20%
花蓮縣	64.05%	61.18%
臺東縣	68.42%	55.46%
澎湖縣	62.61%	91.61%

表 2-8　李登輝的得票率及本省人比例

表 2-8、2-9 的出處：筆者參照內政部統計處《中華民國 81 年內政統計提要》資料所製成。

其次是花蓮縣六一・二%，第三名是臺北市七二・六%。

外省人比例較高的六個縣市，從高到低依序是臺北市二七・二%、基隆市二〇・八%、桃園縣一九・三%、新竹市一七・六%、臺北縣一七・三%、花蓮縣一六・一%。原住民比例較高的六個縣市，第一名為臺東縣三〇・四%，第二名為花蓮縣二二・七%，這兩個縣的比例特別高，與第三名的屏東縣五・三%有著很大的差距。第四名為南投縣四・三%，第五名為新竹縣三・六%，第六名為宜蘭縣二・三%。

接著筆者將各縣市的李登輝得票率與本省人比例製作成比較表（**表2-8**），並且計算出從負一到正一之間的相關係數。先排除金門縣與連江縣，只以其他二十三個縣市進行計算，依此表計算出相關係數為〇・〇八七。以這個數字來看似乎沒有什麼相關性，但如果再排除前述狀況特殊的南投縣（林洋港的出身縣）及原住民人口比例較高的花蓮縣及臺東縣這三縣，只以二十個縣市進行計算，相關係數達到〇・八〇一，相關程度可說是非常高。

為了進一步分析，筆者接著依照**表2-8**的數據製作出分布圖（**圖2-3**）。從此圖可以明顯看出，狀況特殊的花蓮縣、臺東縣、南投縣這三縣距離代表正相關的位置相當遙遠。只要排除這三縣，剩下二十縣的數值就可看出本省人比例越高的縣市，李登輝的得票率就越高。過去許多新聞報導及研究文獻都指出李登輝在一九九六年的選舉裡，獲得相對較高的本省人支持度，如今可從相關係數及分布圖上獲得印證。

接著筆者將林洋港的得票率與外省人比例也製作成比較表，計算相關係數。**表2-9**為各縣市的林洋港得票率與外省人比例，依此表計算出相關係數為〇・三四九。從這個數字來看，相關程度也不高。但是再看以此資料製作出的分布圖（**圖2-4**），可看出唯獨林洋港的家鄉南投縣的數值異常偏離。排除南投縣後再計算相關係數，會變成〇・八五二，相關程度很高。觀察選戰狀況，可以得知林洋港在南投縣以外的縣市幾乎不具個人影響力，只能仰賴新黨的基本票，而相關係數則證明了林洋港的得票率與各縣市的外省人比例呈現高度相關。這等於是以間接的方式，利用投票結果證明新黨的支持群眾主要是外省人。

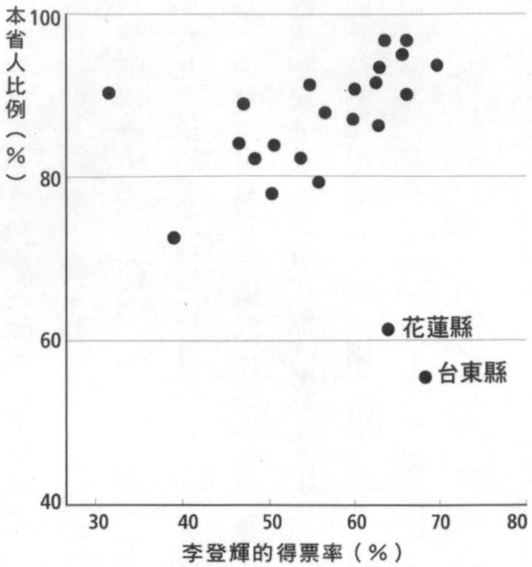

圖 2-3　李登輝的得票率與本省人比例的分布圖

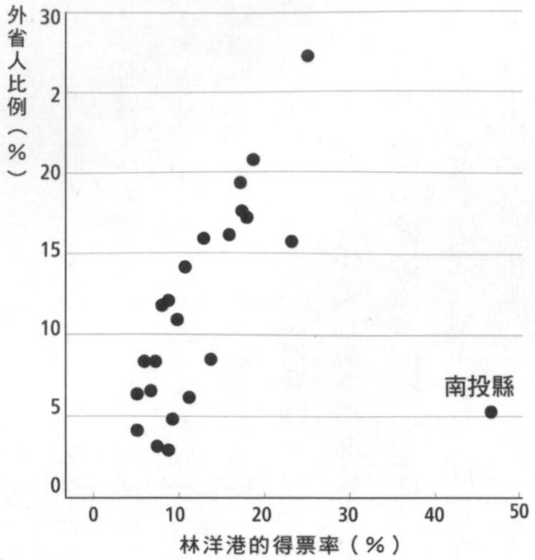

圖 2-4　林洋港的得票率與外省人比例的分布圖

圖 2-3、2-4 的出處：筆者參照內政部統計處《中華民國 81 年內政統計提要》及中央選舉委員會的資料所製成。

接著筆者再以相同方法計算出彭明敏的得票率與本省人比例的相關係數，結果為〇・二八三，看不出什麼相關性。如果將特殊狀況的三縣排除之後再計算，相關係數更是只有負〇・〇六五，可以說完全不相關。由此可知李登輝的得票率與本省人比例有相關性，而彭明敏的得票率與本省人比例並無關聯。雖然民進黨的主要支持民眾是本省人，但在這次選舉，應該有一定比例的本省人轉為支持李登輝，彭明敏的得票才會如此分散，失去與本省人比例的相關性。關於陳履安的部分，則留到下一節再進行分析。

不過像這樣分析候選人在各縣市的得票率與省籍比例的相關性的分析方法，只能看出整體投票行為當中的一個面向，因此最好不要過度引伸解釋。而且由於省籍資料是依據一九九一年的統計數據，一來精準度會逐年下降，二來統計資料並不包含客家人比例，這也是一大問題。我們只能說，在探討族群意識與投票行為的關係這個大議題的時候，以相關係數配合選舉過程的實際訪查並不失為有效的分析方法。

全投票所投票資料之分析

接著我們改變角度，從全體選民的投票行為來觀察四名候選人的得票特徵。主要想探討的是四名候選人的得票率在全臺灣有多大的離散程度。一九九六年的總統選舉，全臺灣共有一萬兩千五百九十七處投票所。臺灣的投票所皆設置於基層的行政單位內（市區為「里」，鄉鎮為「村」），會場大多借用學校、寺廟或公共設施。有些村、里的民眾較多，會設置不止一處的投票所。每一投票所的平均選民人數，一九九六年為一千一百三十六人，規模頗為平均。

表2-10是將一九九六年總統選舉全部一萬兩千五百九十七處投票所的四名候選人得票率合計之後，計算出平均得票率與標準差。全投票所的平均得票率與該候選人的得票率並不會完全一致，這點必須特別注意。

四名候選人當中，特別值得注意的是陳履安與林洋港的數值。兩人的平均得票率離散程度比較小，但是標準差的數值卻截然不同。陳履安的標準差很小，只有三・四六，林洋港的標準差則很大，有一二・〇六。標準差小，代表該候選人的得票率在全臺灣各投票所的高低差距較小；標準差大，代表候選人的得票率在全臺灣各投票所的高低差距較大。

如果從整個臺灣來看，影響投票行為的因素非常複雜，例如都市與農村的差異、居民的族群差異、各地區支持政黨的差異等等，這些因素會互相影響及牽連。但如果將觀察目標縮小至投票所，由於投票所位於基層行政單位

	陳履安	李登輝	彭明敏	林洋港
平均得票率	9.50%	55.63%	20.72%	14.15%
標準差	3.46	13.46	8.25	12.06

表 2-10　1996 年總統選舉 四名候選人在所有投票所的平均得票率及標準差

出處：筆者參照中央選舉委員會的資料所製成。

內，根據臺灣的投票行為特性，在一定程度上可以觀察出某村或某里的政治傾向。

倘若某候選人在進行競選及拉票活動的時候，採用了某項特殊的做法，由於其效果不可能平均遍布整個臺灣，這時就會造成不同投票所的得票率有高有低的情況。例如某候選人是透過社區內的人脈進行拉票，成效就會因社區而異，如此一來各投票所的得票率離散程度就會拉大，標準差的數值也會跟著變大。相反地，倘若某候選人的競選活動跨越了社群差異，其效果平均遍布整個臺灣，該候選人在任何一處投票所的得票率都會大致接近平均值。例如拉票活動若主要仰賴大眾媒體上建立的宣傳形象，此時各投票所的得票率就會相對比較均等，標準差的數值也會相對比較小。

為了能夠從視覺上清楚比較四名候選人的標準差，筆者根據全投票所資料製作了四名候選人的得票曲線圖（**圖 2-5**）。這是把直方圖（histogram）繪製為曲線圖，本質上與直方圖一樣。橫軸為得票率，縱軸為得票數。橫軸

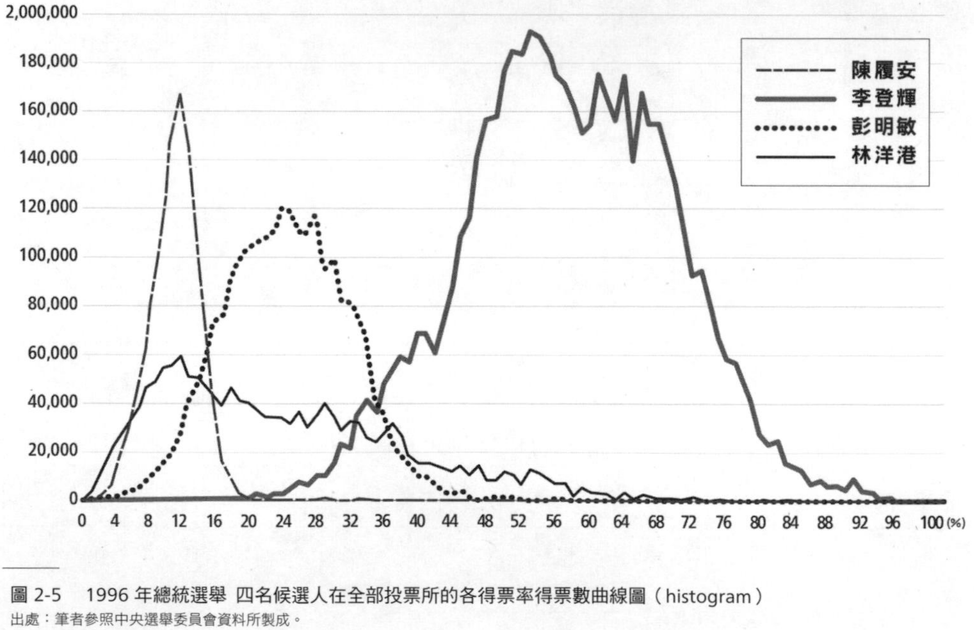

圖 2-5　1996 年總統選舉 四名候選人在全部投票所的各得票率得票數曲線圖（histogram）

出處：筆者參照中央選舉委員會資料所製成。

設定為得票率「○%以上未滿一%」、「一%以上未滿二%」、「二%以上未滿三%」直到一○○%，也就是從○%到一○○%的一百個區間。縱軸則是呈現該得票率的投票所的得票數相加之後的總票數。將每個點連接起來，畫出四名候選人的得票曲線。利用這個圖，就可以從視覺上清楚看出各候選人在不同得票率上的得票數。

舉例來說，李登輝的得票率在五二%以上未滿五三%的投票所，在全臺灣共有三百九十九處。將這三百九十九處投票所的李登輝得票數合計，為十九萬兩千六百三十四票。又如林洋港的得票率在一一%以上未滿一二%的投票所，在全臺灣共有五百七十一處。將這五百七十一處投票所的林洋港得票數合計，為五萬九千七百五十一票。各曲線內的面積，就是該候選人的總得票數。以這個曲線圖，能夠在視覺上清楚看出各候選人在各得票率上分別拿到了多少選票。

另外，從曲線的形狀來看，左右越窄代表標準差數值越小，越寬代表標準差數值越大。從圖上可以很明顯看得出來，陳履安曲線的左右很窄，而林洋港很寬。像這樣製作出曲線圖，就能夠更加清楚地從標準差的大小來看出四名候選人的得票率離散程度。從四名候選人的競選動向所能推測出的假設結果，能否藉由標準差的大小來加以印證，以下將一一檢視。

脫黨參選的陳履安，由於是以無黨籍身分參選，沒有任何政黨或組織的支援，所以只能仰賴本身的競選活動來拉票。陳履安的知名度很高，但由於是突然宣布參選，完全沒有任何準備活動，競選資金也相當有限，很少在地方上進行宣傳或舉辦集會活動。從陳履安的這種競選方式來觀察，可以推測其相關資訊都是透過大眾媒體傳達給選民，所以效果應該會相對均等地分布在整個臺灣。根據偏低的標準差數值及曲線的形狀，可以印證這個推測是正確的。

至於林洋港，首先筆者想要指出他在各投票所的得票率特徵。林洋港得票率較高的投票所，都在家鄉南投縣內各村。得票率超過八○%的村有七個，全部都在南投縣。其次則依序是臺北市松山區的自強里（六十八・二%）、臺北市信義區的景新里（六十六・七%）、臺北縣新店市的大鵬里（六十五・八%）、臺中市北屯區的仁愛里（六十三・六％）等等，都是外省籍退役軍人及其家屬所居住的眷村。相反地，林洋港幾乎完全拿不到票的投票所，都位於居民大多為本省人的中南部農村地帶。例如嘉義縣義竹鄉的東光村、同縣鹿草鄉的竹山村、屏東縣車城鄉的新街村等等，共有八處投票所，林洋港的得票數為零。得票率未達一％的投票所，也有四十四處。

不管是深入分析林洋港在每個投票所的得票狀況，還是概觀標準差數值及曲線形狀，都能發現林洋港的得票率在各投票所的差異非常大。筆者在前文已提過，從縣市層級的得票率來觀察，林洋港的各縣市得票率與各縣市外省人比例呈現高度相關。如今深入探討投票所的狀況，也算是做了進一步的驗證。

李登輝所拿到的選票，一部分是國民黨的組織票，另一部分則來自不願把票投給彭明敏的民進黨支持者。國民黨組織票所佔的比例，當然會因地區狀況而異。至於外省人的支持票，則有一部分被新黨搶走了。可想而知，李登輝在每個投票所的得票率也會有很大的差異，而這一點也可以從標準差數值及曲線形狀獲得驗證。

若仔細觀察投票所層級的得票狀況，李登輝的得票率確實在每個投票所的差異非常大。得票率超過九〇％的投票所有七十處，幾乎都是設置在原住民聚落的投票所，由此可看出國民黨在原住民地區的組織力非常強大。相反地，得票率低於二〇％的投票所有四十三處，絕大部分都是設置在南投縣林洋港地盤的投票所。

如上所述，不管是李登輝還是林洋港，各投票所得票率離散程度都很大，標準差數值也都很高。兩人相比，李登輝比林洋港還高一些。但有一點必須注意，那就是雖然林洋港與李登輝的標準差很接近，但兩人的平均得票率截然不同。李登輝的得票數比其他候選人多得多，這點從曲線形狀就能看得出來。

透過標準差與得票率曲線的分析，可看出陳履安、林洋港及李登輝的支持民眾結構截然不同。至於彭明敏，從標準差與得票率曲線則看不出什麼特徵。

與國民大會代表選舉的比較

一九九六年總統選舉投票日的同一天，還進行了國民大會代表選舉。國民大會代表曾經在一九九〇年進行過一次全面改選，如今經過六年任期，要進行第二次的改選，選出全部共三百三十四名的國大代表。這次的選舉將臺灣分為五十六個選區及兩個原住民選區，採複數選區制，每一選區選出二至十名當選者。選區的名額共兩百三十四名（包含原住民選區的六名），剩下的是比例制的全國不分區代表（名額八十名）及僑居國外代表（名額二十名）。不過並非採兩票制，而是依選區的得票率分配議席。

憲法經修正之後，國大代表已喪失了選出總統的權力，但為了掌握接下來的憲法修正主導權，各黨還是在國大代表選舉上卯足了全力。而且此時正值民主化轉型過程，民意代表開始在各種權利及政策上展現影響力，因此許多地方派系及地方政治家族都有人出馬參選國大代表。與這場國大代表選舉互相比較，可看出一九九六年總統選舉還有另一個特徵，以下將進行說明。

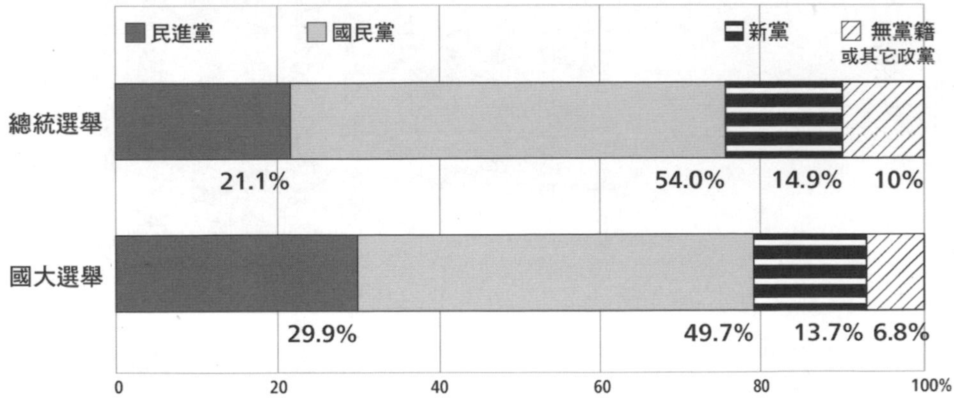

圖 2-6　1996 年總統選舉與國民大會代表選舉的各陣營得票率
總統選舉中，林洋港雖為無黨籍，但為了方便說明，其得票率直接視為「新黨」的得票率。
出處：筆者參照中央選舉委員會的資料所製成。

各黨爭奪兩百三十四的選區席次的結果，國民黨獲得一百二十九席（得票率四九・七％），民進黨獲得六十八席（得票率二九・九％），新黨獲得三十一席（得票率一三・七％），無黨籍和其他黨籍獲得六席（得票率六・八％）。**圖 2－6** 是這場國大代表選舉與總統選舉的比較圖。可以看出彭明敏的得票率比民進黨在國大代表選舉上的得票率少了八・八個百分點。相反地，李登輝的得票率比國民黨在國民大會代表選舉上的得票率多了四・三個百分點。如果把國民大會代表選舉的政黨得票率視為各政黨的基礎票，我們可以說彭明敏並沒有抓牢民進黨的基礎票，而李登輝拿到的選票超過了國民黨的基礎票。這就是「棄保」效應帶來的影響。

「棄保」最有名的例子，就是一九九四年的臺北市長選舉，角逐者為國民黨的黃大洲、民進黨的陳水扁及新黨的趙少康。當時有一些國民黨支持者為了不讓趙少康當選，而拋棄了黃大洲，把票投給陳水扁。

不過這次總統選舉的棄保，跟一九九四年臺北市長選舉的情況有些不一樣。這次不管是媒體報導還是評論，大多認為李登輝較佔優勢，因此民眾沒有必要為了阻止某個候選人（如林洋港）當選而拋棄彭明敏。這次選民所採取的棄保行動，可以解釋成為了展現出不屈服於中國壓力的決心，而拋棄勝算較小的彭明敏，把票投給了現任總統李登輝。再者，李登輝比彭明敏更具有群眾魅力，因此能夠吸收到跨黨派的選票，結果造成彭明敏慘敗，只拿到了民進黨基礎票的七成。嚴格來說這不算是棄保的典型狀況，但既然民進黨的選票流向了國民黨的李登輝，也可以算是臺灣選舉棄保的一個案例。

總結

一九九六年的總統大選，可說是完成臺灣政治體制民主化的最後一道重要程序。雖然過程中遭受中國的干擾，但是這場大規模的選舉進行得相當平穩，既沒有混亂場面，也沒有流血衝突。這次的選舉不僅成為臺灣社會的共同回憶，而且也轉化為民主體制的自信。以每人一票的方式展現臺灣民意、選出總統，讓國際社會清楚地看見「民主的臺灣」。雖然從憲法及法律的角度來看，這是一場「中華民國總統選舉」，但是以「臺灣選民為了臺灣的將來而每隔四年選出臺灣的最高領導人」這個現狀來看，這成為了「臺灣總統選舉」。凡事以臺灣為重、對臺灣抱持感情的廣義臺灣認同意識，也隨著總統選舉而深植在臺灣人心中。

但是在另一方面，國民黨持續掌握政權，也意味著威權主義體制時期所形成的各種政治社會上的矛盾還是留了下來。族群之間的對立情結增強、地方派系勢力擴大、黑金政治的氾濫等等問題，讓後民主化時代的臺灣政局的現實之路變得相當坎坷。即使李登輝成功擊敗反對派，獲得了壓倒性勝利，安定的政局也沒有辦法維持太長的時間。關於臺灣未來方向的爭辯從來不曾停止，最終形成了意識形態互相對立的兩大陣營。中國的妨礙及干擾也變成了家常便飯，民主體制的運作只能在不斷犯錯與修正中走得跌跌撞撞。而一九九六年的總統選舉，就是這一切的起點。

第三章

二〇〇〇年選舉

——政黨輪替與改革的摸索

二〇〇〇年三月十八日，漫長的選戰終於畫下了句點。光是從投票率八二．七%這個數字，便不難想像這場選戰打得多麼火熱而激烈。以李登輝接班人自居的連戰慘遭滑鐵盧，在野黨民進黨的陳水扁當選總統。李登輝推動的民主化，以政權輪替的方式展現了成果，為中國國民黨長達五十年的統治臺灣時期劃上了休止符。這場選戰的交鋒議題，在於李登輝卸任後的臺灣該何去何從，以及政治改革、族群意識與兩岸關係。這些難以找出答案的議題，讓每一張選票的背後都充滿了希望、不安、熱情與緊張。

選舉的架構

三名候選人之爭

二〇〇〇年的總統選舉，共有五人登記參選。分別為執政黨國民黨提名的連戰（副總統）、最大在野黨民進黨提名的陳水扁（前臺北市長）、在野黨新黨提名的李敖（作家）、脫離了國民黨的宋楚瑜（前臺灣省長），以及脫離了民進黨的許信良（前民進黨主席）。這五人當中，許信良在民進黨的黨內初選敗給了陳水扁後脫黨參選，因此難以獲得民眾的支持。另外，新黨推舉李敖只是為了宣示該黨象徵性的存在意義，因此競選活動的訴求也相當奇特，一開始就站在支持宋楚瑜的立場，大肆抨擊李登輝及陳水扁。所以實際上這場選戰是由連戰、陳水扁及宋楚瑜三人角逐總統寶座（**表3－1**）。

連戰的背景相當特殊，他是在中國大陸出生的本省人。連戰的祖父連橫，是清朝時代出生於臺南的文人，經常往來臺灣與中國大陸，著有《臺灣通史》，後來移居上海。連戰的父親連震東，在日治時代的一九〇四年出生於臺南，曾就讀於日本慶應大學經濟學系，後來前往中國大陸，加入了國民黨。第二次世界大戰後，連震

總統候選人	陳水扁	宋楚瑜	連戰
副總統候選人	呂秀蓮	張昭雄	蕭萬長
推薦政黨	民進黨	無黨籍／連署提名	國民黨
出生地	臺南縣	湖南省	西安市
年齡	49 歲	58 歲	63 歲

表 3-1　2000 年總統選舉主要 3 名候選人
年齡以投票日為基準。
出處：筆者參照中央選舉委員會資料所製成。

東回到臺灣，在蔣介石統率的國民黨政府內獲得重用，曾任臺灣省政府委員、內政部長。

連戰本人於一九三六年出生於西安，十歲來到臺灣（一九四六年）。從臺灣大學畢業後赴美留學，於芝加哥大學取得碩士及博士學位，返臺後在臺灣大學政治系任教。其後連戰在黨國體制的國民黨政府內不斷升遷，歷任交通部長、外交部長、臺灣省主席、行政院長。連戰的籍貫雖然在臺南，但人生經歷與同年齡層的外省人相近。因為這個緣故，連戰在本省人及外省人的圈子裡都有廣大的人脈。一九九六年的總統選舉中，連戰獲指名為副總統候選人，成為李登輝政府下的第二把交椅。打從很早的階段，連戰就被視為李登輝的接班人。

宋楚瑜則是外省人，一九四二年出生於湖南省，七歲的時候來到臺灣（一九四九年）。父親名叫宋達，是一名軍人，跟隨蔣介石從中國大陸來到臺灣。宋楚瑜畢業於政治大學外交系，其後赴美留學，於加州大學柏克萊分校取得碩士學位，接著於喬治城大學取得博士學位。回國後曾擔任蔣經國的英文祕書，其後升任為新聞局長（閣員），負責政府的媒體政策。擔任新聞局長期間，爆發美麗島事件，宋楚瑜身為政府發言人，對「黨外人士」做出嚴厲的抨擊。

宋楚瑜在蔣經國時代嶄露頭角，到了李登輝時代，又成為李登輝最信賴的得力助手，曾擔任國民黨副祕書長、祕書長，在民主化的過程中支持著李登輝，為了鞏固李登輝的政權而在幕後協助打理一切。宋楚瑜最重要的人生轉捩點，就是在一九九三年升任臺灣省主席，從此掌握幾乎涵蓋整個臺灣地區的巨大地方自治政府的行政權力。到了一九九四年，臺灣省主席轉為民選，宋楚瑜出馬競選，歷經漫長的選戰後順利當選。

臺灣省的人口結構是本省人佔了絕大多數，選前一般認為外省人參選臺灣省長會趨於劣勢，但宋楚瑜顛覆了這個推測，以極大的選票差距擊敗了民進黨候選人陳定南（本省人）。宋楚瑜不同於中央政府那些與一般民眾毫無交集的官僚型政治人物，他非常重視民生經濟（low politics），不管是地方的公共建設或指揮救災都站在第一線，因此博得了廣大民眾的支持。而且宋楚瑜身為省長，在省議會及各縣市、鄉鎮都具有影響力，奠定了個人的民意基礎。從黨內的權力階級來看，宋楚瑜是繼李登輝、連戰之後的第三把交椅。

陳水扁是閩南系本省人，一九五〇年出生於臺南縣官田鄉[1]，家裡是貧窮的佃農。陳水扁考上臺灣大學，法律系畢業後從事律師工作。一九八〇年，陳水扁接下了美麗島事件被告律師的工作，從此投入「黨外運動」。其後陳水扁加入民進黨，歷任臺北市議員及立法委員，在黨內頗有聲望，為正義連線（陳水扁派）的領袖。一九九四年，陳水扁當選臺北市長，成為民進黨內最具影響力的公職人員。

陳水扁擔任臺北市長頗受好評，但他原本並不打算參選總統。如果他在一九九八年的臺北市長選舉成功連任，應該不會出馬角逐二〇〇〇年的總統大選。以他的年齡，就算他在二〇〇四年才選總統也不算晚。但陳水扁連任失敗，必須做出抉擇。陳水扁因落選而失去公職，這當然是他參選總統的原因之一，但還有另一個更重要的原因，那就是他自己及他的支持者都無法接受落選的理由。

陳水扁的施政風格很有魄力，在市長任內留下不少政績，包含改善交通問題、取締特種行業、整肅市府員工的綱紀等等。若在一般情況下，他應該很有機會連任成功。第二次市長選舉，參選者除了現任市長陳水扁（本省人）之外，還有國民黨馬英九（外省人），以及支持者以外省人為主的新黨王建煊（外省人）。如果按照正常的投票狀況，陳水扁要獲勝並不困難。但是臺北市的外省籍選民為了阻止陳水扁連任成功，採取了獨特的戰術，那就是「棄王保馬」（放棄王建煊，把票集中投給馬英九）。

進一步探討，這不是臺北市民在評估了市長的政績之後冷靜做出的判斷，而是外省人基於討厭本省人的族群意識所採取的投票行為。因此陳水扁的支持者都有一種「被耍了」的感覺，就連居住在臺北市以外地區的閩南系本省人，心中的感受也大同小異，這些民眾非常積極地鼓舞陳水扁參選總統。尤其是本省籍意識較強的選民，陳水扁對他們來說就像是族群的代表人物，他們無法坐視陳水扁蒙羞。

在臺灣實現民主化之前的一九八五年，陳水扁曾經參選過一次臺南縣長選舉，但沒有選上。當時陳水扁的妻子遭遇了一場相當離奇的交通事故，導致半身不遂，一輩子必須坐在輪椅上。陳水扁的支持者都認為，陳水扁夫妻一定是因為對抗國民黨的威權主義體制，才會遭遇這種慘禍。一九九八年陳水扁落選，更是讓陳水扁在支持者的眼中成了悲劇的英雄人物。這種種的因素，讓陳水扁在民進黨支持者之間擁有非常強烈的群眾魅力及凝聚力。

一九九六年之後的政治狀況

在臺灣民主化之後，李登輝所率領的國民黨依然保有執政黨的地位，在一九九六年的總統選舉中大獲全勝，更讓國民黨的聲勢達到了顛峰。但是接下來，國民黨就陷入了長期的衰退。不過那並不是平緩的下坡曲線，而是在上下起伏的過程中逐漸弱化，看不出來國民黨正在衰退。

一九九六年的總統選舉結束之後，國民黨長期執政的各種問題就開始浮上檯面。政治方面，國民黨的威權主義政黨體質如何因應民主化之後的政治體制，成了一大考驗。經濟方面，臺灣的高度經濟成長期已接近尾聲，如何讓臺灣的產業結構升級，也是一大問題。社會方面，在勞動問題、環境問題、社會福利問題、社區振興問題等各領域，都亟需制訂新的政策。

國民黨在威權主義時代的政黨結構中長期累積的組織力、資金及人才，在民主化之後的選戰上成為強力的武器。但是另一方面，國民黨所背負的包袱如黑金及黑道問題不僅沒有改善，反而日益惡化，民眾的批評聲浪也隨之高漲。一九九七年的地方縣市長選舉，國民黨因黑金及黑道問題飽受批判而大敗，民進黨趁勢崛起。不過在一九九八年的立法委員選舉，國民黨還是成功獲得了多數席次。由此可看出國民黨雖然因為轉型期間的諸多問題而遭受批評，但還算是展現出了因應局勢的能力。

筆者在前文已經提過，修正憲法之後，總統的任期為了配合直接選舉而從六年縮短為四年，只能連任一次，並適用於一九九六年。李登輝的情況較特殊，他雖然在一九九〇年由國民大會遴選為總統，其後在一九九六年靠全民直選順利連任，但在憲法上，他的任期是從一九九六年開始起算，因此他在二〇〇〇年還是可以再次出馬競選總統。不過李登輝為了鞏固民主化的成果，也考量自己年事已高，因此很早就表明自己無意角逐二〇〇〇年的總統選舉。李登輝指定了連戰作為自己的接班人[i]，但此舉引發宋楚瑜的不滿，成為國民黨分裂的導火線。

李登輝在一九九六年底召開國家發展會議，討論憲政改革，提議「凍結」臺灣省。臺灣省政府與中央政府機能重疊，因此實質上廢除臺灣省，目的在於簡化地方自治結構，提升行政效率。一九九七年，在李登輝主導之下，國民黨與民進黨共同合作，在國民大會上通過第四次憲法修正案。臺灣省政府的機能全由中央政府及地方政府取代，同時廢除臺灣省長及臺灣省議會。臺灣省的「凍結」，是推動中華民國臺灣化的重要環節之一。

但是另一方面，「凍結」臺灣省也造成省長宋楚瑜失去政治舞臺，宋楚瑜認為這是李登輝與連戰聯手要把自己鬥垮。於是宋楚瑜逐漸成為對抗李、連等主流派的黨內非主流派代表人物。

這個時期的李登輝，正處於執政以來政權最為鞏固的狀態。一九九八年的臺北市長選舉，他靠著「新臺灣人論」成功讓馬英九當選，足見他依然擁有十足的影響力。他讓宋楚瑜及陳水扁這兩個新世代的領袖人物同時在一九九八年失去了活躍的舞臺。兩岸關係也開始好轉，一九九八年雙方的窗口機關再度展開高峰會談。但是就在一九九九年的七月，李登輝針對臺灣的定位提出了「兩國論」。這項言論立即引發中國及美國的反彈，李登輝雖然沒有如願將其觀點納入憲法之中，卻已在臺灣及國際社會的所有人心中留下深刻印象。李登輝依然置身政治權力的核心，二〇〇〇年的總統選舉應該同樣圍繞著李登輝發展。

但是另一方面，宋楚瑜雖然失去了臺灣省長的職位，卻因此而被視為遭主流派陷害的悲劇人物，凝聚了世人的同情。他還沒有表態要出馬參選總統，就已經成為各種民意調查裡支持率最高的政治人物。宋楚瑜雖然是在黨國體制裡往上爬的政治人物，卻巧妙地與國民黨的各種沉痾劃清了界線。陳水扁在競爭臺北市長失利之後，同樣以支持者的同情作為跳板，企圖終結國民黨的長期執政。連戰則因身為李登輝的接班人，能夠自由運用國民黨的權力、資金及組織。這在打選戰上是相當有利的條件，但批判國民黨黑金腐敗的民意卻也逐漸成為連戰肩上的沉重負擔。

即便如此，國民黨內部還是由李登輝、連戰的主流派勢力所掌握，連戰在黨代表大會上順利成為國民黨的總統候選人。宋楚瑜心裡很清楚，如果照著國民黨的規則走，自己絕對不可能成為國民黨的提名候選人。當時國民黨內部還有人提議以連戰為總統候選人，而以宋楚瑜為副總統候選人，也就是所謂的「連宋配」，但是李登輝派把這股聲音也壓了下來[2]。宋楚瑜於是決定脫黨，以無黨籍身分參選。宋楚瑜的反擊，成為瓦解國民黨體制的一股力量。

1　李登輝挑選連戰作為接班人的關鍵理由之一，據說是因為「連戰看來老實聽話」。參見鄒景雯，《李登輝執政告白實錄》（臺北：印刻，二〇〇一年），頁106。關於這一點，彭明敏的說法也大同小異（依據對彭明敏的訪談內容，二〇一五年十一月三十日）。

選戰過程

前期：宋楚瑜領先

前期的風暴中心是宋楚瑜。陳水扁與連戰都因為受了宋楚瑜的影響而聲勢下滑。宋楚瑜在擔任臺灣省長期間，勤於視察臺灣各地，對於推動地方建設可說是不遺餘力，因此聲譽極佳，在所有的民調上都展現出壓倒性的優勢。但是當時許多政治評論家都認為宋楚瑜的高支持率來自於他因為李登輝、連戰一派而失去省長職位，亦即那只是暫時性的同情，過一陣子就會消失。

宋楚瑜雖然是保守派出身，卻以改革為訴求。這樣的立場，成功吸引了「期待結束國民黨的長期執政，卻又不放心讓民進黨執政」的選民。支持宋楚瑜的民眾除了外省人之外，還包含了人口比例較低的客家人及原住民，以及一些閩南系本省人（尤其是居住在都市地區的高學歷分子，以及國民黨的地方派系及中堅幹部）。宋楚瑜所帶起來的聲勢，遠遠超過只以外省人為主要支持族群的新黨[3]，這就是宋楚瑜的優勢。

李登輝最大的誤判，就在於他以為只要讓連戰成為國民黨的提名候選人，並且將國民黨徹底約束好，就能夠遏止選票流向宋楚瑜。但是過了一陣子，宋楚瑜的聲勢並沒有下滑，李登輝也開始急了。進入九月之後，李登輝開始親上前線，大力抨擊宋楚瑜。他說宋楚瑜在擔任省長期間「只會拿省政府的錢來收攬民心」，還以「提籃假燒金」（臺語，意指婦人想要出去見情夫，卻拿著裝了紙錢的籃子，假裝要到廟裡拜拜）來諷刺宋楚瑜，言下之意是在提醒「本省人別被外省人騙了」。

總統府祕書室主任蘇志誠也收到李登輝的指示，一再以情緒性的字眼攻擊宋楚瑜。民眾的省籍情結同時受到了刺激，不僅選戰的氣氛變得更加緊張，外省人對李登輝的反感也迅速攀升。到了九月二十一日，臺灣發生大地震，災情極為慘重，選戰因而中斷了大約一個月的時間。李登輝帶頭指揮救災及重建工作，再度讓世人感受到了他的重要性。但是選戰重新開打之後，宋楚瑜的支持率依然居於領先地位。

接著我們來看看三名候選人各提出了什麼樣的政見。最大的關鍵，就在於能不能同時兼顧兩岸關係及國內改革。陳水扁擁有政治改革的決心及能力，這一點獲得民眾的普遍認同，但是很多人都擔心如果讓陳水扁當選總統，不管是國內政治還是兩岸關係都會發生巨變。因此陳水扁陣營喊出了新中間路線的口號，將臺灣民族主義模糊化，並不擺出與中國勢不兩立的姿態，而是主打執政之後將推動黑金改革。但即使如此，支持率還是沒有上升的徵兆。

連戰則跟四年前的李登輝一樣，主打「安全牌」及強調「改革決心」，但民眾大多懷疑他對於黑金問題能夠做出多大的改革。畢竟國民黨擁有的黨營事業實在太龐大，甚至被稱為「全世界最有錢的政黨」，而且李登輝的「兩國論」引發了中國的強烈反彈，因此主張把臺灣交給國民黨就一定安全的「安全牌」也很難發揮效果。再加上連戰的想法傾向於擴大兩岸交流，給人的印象與作風保守穩健的李登輝並不相同。

國民黨統治之下的臺灣社會，許多方面都給人一種走入死巷的感覺，民眾對改革的期望越來越高。但是另一方面，民眾對於兩岸的緊張關係也非常敏感。有些人雖然期待陳水扁能帶來改革，但是一想到假如陳水扁當選總統，兩岸關係必定會更加緊張，就產生了怯意。

宋楚瑜一方面刻意與李登輝的「兩國論」拉開距離，表現出改善兩岸關係的企圖心，另一方面嚴厲批判國民黨的黑金腐敗問題，給了民眾一個兼顧安定與改革的選擇。而且宋楚瑜還靠著過去擔任臺灣省長的政績，強調會以地方公共建設為施政的優先重點，由此可看出宋楚瑜所主張的也是「臺灣優先」。從整體政見來看，宋楚瑜也佔據了有利的位置。不過值得注意的是，臺灣經濟開始真正仰賴中國，是在二〇〇〇年之後，舉行這場選舉時，大多數的人都還沒有意識到「繁榮與自立的矛盾」，因此這時的陳水扁所主打的經濟政策也是推動與中國的經濟交流。

在副總統候選人方面，連戰指名了行政院長蕭萬長，希望能強調己方陣營在施政上的實務能力。陳水扁則指名了桃園縣長呂秀蓮。呂秀蓮是相當重視人權及男女平權的政治人物，陳水扁希望藉此強調民進黨擁有新時代的價值觀。至於宋楚瑜，則指名了出身高雄且臺灣意識較強的張昭雄，主打的是族群平衡及跨越黨派。

中期：興票案爆發

一場金融醜聞，改變了宋楚瑜的領先局勢。十二月九日，國民黨的立法委員揭露了宋楚瑜的兒子帳戶內有鉅額資金流動的消息。國稅局及監察院旋即展開調查，發現宋楚瑜所經手的金額高達十一億臺幣。雖然臺灣人都知道政治很花錢，但是這筆錢還是多得嚇人。這起醜聞案（興票案）讓宋楚瑜的親民、清廉形象受損，支持率也應聲下滑。然而發動攻勢的國民黨並沒有預料到，宋楚瑜所流失的選票並非回到國民黨，而是流向了陳水扁。就這樣，到了年底，三名候選人的聲勢幾乎旗鼓相當，且由陳水扁微微領先。

這個時期陳水扁的民意支持度上升，主要的原因是宋楚瑜在爆發興票案後失去了民心。但除此之外，民進黨方面也藉由前主席黃信介去世及美麗島事件二十週年等理由舉辦各種活動，成功讓民進黨的立場回歸到當年為了推動民主化而搏命對抗國民黨的原點。陳水扁陣營剛開始投入選戰的時候，黨內各派系還處於缺乏共識的分裂狀態，但是這時的民進黨逐漸變得團結，民進黨籍的縣市長也開始積極助選，主打「政黨輪替」的競選方針也慢慢上了軌道。各地的募款餐會都是盛況空前，讓民進黨獲得了足以對抗國民黨的豐富競選資金。

除此之外，陳水扁陣營也在黨組織較薄弱或欠缺的地方設置後援會，以點對點的方式組成不緊實的網狀結構。例如在雲林縣有所謂的「海線」，即沿海的鄉鎮地區，過去民進黨在這些地區幾乎拿不到選票。但此時民進黨發起「通戶走甲到」，對這些地區的支持者展開個別的拜票活動，向這些支持者的街坊鄰居拉票。這個策略發揮了不錯的效果，雲林縣沿海地區有很多原本猶豫不決的人，都開始參與民進黨的活動[11]。

陳水扁陣營的宣傳工作，是由陳水扁的親信羅文嘉負責。他在選戰上不打悲情牌，不強調本省人過去遭受的欺壓，反而高呼「快樂、希望」，以開朗、明亮的氣氛強調政黨輪替的重要性。陳水扁陣營只主張守護臺灣及發展臺灣民主，絕口不提「臺灣獨立」，將民眾對國民黨的守舊及黑金問題的不滿情緒巧妙地與臺灣認同結合在一起。而且他們以類似偶像宣傳的手法，不斷推出陳水扁的周邊商品，在學生、年輕族群，甚至是沒有投票權的高中生及孩童之間，掀起了一股陳水扁風潮。到了選戰接近尾聲的時候，各地的陳水扁造勢集會上都能看見高中生拿著陳水扁的小旗子，嘴裡高喊「阿扁、當選」，或是小學生由父母親牽著前往會場的景象iii。

遭揭發興票案的宋楚瑜陣營雖然一度聲勢大跌，但是到了隔年的一月二十七日，宋楚瑜陣營成立競選總部，前立法院長劉松藩及前法務部長廖正豪都加入聲援，讓宋楚瑜勉強挽回了頹勢。雖然宋楚瑜對於醜聞的真相一直交代不清，難以讓民眾信服，但是興票案對宋楚瑜的影響也隨著時間而逐漸減弱。宋楚瑜爆發這麼嚴重的醜聞，卻沒有就此一蹶不振，有幾個原因。第一，國民黨雖然以侵佔罪控告宋楚瑜，但全案進入等待司法調查的階段，並沒有明確的結果。第二，社會上傳出了另外一派說法，認為宋楚瑜是遭受了政治迫害。

二月二十一日，臺中地方法院因當時正在進行訴訟的某企業財務問題，而對劉松藩的住處執行強制搜索。由於當時劉松藩才剛表態支持宋楚瑜，許多人都認為他是遭到了國民黨的政治迫害。如此一來，宋楚瑜很可能也是遭到迫害的說法在社會上逐漸傳了開來。再者，有不少人認為宋楚瑜所涉及的興票案其實並非宋楚瑜個人的問題，而是國民黨長期以來黑金結構的問題。因此從宋楚瑜身上流失的選票，有些流向陳水扁，有些又流回

ii 對陳水扁的雲林縣競選總部發言人彭富鈺的訪談，二〇〇〇年三月十四日。

iii 筆者從一九九九年四月到二〇〇〇年三月一直待在臺北，觀察了三名候選人的多場競選集會，追蹤其變化。

宋楚瑜，但完全沒有流向國民黨。還有一點，那就是族群對立及中國的干涉讓選情快速升溫，一時之間整個社會瀰漫著緊張氣氛，相形之下興票案就顯得沒有那麼重要了。

宋楚瑜宣布在當選後會組成「超黨派」的政府，企圖藉此重新拉抬聲勢。宋楚瑜主張國民黨因為長期執政，導致黨跟行政機關的關係過密，他強調「為了讓黨與行政脫勾，為了推動改革，我會從國民黨、民進黨、新黨及無黨籍人士中招募優秀人才，共同組成政府」[4]，可以看出他企圖藉由這種方式動搖國民黨相關人士。宋楚瑜說出這番話的不久後，現任政務委員鍾榮吉請辭且宣布退出國民黨，加入了宋楚瑜的陣營。

後期：中國干涉及連戰陣營失策

二月二十一日，距離投票僅剩一個月的時候，中國發布了《一個中國原則與臺灣問題》白皮書[5]，文中強調不排除動用武力，同時強硬要求臺灣當局立刻與中國展開以統一為前提的政治協議。在發表這篇白皮書的同時，中國也透過對臺政策負責人員的發言，企圖干預選舉，阻止陳水扁當選。面對中國的施壓，陳水扁陣營冷靜以對，並沒有出現過度的反應。

反而是連戰的陣營有了動作。在一九九六年的總統選舉脫離國民黨參選的陳履安，忽然打破漫長的沉默，表態支持連戰。陳履安原本是反對李登輝的非主流派成員，在上一屆的總統選舉中拿到了約一成的選票。陳履安不僅表態支持連戰，而且還企圖影響連戰的政見方向。他以中國所提出的白皮書為由，建議連戰宣布放棄「兩國論」。連戰雖然沒有同意，但也沒有反對。為了吸收非主流派的選票，連戰表現出模稜兩可的態度，只是不斷宣傳自己已經獲得陳履安的支持。

李登輝是個具有強烈臺灣意識的人物，連戰身為李登輝的接班人，身旁的親信卻大多是外省人。原本這被視為連戰的優勢，代表連戰擁有跨族群的支持者，但是隨著選情越來越緊迫，其背後所隱藏的矛盾與衝突漸漸浮上了檯面6。讓連戰陷入苦戰的原因之一，在於眷村之類國民黨票倉的外省票有一部分被宋楚瑜吸走了。連戰的競選總部為了奪回這些票，在立場上刻意偏向外省人。連戰陣營人士在私底下的發言，常把李登輝當成燙手山芋，而且還刻意迎合陳履安，向非主流派示好。連戰本人則表示願意與江澤民會談，在兩岸的對話上表現得相當積極7。

越接近選戰的尾聲，這個傾向就越明顯。連戰不僅利用蔣經國故子的遺孀為自己拉抬聲勢iv，而且還讓一些蔣經國時代的大老上臺發言，在投票日不久前甚至公開了一封宋美齡（蔣介石遺孀）表態支持連戰的親筆信，整體給人的印象已經完全脫離李登輝的國民黨，彷彿退回了從前的時代。然而這些舉動，讓許多原本是因為李登輝才支持國民黨的本省人背離了國民黨。此時陳水扁陣營趁機表示繼承了李登輝理念的候選人並不是連戰，而是陳水扁，引誘支持者「棄連保扁」。

另外，在國民黨最飽受批評的黑金及黑道問題上，連戰陣營又犯了一個極為嚴重的錯誤。二月二十五日，連戰在臺灣最南端的屏東縣與伍澤元、羅福助（兩人皆為無黨籍立法委員）一同登臺拜票。這兩個人幾乎可說是黑金問題的象徵性人物，或許連戰陣營只是為了鞏固票源，所以連這種立法委員所掌握的選票也不肯放過。但是連戰與他們站在一起，幾乎等於是宣布過去強調排除黑金的決心都是假的。伍澤元在擔任屏東縣長期間涉及貪污弊案遭起訴，二審宣判有期徒刑十五年，總統選舉當時訴訟還沒有結束。羅福助則是有黑道背景，在臺灣社會只要談及黑金黑道問題，必定會提到羅福助這個名字。連戰的這些行動，對後續期盼改善黑金問題的中

iv【編注】蔣孝勇之遺孀蔣方智怡。

央研究院長李遠哲也造成了影響。

連戰陣營為了挽回劣勢，開始大打負面選戰。他們在電視及報紙上刊登了大量的選舉廣告。當時臺灣的無線電視臺有四臺，其中台視、中視及華視都受國民黨影響，唯獨民視是親民進黨的電視臺。連戰陣營不僅持續利用前三臺播放醜化對手的廣告，而且還指示三臺避免播放陳水扁及宋楚瑜的廣告。當時三臺的黃金時段廣告幾乎全由連戰陣營包下，形成了就連一般的商業廣告也幾乎看不到的詭異狀態。三臺的新聞節目也只報導連戰的競選活動，關於其他候選人的報導可說是少之又少。

在各大報紙上，連戰陣營也靠著雄厚的資金實力，持續發布大量競選文宣。例如三月七日的《自由時報》全部共十六個版面之中，連戰陣營就刊登了兩則全版廣告及兩則半版廣告。投票日前的兩個星期，幾乎每天都是這樣的狀態。而且這些廣告絕大部分都是攻擊陳水扁及宋楚瑜的負面文宣，尤其是警告「讓陳水扁當選會引發戰爭」的廣告，內容粗劣。這種過度抹黑的做法，反而讓標榜「優質民主政治」的連戰喪失了民眾的信任。

連戰陣營企圖利用國民黨長年建立的黨組織，獲取所有的退役軍人、公務員、教師、經濟界人士及地方派系的支持。連戰陣營同時也動員這些人參加造勢集會，支持連戰的人乍看之下似乎非常多。國民黨過於自信，以為只要運用權力及影響力，就可以掌控選情。就連專業的評論家，大多也認為「最後大概還是國民黨獲勝」。但是這時威權主義體制的時代早已過去了，主權在民的意識在民間已相當強烈。

最後一星期

二月底到三月初這段期間，距離投票只剩不到一個月，三名候選人的支持率形成了拉鋸戰，日本的媒體也以「勢均力敵」來報導這件事[8]。根據臺灣選罷法的規定，從投票日前十天起，一直到投票結束為止，禁止發表任何民意調查的結果。在進入禁止期間之前，全臺灣各大媒體每次公布民調，第一名都不相同，因此三名候選人不管是誰當選都不足為奇。

例如二月二十八至二十九日TVBS所做的調查中，第一名為宋楚瑜二七％，連、陳並列第二名，同為二四％。二月二十九日至三月一日《中國時報》的調查，第一名為陳水扁二五％，第二名為宋楚瑜二四％，第三名為連戰二二％。三月五日《聯合報》的調查，第一名為連戰二七％，第二名為宋楚瑜二六％，第三名為陳水扁二二％。三月五至六日TVBS的調查，第一名為陳水扁二六％，第二名為連戰二五％，第三名為宋楚瑜二四％。選戰終於進入了白熱化的階段。

距離投票僅剩一星期的三月十日，中央研究院院長李遠哲表態支持陳水扁，讓選舉情勢又出現了重大的波動。李遠哲是當時臺灣最具代表性的知識分子，他的表態對中間選民造成了很大的影響。李遠哲解釋他支持陳水扁的理由是「黑金問題越來越嚴重，不能把改革的重責大任交給國民黨」。陳水扁陣營十一日在臺中市、十二日在高雄市分別成功舉辦了十萬人規模的大型造勢集會。同時陳水扁也獲得了許文龍（奇美實業創辦人）、張榮發（長榮集團創辦人）、施振榮（宏碁集團創辦人）、殷琪（臺灣高鐵董事長）等著名企業家的支持。這些企業家都期待陳水扁能夠一邊重視溫和的臺灣認同意識，一邊積極地推動經濟政策。這樣的局勢變化讓陳水扁稍微超越了其他候選人，居於領先地位。

陳水扁的聲勢開始讓反民進黨勢力感到不安。但要阻止陳水扁當選，關鍵在於反民進黨勢力有沒有辦法集中選票。連戰跟宋楚瑜哪一邊的支持率比較高，由於各大媒體並沒有公布民調結果，民眾只能仰賴家人、社區及工作單位的人脈蒐集資訊。臺灣的選舉分析專家大多認為由於第二名及第三名的民意支持度相差極小，就算民眾想要棄保（將原本屬於第三名的票投給第二名，讓第二名當選），也無法判斷該棄誰保誰，所以不會發生大規模的棄保現象。但是民眾的棄保行為還是在不知不覺中發生了。筆者在投票日的一星期前往國民黨的重要票倉雲林、嘉義兩縣進行實地考察，發現宋楚瑜的勢力滲透到國民黨地方派系內部的情況遠比原本的評估更加明顯[v]。

李登輝本人始終站在支持連戰的立場[vi]，但由於跟李登輝關係較近的企業家紛紛倒向陳水扁，因此有很多人推測李登輝在私底下已經決定要「棄連保扁」了。宋楚瑜也積極利用這個狀況，不斷做出「李登輝已經拋棄了連戰」、「只有宋楚瑜才能阻止陳水扁當選」之類的言論[vii]，企圖誘發「棄連保宋」。

另一方面，連戰陣營在三月十一日舉行了一場臺北市大遊行，企圖向世人宣示其動員力。遊行隊伍從臺北市政府前出發，到抵達仁愛路為止，參加民眾確實多達數萬人。可惜相當不巧，中途下起了大雨，國民黨動員的民眾像殘兵敗將一樣紛紛脫離戰場，當遊行隊伍抵達終點中正紀念堂，連戰及臺北市長馬英九開始發表演講的時候，臺下的聽眾只剩下一千人左右，由此可看出國民黨的支持者有多麼缺乏熱情。

類似的情況也發生在其他活動上。連戰的競選集會靠著組織動員的策略，都能湊到相當可觀的人數，但只有最前排的人會認真參與活動，後面的人就算是在國民黨的重要人物發表演講的時候，也是聊天聊個不停，臉上大多帶著希望活動趕快結束的表情。有很多參加者甚至還沒有等到連戰出現就離開了。像這樣參加者缺乏熱情的狀況，與陳水扁、宋楚瑜造勢大會的熱絡場面可說是形成了強烈的對比[viii]。

連戰陣營所仰賴的只是國民黨的組織力，大多數的人剛開始都推測國民黨最後還是能靠資金及組織動員的力量逆轉勝。但是連戰陣營集會的參加者親身感受到了活動現場的冷清氣氛，會以口耳相傳的方式把這個事實傳達出去，不久之後每個人都會知道「國王其實沒穿衣服」。國民黨雖然不斷宣傳連戰的聲勢正在迎頭趕上，但是沒有人相信，反而被視為國民黨的假新聞。

就在選戰即將結束的時候，對宋楚瑜相當有利的「棄連保宋」風潮開始出現。投票日三天前的三月十五日，宋楚瑜陣營在臺北市的中正紀念堂成功舉辦了一場五萬人規模的大型集會。另一方面，連戰的支持者之中，有些省籍情結較強烈、厭惡外省人的本省人看見宋楚瑜的聲勢越來越強，也發起了「棄連保扁」的行動，轉為支持陳水扁。

每個人都在關心選舉的結果，參加競選活動的民眾也越來越多，路上經常可以看到有人拿著候選人的宣傳道具，或是正要前往造勢集會的會場。在職場上或社區內如果有人表態支持某個候選人，或是開始拉票，必定會引來其他人的贊同或反對。整個臺灣社會都陷入了緊張狀態，只能以盛況空前來形容。

三月十三日股價暴跌，十五日中國國務院總理朱鎔基又強烈警告「不允許任何形式的『臺灣獨立』」，原本就已經過熱的選戰氛圍更是火上加油。一九九六年，中國是以軍事力量向臺灣的選情施壓，而這一次，中國則是採取書面聲明及口頭警告。朱鎔基強調「誰要是搞『臺灣獨立』，你就沒有好下場」，這話中的「你」指的當然就是陳水扁。比起用字遣詞，更令人印象深刻的是朱鎔基那聲色俱厲的口吻，引發國際媒體爭相報導[9]。

然而陳水扁陣營並沒有因為朱鎔基的發言而陷入恐慌，只表示「中國沒有資格針對臺灣的選舉發言」，在冷靜中流露出「絕不屈服於脅迫」的堅毅態度[ix]。宋楚瑜陣營則一方面表示陳水扁若當選可能會引發兩岸危機，一方面也聲明「臺灣人民絕不接受任何形式的武力威脅」，對於中國的干涉表達了明確的反對立場。連戰陣營

v 當時有一部分的雲林縣國民黨中堅幹部轉為積極支持宋楚瑜。理由就在於他們對宋楚瑜擔任省長期間的表現相當滿意，期待宋楚瑜能夠積極推動地方建設。雖然張榮味（當時擔任縣長，是雲林縣最大的勢力）幫連戰助選，但是當地投票給連戰及宋楚瑜的比例據說人約是七比三。就連宋楚瑜的雲林縣競選總部的總幹事蘇金淼也是張榮味派的幹部（對總幹事蘇金淼的訪談內容，二〇〇〇年三月十三日）。

vi 東京外國語大學校長中嶋嶺雄是當時能夠聽李登輝總統吐露真心話的少數人物之一。中嶋曾多次訪問臺灣，與李登輝見面，而且兩人頻繁以傳真互相聯繫。在投票前不久，李登輝告訴中嶋「我正在拚命為連戰助選」。

vii 宋楚瑜在接受記者們圍繞採訪時的發言（於嘉義縣，筆者在場旁聽），二〇〇〇年三月十四日。

viii 這裡的描述是筆者根據現場觀察所做出的判斷。

ix 陳水扁在記者會上的發言（於臺北市，筆者亦出席該記者會），二〇〇〇年三月八日。

則是與中國站在同一陣線，強調「陳水扁若當選將爆發戰爭」。在一九九六年那場總統大選，中國雖然以飛彈威脅臺灣，李登輝所率領的國民黨依然捍衛臺灣的尊嚴。相較之下，連戰的國民黨已是今非昔比，當然沒有能力阻止選票流失。

對於朱鎔基企圖阻止陳水扁當選的那些強硬言論，臺灣人的反應大致上可分為兩類。北部人雖然不安，但是陳水扁的選票並沒有因而流失，反而有一些選票從連戰流向了宋楚瑜。南部則有不少民眾憤恨不平，因而把選票集中投給了陳水扁。跟著中國一起攻擊陳水扁的連戰，並沒有得到選票上的好處。在投票前的最後一刻，可說是颳起了「棄連保扁」及「棄連保宋」這兩陣大風。

選戰最後一天晚上，陳水扁陣營在臺北市的中山足球場舉行了一場造勢晚會。原本主辦單位就預期球場內及看臺上應該都會擠滿人，沒想到實際的狀況更加驚人，足球場外到處都是進不了會場的參加民眾。從足球場周邊到中山北路上，車輛都無法通行。足球場內擠了十萬人，足球場外也聚集了大約十萬人，成為臺灣選舉史上前所未見的盛大集會。參加民眾都深信陳水扁一定能當選總統，會場的氣氛熱鬧得簡直像在舉行廟會祭典。

另一方面，宋楚瑜陣營也在臺北市敦化北路上的臺北田徑場成功舉行了一場十萬人規模的大型集會。田徑場及看臺上同樣擠滿了人，周邊的南京東路、八德路上聚集了許多幫宋楚瑜拉票的熱心支持者，場面同樣相當熱絡。

相較之下，連戰陣營舉辦在中正紀念堂的造勢集會，照理來說國民黨在動員上應該是盡了最大努力，人數卻只是差強人意。參加者似乎也明顯感受到連戰的選票正在流失，除了舞臺周圍之外，氣氛並不熱絡，甚至可以說是有一點冷清。面對中山南路的會場出入口旁邊地上滿是遭人丟棄的連戰競選旗幟，堆了有一公尺高。國民黨的長期執政，就在這種場面下宣告終結。

投票結果分析

概況

二〇〇〇三月十八日的投票結果，陳水扁拿到四百九十七萬七千六百九十七票，以三九・三%的得票率當選總統。宋楚瑜為四百六十六萬四千九百七十二票，得票率三六・八%；連戰為兩百九十二萬五千五百一十三票，得票率二三・一%。陳水扁與宋楚瑜相差僅三十萬票，得票率相差二・五個百分點。許信良和李敖兩人加起來也只佔了〇・七%，對選舉幾乎沒有影響（**表 3 - 2**）。有投票權的人口為一千五百四十六萬二千六百二十五人，投票總數為一千兩百七十八萬六千六百七十一票，投票率達到八二・七%。

筆者在前文曾經提過，臺灣並沒有不在籍投票或提前投票的制度，而且投票必須在戶籍所在地，但是有很多人的戶籍地址跟居住地址並不相同，有很多人為了投票，必須特地花一天的時間返回老家。有些軍人、警察或任職於商業機構的人會因為當天必須工作而無法投票，這種情況的選民約有一百萬人。再加上在海外工作的人也不少，因此上一屆的七十六・〇%投票率已經算是非常高了。這一次的投票率更高達八十二・七%，這意味著幾乎所有能夠前往投票的人都投票了。甚至就連許多在海外大學留學的學生，也紛紛返回臺灣投票。這一次的總統選舉，締造了臺灣總統選舉史上最高的投

候選人	陳水扁	宋楚瑜	連戰	許信良	李敖
得票數	4,977,697	4,664,972	2,925,513	79,429	16,782
得票率	39.30%	36.84%	23.10%	0.63%	0.13%

表 3-2　2000 年總統選舉的各候選人得票數及得票率
出處：筆者參照中央選舉委員會資料所製成。

票率，不僅前所未見，未來應該也很難超越。

接下來我們針對選票的整體動向，與一九九六年的第一次選舉比較。**圖3-1**將所有選票分成三個區塊，分別為泛國民黨的得票、民進黨的得票，以及棄權票與無效票。為了方便理解，這裡將民進黨以外的候選人合併納入泛國民黨。選民人數在一九九六年為約一千四百三十一萬人，到了二〇〇〇年成為一千五百四十六萬，人口增加了約一百一十五萬人。投票率也從七十六．〇%增加至八十二．七%，因此有效票數從一千零七十七萬票增加至一千二百六十六萬票，增加了一百九十萬票。

跟九六年大選比起來，可以看出這次民進黨的陳水扁不僅吸收了泛國民黨的選票，而且也得到了上一次的棄權者及新增選民的選票。如此明顯的投票行為變化，可說是相當罕見。國民黨的分裂確實是陳水扁當選的重要理由，但是民進黨得票數的爆發性成長，也是另一個重要因素。我們可以說，臺灣在這次的選舉裡釋放出了非常巨大的能量，足以改變臺灣的政治生態。

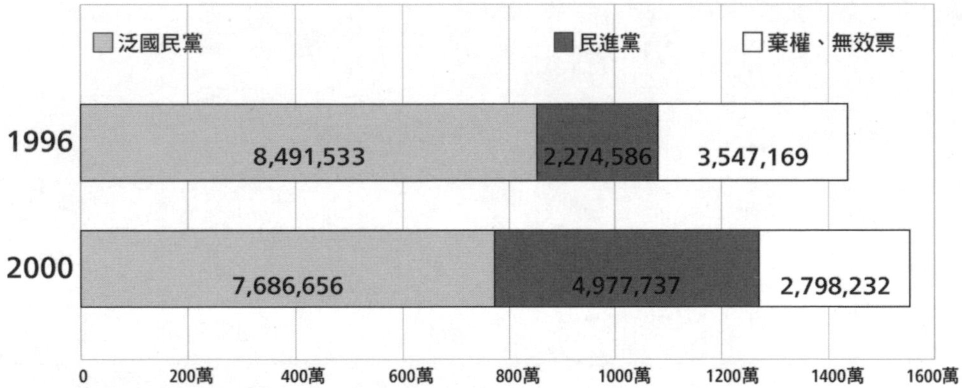

圖 3-1　1996 — 2000 年總統選舉的民進黨得票率變化

出處：筆者參照中央選舉委員會的資料所製成。

各縣市得票率與族群

接著我們從地理條件來分析投票結果。以結構來看，陳水扁在南部諸縣市的得票率較高，中部以北則是宋楚瑜的得票率較高。交通不便且基礎建設落後的東部及離島，以及地震災區，也是宋楚瑜的得票率較高。從族群的觀點來看，在閩南系本省人較多的地區，陳水扁的得票率較高。而外省人、客家人、原住民較多的地區，則是宋楚瑜的得票率較高。

從**表3－3**就可以看出這個傾向，這個表將三名候選人的各縣市得票率依照高低順序排列。宋楚瑜得票率最高的前六個縣市，第一、二名為離島的金門縣及連江縣，第三、四名為原住民較多的花蓮縣及臺東縣，第五、六名為客家人較多的新竹縣及苗栗縣。陳水扁得票率最高的前六個縣市，分別為臺南縣、嘉義縣、高雄縣、宜蘭縣、嘉義市及雲林縣，這些都是閩南系本省人較多的南部縣市。而且從圖表可以看得出來，宋楚瑜得票率最高的前六個縣市，就是陳水扁得票率最低的六個縣市。至於連戰，則從各縣市的得票率上看不出特徵。

這一次的總統選舉，可以看出族群差異對投票行為的影響非常大。這是因為在選戰的過程中，選民的族群意識受到了刺激。許多外省人都對陳水扁抱持強烈的不安，因而把票投給了同樣是外省人的候選人宋楚瑜x。至於閩南系本省人的票，雖然三名候選人都分到了一些，但是拿到最多票的候選人應該是陳水扁。為了確認這一

x 根據盛治仁在選後的調查，外省籍選民之中約有七六・七％投票給宋楚瑜，約有十一・三％投票給陳水扁。參見盛治仁，《臺灣兩千年總統選舉投票行為研究》（臺北：韋伯文化出版，二○○一年），頁15。

宋楚瑜	
金門縣	81.81%
連江縣	73.31%
花蓮縣	58.81%
臺東縣	52.78%
新竹縣	51.58%
苗栗縣	49.64%
基隆市	47.01%
南投縣	46.94%
桃園縣	43.83%
新竹市	42.83%
臺中市	41.37%
臺北縣	40.26%
臺北市	39.79%
澎湖縣	39.55%
臺中縣	38.10%
彰化縣	33.71%
宜蘭縣	33.05%
高雄市	29.78%
嘉義市	29.34%
高雄縣	28.43%
雲林縣	27.70%
臺南市	27.53%
嘉義縣	26.98%
屏東縣	25.48%
臺南縣	21.10%
全臺灣	**36.84%**

連戰	
屏東縣	27.73%
臺南市	25.93%
彰化縣	25.71%
雲林縣	24.78%
臺中縣	24.74%
臺南縣	24.70%
連江縣	24.43%
高雄市	23.97%
高雄縣	23.95%
臺東縣	23.66%
澎湖縣	23.25%
嘉義市	23.24%
嘉義縣	23.06%
新竹市	22.40%
臺北縣	22.37%
苗栗縣	22.20%
桃園縣	22.15%
臺北市	21.90%
基隆市	21.52%
臺中市	21.19%
新竹縣	20.69%
宜蘭縣	19.51%
花蓮縣	19.28%
南投縣	18.15%
金門縣	14.50%
全臺灣	**23.10%**

陳水扁	
臺南縣	53.78%
嘉義縣	49.49%
高雄縣	47.14%
宜蘭縣	47.03%
嘉義市	47.01%
雲林縣	46.99%
屏東縣	46.28%
臺南市	46.06%
高雄市	45.79%
彰化縣	40.05%
臺北市	37.64%
臺中市	36.86%
澎湖縣	36.79%
臺北縣	36.73%
臺中縣	36.51%
南投縣	34.49%
新竹市	33.79%
桃園縣	31.72%
基隆市	30.84%
苗栗縣	26.81%
新竹縣	24.75%
臺東縣	23.20%
花蓮縣	21.42%
金門縣	3.11%
連江縣	1.80%
全臺灣	**39.30%**

表 3-3　2000 年總統選舉 三名候選人的各縣市得票率（從高到低）
出處：筆者參照中央選舉委員會的資料所製成。

點，筆者以之前在第二章的**表２－７**也使用過的方法，列出各縣市的本省人、外省人及原住民的比例，觀察這些比例與宋楚瑜、陳水扁的得票率是否相關。

表３－４為各縣市的陳水扁得票率與本省人比例的比較表。由此計算出數值在負一至正一之間的相關係數。只以二十三個縣市進行計算，排除了金門縣與連江縣。依此表計算出相關係數為〇・五九五，以數值來看，顯然有一定的關聯，但是相關性並不大。接著我們再排除客家人口較高的新竹縣及苗栗縣，只以二十一個縣市進行計算，得到相關係數為〇・七七五，數值上升了一些，顯然相關程度增強了。我們可以說，各縣市的陳水扁得票率與閩南系本省人的比例，有著一定程度的相關性。

接著我們來看分布圖。**圖３－２**為依**表３－４**的數據所繪製的分布圖。客家人口比例較高的新竹縣及苗栗縣，偏離了代表正相關的位置。除了此兩縣之外的二十一個縣市，大致上都位在代表正相關的位置上。比較相關係數及分布圖，可

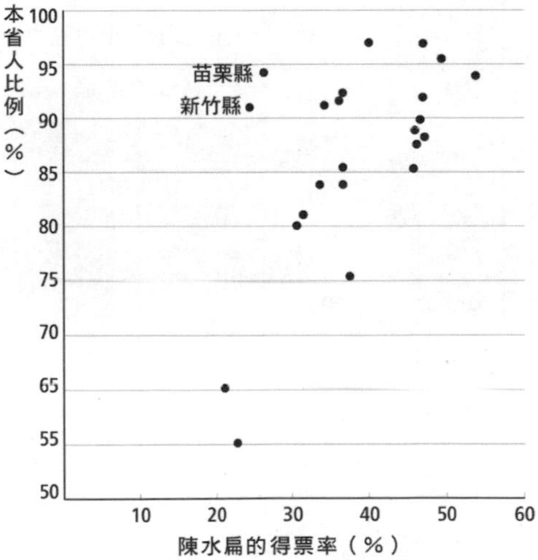

圖 3-2　陳水扁的得票率與本省人比例的分布圖

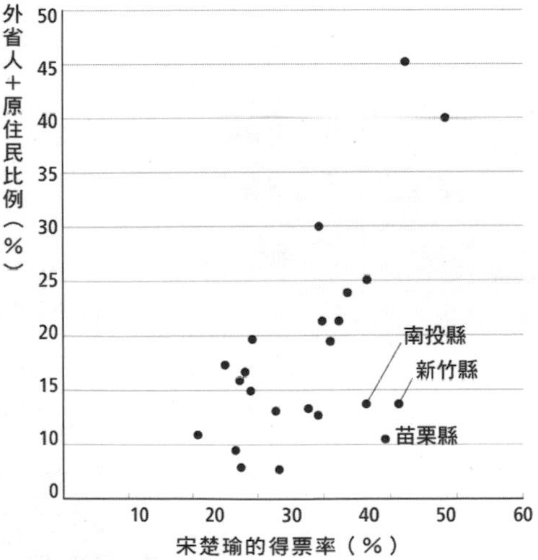

圖 3-3　宋楚瑜的得票率與外省人＋原住民比例的分布圖

圖 3-2、3-3 的出處：筆者參照內政部統計處《中華民國 81 年內政統計提要》及中央選舉委員會的資料所製成。

	得票率	本省人
基隆市	30.84%	77.89%
臺北縣	36.73%	82.13%
臺北市	37.67%	72.57%
桃園縣	37.72%	79.08%
新竹縣	24.75%	90.28%
新竹市	33.79%	82.13%
苗栗縣	26.81%	93.86%
臺中縣	36.51%	90.90%
臺中市	36.86%	84.01%
彰化縣	40.05%	96.99%
南投縣	34.49%	90.44%
雲林縣	46.99%	96.86%
嘉義縣	49.49%	95.22%
嘉義市	47.01%	88.94%
臺南縣	53.78%	93.58%
臺南市	46.06%	87.88%
高雄縣	47.14%	87.11%
高雄市	45.79%	83.81%
屏東縣	46.28%	86.34%
宜蘭縣	47.03%	91.20%
花蓮縣	21.42%	61.18%
臺東縣	23.20%	55.46%
澎湖縣	36.79%	91.61%

表 3-4　陳水扁的得票率和本省人比例

	得票率	外省人
基隆市	47.01%	20.77%
臺北縣	40.26%	17.27%
臺北市	39.79%	27.24%
桃園縣	43.83%	19.35%
新竹縣	51.58%	6.12%
新竹市	42.83%	17.63%
苗栗縣	49.64%	4.80%
臺中縣	38.10%	8.47%
臺中市	41.37%	15.75%
彰化縣	33.71%	2.90%
南投縣	46.94%	5.24%
雲林縣	27.70%	3.10%
嘉義縣	26.98%	4.07%
嘉義市	29.34%	10.91%
臺南縣	21.10%	6.31%
臺南市	27.53%	12.04%
高雄縣	28.43%	11.88%
高雄市	29.78%	15.85%
屏東縣	25.48%	8.33%
宜蘭縣	33.05%	6.50%
花蓮縣	58.81%	16.13%
臺東縣	52.78%	14.12%
澎湖縣	39.55%	8.30%

表 3-5　宋楚瑜的得票率和外省人比例

	得票率	外＋原
基隆市	47.01%	22.10%
臺北縣	40.26%	17.87%
臺北市	39.79%	27.43%
桃園縣	43.83%	20.92%
新竹縣	51.58%	9.72%
新竹市	42.83%	17.86%
苗栗縣	49.64%	6.14%
臺中縣	38.10%	9.09%
臺中市	41.37%	15.99%
彰化縣	33.71%	3.01%
南投縣	46.94%	9.55%
雲林縣	27.70%	3.13%
嘉義縣	26.98%	4.79%
嘉義市	29.34%	11.06%
臺南縣	21.10%	6.42%
臺南市	27.53%	12.12%
高雄縣	28.43%	12.89%
高雄市	29.78%	16.18%
屏東縣	25.48%	13.66%
宜蘭縣	33.05%	8.79%
花蓮縣	58.81%	38.83%
臺東縣	52.78%	44.54%
澎湖縣	39.55%	8.40%

表 3-6　宋楚瑜的得票率和外省人＋原住民比例

表 3-4 ～ 3-6 的出處：筆者參照內政部統計處《中華民國 81 年內政統計提要》及中央選舉委員會的資料所製成。

以看出在閩南系本省人比例較高的縣市，陳水扁的得票率也較高。

接著筆者以各縣市的宋楚瑜得票率與外省人比例製作出**表3－5**，並且計算出相關係數。同樣只以二十三個縣市進行計算，排除了金門縣與連江縣，計算出的相關係數為〇・三二四，可以看出相關程度很薄弱。接著我們同樣排除新竹縣及苗栗縣這兩縣，只以二十一個縣市進行計算，得到相關係數為〇・四八四，依然不算非常高。由此可印證宋楚瑜的支持民眾並非只有外省人而已。

接著我們將外省人比例及原住民比例相加，與宋楚瑜的得票率進行比較，也就是**表3－6**。依此表計算出的相關係數升高為〇・五九三，接著再排除新竹縣及苗栗縣，只以二十一個縣市進行計算，得到的相關係數又升高為〇・七四七。由此可看出各縣市的宋楚瑜得票率與外省人及原住民的合計比例有著一定程度的相關性。

接著我們再以這個表製作出分布圖，也就是**圖3－3**。從圖上可以看出，大部分的縣市都在正相關的位置上，但是新竹縣及苗栗縣位置頗遠，南投縣也稍微偏離了一點。這是因為南投縣為臺灣省政府所在地，許多省政府的職員及相關人士都住在這裡，因此不論哪一個族群，都比較支持宋楚瑜。整體而言，各縣市的宋楚瑜得票率與外省人比例雖然不能說完全沒有關係，但是相關性並不強。如果改用外省人與原住民相加的比例，從相關係數及分布圖可以看得出來，確實與宋楚瑜的得票率有一些關係。至於連戰的得票率，不管是與本省人比例或是與外省人比例，都看不出相關性。

全投票所投票資料之分析

就跟九六年選舉一樣，接著我們來看三名候選人的得票率在全臺灣每個投票所的離散程度。二〇〇〇年的總統選舉，全臺灣共有一萬三千三百零五處投票所。每一投票所的平均選民人數為一千一百六十二人，規模頗為平均。

表3－7為合計全臺一萬三千三百零五處投票所的三候選人得票率，計算出平均得票率及標準差。標準差的數值為宋楚瑜一四・三九、陳水扁一二・八二，兩人的數值都很大，連戰則只有五・六八，相對較小。這表示宋楚瑜、陳水扁的得票率會因投票所的不同而出現很大的差異，連戰的差異則比較小。

我們試著計算連戰在理論上的得票率差異。由於連戰在全投票所的平均得票率為二三・四％，標準差約為五・七，可知連戰的得票率約有六八％介於一七・七％到二九・一％之間（二三・四％±五・七）。藉由這理論上的計算，也可以看出連戰的得票率差異較小，不過還不到九六年陳履安的數值那麼低。

宋楚瑜在全投票所的平均得票率為三六・七％，標準差約為一四・四，可知宋楚瑜的得票率約有六八％介於二二・三％到五一・一％之間（三六・七±一四・四）。藉由這理論上的計算，可看出宋楚瑜的得票率差異很大。宋楚瑜的標準差一四・三九，大於九六年李登輝的標準差一三・四六。陳水扁的標準差數值，跟宋楚瑜差不多。

從標準差的數值可以看出什麼呢？以下將與選戰的經過進行對照分析。筆者在前一節提過，選戰的最後階段發生了棄保現象，許多連戰的選票流向了陳水扁及宋楚瑜。宋楚瑜獲得了外省人、客家人及原住民的支持，這些族群並非廣泛分布在整個臺灣，而是聚集在特定的村里之內。因此宋楚瑜在這些投票所的得票率較高，而在中南部的農村地區較難拿到選票，由此推論，

	宋楚瑜	連戰	陳水扁
平均得票率	36.71%	23.38%	39.17%
標準差	14.39	5.68	12.82

表 3-7　2000 年總統選舉 三名候選人在全部投票所的平均得票率及標準差

出處：筆者參照中央選舉委員會的資料所製成。10

可知宋楚瑜在全臺灣的得票率必定差異極大。

陳水扁則是贏得了閩南系本省人的支持，因此在中南部農村地區的得票率較高，而在外省人、客家人及原住民地區的得票率較低。可想而知陳水扁在全臺灣的得票率的差異必定也很大。這些社區的居民大多有著較強的社群意識，投票往往也是一起行動，這樣的傾向在地方縣市長選舉頗為常見。就一般的觀察結果來看，宋楚瑜及陳水扁的支持結構都是以族群的社區為單位，而標準差數值較大的現象，印證了這個觀察結果。

那麼連戰的情況又是如何呢？一九九六年李登輝的標準差高達一三・五，相較之下這次連戰的標準差卻只有五・七，兩者差距相當大。倘若國民黨是依據其組織進行固票活動，由於組織化的程度不可能全國都一樣，照理來說得票率的差距應該會很大才對。尤其在地方縣市上，國民黨都是仰賴地方派系來凝聚選票，這些地方派系在每個社區的吸票能力都不相同，因此得票率的高低差應該很大。當初的李登輝實際上就是這樣的情況。由此可知連戰陣營雖然在選戰中努力想要動員國民黨的組織，但是到頭來並沒有保住原本屬於自己的選票。

是不是遭到棄保的候選人，得票率的落差就會縮小呢？這似乎是個合理的假設。許多選票從連戰流向宋楚瑜及陳水扁，宋楚瑜拿到的是外省人、客家人及原住民社區的選票，陳水扁拿到的則主要是閩南系本省人的農村社區的選票。類似這樣的社區，都是造成得票率離散程度加大的主因，因此當選票流出，剩下的選票所形成的落差或許就會變得比較小吧。另外，回顧九六年的總統選舉，陳履安的選舉活動僅依賴大眾媒體，因此標準差的數值較小。若從這個方向來思考，連戰的得票率離散程度縮小，或許可以視為組織固票及人脈拉票的力量減弱，仰賴大眾媒體的比重相對增加所造成的結果。不過標準差五・七這個數字雖然不高，但也說不上太低，因此並不適合針對這個部分過度引申。

接著筆者依據全投票所的數據，繪製了三名候選人的得票率曲線（histogram），繼續嘗試以標準差進行補充分析（**圖3－4**）。藉由這個曲線圖，得以在視覺上掌握每個候選人的得票率鬆散程度，以及哪些得票率拿到了多少程度的選票。連戰的曲線較窄（鬆散程度較小），可以看出他在吸收選票的行動上效果不彰，相較之下，宋楚瑜及陳水扁的曲線較寬（鬆散程度較大）。而且若仔細觀察，陳水扁的曲線形狀較接近常態分布，而宋楚瑜的曲線形狀相當獨特，尤其是得票率約六〇%到八〇%之間的曲線，幾乎是水平延伸。

接著筆者想要深入分析各投票所的狀況，從中找出三名候選人的得票率特徵。如果依照三名候選人的得票率，將全部一萬三千三百零五處投票所依照高低順序排列，可以發現相當耐人尋味的傾向。宋楚瑜的得票率最高的是南投縣仁愛鄉親愛村，得票率九一・二%；最低的是臺南縣官田鄉西庄村，得票率二・五%。從第一名到第一百四十名的南投縣仁愛鄉中正村，得票率都超過八〇%。得票率超過八成代表幾乎整個村里都是宋楚瑜的狂熱支持者。

這一百四十個投票所，全都位在原住民居住區、農漁村、眷村及離島。除了都市地區的眷村之外，大多交通不便。可以想像住在這種偏遠地區的人，應該會對宋楚瑜抱持比較大的期待。因為宋楚瑜曾經擔任臺灣省長，建立了

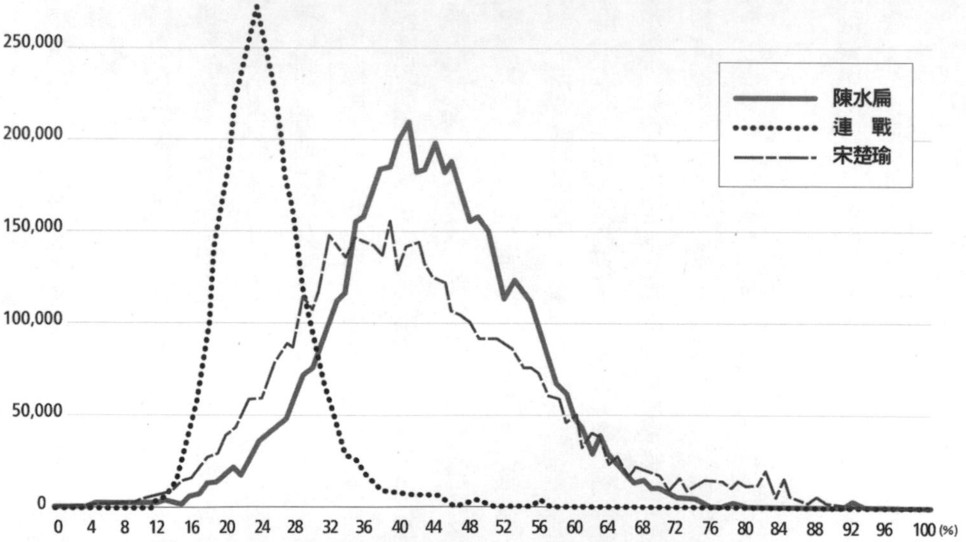

圖 3-4　2000 年總統選舉 三名候選人在全部投票所的各得票率得票數曲線圖（histogram）

出處：筆者參照中央選舉委員會資料所製成。

積極振興地方經濟、推動建設與開發的形象。事實上在九六年的總統選舉中，這些投票所的選票大部分是由李登輝獲得（南投縣內則是林洋港的得票數較多）。由此可看出無黨籍參選的宋楚瑜成功吸收了國民黨基層組織的選票。

另一方面，陳水扁的得票率最高的是臺南縣官田鄉西庄村，得票率九三・八%；第二名則是同縣同鄉的東庄村，得票率九一・一%，這裡是陳水扁的家鄉。第三名之後也大多是臺南縣的投票所，另外也可看到如雲林縣北港鎮扶朝里這種與黨外人士有淵源的地區（第十六名）[xi]。但是第三名的臺南縣麻豆鎮安西里的得票率就只有七九・〇%，已落在八〇%之下。換句話說，陳水扁除了第一、二名的得票率特別高之外，並沒有像宋楚瑜那樣超過八〇%的投票所。就連在七〇%以上的投票所，也只有五十五處。相較之下，宋楚瑜的曲線右側有很長一部分是呈現水平延伸。由此可知，宋楚瑜的得票率差距比陳水扁還要更大。

接著我們來看看低得票率的部分。先看陳水扁，他的得票率未滿一〇%的投票所相當多。第一萬兩千八百七十四名的澎湖縣七美鄉南港村為九・九%，一直到最末尾的金門縣烈嶼鄉上林村的〇%，總共有四百三十五個投票所的得票率在一〇%以下。接著我們看宋楚瑜，他的得票率未滿一〇%的投票所只有五十七處。第一萬三千二百五十一名的臺南縣下營鄉開化村為九・九六%，最末尾的臺南縣官田鄉西庄村為二・五%。

換句話說，陳水扁在高得票率的部分差距並不大，但是在低得票率的部分差距很大，就是這個部分的離散

xi 【編注】扶朝里為蘇東啟故鄉。

程度拉大了標準差的數值。這意味著有很多村里的民眾強烈排斥陳水扁。在說明選戰經過的時候，筆者曾經提到部分外省人、客家人及原住民對陳水扁有著很強的反感及戒心，這個現象從投票所層級的得票率資料中也得到了印證。根據此資料，我們可以說民眾對宋楚瑜的排斥感並不像對陳水扁那麼強。

接著我們來看連戰，他的得票率第一名為花蓮縣玉里鎮泰昌里，得票率八四・一%。但是只有前三名才超過八〇%，第四名就掉到七二・六%，第五名高雄縣燕巢鄉安招村六九・七%。整理下來，連戰的得票率在八〇%以上的只有三處，七〇%至八〇%的只有一處，六〇%至七〇%的只有十處，五〇%至六〇%的也只有十七處。換句話說，連戰獲得高得票率的投票所相當少。接著我們看連戰的低得票率的部分，未滿一〇%的投票所有六十四處，從一萬三千二百四十四名的花蓮縣吉安鄉光華村的九・九五%，到最末尾的臺南縣官田鄉西庄村的三・四四%，共六十四處。這個部分與宋楚瑜並沒有太大的差別。由此可知連戰雖然極少獲得整個村里的強力支持，但也不像陳水扁那樣會引來整個村里的強烈排斥。

以上透過分析所有投票所的投票資料，筆者發現宋楚瑜跟陳水扁都分別在得票率上有著相當耐人尋味的傾向。至於連戰，則沒有什麼明顯的特徵。

棄保效應

二〇〇〇年的總統選舉由於在接近尾聲的時候發生了相當激烈的棄保現象，因此在情勢的掌握上頗有難度。為了進一步探討棄保現象造成的影響，筆者想要介紹一份筆者在選舉過後得到的國民黨內部調查資料。這是國民黨中央的政策研究會所進行的選情調查中，投票日前三天的支持率變化（**表3－8**）。

根據國民黨的內部調查，在投票日的三天前，雖然支持率差距不大，但是第一名為連戰、第二名為陳水扁、第三名為宋楚瑜。到了投票日的兩天前（朱鎔基發言的隔天），第一名依然為連戰，第二名變成宋楚瑜，陳水扁的支持率下降了。

但是到了投票日的前一天，宋楚瑜變成了第一名，陳水扁也反彈回第二名，連戰反而掉到了第三名。到了投票日當天，國民黨在下午又進行了一次電話民調，向完成投票的民眾詢問投給了哪一名候選人。因調查時間（下午兩點至六點）的關係，調查的對象並非所有的投票者，但是調查的結果已與實際的投票結果相近。由此可看出國民黨的內部調查方法頗值得信任。

對照投票結果，可以發現這是一項非常有趣的調查資料，不僅可以觀察到最後三天的民意變化，而且還可以看出民意調查有多少的精準度。根據此調查資料顯示，可以清楚判斷出連戰遭到了棄保的時間點，竟然是投票日的前一天。從十六日到十七日，陳水扁的支持率上升了四・七％，宋楚瑜的支持率上升了一・五％，連戰的支持率則下降了三・六％。這與後述ＴＶＢＳ的棄保民調大致相符。直到這個時候，國民黨才發

	3月15日（3天前）	3月16日（2天前）	3月17日（1天前）	3月18日（當天）
宋楚瑜	26.70%	27.65%	29.17%	31.50%
連戰	27.65%	28.25%	24.68%	21.20%
李敖	1.30%	1.80%	1.07%	0.80%
許信良	1.75%	2.25%	1.63%	1.25%
陳水扁	26.85%	23.10%	27.79%	31.10%
未決定（不回答）	15.75%	16.95%	15.66%	14.15%
樣本數量	**2,000**	**2,000**	**1,961**	**2,000**

表 3-8　國民黨的選舉民意調查（投票 3 天前到投票日當天為止）

3月18日（投票日當天）的調查，是以電話方式詢問當天已經投完票的人。

出處：筆者參照國民黨的資料所製成。

現連戰遭到了棄保，選票正在外流，但為時已晚了。

在投票之前，國民黨一直根據這項民調對外宣稱「連戰是第一名」，沒想到投票結果卻是第三名，而且票數輸了非常多。因為這個緣故，國民黨在選後遭到批評，許多人說「國民黨故意放出假消息」。然而事實上這項內部民調連李登輝總統都會接到報告，國民黨的競選策略都是根據這些資料來決定的，內部並沒有揑造數據。

國民黨這項民意調查所引發的風波，讓我們看出了在臺灣的總統選舉上關於民意調查的兩大問題。第一，想要以民調來觀察出棄保的動向，並不是容易的事，而且就算觀察到了，也很可能來不及挽回。跟有著明確投票目標的人比起來，投棄保票的人往往直到最後一刻都還猶豫不決。在還沒有明確決定要投棄保票的階段，就算被問要投給誰，也說不出答案。因此沒有辦法靠電話民調發現民眾的棄保動向，也是理所當然的事情。

第二，「未決定」的票會流向哪個候選人難以推測。雖說回答「未決定」的人在初期比較多，到了後期就會漸漸減少，但就算是投票日三天前的民調，還是有一五％至一六％的人回答「未決定」。這些人的票流向不同的候選人，造成的結果當然也會截然不同。國民黨內部認為「未決定」的票之中，最後投給連戰的票會佔多數[xii]。但是從前一節的選情分析可以看得出來，這是錯誤的推論。

在二〇〇〇年總統選舉的這個時期，雖然臺灣已經實現了民主化，但是過去受國民黨統治的後遺症還沒有完全消失，有一些人並不願意公開承認支持民進黨。但是在陳水扁的競選活動現場，最後一星期出現了狂熱支持者爆發性增加的現象。要精準推測「未決定」的選票流向，就必須排除先入為主的想法，要採納競選活動的現場觀察。這可說是民意調查的陷阱。掌握選民心中的迷惘極為困難，眼中只看到明確表達想法的支持率是相當危險的事。

TVBS在投票結束後不久，做了一項關於決定投票對象的時期及棄保行為的民意調查（樣本數一千一百二十四人），以下將根據此民調結果，進一步探討此次選舉中發生的棄保行為（**表3-9**）。

在「決定投票對象的時間點」這個問題中，回答「投票當日」為七％，回答「投票的兩、三天前」為一〇％，回答「投票的一星期前」為七％，回答「投票的一個月前」為一四％，回答「投票的半年前」為六〇％，回答「不知道／拒絕回答」為二％。加以合併整理之後，可以得出有七四％的人在投票的前一個月已決定要投給誰，而有二四％的人在最後一個月（包含投票當天）才決定要投給誰。換句話說，有四分之三的選民很早就決定了自己的投票對象，不會受選戰末期的種種特殊狀況影響，但也有四分之一的選民是直到選戰末期才看狀況決定。

在三名候選人各自擁有基礎票的選戰中，四分之一的選民直到最後一個月才決定投票對象，正印證了「直到最後一刻都難以預測結果」的選前情勢分析。其中「投票的兩、三天前」跟「投票當日」加起來有一七％，這一七％的選民之中，應該有一些人是在聽

決定投票對象的時間點	比例
投票當日	7%
投票的兩、三天前	10%
投票的一星期前	7%
投票的一個月前	14%
投票的半年前	60%
不知道／拒絕回答	2%

表 3-9　決定投票對象的時間點調查結果

出處：筆者參照 2000 年 3 月 19 日的 TVBS 民調所製成。

xii　當時身為連戰競選總部發言人的朱立倫（當時是立法委員）在投票十天前告訴筆者，根據民意調查，「未決定」有二十％，黨內認為應該是連戰十％、陳水扁七％、宋楚瑜三％（對朱立倫委員的訪談，二〇〇〇年三月九日）。朱立倫同時並告知了筆者加入「未決定」選票之後的預測得票率，為連戰三十七％、陳水扁三十四％、宋楚瑜二十七％、許信良一％、李敖一％。國民黨內部的樂觀看法，正是以此為依據。

了中國國務院總理朱鎔基的發言之後才改變了投票對象。

接著我們來看關於棄保行為的調查結果（**表3-10**）。在TVBS的民調中，有一題是：「有人說這次的總統選舉有所謂的棄保效應，請問您這次的投票有沒有棄誰保誰？」民眾回答之中，回答「棄連保陳」佔了四％，回答「棄連保宋」佔了五％，回答「棄宋保陳」佔了一％，回答「棄宋保連」佔了一％，回答「棄陳保連或保宋」佔了一％，回答「沒有棄保，投給原本支持的候選人」佔了八五％，「不知道／拒絕回答」則佔了三％。

整理合併之後，可知採取了棄保行為的選民合計為一二％。由於回答「棄陳保連或宋」的比例為一％，為了方便進行分析，筆者將這個部分切割為「棄陳保連」〇・五％、「棄陳保宋」〇・五％。具體的選票流動可藉以下方式計算求得。

- **流向陳水扁的選票為加四、加一、減一，合計增加四個百分點。**
- **流向宋楚瑜的選票為加五、減一、減一、加〇・五，合計增加三・五個百分點。**
- **流向連戰的選票為減四、減五、加一、加〇・五，合計減少七・五個百分點。**

您這次的投票有沒有棄誰保誰？	比率
棄連保陳	4%
棄連保宋	5%
棄宋保陳	1%
棄宋保連	1%
棄陳保連或保宋	1%
沒有棄保，投給原先支持的候選人	85%
不知道／拒絕回答	3%

表 3-10　關於棄保行為的調查結果

出處：筆者參照 2000 年 3 月 19 日的 TVBS 民調所製成。

以此選票流動比例對投票結果進行調整，可以推測出發生棄保前的得票率為陳水扁三五・三％、宋楚瑜三三・三％、連戰三〇・六％。這與投票前臺灣各大報紙皆報導「三名候選人旗鼓相當」的狀況大致相符。連戰原本的得票率可能是三〇・六％，但因為棄保效應的關係，跌到了二三・一％，由此可見選票的移動量是非常大的。但有另一點必須注意，那就是即使是在發生棄保之前，陳水扁的得票率依然居冠，而宋楚瑜以相當小的差距屈居第二。這份民調驗證了「無論如何不能讓某候選人當選的強烈排他意識，會誘發大規模的棄保效應」的觀察結果。

總結

投票的行為，會受到各種想法及心態所影響。例如對「國家認同問題」的想法、族群意識、對候選人的偏好、對改革的期待、家人或朋友的支持傾向，以及中國的施壓等等，每個人都是在考量了種種因素之後才會投下自己的一票。這次大選最後一刻就在一陣陳水扁風潮的帶動下，實現了臺灣第一次透過選舉達成的政權輪替。

一九九六年的總統選舉，候選人包含了將實現民主化之後的臺灣政治慢慢推向溫和臺灣化方向的李登輝、追求更激進臺灣化的民進黨參選人彭明敏，以及對於臺灣化站在批判立場的無黨籍參選人林洋港、陳履安。李登輝成功擊敗其他候選人，掌握臺灣政治的中央位置，建立起鞏固的政權基礎。李登輝不僅在國家認同問題及族群意識的問題上捏塑出了廣大的中間地帶，而且還掌握了大部分的地方派系勢力。李登輝嘗試讓連戰繼承這個路線和結構，然而連戰卻走錯了路。

為了搶攻這塊中間地帶（「臺灣認同」的支持群眾），陳水扁主打新中間路線及族群融合，宋楚瑜則主打臺灣優先及族群融合。兩人都使出了相當高明的戰術，在喊出這些口號的同時也不忘了鞏固原本的基礎選票。大體上來說，陳水扁的基礎票來自於希望臺灣的未來朝著獨立的方向發展的民眾，以及族群意識比較強烈的閩南系本省人。至於宋楚瑜，基礎票則來自於中華民國意識比較強烈的民眾，以及外省人、客家人、原住民。從地理的角度來看，陳水扁的據點主要在南部，而宋楚瑜的據點主要在北部、中部。

陳水扁及宋楚瑜都是像這樣一邊鞏固自己的基礎票，一邊吸收李登輝所促成的中間路線者。他們同樣批判國民黨的黑金問題，而且同樣成功拉攏了一些在國民黨的體制之下逐漸走進死巷的地方派系。不僅如此，在展現候選人魅力這一點上，兩人在選戰上的表現也都是連戰所遠遠不及的。

一直到選戰的中期為止，陳水扁都是以改革為主要訴求。但是到了最後階段，卻是靠著對國家認同問題的立場及族群意識來帶動選情。宋楚瑜剛開始的時候也是以改革訴求成功居於領先地位，但後來強調的同樣是反臺獨、中華民國意識及族群意識。

國民黨的分裂，是陳水扁獲勝的主因。但不能否認陳水扁靠著強調臺灣認同，確實拿到了不少閩南系本省人的選票。陳水扁成功開拓票源，為民進黨的躍進打下了基礎，也是重要的成功因素之一。同時，我們也不能忽略是宋楚瑜對國民黨沉痾的徹底批判，才創造出了終結國民黨政權的契機，這絕對不是陳水扁或民進黨能夠獨力實現的。

在二〇〇〇年總統選舉的當下，臺灣實現民主化只經過了大約十年的時間，總統選舉也還只是第二次。但是臺灣的民眾已經清楚地意識到，所謂的總統選舉，就是靠自己的選票選出國家的領導人，這可說是形成臺灣認同的重要環節之一。後民主化的政治結構，政權的接班人並不是靠領導人的一句話，或是派系領袖的私下遊說就可以決定。當臺灣的選民對政治感到不滿的時候，採取的反應不是放棄或漠不關心，而是「換黨做做看、換人做做看」，這種乾脆爽快的風格，成為臺灣政治的運動定律。二〇〇〇年總統選舉所實現的政黨輪替，不僅證明了李登輝推動民主化有成，同時也證明了中華民國已經以其本質轉變本土化了。

第四章

二〇〇四年選舉

——藍綠兩大陣營的對決

二〇〇四年的選舉，是實施總統直選制度之後的第三屆選舉。第二屆的選舉就達成政黨輪替，讓建黨十四年的民進黨成為執政黨，但是泛國民黨依然在立法院內掌握過半的席次，因此只能算是一場並不完全的政黨輪替。總統候選人在第一屆（一九九六年）有四名，第二屆（二〇〇〇年）實質上為三名，到了第三屆（二〇〇四年）只剩下兩名。這場選舉的焦點，在於陳水扁能否成功連任。

投開票日為二〇〇四年三月二十日，現任總統陳水扁以僅僅〇・二二九％的差距擊敗在野黨聯合支持的連戰，達成連任。光從選票的差距就可以看得出來執政、在野雙方陣營的實力可說是旗鼓相當，一直到最後一刻都沒有人能預測到底誰輸誰贏。綠營與藍營展開激烈的攻防戰，動員的規模也達到前所未見的程度。投票日的前一天，甚至還發生了槍擊事件，使得投開票的過程充滿了緊張感。整個社會的紛紛擾擾即使在投票結果出爐之後也沒有馬上平息，充分突顯臺灣社會內部的嚴重對立情結。

政治結構的變化

陳水扁政府的動向

陳水扁在二〇〇〇年三月當選總統之後，旋即任命李登輝時代的國防部長唐飛為行政院長。唐飛同時具有軍人、外省人及國民黨員這三重身分，任命他擔任行政院長實在是相當高明的策略，不僅可以讓原本就因敗選而陷入混亂的國民黨處境更加尷尬，而且還可以緩和族群之間因選舉而遭到放大的對立情結，同時確保對民進黨心存猜疑的軍方能夠確實服從。陳水扁拜訪了過去曾是政敵的外省籍代表人物如郝柏村（前行政院長）、趙少康（前立法委員）等人，致力於追求族群融合，並且喊出了「全民政府」的口號，企圖藉此克服國民黨依然在立法院擁有過半席次的矛盾現象。這些舉動讓陳水扁一度獲得了極高的滿意度。

民進黨在一九九九年的《臺灣前途決議文》中，便已宣布他們認同臺灣是一個名為中華民國的主權獨立國家。陳水扁上臺之後，依然維持著中華民國這個國號，並沒有加以變更。民進黨靠著名為新中間路線的立場，從一個反體制的組織搖身一變，成為中華民國體制內的執政黨。陳水扁政府刻意追求一個扎根在臺灣這塊土地上的中華民國。包含國慶日（建國紀念日）在內的種種國家慶典減少了大中國傳承體制的色彩，增加了臺灣特色的呈現。

這個路線一方面讓臺灣認同意識更加鞏固，一方面也拓展了民進黨的基本盤。有些原本忠於中華民國體制並且對民進黨抱持戒心的民眾，也成了陳水扁政府的支持者。但是另一方面，一些原本站在中國民族主義立場的人，卻為此而對民進黨產生了更強烈的不安，他們認為陳水扁政府這樣的做法，只是利用了中華民國這層外殼，來掩飾政策的本質。

在兩岸政策方面，陳水扁在上任後採取的是對中國較為友善的做法。民進黨與國民黨有一點不同，那就是民進黨不曾與中國共產黨交戰過。中國與臺灣是「遠親近鄰」的關係（副總統呂秀蓮的發言），本來就不是敵人。不管是過去的「黨外人士」，還是後來的民進黨，目標都是打倒統治臺灣的中國國民黨。他們熬了那麼長的歲月，如今終於達成目標，如果因挑釁中國而冒上喪失政權的風險，那就太不值得了。

在二〇〇〇年的總統大選中支持陳水扁的企業家們，抱持的立場都是希望積極擴大與中國的交流。民進黨排斥中國，只是因為中國不承認臺灣的主體性，且持續以武力威脅臺灣。因此民進黨之中也有些人期待如果中國的立場能夠轉變為「陽光政策」，將不排除與中國進行經濟合作及擴大社會交流的雙邊互惠協商。然而中國依然維持一貫嚴厲的「北風政策」。江澤民對於「一個中國」原則絲毫沒有做出妥協，反而加強了對陳水扁政府的施壓。陳水扁政府以保護臺灣安全為優先，在兩岸交流上逐漸轉變得消極。

在野黨陣營的勢力重整

國民黨雖然在總統選舉中落敗，但依然能夠靠著立法院內的席次優勢對政局發揮影響力。即便總統大選實現了首次政黨輪替是事實，但臺灣的政治屬於「半總統制」，如果無法在議會上取得過半的議席，政權的運作勢必會陷入瓶頸。另外，國民黨面臨了重大危機，決定回歸中國民族主義的DNA。由連戰所統率的國民黨放棄了李登輝路線，走向團結在野黨的力量，為臺灣的政治結構帶來了巨大的變化。國民黨逐漸重新振作起來，徹底反抗陳水扁政府，而且開始掌握主導權，慢慢將陳水扁逼上困境。

曾經在二〇〇〇年的總統大選掀起一陣旋風的宋楚瑜，在選後成立了親民黨。宋楚瑜的聲勢，主要來自清新形象及強調「臺灣優先」的立場，但他所組成的親民黨卻在意識形態上偏向明顯的中華民國意識，與一九九〇年代的新黨頗有共通之處。失去政權後依然掌握龐大組織票及黨產的國民黨，以及同時強調「臺灣優先」及中華民國意識的親民黨，再加上中國民族主義色彩濃厚的新黨，三個在野黨組成了反抗陳水扁政府的共同陣營。由於國民黨的象徵色為藍色，因此這個陣營就被稱作藍色陣營（藍營）。

另一方面，前總統李登輝在遭國民黨開除黨籍之後，一改擔任總統期間的立場，組成了具有強烈臺灣民族主義色彩的臺灣團結聯盟（臺聯）。臺聯雖然與民進黨之間沒有締結政策協定，但支持陳水扁政府的立場相當明顯，因此民進黨與臺聯也形成了一個執政黨陣營。由於民進黨的象徵色為綠色，因此這個陣營就被稱作綠色陣營（綠營）。臺灣的政局結構，就這樣重整為臺灣意識較強的綠色陣營，以及中華民國意識較強的藍色陣營。

二〇〇一年的立法委員選舉，兩陣營首次正面交鋒。二〇〇〇年的總統大選中發生過的現象，再度出現在這一次的立委選舉中。一九九八年立委選舉時形成的國民黨中間地帶選票，分別流向民進黨與親民黨，讓政壇的局勢更加明確地趨向兩大陣營的勢力重整[1]。在這個兩大陣營對決的局勢之下，中間派的聲音受到了壓縮，中間地帶變得越來越狹小。到了二〇〇四年的總統大選，完全沒有出現任何一名以中間地帶作為基本盤的候選人，徹底形成了壁壘分明的藍綠對決局面。

選戰過程

初期：連宋配佔優勢

二〇〇三年二月，原本處於敵對關係的國民黨主席連戰及親民黨主席宋楚瑜宣布將搭檔競選總統及副總統，也就是所謂的「連宋配」。在二〇〇〇年總統選舉中落敗的第二名及第三名竟然會聯手出擊，企圖創造選票優勢，實在是頗為出人意料之外的變化。根據評估，二〇〇三年初期的雙方勢力比例約為綠營四五%、藍營五五%[i]。藍營雖然較佔優勢，但是想要打贏選戰，前提是只能有一組候選人，不能有人出來搶票。民進黨方面，則毫無疑問是支持陳水扁競選連任。於是在這第三次的總統選舉裡，首次出現了一對一的狀況（**表4－1**）。在野黨靠著共同推舉單一候選人的全新做法，成功讓連戰的支持率大幅領先陳水扁，一如預期獲得了選票上的優勢[ii]。

i 筆者根據二〇〇一年縣市長選舉及二〇〇二年北高市長選舉資料進行試算，差距並沒有那麼大。綠營為四六・八%，藍營為五二・三%，無黨籍〇・九%，藍營只贏了五・五個百分點。小笠原欣幸「二〇〇四總統選舉前瞻」（小笠原網站）二〇〇三年二月十四日（http://www.tufs.ac.jp/ts/personal/ogasawara/prospects2004.html，二〇一九年六月三十日連結）。

ii 「連宋配」剛宣布後不久，根據《中國時報》的民意調查，連戰、宋楚瑜的支持率為三十七%，陳水扁、呂秀蓮的支持率為二十四%（〈本報最新民調：連宋配支持度壓扁呂〉，《中國時報》，二〇〇三年二月十五日）。若依據TVBS的調查，雙方差距更大，連戰、宋楚瑜的支持率為五十%，陳水扁、呂秀蓮的支持率為三十二%（TVBS民意調查，二〇〇三年二月十七日）。

在連宋配的壓力之下，基礎票趨於劣勢的陳水扁陣營可說是選得極為艱辛。如果沒有辦法吸收在野黨陣營的選票，就不可能當選。因此這場選戰的焦點，就在於陳水扁有沒有辦法急起直追。原本陳水扁陣營所規劃的連任策略，是以執政之後的政績作為宣傳的主軸，但由於經濟不景氣及改革速度不夠快，反而遭在野黨陣營大力抨擊政府無作為，陳水扁陣營只能採取守勢而無力反擊[2]。二〇〇〇年總統選舉時，陳水扁陣營高呼夢想及希望，如今與現實的落差，令民眾大失所望。在這樣的狀況下，陳水扁陣營如果只是強調政績，連任的機會恐怕相當渺茫。

陳水扁陣營於是試圖利用「走透透」的密集拜票方式來挽回頹勢。這種做法有別於利用大眾媒體力推的華麗競選方式，而是利用執政黨優勢一步一腳印地走遍每個鄉鎮，在過去排斥陳水扁或民進黨的地區踏踏實實地尋求支持[3]。這是由陳水扁競選總部的邱義仁（總統府祕書長）所主導的策略，特別是在桃園、新竹、苗栗這些客家地區，以及雲林、彰化、臺中這些地方派系勢力較強的地區，由陳水扁一次又一次親自走訪，會晤那些過去不和民進黨往來的地方派系領袖及具影響力的地方人士，就地方建設的規劃交換意見。

國民黨統治結構中的侍從主義體制向來是民進黨大力批判的對象，但如今陳水扁陷入背水一戰的局面，反而想要利用相同的手段來快速擴張自己的聲勢。例如陳水扁在二〇〇三年四月曾經走訪雲林縣，在一場聚集了當地重要人士的集會上，陳水扁坦率地講「上次投給我的票，我一定會有所回報」這種話[iii]。這樣的做法，等

總統候選人	陳水扁	連戰
副總統候選人	呂秀蓮	宋楚瑜
推薦政黨	民進黨	國民黨
年齡	53 歲	67 歲

表 4-1　2004 年總統選舉候選人

年齡以投票日為基準。

出處：筆者參照中央選舉委員會的資料所製成。

於是將國民黨統治時代的策略原封不動地搬了過來。

但是陳水扁的支持率並沒有因此而上升。面對藍營的銅牆鐵壁，陳水扁幾乎是無能為力。因此陳水扁逐漸不再只守著低調務實的執政黨選戰策略，開始轉為以臺灣認同為主要的宣傳軸心，而且其內容與臺灣民族主義幾乎只是一線之隔。

二〇〇三年爆發的SARS危機，對陳水扁而言是千載難逢的轉機。主因就在於SARS是從中國蔓延至臺灣，再加上中國當局刻意隱匿相關病情資訊，導致臺灣民眾的反中情緒瞬間高漲。臺灣因中國的施壓而無法參加WHO（世界衛生組織）一事，也隨著這件事而引發了熱議。陳水扁見機不可失，在批判中國的同時也批評在野黨，並且不斷利用「愛不愛臺灣」之類非黑即白的議題，吸引選民的關心。

以臺灣認同為訴求的宣傳手法，在兩陣營競爭激烈的雲林縣這種農業縣也發揮了效果。雲林縣民過去最關心的問題向來是農業問題，但陳水扁政府在農業上的政績一直不盡理想。經濟的不景氣，對產業基礎較薄弱的農村所造成的影響往往更為明顯，而且參加WTO導致農產品價格下滑，也直接衝擊了農民的生活。二〇〇二年的農會信用部改革政策，陳水扁政府急著想要解決不良債權問題，卻引發農民不滿。農民擔心地方上的農會信用部會消失，有些人因而對陳水扁政府感到失望iv。而且雲林縣的地方派系全都親國民黨，陳水扁曾試圖籠

iii 針對這次的集會，報紙作了以下這樣的報導：「兩千年總統大選時，雲林縣鄉親是如何用選票支持他，他知道飲水思源的道理，一直思考要如何回報雲林縣鄉親。」（〈大選提前邁步　扁雲林行　馬不停蹄〉，《聯合報》，二〇〇三年四月六日）。

iv 雲林縣東勢鄉為縣內典型的農業村落，筆者曾經實地訪查，在立場上最貼近農民生活的鄉長黃德鴻（國民黨）在筆者面前痛批陳水扁政府毫無作為（東勢鄉鄉長訪談，二〇〇三年九月二十六日）。關於農會信用部的改革，可參見佐藤幸人，〈金融改革─從兩個挫折看陳水扁政府的問題點〉，佐藤幸人・竹內孝之編著，《陳水扁連任─臺灣總統選舉與第二次扁政府的課題》，亞洲經濟研究所，二〇〇四年。

絡雲林縣長張榮味，但遭到拒絕。在張榮味的號令之下，各派系的幹部都使盡渾身解數為連戰鞏固票源[v]。

然而「本土意識[vi]」的增長，改變了雲林縣對陳水扁徹底不利的局面。陳水扁為了刺激雲林縣民的「本土意識」，曾經數次造訪雲林縣的各鄉鎮，以座談會的方式反覆向縣民強調自己有多麼愛臺灣，多麼關心臺灣的將來。陳水扁陣營採用這樣的戰術，是為了與重視兩岸關係的在野黨陣營互別苗頭。此外，雲林縣的民進黨部還不斷告訴農民，如果兩岸實現三通，中國的廉價農產品會大量湧入臺灣，令雲林縣的農業遭受致命性的打擊[vii]。針對這個說法，積極推動兩岸交流的在野黨陣營並沒有辦法提出有效的反駁。過去任由地方派系統率指揮的雲林縣農民，在這股「本土意識」的刺激之下，開始不遵守派系幹部的指示，偷偷向陳水扁靠攏[viii]。

另一方面，陳水扁也努力想要拿到客家人的選票。就任總統之後，陳水扁實現承諾，在行政院底下設置了客家委員會（類似日本政府機關中的省廳，只是規模較小），同時開設客家電視臺，致力於客家話教育及推廣客家文化活動。但北部的客家人依然傾向支持國民黨，顯然要消除他們心中對民進黨的不信任感並沒有那麼容易。

客家的雜誌上，經常可以看見對於「將閩南話稱為臺灣話」的抱怨。閩南系的本省人喜歡把在臺灣所使用的語言區分為北京話、臺灣話、客家話及原住民語，但是在客家人眼裡，這等於是只認定閩南話為臺灣話，是相當霸道、不公平的分類法[4]。同樣的道理，許多客家人不喜歡聽見閩南系本省人以「臺灣人」自居。在這種客家意識較強的客家人眼中，民進黨只是一個靠著閩南系本省人的族群意識來博取支持的政黨。因此客家人對陳水扁的支持票增加率，只與平均水準相當。話雖如此，還是有一部分的客家地區因為期待陳水扁所強調的地方建設，而提升了支持率。例如桃園縣新屋鄉雖然客家人口較多，但是對陳水扁的支持度大幅提升。相較之下，同屬桃園縣且客家人口同樣多的楊梅鎮，對陳水扁的支持度提升只是一般的平均水準。

陳水扁還想要吸收原住民的選票，但同樣沒有成功。二〇〇〇年總統選舉時，陳水扁非常積極地提出原住民政策，包含公開承認原住民的「自然主權」，以及承諾推動「原住民自治」。二〇〇二年的時候，甚至還準備了《原住民自治法草案》，裡頭包含了「自治區議會」及「自治區政府」的相關規定。

即便如此，原住民的各民族對於民進黨及陳水扁的支持票卻沒有增加。理由就在於原住民感受不到生活環境上的變化。首先，臺灣的經濟不景氣對原住民的生活造成了巨大衝擊。原住民的失業率，是臺灣整體失業率的三倍。原住民孩童的教育環境，也沒有明顯的改善。再者，漢族不分本省人還是外省人，對於原住民政策的關心度普遍都不高，因此政府只是準備了草案的程度，沒有辦法讓原住民感受到「誠意」5。

如上所述，陳水扁雖然盡力推動族群融合及尊重四大族群，但除了閩南系本省人以外的族群卻不見明顯的支持度上升，這讓陳水扁陷入了理念與現實的矛盾之中。在理念上，陳水扁的競選策略是強調族群融合，堅持跨族群立場，設法提升所有族群的支持度。但是若從現實層面評估，陳水扁勢必得專注於增加閩南系本省人的選票。雖然在競選時故意挑動閩南系的族群意識會引來其他族群的反感，但若不談族群意識，競選的能量無法提升。

v 雲林縣的各個親國民黨地方派系經常處於對立的狀態，但是在「沒有讓連戰在二〇〇四年選上總統，派系就沒有未來」這一點上，各派系之間有著共同的危機意識。國民黨雲林縣黨部的高階幹部告訴筆者：「這是雲林縣地方派系有史以來最團結的一次。」（國民黨雲林縣黨部黃明徹訪談，二〇〇四年二月四日）。

vi 雲林縣人通常使用「本土意識」這種說法，而不說「臺灣意識」。但「本土意識」這個詞的涵蓋範圍較廣，除了代表對臺灣的感情及對中國的排斥之外，還帶有強調本省籍意識及表達對臺北市等北部人的不滿等意思。不過其核心部分的概念與臺灣意識、臺灣認同是相同的。

vii 民進黨雲林縣競選總部鄭朝正的訪談，二〇〇四年二月四日。鄭朝正為文宣部主任，負責製作專屬於雲林縣內的競選文宣。

viii 雲林縣連宋競選總部總幹事黃逢時的訪談，二〇〇四年三月二十三日。黃逢時是張榮味縣長的盟友（雲林縣政府首席顧問），也是縣內競選策略的實質負責人。黃逢時提到連戰在雲林縣大敗的理由，指出了本土意識的擴張超過預期、派系的約束力降低、農業方面的宣傳戰失利、民進黨掌握了符合農民生活習慣的媒體（縣內的農民在從事農務時，以及在寢室準備就寢時，都有聽收音機的習慣，而民進黨擅長以收音機進行宣傳）等等理由。

中期：陳水扁迎頭趕上

陳水扁在競選活動中為了拉抬己方陣營的聲勢，還提議要在總統選舉的投票日順帶舉行公民投票。初期設定的公投議題，是「是否加入WHO」及「是否繼續興建核四廠」。針對核四廠問題舉行公投，是民進黨當初的競選承諾，但從各種民調來看，要靠公投獲得過半數支持停建核四廠並不是容易的事。另一方面，自從經歷了SARS危機之後，民眾都深深感受到臺灣被排除在國際社會之外的困境，因此在是否加入WHO的議題上，多數民眾是傾向支持的。陳水扁故意同時拋出這兩個公投議題，企圖中和對己方不利的要素，同時不斷以「為什麼要否定主權獨立國家的正當行為」來質問對公投感到不安的在野黨陣營。舉行公民投票，意味著臺灣是一個主權獨立國家。從民眾對公民投票的支持，可以看出臺灣認同意識正在持續高漲。

連戰、宋楚瑜陣營就像是國民黨與親民黨的雜牌軍，因此並沒有統一的選舉策略，對於要如何回應陳水扁所提出的公民投票，立場也是反覆不定，就這樣逐漸掉進擅長打選戰的陳水扁所設下的陷阱之中。接著陳水扁又推動刪減立院席次的國會改革，提升自己的改革形象。另外對於立場轉向臺灣民族主義的前總統李登輝所呼籲的臺灣正名運動（將中華字樣改為臺灣），陳水扁也表達支持態度，並且進一步主張制訂新憲法。

陳水扁就這樣不斷拋出重大議題，擾亂連戰陣營。原本雙方支持率差距將近二十個百分點，在這過程中差距逐漸縮小至個位數。除此之外，陳水扁陣營還以宋楚瑜過去的興票案、國民黨的黨產問題及連戰的家族資產問題等種種周邊議題向連戰陣營頻頻出招，打擊對手聲勢。當時就連立場偏藍的《聯合報》及《中國時報》社論，也抱怨連戰陣營應付問題的能力太弱。

剛開始，國民黨與親民黨對於公民投票都站在反對的立場。因為不論議題為何，一旦舉行了公民投票，就像是開了先例，下一次就能順理成章地舉行以臺灣獨立為議題的公民投票。然而針對實務性議題舉行公民投票，民眾大多表示肯定，國親陣營見民意如此，也只能轉變方針。不過如果要讓公民投票具備法源依據，就必須制訂《公民投票法》，這讓在立法院佔有席次優勢的在野黨有了反擊的機會。二〇〇三年十一月二十七日，立法院通過的《公民投票法》並非行政院提出的版本，而是在野黨的版本，其內容讓陳水扁配合總統大選舉辦公投的行動大受限制。

陳水扁陣營雖然在立法院中挫敗，但沒有放棄，他宣布將行使《公民投票法》中第十七條所規定的「防禦性公投」，為了維護國家主權及保障人民安全而舉行公民投票。然而這個舉動有擴大解釋法條的嫌疑，因此備受爭議。從各篇新聞報導來看，這似乎是陳水扁獨斷做出的決定。陳水扁明白如果公民投票遭封殺，一定會導致己方陣營士氣受挫，因此為了維持聲勢，一定要發動新的攻勢。「造勢」正是在臺灣選戰中獲勝的不二法門。民進黨內部雖然有人提出了比較保守謹慎的建議，但是陣營內每個人都知道造勢的重要性，因此最後還是遵從了陳水扁的決定。

陳水扁繼續擴大利用公民投票造勢的戰術，在接受《紐約時報》專訪時，他明白表示公投是為了要求中國承諾不對臺動武及撤去對準臺灣的飛彈[6]。對於陳水扁的發言，美國政府迅速做出了回應。十二月九日，美國布希總統告訴當時正在進行訪美行程的中國國務院總理溫家寶：「我們反對中國或臺灣單方面改變現狀。」

陳水扁為了繼續炒熱這個議題，接著又在發言中提及有可能會取消當初就任時所承諾的「四不政策」（不會宣布獨立，不會更改國號，不會推動「兩國論」入憲，不會推動統獨議題公投）[7]。當時就連日本政府也因為憂心兩岸的緊張關係持續升溫，而做了一件過去不曾做過的事。十二月二十九日，日本政府透過交流協會向沒有邦交的陳水扁政府建議「希望慎重處理公投事宜」[8]。

陳水扁原本想派出訪美團向美國表達立場，但因美國不同意而作罷。雖然陳水扁曾經在二〇〇三年十月成功非正式形式訪美，但接下來的一連串外交事件，都不禁讓人懷疑陳水扁政府的外交能力。臺美關係惡化，讓陳水扁的處境越來越艱困。國家安全會議祕書長康寧祥高呼「全民應一起幫總統『脫困』」，也是前所未見的特例[9]。這種種事態都顯示出陳水扁政府在設定公投議題時只考量國內政治局勢，沒有評估美國的可能反應。

陳水扁陣營推動公民投票原本是為了取得選戰優勢，但問題持續發酵，很有可能會造成反效果。就連競選總部的邱義仁也不得不承認這跟當初的預期有所不同[10]。不過這件事對民進黨的選情所造成的負面影響並不嚴重。因為陳水扁陣營接下來反而利用這個局勢，為陳水扁塑造出不屈服於美國及日本的勇敢形象，成功遏止事態繼續惡化。由於臺灣在國際社會上遭到孤立，因而有時無法直接感受到國際局勢的險峻，這正是一個最好的例子。陳水扁陣營巧妙地將危機化為轉機，持續向民眾宣傳「愛臺灣就支持公民投票」，成功舉辦了後述二〇〇四年二月二十八日的「手牽手護臺灣」活動。

另一方面，連戰、宋楚瑜陣營則一直被陳水扁拋出的各種議題牽著走，陷入了一團混亂。他們只能批評陳水扁政府政策失當，以及指責陳水扁刻意挑起族群對立，但是對於臺灣未來的發展方向，卻一直無法提出一套核心理念。就連為連戰塑造何種個人形象，整個陣營也無法統一，讓他時而是溫厚仁德的長者，時而變成不輸給陳水扁的強悍領袖。

連戰陣營所提出的經濟政策，也只是羅列了一些有如花言巧語的競選承諾，相當缺乏整體性[11]。雖然連戰陣營批評陳水扁政府為了競選而濫用國家公帑，讓國家財政惡化，但連戰陣營所提出的那些競選支票如果要全部兌現，也會讓臺灣陷入鉅額的財政赤字。關於國民黨的黨產問題，連戰陣營明知民進黨一定會大做文章，卻沒有事先想好因應對策。早在二〇〇〇年的總統大選，國民黨的黨產問題就曾經引發熱議，這個議題可說是早已不新鮮了，此時舊事重提，國民黨的毫無防備及失措舉動反而成了注目的焦點[12]。

陳水扁在二〇〇四年一月十六日公布了公民投票的兩個題目。第一題是：「如果中共不撤除瞄準臺灣的飛彈、不放棄對臺灣使用武力，你是不是同意政府增加購置反飛彈裝備，強化臺灣自我防衛能力？」第二題則是：「你是不是同意政府與中共展開協商談判，推動建立兩岸和平穩定的互動架構，謀求兩岸的共識與人民的福祉？」問題的用字遣詞為了避免引發美國的反感，故意使用了較為委婉溫和的字眼，卻難免給人「這種問題根本不必問」的感覺。

雖然陳水扁強調「就算我落選，也要通過公投」，但是當時的國防部長卻也在立法院內明確表示「不管公投結果如何，都會購買愛國者飛彈（地對空飛彈防空系統）」，因此公投的意義顯得模糊不清。最後這兩個公投的問題都因為沒有達到過半數的投票門檻而無法成立。

在這次二〇〇四年總統大選裡，統獨議題並沒有成為檯面上的攻防焦點。陳水扁所喊出的口號並不是臺灣獨立，而是「愛臺灣」。話雖如此，但公民投票的相關議題還是很容易引發關於臺灣主體性及國家性的爭議。因此陳水扁可以說是巧妙地將公投當成選舉議題，藉此挑起民眾的臺灣意識，企圖拉攏在統獨問題上屬於中間派的選民。

後期：雙方陣營的全力較勁

這場選戰，雙方陣營都沒有辦法提升自身形象，最後就在互相打負面選戰及誇耀人數的動員造勢之中劃下句點。從各種民調來看，連戰雖然居於領先地位，但是陳水扁已慢慢趕上，雙方差距逐漸縮小。

到了接近尾聲的二月二十八日，陳水扁陣營以「反對中國飛彈威脅、守護臺灣和平」為訴求，發起了一場空前規模的「手牽手護臺灣」活動。連戰陣營也不甘示弱，在三月十三日成功舉行了一場以「政黨輪替」為主題的動員活動。雙方陣營的活動都有超過兩百萬人參加。全臺灣有權利投票的人數僅一千六百五十萬人，雙方陣營合起來竟有多達數百萬人站出來直接表達自己的政治立場，可想而知這場選戰打得有多麼火熱與緊張。

二月二十八日是一九四七年二二八事件的罹難者追悼紀念日，但綠營所舉辦的並不是回顧歷史悲劇的追思活動，而是讓大家手牽著手從基隆串連到屏東，藉此來表現自己有多麼愛臺灣。這不僅是臺灣有史以來最大規模的活動，同時也是臺灣認同意識的情緒達到顛峰的歷史時刻。活動現場的影像在電視廣告上一次又一次播放，從影片上可以明顯感受到參加者有多麼激動及興奮。這場活動的成功，大大提高了陳水扁支持者的士氣，而這一切當然都在綠營的盤算之中ix。

連戰陣營目睹了這場活動的成功，立即召開一場緊急應變會議，會中決定要在三月十三日舉行一場大型集會。雖然是在活動日的一個星期前才開始準備，參加的人數卻遠遠超越了預期。除了可看出藍營依然握有十分雄厚的基礎票，亦證明選民之中有許多人強烈排斥陳水扁。

三月十三日活動的重頭戲，是連戰跟宋楚瑜分別在臺北及臺中帶著妻子一同表演「親吻臺灣大地」。連戰高呼臺灣就像自己的母親，他發誓要「以生命與鮮血捍衛臺灣」，並承諾絕對不會讓中華民國被中華人民共和國統一或合併。雖然多數人都以為藍營是統派，但在這一年選戰裡，連戰等人的發言也漸漸開始出現以臺灣為中心的言論。臺灣認同意識在臺灣社會已地位穩固，雙方陣營都很清楚，假如將其排拒在門外，就算擁有再多的基礎票都不可能打贏選戰。

雙方陣營成功舉辦大型動員活動，讓劍拔弩張的氣氛更是火上加油，全臺各地都展開了爭奪幾十票、幾百票的激烈「陸戰」（選戰術語）。四年前的二〇〇〇年總統大選，由於候選人有三人，不想表態的民眾可以留點迴旋的空間不直接提支持某一候選人的理由。但這次是一對一的單挑，民眾在日常對話中很容易透露支持哪一方的訊息，當然也很容易因為支持或不支持哪一方而爆發衝突。

只要看一個人參加的是二月二十八日的活動還是三月十三日的活動，抑或對哪一邊的活動較感興趣，馬上就可以知道這個人支持的是哪一邊。就連「有沒有領公投的選票」也能作為判斷的依據。因此不管是在職場、學校、家庭或是親友之間，都很容易因為支持者不同而產生衝突對立。就連原本應該要設法消弭社會衝突對立的學術界及宗教界人士，也紛紛表態自己支持哪一邊。

概觀整體的選情，前期是由連戰及宋楚瑜大幅領先，但是進入中期後陳水扁以臺灣認同意識及公民投票為武器漸漸迎頭趕上。到了後期的二二八活動，雙方應該已經勢均力敵。到了最後一星期，連戰的聲勢再度超越陳水扁x。原本外界預期中國這次又會設法干擾選舉，但在整個選舉期間，中國方面只是偶爾在媒體上刊登一些批評陳水扁的文章[13]，並沒有像前兩次選舉一樣採取直接的行動。顯然是因為胡錦濤政府認為連戰的贏面較大，所以一直不動聲色。

投票前一天：槍擊事件

陳水扁陣營雖然靠著「手牽手護臺灣」活動拉抬了聲勢，但接下來因為陳水扁的妻子吳淑珍所引發的一些問題，導致好不容易拉抬起來的聲勢下滑。首先，吳淑珍遭人爆料經常買賣股票。雖然買賣股票本身並不違法，但畢竟會造成社會觀感不佳，而且還有申報不實的問題。其次，吳淑珍以「小貓兩、三隻」來形容藍營即將舉辦的三一三活動（意思是人數不可能像綠營舉辦的二二八活動一樣多）。在雙方陣營壁壘分明的局勢下，這種挑釁的詞句容易引起公憤，反而讓藍營有了發動攻勢的理由。到了三一三當天，許多藍營的支持者都故意帶了貓或狗參加活動。吳淑珍的一句話，反而炒熱了對手陣營的氣氛。

ix 〈牽手效應：影響心理層面及社會氣氛〉，《中國時報》，二〇〇四年三月六日。以下筆者想介紹接受筆者訪問的Y小姐的意見。Y小姐（二十多歲、女性、臺北市）對政治並不感興趣，政黨立場勉強算是偏向藍營。「最近我看了陳水扁陣營播放的二二八紀錄片，非常受到感動。不管支持哪一個政黨，都應該要愛臺灣，而且要讓全世界知道臺灣是一個獨立的國家，這非常重要……我認為這個二二八活動對陳水扁陣營有加分的作用。」（與Y小姐的書面訪談，二〇〇四年三月三日）。

x TVBS在選舉期間的所有民意調查，陳水扁的支持率一次也不曾超越連戰。差距最小的一次民調，進行於二二八活動不久前的二〇〇四年二月二十七日，兩人相差了三個百分點。但是在TVBS的民調之中，總是有著十五－二十五%的「未決定」，這裡頭陳水扁拿到的票數可能比連戰多一些。筆者根據自己的判斷修正支持率，認為兩人在二月二十七日應該是勢均力敵的狀態，但後來連戰又領先了陳水扁。

再者，在臺灣因背信罪遭通緝而逃亡海外的企業家陳由豪，疑似曾經提供政治獻金給陳水扁。陳由豪在國民黨政府時期本來就以經常獻金給當權政治人物聞名，但是民進黨的立場向來是嚴厲批判國民黨的黑金問題，因此收取這種人所提供的獻金可能會損害民進黨聲譽。逃亡至美國的陳由豪揭露「曾經到陳水扁的家裡拜訪過吳淑珍」，雖然吳淑珍矢口否認，但是接著又傳出居中介紹陳由豪給吳淑珍認識的人物，正是民進黨的大老級立委沈富雄，情況對吳淑珍不利。投票日的前幾天，全部的新聞媒體都把焦點放在獻金醜聞上，對陳水扁陣營造成相當大的打擊。

然而就在最後一天，臺南市傳出的兩聲槍響改變了選舉的局勢。二〇〇四年三月十九日下午一點四十五分，陳水扁與副總統呂秀蓮正站在敞篷吉普車上，在臺南的市區內遊街拜票，此時忽然有人朝兩人開槍，造成陳水扁的腹部及呂秀蓮的右膝受傷。兩人都沒有生命危險，被送進臺南市的醫院治療後，當天晚上便回到了臺北。這段期間電視節目全部切換成了緊急特別報導，擔心兩人傷勢的支持者大量聚集在醫院前，整個臺灣籠罩在不安的氛圍之中。雙方陣營原本在這天晚上都預定要舉行最後一場大規模的造勢晚會，但因考量安全問題，最後都取消了活動。

總統遭槍擊在臺灣是從來不曾發生過的重大事件，許多民眾都相當震驚。當天晚上，陳水扁陣營便已宣布總統、副總統都只受了輕傷，電視上也播放了陳水扁向民眾表示自己並沒有大礙的影片。或許有些民眾能夠很快恢復冷靜，不影響投票，但肯定也有一些民眾以選票表達了自己的錯愕與憤怒。雖然隔天的投票照常舉行，但選舉的情勢經過一夜之後已然風雲變色。

投票結果分析

概況

雖然投票前一天爆發了槍擊案，導致雙方陣營都中止了最後一個晚上的造勢晚會，但二〇〇四年三月二十日的投票進行得相當和平，沒有再發生什麼意外插曲。投票一結束，立刻進入開票作業。各家電視臺都現場直播各縣市的開票作業，過程中陳水扁與連戰的得票數互有輸贏，令所有屏息以待的群眾都是一顆心七上八下。開票結果，陳水扁得到六百四十七萬一千九百七十票，連戰得到六百四十四萬二千四百五十二票，兩候選人的票數差距僅兩萬九千五百一十八票。得票率方面，陳水扁為五〇・一%，連戰為四九・九%，差距只有〇・二二九%（**表4-2**）。

昨天的槍擊事件所引發的激動情緒還沒有消褪，今天又目睹了如此戲劇性的票數差距，連戰與宋楚瑜的支持者當然是一片譁然，不肯就此放棄。部分的憤怒民眾發起了抗議行動，在深夜的街頭上遊行。連戰及宋楚瑜也宣布不接受這種投票結果，將提出當選無效訴訟。由於票數差距實在太小，電視及網路上紛紛傳出懷疑投票過程遭人作票的聲音。但臺灣並沒有不在籍投票、提前投票或電子投票的制度，各投票所的投票箱都是直接開票，中間沒有經過搬運，而且開票作業全程受到監督。開票人每讀出一張選票，就會讓見證人確認選票內容無誤。當然開票過程並不見得能夠做到完全沒有疏失，

候選人	陳水扁	連戰	兩名候選人的差距
得票數	6,471,970	6,442,452	29,518
得票率	50.114%	49.886%	0.229%

表 4-2　2004 年總統選舉的投票結果
出處：筆者參照中央選舉委員會的資料所製成。

	選民人數	投票總數	有效票數	無效票數	投票率
1996年	14,313,288	10,883,279	10,766,119	117,160	76.0%
2000年	15,462,625	12,786,671	12,664,393	122,278	82.7%
2004年	16,507,179	13,251,719	12,914,422	337,297	80.3%

表4-3　總統選舉的投票概況
出處：筆者參照中央選舉委員會的資料所製成。

但是幾乎不可能遭人作票。

四年前的二〇〇〇年總統選舉，三名候選人展開激烈的攻防戰，許多原本對政治不感興趣的民眾也紛紛前往投票，因此投票率大幅上升。相較之下，二〇〇四年總統選舉的投票率稍微下降（**表4-3**）。這可能是因為雙方陣營在選戰過程中只顧著互相攻訐與抨擊，並沒有把心思放在討論政策，導致一部分的選民喪失了投票意願。即便如此，二〇〇四年總統選舉的投票率還是高達八〇・三％，足見絕大多數選民還是非常關心這場總統大選。有效票數方面，上次大約是一千二百六十六萬票，這次增加了約二十五萬票，來到約一千二百九十一萬票。

無效票

二〇〇四年的總統選舉，出現了無效票大幅增加的狀況。有些人以這一點為理由，認定選舉過程有人作票，但這其實是個誤解。此次選舉無效票比較多，單純是因為有效票的認定標準變嚴格了。二〇〇三年十一月，中央選舉管理委員會公布新的選票認定標準，將過去可認定為有效票的二十七種選票類型減少為七種。選委會將無效票的類型以圖解的方式製作成詳細的說明手冊，分發至全國的選務單位，但是對選民的宣導似乎做得不夠充分。另一方面，選舉期間有民眾因不滿雙方陣營的對立關係，而成立了「百萬廢票聯盟」，呼籲民眾投下廢票，但難以求證其行動發揮了多大的影響力。

若分析各縣市的無效票率（無效票佔總投票數的比例），會發現臺北市之類的都市地區較低，而包含農村的縣市較高。筆者試著計算出了排除金門、連江兩縣之後的各縣市識字率與無效票率的相互關係（**圖4－1**），發現二〇〇〇年選舉識字率與無效票率看不出相關性，但是到了二〇〇四年選舉，識字率相對較低的縣市，無效票率有較高的傾向。

另一方面，不管是二〇〇〇年選舉還是二〇〇四年選舉，各縣市的陳水扁得票率與無效票率之間都看不出相關性（**圖4－2**）。根據上述這些資料，可以大致推測出這次選舉的無效票增加，主要原因在於新的認定標準沒有充分宣傳，導致民眾之間的資訊取得出現落差，並非支持某特定政黨的民眾所採取的集體行動。

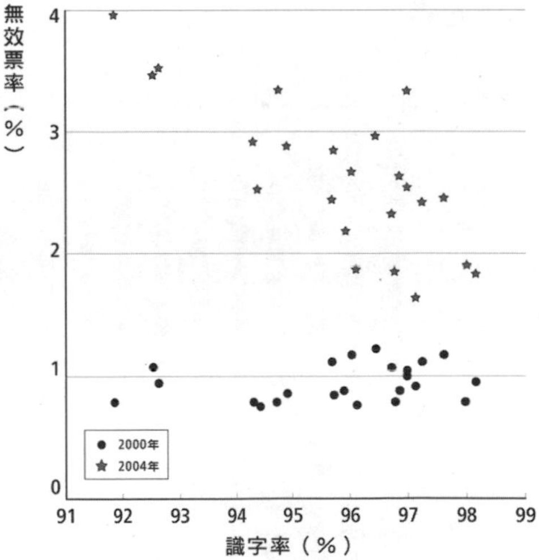

圖 4-1　各縣市識字率與無效票率的相關圖

出處：筆者參照行政院主計處所公布「民國 91 年臺灣地區各縣市 15 歲以上人口識字率」與中央選舉委員會資料所製成。

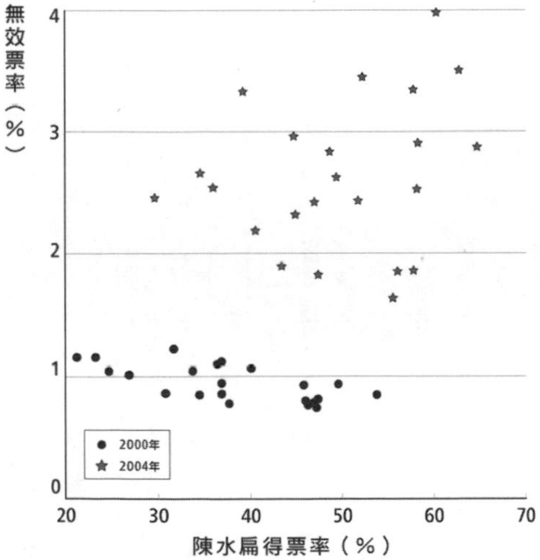

圖 4-2　各縣市陳水扁得票率與無效票率的相關圖

出處：筆者參照中央選舉委員會資料所製成。

縣市層級的得票率與族群因素

我們先看容易與上次選舉比較的陳水扁各縣市得票率。這次陳水扁得票率最高的縣市，為位於臺灣西南方的臺南縣、嘉義縣及雲林縣。這個合稱為「雲嘉南」的地區，除了大多是農業地帶之外，還有本省人的人口比例較高，地方派系較活躍等特徵。陳水扁在這三縣的得票率都超過六十％，高出連戰許多。臺南縣是陳水扁的故鄉，陳水扁在這裡獲得高得票率是很正常的事。嘉義縣的高得票率，得歸功於民進黨成功拉攏了原本親國民黨的地方派系（林派）。至於雲林縣，陳水扁陣營能夠在國民黨籍縣長張榮味坐鎮之下挖走那麼多選票，可說是一大勝利。

圖4-3整理出了陳水扁在二○○○年及二○○四年的各縣市得票

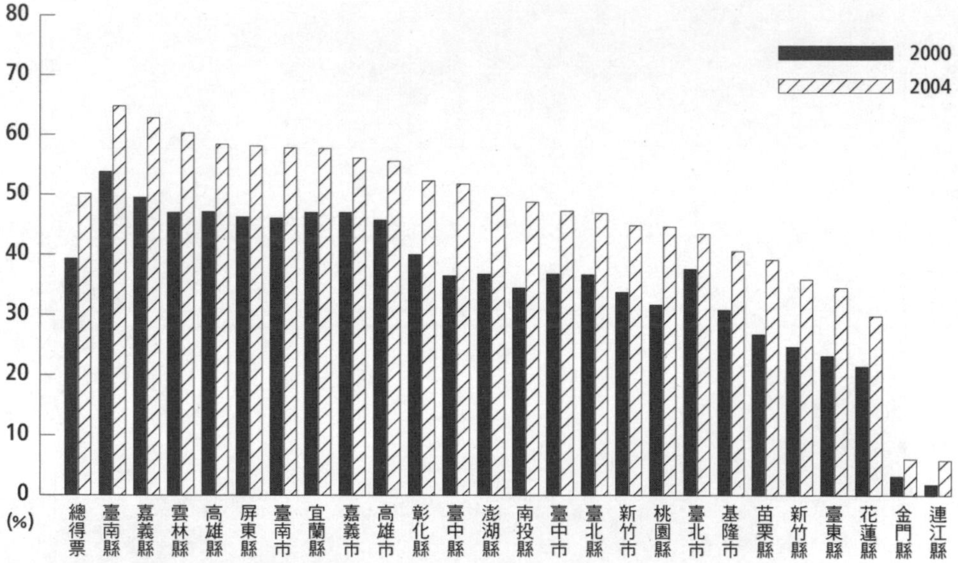

圖 4-3　陳水扁的各縣市得票率變化（2000 年～ 2004 年）

出處：筆者參照中央選舉委員會資料所製成。

率，並且依照二〇〇四年的數值高低順序排列。跟二〇〇〇年比較起來，陳水扁的得票率整體上升了十．八個百分點。本次上升幅度最大的是臺中縣，跟上次比起來增加了十五．三個百分點。第二名的南投縣也上升了十四．三個百分點。

另一方面，上升幅度最小的是隸屬於福建省的金門縣、連江縣，以及臺北市。陳水扁在臺北市的得票率只上升了五．九個百分點。由此可看出雖然陳水扁的得票率在全臺灣各地都增加了，但是隨著地區的不同，上升的幅度也大相逕庭。這種地區性的差異到底是怎麼產生的呢？

圖4－4是金門縣、連江縣以外各縣市的本省人比例及陳水扁得票率的分布圖。各縣市的本省人比例如同前章，使用的是一九九一年的省籍別人口統計資料，將排除外省籍及原住民之後的人口視為本省人人口，計算其人口比例。由於沒有客家人的官方統計數字，所以無法進一步區分出本省人之中的閩南系及客家系，但可以想見新竹縣及苗栗縣的本省人之中，客家人應該佔了相當高的比例，這點必須特別留意。

圖4－4中的●符號，代表的是二〇〇〇年選舉時陳水扁得票率與該縣市本省人比例，★符號則代表的是二〇〇四年的資料。同一個縣市的符號往右移，代表陳水扁的得票率上升了。從左下到右上的分布為正相關，代表在本省人比例越高的縣市，陳水扁的得票率就越高。從二〇〇〇年的分布狀況來看，有一些是從左下到右上的正相關，但也有一些是從左上到右上，看不出相關性。二〇〇四年的分布狀況，除了全部符號都往右移之外，還可看出上方的分布變得較為狹窄，從左下到右上的傾斜角度變得更加明顯了。

接著筆者計算出了從負一到正一的相關係數。二〇〇〇年為〇．五九五，二〇〇四年為〇．六八一，由此可看出兩者確實有一定程度的相關性，而且相關性增強了。若排除狀況較特殊的新竹縣及苗栗縣再進行計算，二〇〇〇年上升至〇．七七五，二〇〇四年上升至〇．八五一，可以看出不僅相關性更強，而且在二〇〇四年的時候繼續往上增強。由此可知跟二〇〇〇年選舉比較起來，這次陳水扁的得票率與省籍之間的相關性有增強的傾向。從這些數字可以得到一個結論，那就是族群意識對這次的選舉造成了相當程度的影響。說得更明白一

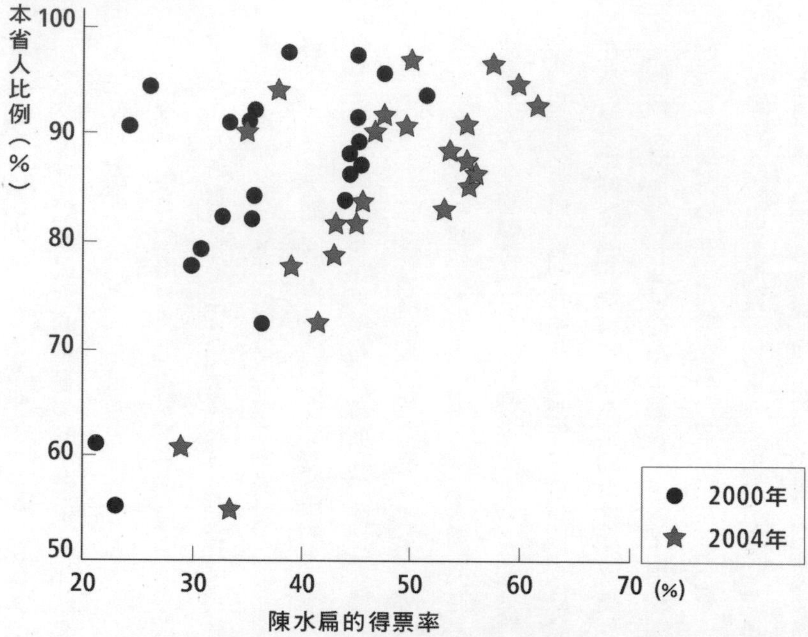

圖 4-4　各縣市的陳水扁得票率與本省人比例
出處：筆者參照內政部統計處《中華民國 81 年內政統計提要》及中央選舉委員會的資料所製成。

點，陳水扁刻意挑起臺灣意識的選戰策略，成功提升了閩南系本省人的支持。

選舉結束之後，年代電視臺進行了一項關於族群的民意調查。在這項調查裡，有一個問題是：「請問，您覺得在我們社會當中，有沒有不同族群的民眾彼此對立的情形？」針對這個問題，回答「有」的人佔了五一・七%，回答「沒有」的人佔了三六・六%，另外回答「不知道」或「未作答」的人佔了一一・七%。該調查內對於回答「有」的對象更進一步提問：「那您覺得族群對立的情形，是只有在選舉期間才會發生，還是在平常生活中就有？」針對這個問題，回答「只有在選舉期間才會發生」的人佔了六一・三%，回答「在平常生活中就有」的人佔了三六・三%，另外回答「不知道」或「未作答」的人佔了二・四%[14]。

從這項民意調查，可以看出族群

之間確實有對立意識，而且在選舉期間有上升的傾向。此調查再一次印證了前述的論點。但有一點值得注意，那就是認為根本沒有族群對立狀況的人也不少。回答「有」的人佔了五一・七%，回答「沒有」的人佔了三六・六%，這個差距很可能並不固定，會隨著當下的政治狀況而產生變動。

投票所層級的得票率標準差

接著就如同一九九六年及二〇〇〇年選舉，筆者將分析候選人的得票率在全臺各地有著多大的差距。這次二〇〇四年選舉，全臺灣共有一萬三千七百四十九處投票所，每一投票所的平均選民人數為一千二百零一人。各投票所的規模相對平均，這點跟過去一樣。

表4-4針對這次二〇〇四年選舉的兩名候選人在全臺灣各投票所的得票率進行統計，計算出了平均得票率與標準差。由於是一對一的選舉，陳水扁跟連戰的標準差數值會完全相同。每處投票所的所有選票都是由兩人瓜分，每張選票不是自己拿到就是對方拿到，雙方的得票率高低差距互為表裡，計算出來的標準差數值都一樣是一四・三七。這個數值相當大，代表兩個人的得票率在各投票所之間的離散程度非常大。

九六年選舉時得票率標準差最大的是李登輝的一三・四，二〇〇〇年選舉時是宋楚瑜的一四・三九。雖然說候選人的人數不一樣，無法直接比較，但還是可以看出這一次的標準差一四・三七算是相當大。

接著筆者將全部一萬三千七百四十九處投票所的得票率依高低順序

	陳水扁	連戰
平均得票率	50.35%	49.65%
標準差	14.37	14.37

表 4-4　2004 年總統選舉 兩名候選人在所有投票所的平均得票率和標準差

出處：筆者參照中央選舉委員會的資料所製成 15。

排列。陳水扁的得票率在七〇%以上的投票所有八百六十處，比二〇〇〇年的五十七處大幅增加了。得票率在八〇%以上的投票所，二〇〇〇年時只有兩處，這次更增加至七十七處。另一方面，得票率未滿一〇%的投票所有兩百四十四處，相較於二〇〇〇年的四百三十五處，看起來似乎也大幅減少了，但考量到這次是一對一的選舉，這樣的數量還是相當多的。得票率最高的地點，是陳水扁的故鄉臺南縣官田鄉的西庄村，得票率九七・六%；次高的是同縣同鄉的東庄村，得票率九四・五%。最低的則是金門縣烈嶼鄉上林村，得票率一・三%，這三個村的名次都與二〇〇〇年相同。

圖4-5是依據全投票所資料所繪製出的兩名候選人得票曲線圖（histogram），筆者想要以此為標準差分析進行補充說明。比較兩人，陳水扁的曲線比較接近常態分布曲線；連戰的曲線在右側超過八〇%之後就呈現水平狀態而沒有下滑。根據標準差的分析，只能知道兩名候選人的得票率離散程度都很大，但從曲線圖來看，就能看出兩人的得票結構有所不同。

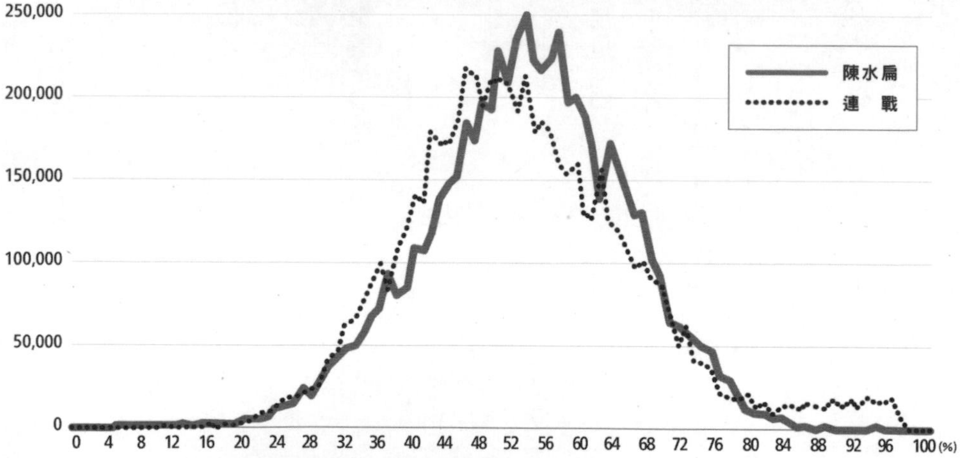

圖 4-5　2004 年總統選舉 兩名候選人在所有投票所的各得票率得票數曲線圖（histogram）

出處：筆者參照中央選舉委員會的資料所製成。

不過這次的選舉，從投票所層級的分析看不出除此之外的明顯特徵。因此筆者接下來想要分析鄉鎮市區的資料，從中掌握兩名候選人在不同地區的得票率變化特徵。

鄉鎮市區層級的得票率變化

鄉鎮市區層級處於縣市層級與投票所層級之間。臺灣的鄉鎮市區共有三百六十八個[16]。在此之前，筆者都是以縣市層級及投票所層級來分析陳水扁的得票率，現在筆者想要進一步以鄉鎮市區層級來分析陳水扁在二〇〇〇年及二〇〇四年的得票率差異。首先，筆者計算出全部三百六十八個鄉鎮市區的陳水扁得票率標準差，接著觀察得票率的變化。

表4－5就是二〇〇〇年及二〇〇四年的鄉鎮市區層級陳水扁得票率標準差。標準差的數值從二〇〇〇年的一四・八二，上升至二〇〇四年的一六・七〇。二〇〇〇年有三名候選人，標準差一四・八二已經算是非常大的數值了，到了二〇〇四年，候選人減少為兩名，標準差更是向上攀升，由此可看出這次選舉在鄉鎮市區層級的競爭也是相當激烈。標準差數值上升可視為印證選舉期間輿論分歧加劇的客觀指標之一。但由於這次為一對一的選舉，而且雙方票數差距不大，因此標準差的分析難以凸顯其特徵，以下將從

	2000年	2004年
標準差	14.82	16.70
得票率平均值	36.82%	48.34%
最大值	67.85%	77.34%
最小值	0.56%	3.56%
母體數	369	368

表 4-5　陳水扁在鄉鎮市區的得票率及標準差
出處：筆者參照中央選舉委員會的資料所製成。

各鄉鎮市區來觀察從二〇〇〇年到二〇〇四年陳水扁得票率的變化。

表4-6為全部三百六十八個鄉鎮市區的陳水扁得票率及其增減，依照增減幅度的大小順序排列，這裡只列出前面三十名及後面三十名。陳水扁得票率上升幅度最大的前三十個鄉鎮市區，依照縣市別分類後按照多寡順序排列，為臺中縣九個、南投縣五個、桃園縣三個、雲林縣三個、臺南縣三個、高雄縣兩個、臺北縣一個、嘉義縣一個、屏東縣一個、臺東縣一個、澎湖縣一個。這前三十名的鄉鎮市區，沒有一個是屬於都市地區的「市」或「區」。而且其中只有四個是人口比較多的「鎮」，剩下的都是人口較少的農漁村所組成的「鄉」。人口比較多的四個鎮，也是位在農村地區內，產業結構與周圍的鄉沒有太大分別。

這前三十名的鄉鎮，特別值得注意的是位在臺中、雲林及南投這三縣的十七個鄉鎮。臺中縣的九個鄉鎮（大安鄉、神岡鄉、石岡鄉、外埔鄉、后里鄉、沙鹿鎮、大肚鄉、大甲鎮、清水鎮）如果仔細觀察，會發現居民幾乎全部都是閩南系本省人，屬於親國民黨的地方派系及地方政治家族影響力較強的地區。而且這些地區都是臺中縣黑派及紅派的地盤，其重要人物有些因貪污而遭起訴，有些則是在二〇〇一年立法委員選舉中落選。雖然這些地方派系的幹部都支持連戰，但他們對選票的掌控力大不如前，因此有很多選票流向了陳水扁。

雲林縣的三個鄉鎮（林內鄉[xi]、褒忠鄉、土庫鎮）狀況也差不多，這些都是縣內最大派系領袖張榮味的地盤。雖然鄉鎮長、農會總幹事等中堅幹部也都支持連戰，卻沒有辦法守住基層選民的選票[xii]。換句話說，陳水扁成

xi 前三十名的表格之中，屬於雲林縣三個鄉鎮之一的林內鄉，有著該不該建設垃圾焚化爐的特殊問題。林內鄉內部形成了兩派對立的勢力，一派是反對建設垃圾焚化爐的居民，另一派則是由張榮味縣長統率的贊成派。反對派的勢力大幅增加，這些人都轉為支持陳水扁。

xii 土庫鎮是張榮味父親的出身地，因為這個地緣關係，張派的勢力較強。但即使是在土庫鎮，陳水扁的得票率也大幅上升。東勢鄉鄉長黃德鴻在投票半年前接受訪談時，曾自信滿滿地表示一定能夠守住連戰的選票（黃德鴻訪談，二〇〇三年九月二十六日）。投票結果出爐後，他再次接受訪談時，臉上帶著悵然若失的表情，表示「土庫鎮是張榮味的根據地，我到現在還是不敢相信會輸這麼多」（黃德鴻訪談，二〇〇四年三月二十三日）。

排名	鄉鎮市區	2000 年	2004 年	增加
1	桃園縣新屋鄉	33.93%	56.49%	22.56
2	臺中縣大安鄉	33.29%	53.51%	20.22
3	南投縣中寮鄉	34.84%	54.88%	20.04
4	臺北縣三芝鄉	24.53%	44.25%	19.72
5	臺南縣北門鄉	47.31%	66.68%	19.37
6	南投縣鹿谷鄉	34.35%	52.68%	18.33
7	臺中縣神岡鄉	40.95%	59.24%	18.29
8	臺中縣石岡鄉	30.20%	48.46%	18.26
9	桃園縣觀音鄉	42.50%	60.75%	18.25
10	屏東縣琉球鄉	28.79%	46.58%	17.79
11	澎湖縣望安鄉	43.34%	61.12%	17.78
12	臺南縣七股鄉	53.07%	70.82%	17.75
13	南投縣國姓鄉	29.61%	47.12%	17.51
14	臺中縣外埔鄉	29.09%	46.13%	17.04
15	雲林縣林內鄉	41.55%	58.43%	16.88
16	桃園縣大園鄉	37.63%	54.33%	16.70
17	臺東縣蘭嶼鄉	7.38%	24.01%	16.63
18	雲林縣褒忠鄉	42.93%	59.52%	16.59
19	臺中縣后里鄉	34.21%	50.72%	16.51
20	南投縣水里鄉	33.19%	49.69%	16.50
21	臺中縣沙鹿鎮	34.39%	50.79%	16.40
22	臺中縣大肚鄉	33.44%	49.77%	16.33
23	雲林縣土庫鎮	46.43%	62.72%	16.29
24	嘉義縣六腳鄉	54.88%	70.85%	15.97
25	高雄縣六龜鄉	44.42%	60.38%	15.96
26	臺中縣大甲鎮	36.73%	52.68%	15.95
27	臺南縣將軍鄉	58.07%	74.01%	15.94
28	高雄縣茄萣鄉	47.42%	63.35%	15.93
29	臺中縣清水鎮	39.37%	55.28%	15.91
30	南投縣魚池鄉	38.74%	54.53%	15.79

排名	鄉鎮市區	2000 年	2004 年	增加
339	臺北市信義區	33.84%	39.18%	5.34
340	臺北市內湖區	35.96%	41.29%	5.33
341	臺北市中正區	34.35%	39.68%	5.33
342	宜蘭縣大同鄉	13.53%	18.71%	5.18
343	臺北市松山區	36.35%	41.33%	4.98
344	屏東縣來義鄉	2.64%	7.46%	4.82
345	屏東縣瑪家鄉	9.85%	14.57%	4.72
346	臺北市大安區	32.15%	36.84%	4.69
347	連江縣南竿鄉	2.24%	6.74%	4.50
348	花蓮縣秀林鄉	9.62%	14.03%	4.41
349	屏東縣泰武鄉	6.39%	10.71%	4.32
350	屏東縣春日鄉	4.04%	8.34%	4.30
351	臺東縣達仁鄉	5.90%	10.05%	4.15
352	臺東縣金峰鄉	2.87%	6.97%	4.10
353	金門縣烏坵鄉	4.17%	8.26%	4.09
354	臺北市文山區	29.76%	33.71%	3.95
355	連江縣北竿鄉	1.45%	5.38%	3.93
356	屏東縣獅子鄉	3.57%	7.41%	3.84
357	臺東縣海端鄉	5.26%	8.82%	3.56
358	金門縣金寧鄉	2.82%	6.34%	3.52
359	金門縣金湖鎮	3.74%	6.96%	3.22
360	連江縣莒光鄉	0.56%	3.56%	3.00
361	金門縣烈嶼鄉	0.89%	3.81%	2.92
362	金門縣金城鎮	3.61%	6.43%	2.82
363	連江縣東引鄉	1.34%	3.56%	2.22
364	金門縣金沙鎮	2.77%	4.86%	2.09
365	宜蘭縣南澳鄉	7.18%	8.98%	1.80
366	花蓮縣萬榮鄉	8.42%	10.10%	1.68
367	花蓮縣卓溪鄉	6.37%	7.82%	1.45
368	高雄縣茂林鄉	9.77%	8.98%	-0.79

表 4-6　陳水扁的得票率增加排名前 30 名及倒數 30 名的鄉鎮市區

出處：筆者參照中央選舉委員會的資料所製成

功將影響力滲透到了地方派系及地方政治家族的影響力較強的地區，瓦解其支持結構，成功吸取了大量選票。

南投縣的五個鄉（中寮鄉、鹿谷鄉、國姓鄉、水里鄉、魚池鄉）都位在山區，人口結構也是閩南系本省人佔大多數。而且因為是在山區，所以也是較期待推動地方公共建設的地區。南投縣是臺灣省政府所在地，因此居住了大量省政府員工及其家人、相關業者及省政府事業受益者，曾擔任省長的宋楚瑜在縣內有著極大的影響力。但在這裡，陳水扁也拿到了許多原本支持宋楚瑜的選票。

另外較耐人尋味的，就屬桃園縣的三個鄉（新屋鄉、觀音鄉、大園鄉）。雖然這三個鄉都位在沿海地區，但是客家人及閩南系本省人的人口比例並不相同。新屋鄉的客家人比例比較高，大園鄉的閩南系本省人比例比較高，觀音鄉則居中。陳水扁在這三個鄉的得票率大幅提升，應該不是基於族群因素，主要應該是因為沿海地區的鄉比起中壢市、桃園市這些內陸的市鎮，發展大多較為緩慢。

如上所述，前三十名的地區除了屬於原住民居住地的臺東縣蘭嶼鄉、客家人比例較高的桃園縣新屋鄉之外，都是閩南系本省人的人口比例較高的鄉鎮。陳水扁在這些鄉鎮的得票率大幅提升，主要得歸功於邱義仁企圖以強調基層鄉鎮的地方建設來開拓選票，以及陳水扁企圖主張應該讓臺灣意識滲透到一般閩南系本省人的選民心中，這兩種選舉策略都發揮了很大的效果。正因為陳水扁及邱義仁在開拓選票上有著如此強烈的決心，才能利用選舉最後一天的槍擊事件帶來任何人都意想不到的逆轉奇蹟。

另一方面，將陳水扁的得票率增加幅度最低的三十個地區依照縣市別分類，為臺北市六個、金門縣六個、屏東縣五個、連江縣四個、花蓮縣三個、臺東縣三個、宜蘭縣兩個、高雄縣一個。經過整理之後，可以得出原住民人口比例較高的地區有十四個、隸屬於福建省的離島地區有十個、屬於都市地帶的臺北市的區有六個。原住民地區及離島地區較多，這是原本就可以預期的結果，但是臺北市的六個區，則相當耐人尋味。二〇〇〇總統大選，宋楚瑜在臺北市的得票率居冠，超越陳水扁。當時全臺北市十二個區之中，宋楚瑜的得票率超過四〇%的區有六個，而這六個區，剛好就是這一次陳水扁的得票率增加幅度最低的六個區。這些區都是臺北市外省人口比例偏高的地區，由此可看出臺北市的外省人對陳水扁有著非常強烈的排斥感。

針對陳水扁在鄉鎮市區層級的得票率進行了分析之後，可知成長幅度較大的大多是閩南系本省人的人口比例較高的農業地區，而成長幅度較低的則大多是原住民人口比例較高的山區地帶、隸屬於福建省的離島地區，以及外省人較多的都市地區。而且成長幅度較大的鄉鎮市，都是臺灣意識較容易滲透的鄉鎮市。另外，成長幅度較大的前三十名地區，大部分都是陳水扁的得票率本來就很高的地區，而倒數的三十名地區，則大多是陳水扁的得票率本來就比較低的地區。由此可知，各地區選民的投票行為大相逕庭，這點不管是上次選舉還是這次選舉都一樣，但是這次選舉的各地區投票行為差異比上一次更明顯。

槍擊事件的影響

投票結果分析的最後，筆者想要探討投票前一天發生的槍擊事件所造成的影響。TVBS民調中心在案發前一天及案發當天晚上分別做過民意調查（**表4-7**）。根據其調查，槍擊案前一天（三月十八日）的支持率為連戰四四％、陳水扁三四％、未決定二三％，連戰依然領先了十個百分點。但是根據案發當天三月十九日晚上六點半到十點半之間所做的民調，變成了連戰三九％、陳水扁三八％、未決定二四％。連戰的領先幅度掉到只剩一個百分點，可以看出選情正在發生巨大變化[17]。隔天的實際投票結果為連戰四九・九％、陳水扁五〇・一％，可見得TVBS的民意調查精準地反映出了選民的投票動向。換句話說，「陳水扁是因為發生槍擊案才當選」這個因果關係是可以成立的。

選舉結束後，年代電視臺也針對槍擊案的影響進行了一場民調，其中有一個問題是：「請問，根據您自己的看法來講，您覺得這次三一九的槍擊事件，對三二〇總統選舉的結果，是有影響、還是沒有？」針對這個問題，回答「影響很大」佔三九・六％，回答「有些影響」佔三二・六％，回答「沒什麼影響」佔一〇・九％，

	3月18日	3月19日 （18：30-20：30）	變化幅度
連戰	44	39	-5
陳水扁	34	38	+4
未決定	23	24	+1

表 4-7　槍擊事件前後，連戰與陳水扁的支持率變化（%）
樣本數為 3 月 18 日 1347 人，3 月 19 日 1055 人。
出處：筆者參照 2004 年 3 月 19 日的 TVBS 民調所製成。

回答「完全沒影響」佔八・二%，回答「不知道／未回答」佔八・七%。整理合併之後，認為槍擊案「有影響」佔七二・二%，認為槍擊案「沒有影響」佔一九・一%[18]。

TVBS的民調顯示了支持率的變化，年代電視臺的民調則顯示了民眾的認知。後者的民調結果，可說是與前者的民調結果相輔相成。那麼，為什麼支持率會發生這樣的變化呢？這有幾點理由，第一，很多民眾都對受傷的總統、副總統寄予同情。第二，槍擊案的真相成謎，連戰陣營內的部分人士質疑這是陳水扁陣營自導自演，但這樣的質疑反而引來了民眾的反感。

連戰陣營召開記者會，立法委員陳文茜於競選總部提出槍擊案的一些疑點，暗指陳水扁陣營自導自演。陳文茜的發言不斷在電視新聞上播出，藍營支持者聽了大為認同，但是綠營支持者聽了卻是怒不可遏，一部分的中間選民也心生反感。事實上在槍擊案發生後不久，坊間就已開始傳出「有可能是自導自演」的說法。但是私底下流傳跟公眾人物的公開發言畢竟是兩回事[xiii]。筆者自己就曾好幾次聽到有人針對陳文茜的發言提出「人家已經受傷了還說這種話，真是冷血無情」之類的感想。

根據TVBS的調查，在槍擊案後改變了投票對象，將票投給陳水扁的選民大部分有以下這些特徵：男性，年齡三十多歲，學歷為高中畢業，閩南系本省人，居住在臺中、南投、彰化等中部地區，政黨立場為中立[19]。而這樣的選民屬於所謂的中間選民。

部分中間選民的投票行為本來牽扯到相當複雜的因素，比起統獨問題或省籍情結，他們更在意的是陳水扁政府四年來的政績、今後的兩岸關係、臺灣經濟及個人的利益因素等等。沒想到在投票前的最後一刻發生了槍擊案，有些人基於一股本能情緒而改變了投票對象，將這些議題都拋出了腦外。所謂的本能情緒，可能包含同情心、偏好心、同理心或憤慨心。尤其是在相同族群之內，這些情緒特別容易產生，因此我們可以將這些情緒視為臺灣意識（本土意識或本省人意識）擴大滲透後的產物。正因為陳水扁積極宣揚臺灣認同意識的選戰策略發揮了效果，槍擊事件才能成為讓他逆轉獲勝的契機。

槍擊事件發生之後大約十個小時之內的時間，可說是考驗雙方陣營危機處理能力的關鍵時刻。陳水扁陣營的幹部都很清楚各自的職責所在，他們遭遇了總統負傷送醫這種天大的事件，總統府祕書長邱義仁卻能在極短的時間內掌握事態，以非常巧妙的方式對外宣布消息。民進黨籍的臺南市長許添財也親自到場安撫聚集在醫院前方的支持者，避免民眾陷入混亂。對於聚集在臺北市競選總部前方的支持者群，民進黨前主席林義雄等人也出面安撫，控制住了場面。

陳水扁陣營雖然透過競選總部宣布中止大型造勢活動，卻利用各地方的地下電臺（未經核准的小規模廣播電臺）及口耳相傳的方式打擊在野黨。在競選總部，總幹事蘇貞昌等人在召開記者會的同時，也隨時關注在野黨陣營的動向。他們很清楚在媒體面前什麼話該講，什麼話不該講。

陳水扁陣營內的邱義仁等人，都是曾經赤手空拳對抗國民黨威權主義體制的人物。在民主化之前的臺灣，言論及結社自由受到很大的限制，只有在選舉的時候才能進行活動。他（她）們都很清楚，擁有警察及情治單

xiii 陳文茜在當天晚上的電視節目「當文茜遇上駭客」（中視）上，與趙少康、李敖等人以譏諷的口吻評論槍擊事件，逗得現場觀眾哈哈大笑。

位的國民黨在選舉期間一定會設法施壓及箝制資訊，因此這些人都學到了反制國民黨、拉攏民眾、建立共識的方法。

在過去的臺灣，不管是縣市議員選舉、立法委員選舉還是縣市長選舉，從投票日前幾天到投開票當天發生大大小小的事件都是家常便飯。他（她）們經歷了那樣的環境，因此都能夠判斷出什麼樣的狀況有助於當選，而什麼樣的狀況會造成落選。靠著這些長年累積下來的經驗，陳水扁陣營在三月十九日晚上大多數的民眾入睡之前，便已完全掌控了局面。

相較之下，連宋陣營在這緊要關頭完全呈現出了無法一致對外的缺陷。他們的競選總部無法立刻做出決斷，只是不斷開著冗長的會議，而且在沒有充分準備下就召開記者會，沒有證據卻提出自導自演的質疑，這些都是重大的失策。就連取消當天晚上原本預定舉行的選前造勢晚會，也是不明智的決定，這導致當天晚上的新聞完全把焦點放在陳水扁、呂秀蓮的動靜上。槍擊事件之所以能夠改變整個選情，除了事件本身的影響之外，還包含了雙方陣營的危機處理能力被放大檢視所造成的影響。

總結

圖4-6是從第一屆到第三屆總統選舉的各陣營相對得票率變化。為了方便進行分析，新黨與無黨籍的候選人合併在一起計算。從此圖可以明顯看出民主化之後的臺灣，在這八年之間政治結構發生了極大的變化。

首先在一九九六年選舉中，李登輝靠著相對溫和的「臺灣認同」支持層，擊敗了主張積極臺灣化的民進黨候選人（圖左側），以及對臺灣化路線站在批判立場的無黨籍候選人（圖右側），掌控臺灣政治的中間地帶，建立起安定的政權基礎。但是到了二〇〇〇年時，陳水扁與宋楚瑜各自擁有穩固的基本盤，自圖的左右兩側往中間滲透，瓦解了以中間為基本盤的李登輝遺產。由此引發的政治變動，讓臺灣的政治重新整編為綠色及藍色的兩大陣營。

到了二〇〇四年總統選舉，以中間地帶為基本盤的候選人完全消失，形成了由民進黨及臺聯組成的泛綠陣營（圖左側）及由國民黨、新黨、親民黨組成的泛藍陣營（圖右側）的兩大勢力直接對決。泛藍陣營的候選人連戰在基礎票上較佔優勢，但是陳水扁除了鞏固基本盤之外，還成功吸收了一些中間派的選票，以極小的差距險勝連戰，成功連任。

以臺灣認同為訴求的選戰策略，為基礎票處於劣勢的陳水扁帶來了相當大的效果。但是強調認同意識其實很容易在臺灣社會激起正反兩極的情感，因此可以說是一種雙面刃。分析陳水扁連任成功的過程及選舉結果，可以看出在執政黨與在野黨壁壘分明的對立之下，所有的社區都被迫歸類在綠營或藍營之中，族群之間對抗意識變得明顯。

在這兩大陣營的對立結構之中，中間派的發言能力及主導權大幅衰退。話雖如此，但是中間派並不會消失。沒有辦法獲得中間派的支持，就沒有辦法在選戰中獲勝，這一點依然沒有改變。陳水扁在選戰中不談「獨立」，連戰也不談「統一」，都是為了搶中間派的選票。

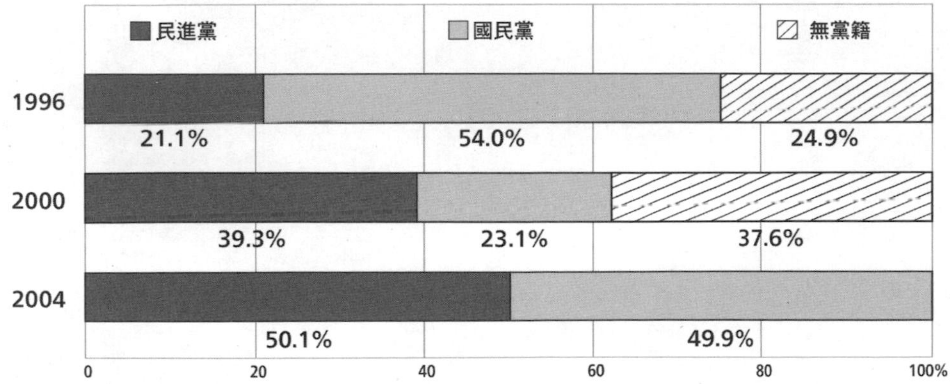

圖 4-6　三次總統選舉的相對得票率變化
出處：筆者參照中央選舉委員會的資料所製成。

雖然這次選戰綠營贏得相當驚險，但是綠營歷經了這三次的選舉，勢力確實有擴大的趨勢。以長期的眼光來看，從李登輝在一九八八年當選總統，一直到二〇〇四年陳水扁成功連任，這十六年之間，廣義的臺灣認同意識已轉變為臺灣社會的主流思想。民進黨只要不過度偏向臺灣民族主義的方向，與這股潮流可說是頗為契合。相較之下，國民黨想要在這股潮流中獲得勝利，勢必得走上迎合臺灣認同的路線。

第五章

二〇〇八年選舉

——馬英九的臺灣化路線

第四屆總統選舉在二〇〇八年三月二十二日進行投開票，國民黨候選人馬英九以二百二十萬票的差距大勝民進黨候選人謝長廷，兩人的得票率相差了一六・九個百分點。鄉鎮市區層級的選民投票行為與上次一樣有著很大的離散程度，但是整個臺灣各地都發生了選票從民進黨流向國民黨的現象，而且幅度都相差不遠。這意味著不屬於兩大勢力的中間選民在這次選舉裡，追求的是第二次的政黨輪替。若從政黨的角度來看，民進黨的立場從「臺灣認同」逐漸偏向臺灣民族主義，而國民黨的立場卻是從中國民族主義逐漸偏向「臺灣認同」。這個路線變化，正是在二〇〇八年選舉中讓雙方陣營分出輸贏的重要因素。

二〇〇八年一月十二日進行投開票的立法委員選舉，國民黨也大獲全勝，取得了一百一十三席中的中的八十一席。選民透過這兩場選舉，對民進黨做出了嚴厲的審判。臺灣政治由持續了八年的國會少數黨（民進黨）執政，轉變為由國民黨掌握總統、行政院及立法院的「完全執政」。這兩場選舉互相連動，再度改變了民主化之後的臺灣政治版圖。

二〇〇四年之後的政治情勢

陳水扁政府陷入苦境

二〇〇〇年的總統選舉，陳水扁實現了歷史性的當選。二〇〇一年十二月的立委選舉，民進黨的席次大幅增加。到了二〇〇四年的總統選舉，陳水扁又在不利於己的局勢之下反敗為勝，成功連任總統。然而到了二〇〇八年，不管是一月的立法委員選舉，還是三月的總統選舉，陳水扁都是民進黨慘敗的主因。民進黨政府的命運，就在陳水扁的第二次總統任期中風雲變色。

二〇〇四年三月的總統選舉，陳水扁以相當小的差距獲得連任。但不管差距再怎麼小，贏了就是贏了。連戰及宋楚瑜在落敗之後質疑民進黨有舞弊情事，提出當選無效及選舉無效的訴訟，並且在選後持續舉行街頭抗議活動。但這樣的做法被中間選民視為「缺乏民主風範的行徑」，連戰及國民黨都因為選後的這一連串舉動而導致支持率下滑。

國民黨及親民黨的士氣都一蹶不振，團結力降低，甚至有土崩瓦解的可能。二〇〇四年五月，陳水扁進入第二次任期，一部分國民黨及親民黨的民意代表及支持者以極端的方式持續抗議陳水扁當選總統，引起社會批判。民進黨掌握了臺灣社會的主流民意，國民黨反而成為迷失了方向的支流。在國民黨內部，甚至有人因為擔心國民黨前途，而建議將「中國國民黨」改名為「臺灣國民黨」。大多數人都預期該年十二月的立法委員選舉，國民黨一定會挫敗。從二〇〇四年的春天到夏天，民進黨可說是春風得意，若要打個比方，就好像一邊竊笑，一邊磨刀霍霍，滿腦子盤算著該怎麼拿國民黨開刀。但是這個時期的陳水扁、民進黨及整個綠營都因為誤判情勢、教條主義、高傲自大、見風轉舵及過度算計而導致後來的風雲變色。

陳水扁在二〇〇四年五月的第二次就職演說公布了憲政改造的企圖心，並且提及了作為前置階段的廢除國民大會及公投複決憲改提案等構想。在這場演講之中，陳水扁違背了獨派的期待，不稱「制訂憲法」，而使用了「憲政改造」這種詞彙。那是因為一旦宣布要制訂新憲法，勢必會與中國及美國發生衝突。在第二次就職演說不久前，陳水扁才剛受到在選舉時支持自己的獨派所提出的制憲公投要求，迫於無奈而做出了「制訂憲法是自己的義務及責任，不論任何困難都必須克服」的回應[1]。二〇〇四年夏天，獨派及臺聯在李登輝帶頭下，開始對陳水扁積極施壓，要求制訂新憲法。他們所提倡的臺灣民族主義是以獨立建國為理念，與重視政府運作及為下一次選舉鋪路的陳水扁在立場上頗有歧異。陳水扁政府因而陷入了前門拒虎、後門進狼的兩難窘境之中。

回顧當初陳水扁第一次任期剛開始後不久，就因為停建核四的問題而聲勢下滑。如今第二次任期剛開始，又因為制訂新憲法的問題而聲勢下滑。前後兩次狀況的共通點，就在於剛開始政治局勢對民進黨有利，卻因為陳水扁承受了來自獨派及激進派的壓力而採取了某些行動，引發民眾反彈，導致國民黨重振聲勢。

二〇〇四年夏天，除了廢除國大及公投憲改這兩個議題之外，還突然多了立委減半及選舉制度改革，這些議題以包裹的方式，在八月二十三日由立法院通過憲法修正案。前兩項廢除國大及公投憲改是民進黨一直以來的主張，立委減半是民進黨前主席林義雄長年提倡的改革方針。至於選制改革，則是參考了日本的政治改革，將立法委員選舉變更為單一選區（小選區）制。

不過陳水扁推動這些制度改革實在倉促，這一來是為了讓民眾看見自己「有在改革」，二來則是當獨派又提出制憲要求的時候，這些改革多少算是躲開壓力。因此這些改革說穿了，只是在敷衍那些不滿政治現狀的民意。民眾對於威權主義體制時期延續下來的政治現況、民主化之後國會代表的素質，以及當前的選舉文化，確實都充滿了批評的聲浪。但是廢除國大及導入公投憲改會對臺灣政治產生什麼樣的影響？立委人數減半能讓立法院變得比以前更好嗎？單一選區制能夠提升立委的素質嗎？關於這些重要議題的討論都不夠充分。當暫時性的「改革風潮」消褪之後，民眾馬上就發現到這只是一些華而不實的改革，緊接著對於民生問題的不滿也旋即浮上檯面。如此一來，民眾對於政治現況的不滿反而有增無減。民眾會對於背叛自己期許的政治人物感到厭惡，接下來可能又會把過度的期待放在其他政治人物身上，不久後再次失望，就這麼惡性循環下去。

二〇〇四年十二月的立法委員選舉，陳水扁發動猛攻，不斷發表反國民黨、反中國的言論。但是關於綠營立委席次過半後能夠為民眾的經濟及生活帶來什麼樣的好處，卻沒有辦法給出一個具體的願景。而且同樣屬於綠營成員的民進黨跟臺聯，也沒能夠在選舉時聯手出擊。因此到頭來，綠營只拿到了一百零一席，距離過半數的一百一十三席還差了十二席。雖說能否拿到席次取決於各選區參選立委的實力，但從現況來看，選民反而開始擔心當綠營獲得過半立委席次之後，會肆無忌憚地朝著臺灣民族主義的方向推進。這一次綠營沒有成功過半，可以說是扭轉了臺灣政治的趨勢，國民黨重新提振士氣，否決了陳水扁政府所提出的所有法案，將扁政府逼上了困境。

胡錦濤政府的對臺政策

一直企圖改善兩岸關係的陳水扁，嘗試與親民黨的宋楚瑜攜手合作。從二〇〇五年一月到三月，陳水扁一直在想方設法，要派出宋楚瑜為代表拜訪中國，改善兩岸關係。中國共產黨總書記胡錦濤一方面對宋楚瑜訪中表現出歡迎的態度，一方面卻又安排先招待了國民黨主席連戰，讓陳水扁吃了一次悶虧。

二〇〇五年四月底，連戰拜訪中國會晤胡錦濤，兩人共同發表了包含堅持「九二共識」的聲明。這次的兩黨高峰會談，締造了中國國民黨與中國共產黨攜手合作的嶄新政治情勢[2]。

自二〇〇五年之後，國共兩黨之間的各種會議及交流活動變得極為熱絡。國民黨就兩岸直航、大陸居民來臺觀光、臺灣商人前往大陸投資的保護及稅金減免、遷居中國的臺灣人的醫療問題，以及強化取締兩岸走私、毒品及詐欺犯罪等議題，與中國交換意見，對外發表共同聲明。這些協商的意義並非只是單純的交流，還包含了許多對臺灣具有實際利益的經濟政策，例如中國對於臺灣進口的農產品給予特別的優惠，以及臺灣商人在中國的合法權益能夠獲得保障等等。臺灣的農業相關團體自二〇〇五年下半年起，就開始透過國民黨與中國建立聯繫管道，向中國宣傳臺灣的農產品。陳水扁政府提出警告，強調「這是中國共產黨的統戰策略」、「仰賴中國市場會帶來極大的風險」，然而臺灣農民的想法卻是「只要農產品賣得出去，就算是賣給中國又有什麼關係」。

原本處於膠著狀態的兩岸關係，因為國共兩黨的合作而開始出現了變化[3]。中國除了表示歡迎臺灣農產品外銷至大陸之外，還送貓熊給臺灣、給臺灣留學生優惠措施、為臺灣商人設置陳情機關等等，提出了好幾項向臺灣民眾示好的政策。向來主張中國會對臺灣造成威脅的陳水扁政府，立場因為中國的這些舉動而變得有些站不住腳。在一些與生活息息相關的事情上，中國對臺灣人釋出的善意，也增進了兩岸之間的友好氛圍，而這些當然都在中國的算計之中。事實上中國共產黨這些對臺政策，都對於國民黨的選情有著正面的幫助。

反觀臺灣的政治局勢，二〇〇五年八月，一群參與高雄捷運施工的泰勞因不滿雇用環境惡劣而發生暴動，牽扯出高層弊案。自此之後，陳水扁的親信、家人，以及民進黨籍的政治人物，一再遭人揭發醜聞，持續成為新聞媒體關注的焦點。民眾批判陳水扁政府的聲浪越來越高漲，二〇〇五年十二月，民進黨在縣市長選舉中大敗，更是讓陳水扁政府的立場雪上加霜。

二〇〇六年的夏天到秋天，發生了要求陳水扁下臺的大規模群眾運動（倒扁運動），領袖人物為前民進黨主席施明德，整個運動鬧得沸沸揚揚。十月十日雙十節當天，有十萬人在臺北市內遊行抗議，要求陳水扁下臺。陳水扁身邊的人陸續爆發金錢醜聞，令民進黨支持者大感失望，民眾對陳水扁的施政滿意度百分比掉到了二字頭（臺灣常以「滿意度」作為評鑑政府施政的指標）。

二〇〇七年初，民進黨內部決定立法委員及總統候選人的黨內初選白熱化，黨的路線也開始往臺灣民族主義的方向大幅度偏移。陳水扁由於身邊爆發多起醜聞，加上政府施政停滯不前，為了維持自身的領袖魅力，立場開始偏向獨派。他想要在兩岸關係中提升自己的重要性，再加上為了讓民進黨在總統選舉中獲得有利地位，主張發動「是否以臺灣名義加入聯合國的公民投票」（以下簡稱入聯公投或公投），並且朝著這個方向全力推進。

由於中國即將舉辦北京奧運，胡錦濤政府並不希望兩岸關係在這個時候變得緊張。但是另一方面，如果公投成立，又等於是確認臺灣為分離獨立狀態的事實（即中國所說的「法理獨立」），這是胡錦濤政府無論如何必須避免的狀況。一旦公投成立，共產黨內部一定會出現對胡錦濤領導團隊的批評聲浪。問題是如果改走強硬路線，又會引發臺灣民意的反彈，結果反而對民進黨的選舉情勢有利。想要一方面維持友善的對臺政策，一方面阻擋陳水扁政府的入聯公投，對中國來說並不是容易的事。

中國最後採取了不正面打壓臺灣，卻透過美國牽制陳水扁政府的做法。美國的布希政府也對煽動臺灣民族主義的陳水扁政府感到不安，所以決定與中國攜手合作。二〇〇七年九月，美國總統布希在一場與中國國家主席胡錦濤的會談之中，明確表達了反對臺灣入聯公投的立場。接下來，布希政府不斷釋放出即使打擊民進黨的選情也要牽制陳水扁政府的態度。在這件事情上，美中可說是共同組成了臺灣包圍網。

二〇〇七年一整年兩岸關係的焦點，就在胡錦濤與陳水扁圍繞入聯公投議題的攻防上。接近年底的時候，陳水扁敗象已露。雖然二〇〇八年總統大選即將到來，中國卻顯得成竹在胸，跟以前的態度截然不同。而且中國很清楚當前的局勢，明白「中國要是輕舉妄動，反而會落入陳水扁的陷阱，在選舉結束前按兵不動才是上策」[i]。中國對外宣佈不介入臺灣的選舉，而且也不針對兩名候選人謝長廷及馬英九進行公開評論。中國的態度，正證明了自二〇〇五年之後，胡錦濤政府疏通國民黨和美國、以各種優惠政策向臺灣人示好、擴大兩岸民間交流等積極對臺政策已然發揮了效果。此外中國也很清楚，隨著中國的國力增強及臺灣經濟對中國的依賴度提升，兩岸關係也逐漸傾向於對中國有利[4]。

在「國共合作」這個全新局勢下的第一次總統大選，一如中國的預期，由國民黨的馬英九佔了上風。選戰期間，主張擴大兩岸關係的國民黨不斷與反對的民進黨進行論戰。臺灣的選民雖然對中國依然抱持戒心，但為了打破陳水扁政府下的封閉感，選民決定接受兩岸交流的擴大，將票投給馬英九。

i　對中國全國人民代表大會某位代表（代稱 Z）的訪談，二〇〇七年十月三十日。

選戰過程Ⅰ——前期

民進黨的黨內初選

二〇〇七年三月，民進黨進入了決定提名總統候選人的初選階段[ii]。如表5－1所示，在很早的階段，就由蘇貞昌、謝長廷、游錫堃及呂秀蓮四人出線，角逐陳水扁接班人的地位。四人年紀相仿，正是日本人口中所稱的「團塊世代」[iii]。他們都是閩南系本省人，都曾經獻身民主化運動，與國民黨的威權主義體制對抗[5]。而且四人從政都已超過二十年，曾經在極為嚴苛的環境下參選，累積了相當多的經驗。呂秀蓮當過副總統，游錫堃、謝長廷及蘇貞昌都當過行政院長。作為總統候選人，他們資歷都十分足夠。

四人都曾參與制訂黨綱及《臺灣前途決議文》，擁有基本的共識，照理來說應該沒有什麼對立之處。但陳水扁為了維持自己在黨內的主導權，故意讓他們四人都以為自己

姓名	出生地、年齡	學歷	經歷
蘇貞昌	屏東縣 59歲	臺灣大學法律系畢業	屏東縣長、立法委員、 臺北縣長、黨主席、 行政院長（2006年1月～07年5月）
謝長廷	臺北市 60歲	臺灣大學法律系畢業、 京都大學博士課程期滿 （法學碩士）	立法委員、高雄市長、黨主席、 行政院長（2005年2月～06年1月）
游錫堃	宜蘭縣 58歲	東海大學政治系畢業	宜蘭縣長、 行政院長（2002年2月～05年2月）、 黨主席（06年1月～07年10月）
呂秀蓮	桃園縣 62歲	臺灣大學法律系畢業、 哈佛大學法學碩士	立法委員、桃園縣長、 副總統（2000年5月～08年5月）

表5-1　民進黨總統候選人黨內初選參選者
年齡以2007年3月為基準。
出處：筆者參照民進黨網站以及新聞報導所製成。

有機會參選總統，使其互相競爭。黨內的權力結構因陳水扁的卸任而進入重新整合的流動狀態，初選的激烈程度遠超越眾人預期。

蘇貞昌原本是謝長廷所率領的福利國連線的成員，後來逐漸傾向新潮流。蘇貞昌與陳水扁原本關係良好，但自從蘇貞昌成為陳水扁的繼任人選之一，兩人的關係逐漸緊張。蘇貞昌最為人熟悉的特點，在於親和力及行動力。只要說起「衝衝衝」，每個人都知道那是蘇貞昌的宣傳口號。他的強勢之處，在於他曾經擔任過臺灣最南端的屏東縣縣長及北部的臺北縣縣長。他利用這段期間拓展人脈，獲得了一群支持自己的民眾。除此之外，他能夠以現任行政院長的身分在各種活動上露臉，也是他的優勢之一。

謝長廷的經歷與陳水扁相似，曾經擔任臺北市議會議員及立法委員。一九九四年的臺北市長選舉，謝長廷原本跟陳水扁爭奪黨內提名候選人資格，後來讓給了陳水扁。謝長廷身為政治人物，最有名的特質在於頑強。九六年的時候，他與彭明敏搭檔參選總統慘敗，九八年就成功選上高雄市長。自從將據點轉移至高雄之後，謝長廷在南部開拓出新的支持群，成果豐碩，一躍成為黨內聲勢屈指可數的人物。二〇〇五年，謝長廷就任行政院長，但不到一年的時間，就在陳水扁的刻意安排下辭去閣揆職務。到了二〇〇六年十二月，謝長廷為了替自己的政治生涯找出活路而參選臺北市長。雖然這是一場必敗的選戰，謝長廷還是表現得可圈可點，重新恢復了聲勢。謝長廷與陳水扁互相視對方為勁敵，而且謝長廷與新潮流也是對立關係。

呂秀蓮雖然是陳水扁所統率的正義連線的成員，但不管是在派系內還是在黨內，她都被視為特立獨行的人

ii 這個時期的民進黨的黨內初選，是以第一階段的黨員投票（比重三〇％）及第二階段的民調（比重七〇％）合計來決定獲勝者。

iii 【編注】指日本於二戰後、一九四七—四九前後出生的世代。

物。她長年參與各種維護女性及弱勢族群人權的活動，同時也是爭取臺灣加入聯合國的主要推動者之一。雖然她的作為獲得了許多人的敬重，但同時也讓許多黨內人感到不安。二〇〇〇年的總統大選，陳水扁雖然指名呂秀蓮為副總統候選人，但那完全是基於選舉考量，其實陳水扁與呂秀蓮之間經常發生摩擦。

游錫堃是陳水扁的忠實支持者。二〇〇〇年陳水扁當上總統時，游錫堃就任行政院副院長，但是後來發生了八掌溪事件，游錫堃一肩扛下責任，向陳水扁請辭獲准。後來游錫堃又陸續擔任過行政院長、總統府祕書長、黨主席等職，維持著一貫支持陳水扁的作風。在臺灣的政治人物之中，游錫堃屬於處事穩健且低調的人物。但是在這一次的初選裡，他展現出了過去不曾顯露過的企圖心[iv]。在選前的支持率調查當中，蘇、謝兩人的支持率領先其他人[6]，游錫堃為了打破現況、爭取黨員支持，決定採取在臺灣民族主義的立場上積極表態的選戰策略，藉此彰顯自己與蘇、謝的不同[v]。而這與陳水扁為了維持主導權的盤算不謀而合，於是黨內初選的人事之爭，就這麼與民進黨的路線議題牽扯在一起。

二〇〇六年之後立場逐漸偏向獨派的陳水扁，在二〇〇七年三月四日推翻了當初自己為了強調中間路線而作出的「四不一沒有[7]」承諾，改以「四要一沒有[vi]」取代。消息一傳開，除了游錫堃之外，就連原本被外界認為立場接近中間路線的蘇貞昌及謝長廷，也表明不會重提「四不一沒有」，當初民進黨對外的承諾就這樣遭到太簡單的否定。游錫堃更進一步對外承諾，將以《正常國家決議文》來取代當初的《臺灣前途決議文》。事實上在一九九九年游錫堃擔任民進黨祕書長期間，正是他的全力遊說，才促使黨內順利通過《臺灣前途決議文》。

二〇〇七年五月六日舉行第一階段黨員投票，原本大家都預測蘇貞昌應該會贏，沒想到結果卻如**表 5-2** 所示，謝長廷大獲全勝。蘇貞昌立刻宣布退出黨內初選，游、呂也跟著宣布退出，因此還沒有進入第二階段的民意調查，謝長廷便已篤定成為民進黨的提名候選人。此時四人刻意在眾人面前握手言和，營造出「民進黨一旦決定提名候選人之後，就會團結一心」的形象，但是接下來黨內卻遲遲沒有建立起合作的機制。

謝長廷能夠獲勝，主要的原因包含㈠新潮流引起黨內其他派系的反感、㈡黨員懷疑蘇貞昌的能力素質、㈢

陳水扁能左右後繼人選的狀況引來質疑。以上這三點才是謝長廷獲選的主因，與謝長廷所提出的政策或路線無關。以下我們先從㊀新潮流引起黨內其他派系的反感這一點說起。自從二〇〇六年各民間團體及在野黨發起了倒扁運動之後，民進黨內部就出現了不少批評新潮流的聲浪。這是因為在表面上，新潮流的有些成員對外抨擊陳水扁總統周遭的政治腐敗現象，表現出與倒扁運動人士站在同一陣線的立場，這在其他黨員的眼裡，是在對民進黨落井下石。黨內的強硬派人士，將新潮流的代表人物及幾個走中間路線的立委一一點名出來，將他們合稱為「十一寇」[vii]。

iv 游錫堃在競選時攻訐蘇貞昌及謝長廷，譴責蘇貞昌在倒扁運動中沒有明確表態，並且譴責謝長廷的兩岸政策是意圖開放交流。

v 針對游錫堃的臺獨路線，陳水扁陣營幹部邱義仁提出的看法是「剛開始只是黨內初選的選戰策略，但後來逐漸成為心中的理念」。游錫堃原本是個穩健派人物，後來卻變成了基本教義派人物（邱義仁訪談，二〇〇七年九月四日）。

vi 「四要一沒有」為陳水扁在參加獨派團體聚會時發表的主張，即臺灣要獨立，臺灣要正名，臺灣要新憲，臺灣要發展；臺灣沒有左右路線，只有統獨的問題（〈宣示「四要一沒有」扁：臺灣要獨立〉，《聯合報》，二〇〇七年三月五日）。

vii 十一寇分別為新潮流的李文忠、林濁水、段宜康、洪奇昌、林樹山、沈發惠、蔡其昌，陳水扁派的羅文嘉、郭正亮，蘇貞昌派的鄭運鵬，以及無派系的沈富雄。

候選人	謝長廷	蘇貞昌	游錫堃	呂秀蓮
得票率	44.7%	33.4%	15.8%	6.1%
主要支持派系	謝派 反新潮流	新潮流派 陳水扁	獨派 黨系統	女性團體 人權團體

表 5-2　民進黨黨內初選的黨員投票結果

出處：筆者參照民進黨網站以及新聞報導所製成。

但若要追究其更深層的原因，其實得追溯至新潮流與其他派系之間的黨內鬥爭。自從陳水扁上臺之後，新潮流就一直是民進黨內的主流派，其成員個個在政權核心擔任要職。由於新潮流非常團結，而其他派系大多如同散沙，因此在黨內的主導權之爭中，新潮流通常能佔優勢。而且新潮流走的是中間路線，較受媒體青睞，選舉時也較容易獲勝。因此反新潮流的團體或個人不僅排持新潮流，而且還帶有一種嫉妒心態[viii]。

就在社會上盛行倒扁運動的時期，民進黨內部的勢力平衡出現了變化。面對強大的倒扁壓力，民進黨內部除了新潮流以外的勢力，大多傾向無論如何必須要和陳水扁站在同一陣線，這些人被外界稱為「保皇派」[8]。在他們的心裡，守護臺灣的本土政權比起追究政治的腐敗更加重要。一時之間，黨內的反新潮流風氣大盛，新潮流簡直成了人人喊打的過街老鼠。

一些在相同選區競爭民進黨提名資格的立委候選人，紛紛趁著這個機會詆毀及抹黑新潮流的候選人。例如主張放寬對中國投資限制的洪奇昌，被譏為「西進昌」；擔任民進黨國際部主任的蕭美琴，也被譏為「中國琴」。謝長廷的立場雖然也偏向中間路線，但他刻意保持低調[ix]，巧妙利用這個狀況讓與新潮流關係密切的蘇貞昌失勢。因為這樣的做法，讓蘇貞昌大罵謝長廷「奸巧」。

蘇貞昌雖然身為行政院長，處於較有利的位置，但或許是為了替黨內初選鋪路，在施政方面常有作秀之嫌，給人隨著媒體起舞的印象。除此之外，他還讓人有一種遭到批評就會見風轉舵的感覺，似乎缺乏自己的信念及理想，㊁黨員因而懷疑蘇貞昌的能力素質。相較之下，謝長廷給人的印象則是頑強而狡黠，就算是身陷困境也能面不改色。除此之外，蘇貞昌大陣仗地動員閣員及縣市長為自己輔選，而謝長廷卻是在沒有任何公職的狀況下競選，對比之下蘇貞昌也引來了濫用行政院資源的批評。

至於㊂的陳水扁因素，主要在於陳水扁雖然在表面上保持中立，卻在私底下支持蘇貞昌。雖然新潮流是站在批判陳水扁的立場，但陳水扁認為與其讓長年的勁敵謝長廷選上，讓蘇貞昌選上對於保持自己在黨內的影響力更加有利。游錫堃原本期待陳水扁會支持自己，後來得知陳水扁支持的竟然是蘇貞昌，毅然決定朝陳水扁發動反擊。四名候選人當中，游錫堃才對陳水扁最為忠心，但在全國的受歡迎程度略遜一籌，陳水扁打從一開始就認定他贏不了。在初選過程中，是游、謝、呂三人聯手對抗蘇、陳，他們不斷對外強調「陳支持蘇是漠視公平性的行為」。

民進黨內雖然有一些人期待陳水扁能出面協調，並且直接指名接班人選，但基於黨內的政治文化，也有一些人認為不能讓陳水扁掌握太大的權勢。因此黨員對陳水扁的支持是有條件的支持，大多數的黨員不管扁政府再怎麼腐敗，還是願意支持陳水扁，但不希望陳水扁在決定後繼人選的環節上過度發揮影響力。在黨員投票之前，各地縣市長受了陳水扁的指示而全力表態支持蘇貞昌，也因此而造成了反效果。

國民黨提名候選人之爭

在國民黨內，原本馬英九及王金平（**表5-3**）都緊盯黨提名候選人的資格，但是王金平在進行黨內初選之前就放棄了，因此馬英九直接成為國民黨的提名候選人。馬英九在一九五〇年出生於香港，父親馬鶴凌則是中國湖南省籍，在國民黨的體制內擔任黨公職。以年齡而言，馬英九屬於第一代外省人之中最年輕的族群。他

viii 民進黨在二〇〇六年七月決議解散黨內派系，但這其實是反新潮流為了打擊新潮流的手段。

ix 謝長廷在就任行政院長的二〇〇五年二月，曾指出「憲法一中」（中華民國憲法內含一個中國的框架）的問題。此外，對於陳水扁與宋楚瑜合作，他也表現出支持立場，主張這是政黨和解的第一步（〈謝揆VS.立委　激辯國家主權〉，《自由時報》，二〇〇五年二月二十六日）。

畢業於臺灣大學法律系，其後留學美國，在哈佛大學取得博士學位。回國後，先後擔任蔣經國的英文祕書及國民黨副祕書長等職務，在四十出頭獲李登輝拔擢為法務部部長。馬英九算是中國國民黨的黨國體制所培育出來的政治菁英。父親一心期待馬英九能成為「報效黨國」的人物，而馬英九一路走來確實符合父親的期待。馬英九抱持「反共愛國」思想，對於「中華民國民族主義[x]」有著堅定的信念。馬英九的政治理念，便是以此為出發點[9]。

馬英九並沒有在立法院或地方政治打滾過，因此帶有一種清新的形象。加上相貌出色、給人溫和的形象，逐漸成為媒體的寵兒。一九九八年，馬英九參選臺北市長，擊敗了當時被視為民進黨希望之星的現任市長陳水扁。當上了臺北市長之後，馬英九不僅受歡迎程度大增，政治實力也隨之擴大。二〇〇二年，馬英九以壓倒性的實力成功連任臺北市長。二〇〇五年，連戰卸下國民黨主席一職，馬英九與王金平競爭主席寶座。黨員直接投票的黨主席選舉中，馬英九獲得七十三%的選票，遙遙領先王金平[10]。這場勝利讓馬英九獲得了參選總統的極有利條件，卻也讓馬、王兩人產生了嫌隙。

但是到了二〇〇六年，社會上開始盛行倒扁運動之後，

姓名	出生地、年齡	學歷	經歷
馬英九	香港 57歲	臺灣大學法律系畢業、 哈佛大學博士	法務部長（1993年2月～96年6月）、 政務委員（96年6月～97年5月）、 臺北市長（98年12月～06年12月）、 黨主席（2005年8月～07年2月）
王金平	高雄縣 66歲	臺灣師範大學數學系 畢業	立法委員（1976年2月～現任）、 立法院長（99年2月～現任）、 黨副主席（2000年6月～05年8月）

表 5-3　馬英九與王金平的個人資料

年齡以 2007 年 3 月為基準。

出處：筆者參照國民黨網站、立法院網站所製成。

狀況有了一些變化。馬英九認為自己只要靜靜等到二〇〇八年，就一定能選上總統，因此雖然支持倒扁運動，實際上卻不希望啟動罷免陳水扁的機制，也不希望透過內閣不信任案導致立法院解散重選。因為這樣的立場，馬英九遭國民黨及親民黨中的強硬派批評為「懦弱」。

民進黨此時發動反擊，企圖挖出一些馬英九的醜聞。他們挑出馬英九每個月可運用的三十四萬元市長特別費，要求檢調單位徹底清查其中有無不當支領情事。剛開始，外界多認為民進黨這麼做只是為了模糊焦點，避免民眾一直把注意力放在陳水扁的國務機要費案上。但是接下來浮現出越來越多關於馬英九市長特別費的疑點，高檢署查黑中心於是正式對馬英九展開調查[xi]。

依照臺北市的規定，三十四萬元的市長特別費之中，有一半必須檢具發票、收據才能請領，另一半則只需申告而不需要票據證明。檢調當局細查市政府所保管的發票，發現有一些是假發票或名目不當。至於不需要發票的十七萬元，檢調發現每個月都匯進馬英九的個人帳戶，馬英九則將這些錢連同自己的薪資一同轉到妻子的帳戶內。不過馬英九依據《公職人員財產申報法》的相關規定，每年都向監察院據實申報夫妻兩人的帳戶存款餘額。民進黨批評馬英九沒有把特別費用在公務上卻匯進了私人戶頭，而臺北市政府則認定市長特別費可視為

x　主張中國民族主義的人經常被稱為統派，但其實在臺灣主張應該和中華人民共和國統一的人相當少，因此「中華民國民族主義」這樣的字眼比較精確。

xi　剛開始，原本只是一起關於不當支出的小事件。一九九九年，馬英九配合臺北市主辦的一場流浪狗領養活動，領養了一隻小狗，取名為「馬小九」。馬英九對外聲稱小狗的身體檢查費用、住院治療費用及飼養費用都是自掏腰包支付，當時成為美談。但是到了二〇〇六年九月，有民進黨立委揭發「馬小九」的飼養費用是從市長特別費支付。馬英九聲稱他原本不曉得這筆錢是由公費支出，並且立刻把當時支出的費用九千九百元還給了臺北市政府。但由於當時的市政府主計處將這筆經費當作「公務用途」，「合法」加以核銷，因而引發了外界的質疑。

一種個人所得。

對於外界的質疑，馬英九說詞反覆，一直沒有交代清楚，而且過程中還把不少錢捐到各公益團體，顯得相當驚恐。檢調偵訊馬英九本人及妻子、相關人士後，在二〇〇七年二月十三日以侵佔公款一千一百一十七萬元的罪嫌起訴馬英九，同時以詐領及偽造文書等罪嫌起訴市長室祕書余文。檢察官一起訴，馬英九立即召開緊急記者會，宣布辭去國民黨主席職位及參選二〇〇八年總統選舉。以馬英九輔佐者自居的吳伯雄接任代理主席一職。

國民黨的黨內初選，日程為四月二日公布初選名單、五月二十六日實施黨員投票及公布民調結果、五月三十日由中央常務委員會通過提名候選人[xii]。王金平雖然在黨主席選舉時大敗給了馬英九，卻沒有放棄參選總統的初衷。他心中所盤算的策略，是以「避免黨內對立」這種冠冕堂皇的理由，靠溝通協調的方式選出候選人。王金平是閩南系本省人，在日治時代的一九四一年出生於高雄州岡山郡（後來的高雄縣路竹鄉），資歷與馬英九可說是截然相反，是長年在立法院裡一路爬升上來的。

王金平年輕時因家族企業的關係而進入高雄縣工會，很快就嶄露頭角，當上工會理事長。一九七五年，三十四歲的王金平被國民黨高雄縣黨部拱出來參選立法委員（全面改選前的增加定額選舉），成功當選。自此之後，王金平就一直在立法院內累積實力，並在一九九九年二月就任立法院長。王金平在黨內及黨外都頗有人脈，政治手腕八面玲瓏，跟李登輝及連戰也都能維持良好關係。他是調和型的政治人物，不同於理念型的馬英九，擅長「坐等良機」。

二〇〇〇年之後，王、馬都累積了雄厚的實力，成為連戰底下的兩員大將，雙方一直沒有出現對立。二〇〇一年舉行國民黨全國代表大會時，已有人推測「王金平與馬英九將來必定會掌握國民黨的權力核心，帶領國民黨進入馬王時代」。但是到了二〇〇四年，大家都在議論誰會成為連戰的接班人，這時已有報導指出「馬王相爭的局面已隱然成形」。這簡直就是李登輝時代末期連戰派與宋楚瑜派在黨內激烈鬥爭的翻版。臺灣的政治文化是「贏者全拿」，因此兩人若想要延續自己的政治生命，都只能使出全力相搏。

在兩人的對立局面中，省籍差異也是不容忽略的要素。王金平在參選黨主席的時候，不管再怎麼對外省人示好，還是無法拿到外省籍黨員的票。但是另一方面，王金平也因為本省人在臺灣社會佔了大多數而抱持自信。王金平喜歡看棒球，而馬英九喜歡看籃球。這不單是個人興趣的問題，同時也反映出一般本省人與外省人的運動偏好。馬陣營的核心成員大多是外省人，而王陣營的核心成員大多是本省人。兩個族群要互相融合，絕對不是容易的事。當馬英九宣布參選總統的時候，王金平正是以「中南部有很多人都說不願意把票投給外省人」這種說法來牽制馬英九。

馬英九的醜聞，對王金平來說是一個絕佳的好機會。因為國民黨有著相當嚴格的內規，政黨提名候選人一旦遭到起訴，就會被取消提名資格。王金平的盤算，正是靠著這一點讓黨內改以協商的方式決定提名候選人。但是就在馬英九遭起訴的當天，馬陣營竟然發動了攻勢。他們在中央常務委員會上火速取消「起訴不得提名」的內規，化解了馬英九不得參選的窘境。到了這個地步，提名之爭已算是分出了勝負。王金平見大勢已去，決定不登記參加黨內初選。馬英九的特別費案從二〇〇七年四月開始審理，到八月一審判決出爐，祕書遭判有罪，但市長馬英九則因特別費使用上的慣例而認定行為不違法。二、三審都維持原判，馬英九無罪定讞。

xii 國民黨的黨員投票及民意調查的比重為三〇：七〇。但是民意調查的結果發表與黨員投票同時實施，這一點跟民進黨的黨內初選作法不同。

選戰過程II——中期

民進黨內的主導權之爭

蘇貞昌在黨內初選中落敗後，辭去了行政院長的職位。他的辭職，同時也意味著從此對謝長廷撒手不管。黨內初選期間，雙方都做出了激烈的人身攻擊，再三詆毀對方人格，不論最後是誰獲得提名，都難以補救受損的形象。進行黨員投票之前，還有週刊雜誌報導了檢調單位偵察謝長廷政治獻金案的內情。打從一開始，就有人擔心黨內初選會損及民進黨的團結，如今這個擔憂化成了現實xiii。

過了好一陣子，黨內依然沒有一致支持謝長廷的跡象。雖然設置了競選總部，各黨內大老也都列名其中，但是卻遲遲沒有實際的動作。謝長廷指名蘇貞昌為副總統候選人，兩人的關係才稍微改善。然而在黨內，「主席問題」又引發了另一場風暴。當時的主席游錫堃在初選落敗之後變得更加激進，竟然無視謝長廷反對，全力推動《正常國家決議文》。這雖然是游錫堃的競選承諾，但畢竟在初選中獲勝的人是謝長廷，而不是游錫堃。游錫堃以如此強硬的態度妨礙謝長廷的中間路線，其實也意味著獨派的勢力在黨內有擴大的跡象。在黨內初選的過程中，民進黨的意識形態逐漸從「臺灣認同」往臺灣民族主義的方向偏移。

獨派將「中華民國在臺灣」的矛盾攤在陽光下，主張應該將中華民國改為臺灣國，或是重新建立一個臺灣共和國。正因為這樣的立場，他們才會對決議文的內容如此錙銖必較。另一方面，陳水扁的立場雖然也逐漸偏向獨派，但是在陳水扁的心裡，向獨派靠攏只是打贏選戰及強化自身權力的手段。陳水扁是現實主義者，他很清楚只憑文字並沒有辦法讓臺灣朝獨立的方向前進。過去的陳水扁雖然常說出激進的言論，但是他其實一直巧妙利用「臺灣認同」與臺灣民族主義之間的模糊地帶。過去他一直走在激進路線的最前端，因此可以在觀察選情及國際局勢之後，隨時變更自己的路線方向還有速度。但如今游錫堃竟然走到陳水扁的前方，脫離了陳水扁的掌控。

游錫堃認為「不見得真的有所謂的中間選民。就算有，投票意願也不高」，因此他主張集結深綠支持者才是正確的選戰策略。相較之下，謝長廷的想法卻是「民進黨必須擴大民意基礎，跨越省籍及統獨的隔閡」，兩人的選戰策略可說是大相逕庭。身為黨主席的游錫堃希望在九月三十日的黨代表大會上通過「決議文」，積極向各地方黨部尋求支持。謝長廷要求延至選舉結束之後，但沒有被採納。

原本這次的代表大會，目標應該是凝聚黨內共識，讓所有黨員一致支持謝長廷。沒想到卻因為「決議文」問題而加深對立，原本的正事反而被拋到了一邊。陳水扁介入調停，研議出的新草案版本使用的是「早日完成臺灣正名，制訂新憲法，適當時機舉行公民投票，以彰顯臺灣是主權獨立國家」等詞句，但游錫堃要求改成「我國應制訂新憲法，國號正名為臺灣，正式向國際社會宣告臺灣為主權獨立之國家」等詞句，堅持不肯退讓。

由於游錫堃所提出的版本幾乎等同於獨立宣言，陳水扁只能趕緊滅火。陳水扁再三遊說游錫堃，但游錫堃不為所動，最後只能交付投票表決。三百二十八名黨代表之中，只有四十三人贊成游錫堃的修正案，游錫堃見自己的修正案遭到否決，旋即辭去黨主席職位，謝長廷的誓師大會也跟著停辦了。因為游錫堃辭職的關係，陳水扁重新接任黨主席。謝長廷以健康狀況不佳為由缺席黨代表大會，後來他有整整十天沒有在公開場合露臉。

游錫堃辭職之後，謝長廷的路線問題依然沒有解決。獨派對謝長廷的不信任越來越強烈，臺灣社、北社、中社、南社、東社、臺灣教授協會等獨派系的各團體發表聲明，認定謝長廷的路線只是在維持中華民國法統政

xiii 上一次民進黨進行總統選舉的黨內初選，是在十二年前的一九九五年。當時的黨內初選也引發了非常嚴重的內部對立，還有人事後感慨「早知如此不如別辦」。當時獲得提名資格的彭明敏，同樣在正式大選中慘敗。

府，並要求謝長廷為建立臺灣國作出承諾。謝長廷每次提出放寬投資中國的限制、對於過去違法投資中國的業者加以除罪化等等兩岸交流政策，都會引來黨內人士的反彈。謝長廷提出放寬臺灣企業投資中國的統一規定，改為針對不同產業設定投資上限的的競選承諾，陳水扁卻強調「在自己的任期內不會實施這項政策」，等於是對謝長廷潑了一盆冷水。

民進黨中央常務委員會之中，立場偏向獨派的蔡同榮、黃慶林等人也批評謝長廷不應該繼續獎勵臺灣企業投資中國，應該「以臺灣主體意識為優先」。立場偏向獨派的《自由時報》經常出現批評謝長廷兩岸政策的文章，十一月十六日甚至刊登了一篇名為〈含淚也投不下這一票！〉的社論，嚴厲指責謝長廷的路線是對臺灣的背叛。

謝長廷喊出了「臺灣維新」、「幸福經濟」、「和解共生」等標語，企圖營造出與陳水扁政府的路線差異。其本質其實就是在「中華民國在臺灣」的框架之內加強臺灣認同的成分，並且擴大兩岸的經濟交流。然而因為受到黨內支持勢力的牽制，沒有辦法直接了當地說出口。陳水扁也沒有理會謝長廷，只是逕自拿「臺灣名義入聯公投」等選舉議題與馬英九及國民黨論戰。整場選戰完全是由陳水扁主導，真正的候選人謝長廷的聲音反而被邊緣化。

馬英九的臺灣化路線

馬英九陣營分析了二〇〇四年連宋配的失敗原因後，採取了臺灣化路線作為競選策略。當初連戰在二〇〇〇年之後就偏離了李登輝時代的臺灣化路線。為了在基礎票上佔優勢，他所採取的競選策略是與中國意識較強的新黨及宋楚瑜的親民黨攜手合作。原本陳水扁的聲勢並不旺，但是連戰一直沒有表達關於臺灣定位的明確立場，不斷遭陳水扁以「你愛的是臺灣還是中國」這種二分法提出質疑，聲勢逐漸被陳水扁趕上，最後一刻又發生了槍擊事件，最終落敗。

馬英九陣營的結論是「在決定臺灣未來方向的總統選舉上，如果不能接納臺灣多數選民所抱持的臺灣認同意識，就算有再高的群眾魅力也會落選」。另一方面，馬英九先後與宋楚瑜及連戰都發生了檯面下的主導權之爭。馬英九與宋楚瑜雖然都是外省人，資歷也相似，卻是勁敵關係。而企圖在黨內留下一些影響力的前主席連戰派與馬英九派之間，也出現了一些明爭暗鬥。後文所提到連戰派對馬英九的臺灣化路線的批判，從另一個角度來看，其實就是國民黨內部爭奪主導權的現象。

馬英九一直關注二二八事件，也與受難者家屬交流[11]。早在二〇〇二年，馬英九就公開提及國民黨統治時期的醜陋面。不管是對二二八事件，還是對「黨外運動」及民進黨建黨背後所代表的臺灣意識抬頭，馬英九都正面以對，也試圖深入瞭解與臺灣認同意識的形成有關的歷史人物[xiv]。馬英九關於這方面的文章被統稱為「臺灣論述」，後來收錄在《原鄉精神——臺灣的典範故事》（天下遠見出版，二〇〇七年）一書中。

馬英九做這些事的意圖，除了探尋臺灣根源之外，無非也是在追溯臺灣與中國的初期交流。而且在馬英九的立場上，臺灣政治的臺灣化與蔣經國的本土化政策一脈相承。因為這些立場的關係，馬英九的「臺灣論述」並沒有獲得民進黨支持者的認同。臺灣教授協會就曾批評馬英九的「原鄉」是中國而非臺灣，馬英九抱持的依然是大中國認同意識。但無論如何，馬英九將過去國民黨的政治人物（尤其是外省籍的政治人物）從來不碰的臺灣歷史攤在陽光下，這點是不容忽略的。

xiv 馬英九所舉出的歷史人物中，包含許多日治時代的抗日烈士。這些人物確實是探尋臺灣認同意識根源的正確研究對象，但是馬英九在擔任國民黨主席時，把這些抗日烈士的照片放大張貼在國民黨本部的外牆上，因而給人一種「馬英九抱持反日立場」的印象。

在臺灣的定位上，馬英九一方面維持過去國民黨的立場，一方面慢慢將重心往「臺灣認同」的方向偏移。二〇〇六年，馬英九在接受《臺灣通信》雜誌專訪的時候，不僅肯定民進黨在一九九九年通過的《臺灣前途決議文》，而且還明言支持陳水扁在二〇〇〇年就職演講上提出的「四不一沒有」12。在這篇專訪文裡，馬英九以略帶感傷的態度坦承國民黨打壓反對勢力的歷史，率直的程度甚至超越了前述的《原鄉精神》一書。另一方面，馬英九也不斷強調自己雖然是外省人，但是有自信一定能獲得臺灣選民的理解與認同。在這個時期，馬英九的臺灣化路線正處於逐漸轉變方向的階段。國民黨有很多黨員屬於深藍立場，在意識形態上抱持著極強的中國民族主義色彩，因此就算馬英九明知道對選舉有利，還是不可能一下子大幅度變更路線。

二〇〇七年二月，馬英九陣營因市長特別費案遭起訴而大受衝擊，決定靠著更進一步強調臺灣化路線來重振聲勢。此時的馬英九不僅原本的清廉形象遭到質疑，而且還暴露了缺乏危機處理能力的問題。接下來敵人勢必會拿馬英九是外省人、臺語不流利，以及國民黨背負的歷史包袱來發動攻擊。身為馬英九的智囊兼盟友，金溥聰（前臺北市副市長）建議馬英九應該盡全力強調自己有多麼融入臺灣這塊土地。馬英九接納了這個策略。第一步，馬英九在二〇〇七年五月進行了一場縱貫臺灣的單車之旅。從臺灣的南端騎著單車直抵臺灣的北端，全長六百七十五公里。第二步，馬英九從七月起，以「long stay」（下鄉過夜）的名義，整整有三個月的時間前往臺灣各地鄉下民宅拜訪及居住。

馬英九出生於臺北的中產家庭，從小到大都就讀臺北的學校，政治經歷也都是在臺北的權力機構中累積，從來不曾真正親身體驗臺灣的鄉下生活。雖然曾經為了輔選而多次往來臺灣各鄉鎮，但馬英九畢竟沒有辦法真正理解「本土意識」的意義。所謂的「本土意識」，其實是相當廣泛的概念，並非單純的臺灣主體意識、本省人意識或反中國意識，其中還包含了農民意識及鄉下居民對臺北的反感等等。為了消除馬英九的這個弱點，金溥聰才特地提出了「long stay」的建議，希望馬英九能夠體驗普通臺灣人的生活xv。當然還有另外一個現實目的，那就是提升馬英九在中南部的知名度。

在這為期三個月的「long stay」期間，馬英九所做的事情就只是不斷在鄉下民眾的家裡借住，體驗他（她）們的工作及日常生活，靠著不流利的臺語與人民談笑。人民不管端出什麼菜色，他都吃得津津有味。如果借住的是務農的人家，就一大早起床幫忙田間工作。若必須回臺北辦事，他會在清晨趕回臺北，辦完事情後當天晚上又回到鄉下借住。這樣的選戰策略，跟當初連戰只是動員支持者舉辦集會的做法可說是有著天壤之別。

雖然這樣的做法在民進黨支持者的眼裡「攏係假」[13]，但比較中南部農村的開票結果，可以發現有一些人確實不再排斥身為外省人的馬英九，而且也接納了馬英九的臺灣認同意識。當然「long stay」的行動是否真的在馬英九的心中造成什麼變化，外人無從得知，但可以肯定他確實為變更路線而付出了努力。正是這份努力，讓馬英九與國民黨獲得了相對的優勢地位。

馬英九在臺灣化路線中付出最多心血的事情，就是設法拿掉自己身上的「統派標籤」。他強調自身臺灣認同意識的中心思想為「臺灣的前途由臺灣人民決定」，同時作出了「不統、不獨、不武」的維持現狀承諾。關於他在臺灣化路線上的具體施策，大致可分為㊀修改國民黨黨章、㊁強調臺灣論述、㊂中華民國就是臺灣、㊃改變公投方針、㊄起用蕭萬長這五點，以下分別進行論述。

xv 金溥聰聲稱舉辦「long stay」的目的是為了「鍛鍊」馬英九（金溥聰訪談，二〇〇七年九月五日）。除了金溥聰之外，大概沒有人能在談及馬英九時使用「鍛鍊」兩字。金溥聰雖然是第二代外省人，卻是在臺南出生，在高雄長大。在臺北的外省人圈子裡，像他這樣親身體驗過南部生活的人並不多。熟知金溥聰的臺灣評論家告訴筆者，金溥聰是滿族出身，雖然對中國文化有著很強的歸屬感，但並不抱持漢族中心主義，能夠理解少數民族的立場，也很熟悉「本土意識」（周玉蔻訪談，二〇〇七年十二月八日、二〇〇八年一月十三日）。

㈠修改《國民黨黨章》

國民黨高層在訂定政黨目標的《黨章》第二條之中，加入了一句「堅定『以臺灣為主，對人民有利』的信念」。這是國民黨第一次將「以臺灣為主」之類詞句納入《黨章》。此外，在規範黨員資格的第七條之中的「精神黨員」（指不具中華民國國籍者）一項，也從原本的「認同三民主義，志願與本黨共同致力國家統一者」，修正為「認同三民主義，志願與本黨共同致力國家和平發展者」，刪除了「國家統一」字樣。但是《黨章》的「前言」中「追求國家富強統一之目標，始終如一」一語並未修改，算是一種妥協。這些變更都在二〇〇七年六月二十四日的國民黨全國代表大會上表決通過。

㈡強調臺灣論述

前述《原鄉精神》一書，內容在二〇〇五年之前就已經寫好了，馬英九進一步推進，加以推廣。二〇〇七年八月，馬英九發言讚揚日治時代的日人八田與一的功績。八田是一名技師，對於嘉義、臺南地區灌溉設施的建設頗有貢獻。這似乎是馬英九第一次公開稱讚日治時代的臺灣建設[14]。乍看之下這只是不足為奇的小事，但是在國民黨的歷史觀念中，日本在殖民時期所做的建設都是為了日本帝國而做，並不值得讚揚。馬英九承認八田的貢獻，證明了他的歷史觀念正在朝著臺灣認同的方向偏移，亦即認為臺灣能夠是現在的臺灣，從前的原住民、荷蘭人、清朝、日本及中華民國都分別作出了貢獻。

再舉一個例子。二〇〇七年七月，蔣渭水文化基金會舉辦了一場座談會，邀請馬英九及謝長廷參加。馬英九在致詞中，對於蔣渭水的歷史意義給予高度評價。謝長廷反問馬英九，既然蔣渭水對臺灣來說這麼重要，為什麼蔣渭水所組成的臺灣民眾黨的後繼者有許多人在二二八事件中遭到殺害？馬英九則回應「二二八事件及白色恐怖，造成了許多冤枉、誣陷及錯誤……對於國民黨所犯的過錯，我們必須承認及道歉」。《聯合報》在報導這場座談會的時候，認定兩人的辯論是由謝長廷佔了上風，但重要的並不是辯論的輸贏，而是馬英九的論述與一九九〇年代李登輝的言論頗為相似。

㈢ 中華民國就是臺灣

在國民黨的官方意識形態之中，臺灣只是中華民國領土的一部分，並不是一個國家。但是在本土化的過程中，逐漸發展出了兩種立場，分別為ｉ「臺灣就是中華民國」及ⅱ「中華民國就是臺灣」。ｉ的立場認定臺灣為中華民國的一部分（或者該說是大部分），而統治臺灣的政權是中華民國，這樣的立場較容易被國民黨的支持者接受。至於ⅱ的立場，則把中華民國縮限在臺灣之內，喪失了未來將會統一的可能性，因此國民黨的支持者大多抗拒此立場。然而不管是ｉ還是ⅱ，相對詞都是「大陸就是中華人民共和國」，因此若站在中國民族主義的立場，這兩種情況都讓人無法接受。

雖然看起來只像是在玩文字遊戲，但是這兩句話的差異，其實就代表著「臺灣認同」與「中國民族主義」的路線之爭。馬英九曾經好幾次透過競選總部發言人蘇俊賓強調ⅱ的「中華民國就是臺灣」，企圖將這個概念變成「既成事實」。當然，這樣的發言也引來了黨內深藍支持者的反彈，但是馬陣營靠著「ｉ跟ⅱ在本質上並無不同」的解釋，結束了這場爭辯[15]。值得一提的是，「中華民國在臺灣」其實就是較為模糊化的ⅱ的概念。蕭萬長在二〇〇四年就曾提出過「中華民國就是臺灣」的論述，不過當時在國民黨的中央常務委員會上遭到了否決。

㈣ 改變公投方針

陳水扁提出「以臺灣名義加入聯合國公民投票」，可說是瞄準了「臺灣認同」及臺灣民族主義之間的界線，企圖同時拉攏兩邊的民意。公民投票的理念，是由臺灣居民投票決定臺灣的前途，這樣的理念可以同時被「臺灣認同」及臺灣民族主義兩者所接納。至於推動以臺灣名義加入聯合國，等同於追求建立臺灣國，屬於臺灣民族主義的範圍；如果反對這麼做，那就進入了中國民族主義的範圍。就根本上來說，國民黨是反對公投的。這是因為國民黨擔心如果不斷舉行公投，最後可能會發展成以公投讓民眾決定要統一還是臺獨。陳水扁正是利用這一點，企圖牽制不斷追求臺灣化的馬英九。

但是馬英九卻在公投議題上緊咬不放，並沒有受到牽制。二〇〇七年七月四日，國民黨壓下了黨內保守派的聲音，在中央常務委員會上通過「推動以任何名義加入聯合國公民投票」的決議[16]。這項決議讓國民黨的立場有了一百八十度的轉變。由於乍看之下國民黨似乎是受了民進黨的挑釁而騎虎難下，頓時引來臺灣內外人士的錯愕與批評。《中國時報》評論家夏珍嚴厲批判「笨得像豬一樣的國民黨，這一回在入聯公投上亦步亦趨」[xvi]，連戰及宋楚瑜也表達強烈反對之意，中國當然也嚴厲抨擊國民黨的態度轉變。從中國的立場來看，臺灣的公投完全是臺獨派搞出來的把戲。但是馬陣營的意圖，其實是藉由在公投議題上提出與民進黨對等的方案，將雙方的戰場轉移到「臺灣認同」的內部。也就是讓雙方的立場由「中國民族主義與臺灣認同的對決」，轉變為「臺灣認同之內的對決」。這麼一來，就可以讓過去被民進黨視為殺手鐧的公民投票失去殺傷力。

㈤ 起用蕭萬長

蕭萬長是與李登輝有著極深淵源的本土派人物[xvii]，曾經受陳水扁總統延攬而加入「經濟發展諮詢委員會」，也曾擔任總統的經濟顧問。據說他擔任經濟顧問，就連當時任職臺北市長的馬英九也頗有微詞。後來蕭萬長在政壇幾乎沒有引發任何話題，處於半隱退的狀態。為什麼馬英九要指名半隱退的蕭萬長作為副總統候選人呢？這應該是基於兩點考量。第一點，蕭萬長是臺灣南部（嘉義市）出身的本省人，與北部出身的外省人馬英九形成互補，有助於推動臺灣化路線[xviii]。

第二點，蕭萬長可成為擴大兩岸經濟交流的推手。在一九九〇年代前期，蕭萬長不僅是經濟方面的閣員[xix]，而且還是「亞太營運中心」計畫的主要策劃者。這個計畫在一九九六年因李登輝的限制對中投資政策而緊急喊停，從此遭到凍結。馬英九在接受前述《臺灣通信》的專訪時，曾提到有意重啟「亞太營運中心」計畫[xx]。不過這畢竟是十五年前提出的計畫，到了二〇〇六年已有些過時，因此馬英九當下的想法，是以兩岸經濟交流為主軸，讓臺灣成為物流、運輸、製造、服務及觀光業的「樞紐」。

xvi 中時電子報主筆夏珍特稿，〈謝長廷會被阿扁氣到吐血〉，《今日晚報》，二〇〇七年七月二十六日。

xvii 《自由時報》的資深記者鄒景雯，依據對蕭萬長的專訪內容，出版了《蕭萬長政治秘錄》（臺北：四方書城，二〇〇三年）。根據本書中的描述，在二〇〇一年臺聯創黨之前，李登輝、黃主文及蕭萬長曾經密會，私下說定由蕭萬長擔任臺聯的領袖。但蕭萬長在最後一刻改變心意，因此後來才改為由黃主文就任臺聯的黨主席。在國民黨的眼裡，這已經有一點接近背叛的行為。

xviii 這件事其實另有隱情。在李登輝時代，蕭萬長是負責攻擊宋楚瑜的人物，但後來不受連戰重用。二〇〇三年，由於宋楚瑜與連戰攜手合作，蕭萬長遭到了排擠。因此對馬英九來說，蕭萬長是能夠用來牽制自己長年明爭暗鬥的宋楚瑜、連戰的一張牌。只要善加利用蕭萬長，就能夠阻擋來自宋楚瑜與連戰的妨礙，堅守臺灣化路線。而實際上，蕭萬長確實也全面支持馬英九的臺灣化路線。

xix 【編注】一九九〇—九三年為經濟部長，一九九三—九四年為經建會主委。

xx 這是二〇〇六年六月的專訪，馬英九在當時就已提出「亞太營運中心」的想法，這或許意味著他在當時就已決定要拉攏蕭萬長。

在背後支持著馬英九臺灣化路線的主要人物，有競選軍師金溥聰、曾經在國民黨內部經歷大小權力鬥爭的老練政治家關中，以及國民黨主席吳伯雄。金溥聰與關中都是外省人，吳伯雄則是客家人。金溥聰負責馬英九的媒體策略及文宣，關中負責在黨內正當化馬英九的路線，而吳伯雄則是馬英九的輔佐者兼統籌協調者。黨內批判馬英九路線的主要人物，為丁守中、蔣孝嚴、帥化民、李慶安、洪秀柱等外省籍的立法委員17。從新黨及親民黨回歸的人也表達了強烈不滿。連戰甚至數次公開批評馬英九的臺灣化路線，試圖動搖馬英九。

國民黨主席吳伯雄在表面上不斷訴之以理，強調「臺灣的選民非常多元，馬英九一定要貼近中間選民才有希望勝選」，私底下則親自拜訪強硬派的立法委員及深藍支持者，一一安撫。有時動之以情，希望他們「共體時艱」，有時也表現出強硬態度，要求眾人不要破壞黨內團結。為了避免黨內出現路線之爭，吳伯雄可說是盡了最大的努力[xxi]。雖然泛藍陣營的中國民族主義立場並沒有改變，但是馬英九憑藉核心團隊的力量，盡可能讓候選人、政黨及支持勢力凝聚一心。他雖然不是黨主席，卻能讓自己的路線在外人眼裡彷彿像是國民黨的路線。

在二〇〇七年的二月到九月這段期間，民進黨的立場逐漸從「臺灣認同」偏向臺灣民族主義，而國民黨的立場卻是逐漸從中國民族主義偏向「臺灣認同」，兩黨的方向變更幾乎是同時進行。民進黨的路線變更，也可視為是往左翼的方向偏移。民進黨認定二〇〇八年的總統大選是臺灣民族主義與中國民族主義的對決。在陳水扁的率領之下，民進黨不斷攻擊馬英九，說他是終極統一的信奉者。但是馬英九陣營從頭到尾只是強調「不統、不獨、不武」，把目標放在廣大的「臺灣認同」選民身上。

馬英九甚至特地拜訪日本，強調他「當選後也不會進行統一協議」的立場，化解了民進黨所發動的「馬英九＝中國民族主義」的攻勢。但是事實上民進黨並不在乎馬英九的立場。說得更明白一點，民進黨不把馬英九的臺灣化路線放在眼裡。例如某記者在其報導中，描述了陳水扁幕僚表現出對馬英九嗤之以鼻的態度18。他們認為本省人絕對不會把票投給馬英九。

《聯合報》經常提出「臺灣沒有統獨之爭，只有獨與不獨之爭」這種論述19。民進黨的路線轉換，正符合了《聯合報》所期望的選戰形勢。當然臺灣的選民並不見得都清楚理解這樣的選戰形勢，但是對於臺灣的定位，許多人都有自己的一套看法。臺灣人對於臺灣定位這個字眼，可說是相當敏感。雙方陣營的路線變化，正是讓二〇〇八年總統大選分出勝負的重要關鍵。

選戰過程Ⅲ——後期

雙方陣營的輔選狀況

二〇〇八年的一月進行了立法委員選舉，三月立刻就是總統選舉[20]。總統的任期為四年，而立法委員的任期為三年，上一次兩種選舉如此接近，已經是十二年前的事了。由於間隔只有短短的兩個月，讓這兩場選舉緊密地結合在一起。首先，我們試著比較雙方陣營對候選人的輔選狀況。國民黨在主席吳伯雄的推動下，建立了對馬英九提供全面支援的陣仗。民進黨則如同前文所述，謝長廷、陳水扁及游錫堃持續爭奪著主導權。國民黨內部雖然對馬英九的臺灣化路線也有一些反彈聲浪，但是被壓了下來。相較之下，民進黨候選人謝長廷提出的「和解共生」與主席游錫堃的激進路線互相衝突，導致民進黨沒有辦法在選戰中好好佈局。二〇〇〇年的選舉，

xxi 對黃鴻鈞的專訪（二〇〇七年十二月八日、二〇〇八年一月十三日、二〇〇八年三月十一日）。黃鴻鈞是國民黨主席吳伯雄的親信，關於吳伯雄角色職責的敘述皆依據這些專訪內容。

民進黨主席林義雄及祕書長游錫堃（當時）都全力支持候選人陳水扁，讓陳水扁能夠在競選活動上放手一搏[xxii]。

但是到了二〇〇八年，兩黨的輔選狀況可說是天差地遠。

光是看立法委員選舉，兩陣營內部的準備程度便截然不同。當民進黨內部還因為《正常國家決議文》而吵鬧不休的時候，國民黨早已開始進行選舉前的準備工作。後來民進黨模仿日本「郵政選舉」的「刺客」手法[xxiii]，推出「雷雨奇兵」計畫，對外公開招募立委候選人，但只招募到一些缺乏知名度及實際政績的年輕人，因此計畫最後以失敗收場。在國民黨方面，原本外界都認為國民黨要與親民黨及無黨籍候選人在選區分配上達成共識極為困難，但主席吳伯雄親自指揮大局，成功避免了陣營內鬥、兩敗俱傷。國民黨內部有著「總統選舉的成敗取決於立委選舉結果」的共同體認，因此在爭取席次上表現出了強烈的企圖心。相較之下，在民進黨內部，陳水扁抱持與國民黨相同的看法，謝長廷則似乎認為立委選舉若選得不好，總統選舉時選票會因為反作用力而回流，因此黨內的態度並不同調。

民進黨因為內部紛爭的關係，沒有多餘的心思與臺聯談合作。臺聯這邊也欠缺協調能力，導致泛綠陣營候選人之間的選區分配調整工作遲遲沒有進展。臺聯的現任立委廖本煙、黃宗源、黃適卓、尹伶瑛等人各自在自己的選區內摸索與民進黨合作的方式，卻遭臺聯開除黨籍，使得民進黨與臺聯的關係在選前更加惡化。因這時產生的嫌隙，臺聯祕書長錢橙山竟在總統選舉時宣布支持馬英九[xxiv]。

由於選情不利，為了挽回頹勢而提出的主張反而引來更嚴峻的黨內對立。謝長廷刻意與激進化的民進黨保持距離，與兼任黨主席的陳水扁之間也沒有互動，這點引起了媒體的關注。雖然有人認為民進黨是採雙箭頭作戰，由陳水扁靠著激進的言論鞏固獨派的支持，同時由謝長廷以穩健路線獲取中間選民的支持。但在實際上，民進黨不管是在路線方面還是人員方面都處於分裂狀態，沒有辦法做到選戰策略的協調統一。到了立委選舉的一個月前，國民黨的優勢地位越來越明顯。

公民投票與轉型正義

民進黨安排在立委選舉的同時舉行公民投票，但最後公投並沒有過關。游錫堃雖然提出了「討黨產公投」，假如此一公投通過，依照現行法規民進黨要如何沒收國民黨的黨產？民眾不認為民進黨做得到，而民進黨也沒辦法提出具有說服力的做法，這個公投議題反而突顯出了民進黨政府的無能。因為民進黨掌握行政權已有長達八年的時間，即便在立法院遭到國民黨的阻撓，但整整八年都無法突破黨產問題，畢竟說不過去。另一方面，「以臺灣名義加入聯合國公投」的狀況也同樣尷尬。一來公投本身遭到中國及美國的強烈反對，二來就算公投通過了，在當時的國際政治大環境之下，對於提升臺灣的國際地位也沒有助益。

不過公投戰術失敗，問題並不在於公投本身，而在於陳水扁政府干涉公投的做法，強行綁定與立委選舉、總統選舉同時舉行，給了民眾一種「公投只是民進黨增加選票的手段」的印象[xxv]。若撇開這個部分不談，在民

xxii 邱義仁是陳水扁在二〇〇〇年及二〇〇四年的競選軍師。筆者曾問他：「影響總統大選勝敗的關鍵因素是什麼？」他回答：「關鍵就在於哪一邊的陣營比較團結。」（邱義仁訪談，二〇〇七年九月四日）。

xxiii 【譯註】「郵政選舉」指日本第四十四屆眾議院議員大選。當時因郵政民營化相關法案在參議院遭到否決，首相小泉純一郎解散眾議院全面改選，因而有此稱呼。這次選舉自民黨不提名當初反對法案的所有議員，並且在這些議員的選區投入大量臨時招募的候選人與其對抗，因而被揶揄為派出「刺客」。

xxiv 錢橙山在立委選舉結束後辭去臺聯祕書長職務，從此退出政壇。筆者曾問他：「如果臺聯跟民進黨在立委選舉中能夠好好合作，現在會有什麼變化嗎？」他坦白回答：「我應該會支持謝長廷。」（錢橙山訪談，二〇〇八年三月十二日）。

xxv 立場偏向泛綠的《自由時報》，也曾批評公民投票「淪為催票的工具」（〈政治操弄　公投傷痕累累〉，《自由時報》，二〇〇八年三月二十三日）。

進黨的長年推動之下，民眾對公投的認知已然提升，就連國民黨也無法漠視這股潮流，只好跟著民進黨一起拋出公投議題，這點筆者在前文已經談過。

到了二〇〇七年十一月，陳水扁政府在「一階段投票或兩階段投票」的公投方式爭議上表現出強硬的態度，反而給了國民黨抵制的藉口，同時也讓中間選民喪失了投票意願。在導致這個致命性失敗的過程中，最引人注意的就是原本無權干涉投票方法的新聞局長謝志偉（閣員）的發言。與立委選舉一起舉行的「討黨產公投」最後只有二十六・三％的投票率，宣告失敗。這個低投票率同時也意味著三月與總統大選一同舉行的「入聯公投」大概也不會過。

另外，民進黨在處理轉型正義（指對威權主義體制時期政府打壓民意及侵犯人權的行為進行總檢討）問題上也犯了戰術性的錯誤。選舉期間，民進黨不斷針對二二八事件、白色恐怖、國民黨漠視人權的行為及馬英九在三十年前的發言提出嚴厲批評，但是這麼做並沒有辦法提升中間選民的支持率。關於中正紀念堂的一連串騷動，對民進黨更是造成扣分的效果。二〇〇七年四月，陳水扁政府將中正紀念堂的名稱變更為「臺灣民主紀念館」，到了同年十二月，又將中正紀念堂正面入口處的「大中至正」牌匾文字變更為「自由廣場」[xxvi]。由於這些舉動並沒有經過立法院的審議及表決，給人硬推蠻幹的感覺。而且民進黨推動這種引發爭議的政策，竟不見身為主管機關最高負責人的教育部長出面說明，反而是教育部的主任祕書每天都在媒體面前表現出一副強硬的態度[xxvii]，更是讓人一頭霧水。

相較之下，撤除蔣介石銅像的行動一直在全臺各地低調進行著，並沒有造成什麼混亂的場面。像這樣的行動，即便是為了實現轉型正義，一旦以太過強硬的手段執行，反而容易讓人對陳水扁政府的八年執政產生負面觀感。公投問題與中正紀念堂問題的共通點，在於民進黨所認定的正義並不見得能夠獲得臺灣大部分民眾的支持。民進黨在這方面的認知及對於選情影響的判斷都太過樂觀，應對的策略也越來越激進。

除此之外，雙方陣營的媒體策略也有很大的不同。陳水扁的妻子吳淑珍以健康狀況不佳為由拒絕出庭接受審判，立委選舉當天卻到場投票，而且投票的影像還不斷在當天的電視新聞上播放，這樣的做法顯然誤判了中間選民的反應。除此之外，民進黨幹部大力抨擊國民黨，以及前述新聞局長及主任祕書的言行，獨派人士看了當然大呼痛快，卻造成了部分中間選民的反感[xxviii]。

立法委員選舉結果出爐，民進黨大敗，當天晚上陳水扁面色凝重地宣布辭去黨主席職位。到了隔天，謝長廷在高雄的一場集會上與蘇貞昌一同朝民眾深深鞠躬，表示會深刻反省。雖然這一幕成為電視新聞的頭條畫面，但除此之外，新聞上還報出了扁政府相關人士在選後破口大罵國民黨的畫面，以及王世堅（臺北市第二選區落選）在選前承諾如果國民黨在臺北市八個席次全上就要跳海的畫面。原本民進黨想要塑造出虛心認錯的形象，這下子全被搞砸了。

在國民黨這方面，主席吳伯雄刻意壓下了黨內的歡樂氣氛。立委選舉大勝之後，有黨部員工想要開香檳慶祝，吳伯雄立即阻止。他當著鏡頭召集所有黨內幹部，臉上的表情相當嚴肅。這突顯出的並不只是媒體策略的差異，更重要的一點，是從中可看出陣營的向心力完全不同。二〇〇〇年選舉時的狀況，剛好跟這一次完全相反，國民黨亂得像一盤散沙，而民進黨成功塑造出了上下一心的形象。一般外界對民進黨的評價是「非常擅長選舉」，但是這一句話並不適用於二〇〇八年。

xxvi 馬英九上臺之後，又將「臺灣民主紀念館」的名稱改回了「中正紀念堂」。但是正面入口處的牌匾文字並沒有改回「大中至正」，依然維持「自由廣場」字樣。

xxvii 【編註】時任教育部長為杜正勝，其主任秘書為莊國榮。

xxviii 對於新聞局長謝志偉在造勢集會上大唱饒舌歌的行為，民進黨內部也有人批評「簡直像小丑」。另外對於教育部主任祕書的發言，謝長廷競選總部也表達了遺憾之意。

馬英九與謝長廷的訴求

國民黨在立委選舉中的全面勝利，讓馬英九的優勢更加明顯。雖然有人認為國民黨能夠大獲全勝，是因為立委選舉採取的是單一選區制，實際上雙方陣營的實力相去不遠。但只要進行縝密的計算，便可發現謝長廷陣營不可能反敗為勝。

馬英九的政見，主打的是清廉施政及振興經濟。他所提出的主要競選承諾，包含六三三（經濟成長率六%、國民所得三萬美金、失業率三%以下）、愛臺十二建設（十二項振興經濟政策）及兩岸共同市場。六三三簡單明瞭，成功受到選民的期待。兩岸直航及開放大陸人士來臺觀光等擴大兩岸交流的承諾，也足以打破扁政府所帶來的受困。但是如果只強調擴大兩岸經濟關係，容易遭人貼上統派標籤，反而對選情不利，因此馬英九同時也強調臺灣化路線，藉此取得平衡。中國在表面上沒有採取任何介入選舉的行動，也極少對臺發言，因此在臺灣的選民眼裡，馬英九似乎已經掌握了主導權，正在積極改善兩岸關係。

在民進黨方面，陳水扁因為立委選舉失敗而卸下黨主席職務，由謝長廷兼任。直到這一刻，謝長廷才終於掌握了選戰的主導權。謝長廷提議與國民黨合作組成ＣＥＯ內閣，藉此來測試水溫，同時也強調自己在擔任高雄市長任內的政績，順便批評馬英九擔任臺北市長期間幾乎毫無作為。另一方面，謝長廷也陸續拋出各種議題，包含質疑馬英九疑似持有綠卡，以及強調如果讓馬英九當選，其權力會過度膨脹而沒有辦法受到制衡等等。至於馬、蕭所提出的兩岸共同市場，謝長廷則批評為「一中市場」，企圖誘發選民的危機意識，但是效果相當有限。

謝長廷一心想著要與陳水扁切割，並沒有把心思放在推動「入聯公投」上[xxix]。在兩岸關係上，他承諾只要他當選總統，就會在三個月內擴大實施兩岸包機政策。此外，他一再強調他的政見與馬英九「完全不同」，因為馬英九沒有臺灣主體意識，所以馬英九推動三通就是賣臺，而自己推動就是為臺灣謀福利，但選民實際上不太能分辨其中的差異。

謝長廷打選戰的方式，與陳水扁競選時截然不同。陳水扁所採取的戰術，是走遍全臺灣，盡可能與多一點的選民握手。而謝長廷卻是盡量減少掃街拜票的次數，只是待在臺北不停召開記者會或參加辯論會，透過媒體宣傳自己的理念。陳水扁時期的競選總部在媒體應對及造勢集會的企劃調整上表現得可圈可點，相較之下謝長廷的競選總部甚至還發生過聯繫出錯或臨時取消活動的烏龍。

陳水扁的競選策略是吸引越多人來參加輔選工作越好，謝長廷的競選策略卻從頭到尾只是在自己的團隊之內運作。陳水扁的競選團隊相當開放，要見到幕僚並不困難；謝長廷的競選團隊相當封閉，要取得會面許可並不容易，在採訪者之間的評價並不佳[xxx]。陳水扁的競選團隊非常重視網路上的宣傳，在每個細節上都展現出了創意，而謝長廷的競選團隊則似乎少了這方面的細心及巧思。舉例來說，就連相當重要的政策白皮書，也只是將WORD檔案直接放在網路上，甚至沒有放競選總部的標誌，排版也沒有經過設計[xxxi]。

到了選戰接近尾聲的時候，發生了一起衝突事件，有四名國民黨立法委員闖入謝長廷的競選總部大樓[xxxii]。

xxix 為了宣傳「入聯公投」，臺南縣長蘇煥智曾提議舉辦一場從臺灣南端走到北端的大遊行，但是謝長廷的競選總部並沒有採納（蘇煥智訪談，二〇〇八年三月十二日）。

xxx 對《自由時報》謝長廷專屬記者（代稱W）的訪談（二〇〇八年一月十四日、二〇〇八年三月二十四日）。

xxxi 從謝長廷的官網上下載白皮書，可以取得兩個文件檔，分別名為《創造工作機會的經濟發展策略》及《社會福利主張》，連謝長廷的「謝」字也看不到（「謝長廷全球資訊網」，http://www.frankhsieh.com/，二〇〇八年二月二十三日連結，此網站現已不存）。

xxxii 這起事件發生在距離選舉日非常近的三月十二日晚上，發生地點為謝長廷競選總部。這一天，有四名國民黨的立法委員擅自進入謝長廷的競選總部大樓，質疑競選總部的租賃契約有問題。四人立刻遭競選總部的職員及支持者們包圍，形成前來救助的警察和謝長廷的支持者們互相對峙的場面。國民黨立法委員打著調查的名義擅闖對手的競選總部大樓，頓時讓國民黨蒙上了粗暴、蠻橫的形象。【編注】四人分別為費鴻泰、羅明才、陳杰及羅淑蕾。

馬英九陣營在這件事情上表現出了低姿態，甚至還召開了道歉記者會。此外，馬英九在提及西藏問題的時候，對中國政府高層也毫不留情地批判。在投票日前幾天的辯論會上，馬英九還強調自己「燒成灰都是臺灣人」。經由這種種發言，可以看出至少在投票日之前，至少在言詞上，馬英九的臺灣化路線都沒有露出絲毫破綻。而且馬陣營還投入大量資金作為宣傳費用，不斷在電視上播放「我們準備好了」的宣傳廣告。

投票結果分析

概況與投票率

二〇〇八年三月二十二日的投票結果如**表5-4**，馬英九得到七百六十五萬九千零一十四票，謝長廷得到五百四十四萬四千九百四十九票，馬英九大贏二百二十一萬四千零六十五票。馬英九的得票率比二〇〇四年的連戰得票率增加了八．五個百分點，達到五八．四%。這個得票率為歷屆總統選舉最高，甚至超越了一九九六年的李登輝得票率。相較之下，之前每次總統大選民進黨的得票率都比前一次高，但是這一次卻降低了。謝長廷的得票率只有四一．六%，比上一次的陳水扁得票率少了八．六個百分點，以票數來看少了一百零三萬票。上次支持陳水扁的選民，有大約一六%在這次選舉中改為支持馬英九。民進黨的得票率，掉回了二〇〇〇年的水準。雖然臺灣的政治結構依然是兩大陣營對決，但是雙方勢力

候選人	謝長廷	馬英九	兩人的差距
得票數	5,444,949	7,659,014	2,214,065
得票率	41.55%	58.44%	16.90

表5-4　2008年總統選舉的投票結果
出處：筆者參照中央選舉委員會的資料所製成。

強弱卻有了天壤之別。

從**表 5－5** 可以看出，代表民眾關心程度的投票率若與二〇〇四年相比，掉了四・〇個百分點，只有七十六・三%。若與投票率最高的二〇〇〇年相比，更是掉了六・四個百分點，由此可看出臺灣的選舉熱度正在明顯降溫。不過由於有投票權的選民人數逐年增加，因此有效票數比前一次的大約一千二百九十一萬票多了約十九萬票，來到約一千三百一十萬票。值得一提的是在二〇〇四年選舉的時候，雙方得票數極為接近而無效票太多，引發了不小的爭議。這次由於有效票的認定標準放寬加上選舉委員會全力宣導，因此無效票數又回到了平均值。

縣市、鄉鎮市區、投票所三層級的分析

縣市層級

首先筆者想要利用較容易比較的民進黨的數值，比較二〇〇八年與二〇〇四年的縣市層級得票率差異。**表 5－6** 為二〇〇八年與二〇〇四年的全臺灣二十五縣市的民進黨得票率，依照二〇〇八年的得票率高低排列。謝長廷得票率最高的五個縣市為臺南縣、嘉義縣、雲林縣、高雄縣及屏東縣。這五個縣市與二〇〇

	選民人數	總投票數	有效票數	無效票數	投票率
1996 年	14,313,288	10,883,279	10,766,119	117,160	76.0%
2000 年	15,462,625	12,786,671	12,664,393	122,278	82.7%
2004 年	16,507,179	13,251,719	12,914,422	337,297	80.3%
2008 年	17,321,622	13,221,609	13,103,963	117,646	76.3%

表 5-5　總統選舉的選民人數及投票率
出處：筆者參照中央選舉委員會的資料所製成。

	2004 年	2008 年	變動幅度
臺南縣	64.79%	56.15%	-8.64%
嘉義縣	62.79%	54.44%	-8.35%
雲林縣	60.32%	51.53%	-8.79%
高雄縣	58.40%	51.41%	-6.99%
屏東縣	58.11%	50.25%	-7.86%
臺南市	57.77%	49.29%	-8.48%
宜蘭縣	57.71%	48.58%	-9.13%
高雄市	55.65%	48.41%	-7.24%
嘉義市	56.06%	47.61%	-8.45%
彰化縣	52.26%	42.41%	-9.85%
澎湖縣	49.47%	42.07%	-7.40%
臺中縣	51.79%	41.16%	-10.63%
臺北縣	46.94%	38.94%	-8.00%
臺中市	47.34%	38.26%	-9.08%
南投縣	48.75%	37.97%	-10.78%
臺北市	43.47%	36.97%	-6.50%
桃園縣	44.68%	35.36%	-9.32%
新竹市	44.88%	35.30%	-9.58%
基隆市	40.56%	32.27%	-8.29%
苗栗縣	39.25%	29.01%	-10.24%
臺東縣	34.48%	26.68%	-7.80%
新竹縣	35.94%	25.98%	-9.96%
花蓮縣	29.80%	22.52%	-7.28%
金門縣	6.05%	4.87%	-1.18%
連江縣	5.76%	4.84%	-0.92%
臺灣整體	50.11%	41.55%	-8.56%

表 5-6　各縣市的民進黨得票率變化（依照 2008 年的得票率順序）

出處：筆者參照中央選舉委員會的資料所製成。

四年陳水扁得票率最高的五個縣市完全相同。此外，最低的五個縣市由低至高為連江縣、金門縣、花蓮縣、新竹縣、臺東縣。除了新竹縣及臺東縣的順序對調了之外，也與二〇〇四年陳水扁得票率完全相同。由此可看出民進黨的縣市層級支持結構除了所有縣市的得票率都往下掉了之外，與二〇〇四年相比並沒有任何變化。

上次跟這次的選舉都是一對一的選舉，因此只要把民進黨的得票率高低順序顛倒過來，就是國民黨的得票率高低順序。跟二〇〇四年比較起來，兩黨的得票率發生了非常大的變化，政治局勢可說是截然不同，但是縣市層級的支持結構並沒有什麼改變。由此可知藍綠選民的投票行為到了二〇〇八年還是維持原狀。但如果觀察變動幅度，就可看出差異，這一點將在後文詳述。

鄉鎮市區層級

透過縣市層級的分析，我們發現兩黨的基本支持結構都跟上一屆沒有什麼不同。接著筆者想要分析縣市底下的鄉鎮市區層級，看看是否會得到相同的結論。

二〇〇八年全臺灣共有三百六十八個鄉鎮市區。觀察謝長廷在這鄉鎮市區層級的得票率，果然不出所料，不同地點的得票率差距非常大。舉例來說，謝長廷在雲林縣水林鄉的得票率高達六七・八%，但是在臺北市文山區卻只有二七・八%。接著筆者以全部三百六十八個鄉鎮市區的民進黨得票率為母體，計算出二〇〇四年與二〇〇八年的標準差，列於**表 5－7**。

二〇〇四年的標準差數值為一六・七〇。以代表選舉得票率離散程度的標準差而言，這樣的數值可說是非常大。二〇〇八年降到了一五・四六，但依然算是相當可觀的數字。由此可看出投票傾向的離散程度在鄉鎮市區層級是相當明顯的。這意味著透過特定價值觀、族群意識或謠言、傳聞等要素所形成的集團性投票行為特徵，在鄉鎮市區這種與一般民眾生活最貼近的行政單位內，表現得最為明顯。不管是民進黨還是國民黨，都可看出這個現象。

投票所層級

接下來就跟前幾次的選票分析一樣，筆者想要針對兩名候選人的得票率在臺灣的投票所層級所表現出的

	2004 年	2008 年
標準差	16.70	15.46
得票率平均值	48.34%	40.38%
最大值	77.34%	69.55%
最小值	3.56%	2.92%
母體數	368	368

表 5-7　民進黨在鄉鎮市區得票率的標準差
出處：筆者參照中央選舉委員會的資料所製成。

傾向進行分析。在這次二〇〇八年的選舉中，全臺灣共有一萬四千四百零一處投票所，每一處投票所的平均選民人數為一千二百零三人，規模相對均等。

接下來筆者將計算出投票所層級的標準差，確認得票率的差距程度。根據計算如**表 5－8**，可知馬英九及謝長廷的全投票所得票率標準差為一三・四七（由於候選人只有兩人，所以兩人的標準差會完全相同）。這個數值與二〇〇四年的一四・三七比起來小了一點，但依然算是相當高，由此可看出謝長廷、馬英九的投票所層級得票率差距也相當大。

接著我們繼續深入觀察投票所層級的細部狀況。全部共一萬四千四百零一處投票所，依照謝長廷的得票率高低順序排列，可計算出謝長廷的得票率在七〇％以上的投票所共有二百一十九處，比二〇〇四年陳水扁的八百六十處大幅減少了許多。另一方面，謝長廷的得票率未滿一〇％的投票所共有三百二十四處，比二〇〇四年陳水扁的二百四十四處增加了。同樣的數值，以國民黨的立場來看，得票率在九〇％以上的投票所，二〇〇四年連戰為二百四十四處，二〇〇八年馬英九增加為三百二十四處。換句話說，民進黨的得票率未滿一〇％而國民黨得票率在九〇％以上、投票行為極端的投票所竟然多達三百二十四處，難怪標準差的數值會那麼高。

謝長廷的得票率最高的投票所，第一名為臺南縣官田鄉西庄村，得票率九二・五％；第二名則是同縣同鄉的東庄村，得票率八七・七％。這第一、二名為陳水扁的故鄉，分佔第一、二名的情況也與陳水扁參選時相同。第三到第五名都在嘉義縣內，第三名為新港鄉南崙村，得票率八五・二％；第四名為義竹鄉溪洲村兩處投票所之一，得票率八五・一％。第五名為番路鄉觸口村兩處投票所之一，得票率八二・九％。嘉義縣的這三處投票所都是民進黨實力派人物陳明文（前縣長）的地盤。謝長廷在這裡獲得高得票率，證明了這裡是民進黨透過地方派系所獲得的強勢地盤。

另一方面，馬英九的得票率最高的五個投票所（亦即謝長廷得票率最低），第一名為屏東縣來義鄉義林村，得票率九九・二％，這裡是排灣族的聚落。第二名為高雄縣燕巢鄉安招村四處投票所之一，得票率九八・七％，安招村為榮民之家（退役軍人及其家眷的照顧機構）的所在地。第三名為連江縣北竿鄉坂里村、白沙村、芹壁村三村的共同投票所，得票率九八・三％，這是位於馬祖島上的村子。第四名為高雄縣岡山鎮忠孝里四處投票所之一，得票率九八・三％，這裡有著提供給退役軍人及其家眷居住的眷村社區。第五名為桃園縣八德市大信里四處投票所之一，得票率九八・三％，大信里也同樣是榮民之家所在地。馬英九在這些投票所獲得高得票率，理由相當明顯，因為原住民、退役軍人及離島本來就是傳統的國民黨票倉。

話雖如此，但是這些地點的得票率還是高得嚇人。透過微觀的觀察，我們已確認藍綠選民的極端投票行為在這二〇〇八年總統選舉依然是存在的。

	謝長廷	馬英九
平均得票率	42.06%	57.94%
標準差	13.47	13.47

表 5-8　2008 年總統選舉──兩名候選人在全投票所的平均得票率及標準差
出處：筆者參照中央選舉委員會的資料所製成。

投票所層級兩端的極端得票率，與得票率標準差的高數值是相符的。由於當候選人只有兩人的時候，兩人的得票率標準差會完全相同，因此運用標準差的方法所能看出的特徵有限，像這樣搭配微觀的資料分析，具有補其不足之處的效果。接著筆者根據全投票所資料，繪製出曲線圖（histogram）（圖5-1）。由於標準差數值很大，兩人的曲線左右寬度都很寬。但如果仔細觀察，還是可以看出曲線形狀的特徵。馬英九的曲線頂點，為得票率六一％以上未滿六二％的部分。這個得票率的投票所在全臺灣共有四百六十三處，合計為二十八萬四千七百一十票。如果以馬英九的標準差及平均得票率來繪製出常態分布曲線，再與馬英九的曲線比較，可以發現馬英九的曲線中央部分較高，而且右側尾端同樣有水平橫移的部分。這個右側的平坦部分，正是前述的細部觀察所提到的部分。換句話說，馬英九的曲線是由兩個部分所組成，其一是高而窄的中央部分，其二是尾端的平坦部分。從中央部分可看出馬英九的得票大多集中在平均得票率附近，以形狀而言頗為接近標準差數值較小的常態分布曲線，但由於尾端往兩側延伸，因此將標準差的數值拉高了。

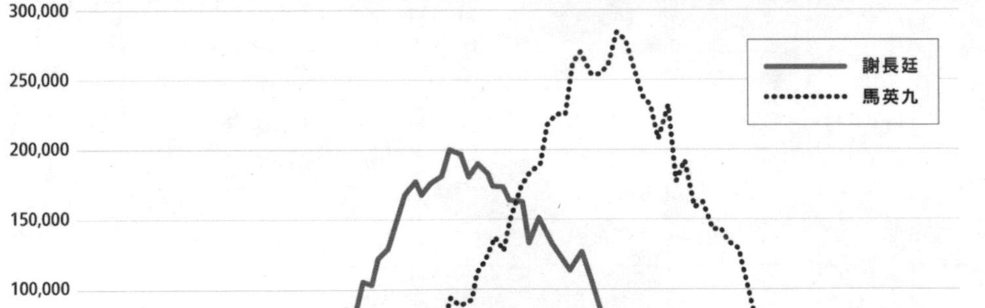

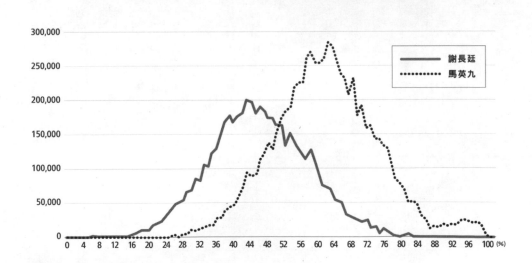

圖5-1　2008年總統選舉 兩名候選人的全投票所得票率得票數曲線圖（histogram）

出處：筆者參照中央選舉委員會的資料所製成。

謝長廷的曲線則整體往左側偏移，可以看出得到的票數較少。

民進黨的得票率與族群的相關關係

上一次的選舉，可以看出民進黨的得票率與本省人比例有著明顯的關係，這個相關關係是否也存在於本次的選舉中呢？為了找出這個問題的答案，筆者以各縣市民進黨得票率與本省人比例的關係繪製出了分布圖（**圖5-2**）。縱軸為本省人的比例，橫軸為民進黨的得票率。需要特別留意的是新竹縣與苗栗縣的客家人口比例都很高。至於狀況比較特殊的金門縣及連江縣，則排除在外。

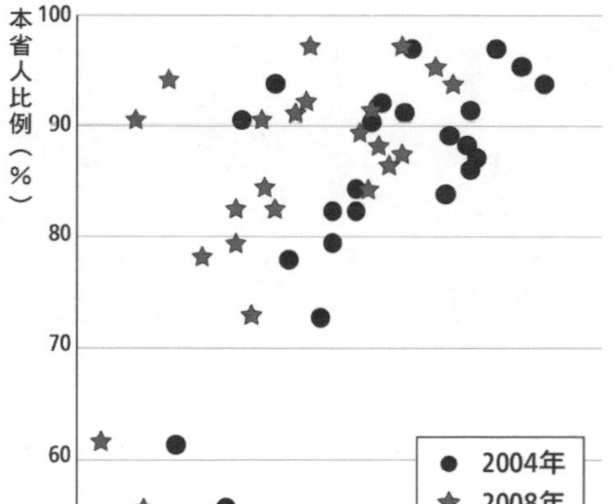

圖 5-2　民進黨得票率與本省人比例的相關圖
出處：筆者參照內政部統計處《中華民國 81 年內政統計提要》及中央選舉委員會的資料所製成。

圖5-2中的●符號，代表的是二〇〇四年選舉中民進黨得票率與該縣市本省人比例，★符號則為二〇〇八年的數值。當同一縣市的民進黨得票率下降，符號就會往左平行移動。圖中可看出上半部的★符號大多聚集在左側，意味著支持國民黨的本省人變多了。分布狀況從左下到右上代表正相關，也就是本省人比例越高的縣市，民進黨的得票率就越高。二〇〇四年的分布，可以看出從左下到右上的分布傾向。

為了進一步確認二〇〇八年的分布是否也維持著這個傾向，筆者試著計算出從負一到正一之間的相關係數。二〇〇四年為〇・六八一，二〇〇八年為〇・六一五。從相關係數可看出，跟二〇〇四年比起來，二〇〇八年的相關性變弱了一點。如果將新竹縣與苗栗縣排除後再計算相關係數，二〇〇四年為〇・八五一，二〇〇八年為〇・八〇四，依然具有明顯的相關性。雖然跟二〇〇四年比起來，相關性小了一點，但是〇・八還是代表著非常高度的相關。

根據這些數字，可以看出在這次的選舉裡，民進黨的得票率與省籍還是有關係的。這次謝長廷拿到的都是民進黨的核心支持層的選票，而從相關圖可以看出，核心支持層是基於省籍的族群要素才把票投給民進黨。

但是馬英九在一些本省人人口比例較高的縣市，同樣拿到了相當多的選票，由此可知許多本省人還是把票投給了身為外省人的馬英九，這也是不爭的事實。換句話說，在二〇〇八年的總統大選中，族群要素雖然還是存在，但是對選情的影響減弱了。因為馬英九拿到的票太多，導致此相關圖的意義相對降低。此外，由於本圖中所使用的外省人人口比例是依據一九九一年的統計數據，如果將後來的人口結構變化也納入考慮，本相關圖的精準度又會更低。筆者依據此統計數據進行分析，只到本次的二〇〇八年選舉為止，下一次的選舉會使用其他的方式進行探討分析。

得票率變化幅度分析

到目前為止的分析，已得知兩名候選人在各地的得票率離散程度都很大，但是支持結構的傾向與過去相同。然而光憑這些分析就要認定二〇〇八年總統大選的選民投票行為與過去並無不同，還有些言之過早。單靠上述的分析方法，沒有辦法觀察到這一次選舉的特徵，也就是選票從民進黨流向國民黨的現象。因此我們試著從另外一個角度，把觀察的重點放在民進黨的得票率變化幅度上。

從民進黨的得票率變化幅度，能看出什麼端倪呢？首先我們觀察縣市層級的得票率，找出其變化幅度是否有著區域性的特徵。前面的**表 5－6**，已經比較過二〇〇八年的謝長廷得票率及二〇〇四年的陳水扁得票率，並且列出了各得票率的變動幅度。**表 5－9** 則是依照各縣市得票率降低幅度大小的順序重新排列。狀況較特殊的金門縣、連江縣排除在外。

得票率降低幅度最大的五個縣市，由大到小依序為南投縣、臺中縣、苗栗縣、新竹縣、彰化縣，全部都是中部的縣。另一方面，得票率降低幅度最小的縣市是臺北市，其次依序是高雄縣、高雄市、花蓮縣及澎湖縣。從民進黨的立場來看，高雄縣市表現還算不錯，那或許是因為高雄是謝長廷的地盤，但是影響相當有限。

以民進黨的各縣市得票率變動幅度算出標準差為一・一八，這個數字算是非常小。這意味著各縣市的民進黨得票率降低幅度的離散程度是很小的。因此從**表5-9**可以看出的特徵，就是民進黨得票率降低幅度小，每個縣市的得票率降低幅度都差不多。如果勉強要加以比較，可以看出中部的縣市降低幅度稍大一些，但是這

	得票率	與上回的差距
南投縣	37.97%	-10.78
臺中縣	41.16%	-10.63
苗栗縣	29.01%	-10.24
新竹縣	25.98%	-9.96
彰化縣	42.41%	-9.85
新竹市	35.30%	-9.58
桃園縣	35.36%	-9.32
宜蘭縣	48.58%	-9.13
臺中市	38.26%	-9.08
雲林縣	51.53%	-8.79
臺南縣	56.15%	-8.64
臺南市	49.29%	-8.48
嘉義市	47.61%	-8.45
嘉義縣	54.44%	-8.35
基隆市	32.27%	-8.29
臺北縣	38.94%	-8.00
屏東縣	50.25%	-7.86
臺東縣	26.68%	-7.80
澎湖縣	42.07%	-7.40
花蓮縣	22.52%	-7.28
高雄市	48.41%	-7.24
高雄縣	51.41%	-6.99
臺北市	36.97%	-6.50

表 5-9　民進黨得票率的各縣市降低幅度

出處：筆者參照中央選舉委員會的資料所製成。

個差別並不大。

以上我們得知了民進黨的得票率降低幅度在縣市層級是相對較小的。為了更進一步提升精準度，接著我們把分析的對象往下調整，變更為鄉鎮市區層級。前文我們已經提過，民進黨（當然國民黨也是）在鄉鎮市區層級的各地得票率離散程度非常大。那麼，鄉鎮市區層級的民進黨得票率變動幅度又是呈現什麼樣的狀況呢？

筆者從全部三百六十八個鄉鎮市區中，扣除掉金門、連江縣的十個鄉鎮，以剩下的三百五十八個鄉鎮市區計算出民進黨得票率變動幅度。變動幅度的平均值為負八・一二（減少八・一二個百分點），標準差為二・三一（**表 5-10**）。剛剛我們計算出縣市層級得票率變動幅度標準差為一・一八，可以看出鄉鎮市區的變動幅度標準差較大。但是拿二十三個縣市的標準差，跟三百五十八個鄉鎮市區的標準差作比較，鄉鎮市區的標準差比較大似乎也是理所當然的事情。那麼，從二・三一這個數字，我們能夠看出什麼樣的意義呢？

筆者試著將這個數字，與二〇〇〇年選舉、二〇〇四年選舉民進黨得票率變動幅度的離散程度進行比較。排除了金門縣及連江縣之後，全部三百五十八處鄉鎮市區的二〇〇〇年、二〇〇四年民進黨得票率變動幅度的平均值為一一・七五（增加一一・七五個百分點），標準差為三・二九。換句話說，二〇〇四年與二〇〇〇年相比，陳水扁所增加的得票率變動幅度標準差為三・二九；而二〇〇八年與二〇〇四年相比，謝長廷所減少（馬英九所增加）的得票率變動幅度標準差為二・三一。

雖然這兩個數字乍看之下都很小，但其實以得票率增減幅度的標準差而言，二〇〇八年的二・三一算是非常小，而二〇〇四年的三・二九算是非常大[xxxiii]。換句話說，二〇〇八年民進黨得票率在各地變動幅度的離散程度很小，全臺各地的得票率下降幅度都差不多。這其實是相當耐人尋味的現象。

我們來看具體的例子。以雲林縣及臺北市為例，雲林縣水林鄉的民進黨得票率比上一次少了五・二三個百分點，而臺北市文山區則是少了五・九六個百分點。民進黨在這兩個地方受支持的程度明明截然不同，得票率的下降幅度卻相差不遠。同樣的狀況，發生在全臺灣各地。在鄉鎮市區的層級上，如同前文所述，選民的投票傾向截然不同，有些地方民進黨擁有高支持率，但也有些地方民進黨的支持率非常低，但是得票率下降幅度卻差不多。

二〇〇四年，陳水扁以臺灣認同意識為訴求，在鄉鎮市區層級發生了非常激烈的選票爭奪戰。因此各地隨著省籍情結及地方性差異的不同，有些地方得票率大幅增加，有些地方得票率只增加一點點，增加幅度的差距相對較大，所以標準差高達三・二九。到了二〇〇八年，在各地支持結構截然不同的鄉鎮市區層級，民進黨的得票率竟然以相同的幅度（也就是全臺灣各地很平均地）下降了。

由此可看出在二〇〇八年，選民的投票行為可分為兩種：第一種是依循固定支持結構的投票行為，第二種則是不受固定支持結構約束的中間派投票行為。謝長廷所獲得的選票，都來自於固定的支持民眾。原本在二〇〇四年投了陳水扁，到了二〇〇八年改投馬英九的民眾，就是屬於中間選民。像這樣會改變投票行為的中間選民，大致上是平均散布在全臺灣各地。這種原本投民進黨，後來改投國民黨的中間派投票行為，大致上與族群意識或政黨組織等因素無關，只會受大眾媒體及網路所塑造出、同時散布於全國的形象所

xxxiii 得票率在理論上從〇%到一〇〇%都有可能，只要差距大，標準差數值就會大。相較之下，得票率增減幅度頂多是在〇%到一五%的範圍之內。增減幅度如果超過一五%，那可說是非常驚人的變動，在一般狀況下不會發生。由於增減幅度的數值可變範圍較小，標準差數值通常也會比較小。增減幅度的標準差數值達到三，已經算是非常大了。

	2004 年	2008 年
標準差	3.29	2.31
平均值	11.75	-8.12
母體數	358	358

表 5-10　2004 年與 2008 年的總統選舉，民進黨得票率的變動幅度的平均值與標準差（除了金門縣與連江縣之外的 358 個鄉鎮市區）

出處：筆者參照中央選舉委員會的資料所製成。

影響。

與立委選舉的比較

為了從各個角度剖析總統選舉的支持結構，現在筆者想要改變方向，嘗試比較一月的立委選舉與三月的總統選舉。立委選舉時，民進黨的不分區政黨票得票率為三六．九一％；到了總統選舉，謝長廷的得票率為四一．五五％，看起來民進黨的得票率提升了四．六四個百分點。但是關於這一點，筆者想要更進一步深入探討。當時不分區立委共有十二個政黨參選，其中民進黨、臺聯、第三社會黨及綠黨屬於泛綠陣營，國民黨、新黨、無黨聯盟、農民黨、紅黨及客家黨屬於泛藍陣營。剩下的制憲聯盟及公民黨雖然立場不明確，但是這兩黨的得票率都非常低，在可容許的誤差範圍內，為了方便計算，姑且將制憲聯盟納入泛綠，將公民黨納入泛藍[21]。

表5-11為各政黨得票合計之後的結果。立委選舉結果若看泛綠陣營的合計，得票率為四一．八一％，與謝長廷的得票率差不多。到了總統選舉，投票率上升了十八個百分點，投了有效票的投票者增加三百三十二萬人，但是兩陣營的得票比例結構卻幾乎完全相同，這代表什麼意思？立委選舉時沒有投票，但是到了總統選舉時卻前往投票的人，通常對政黨的支持強度相對較弱，可視為中間選民或浮動票。在選舉前，泛綠陣營都期待這一類的選民應該大多會把票投給謝長廷，然而結果顯然並非如此。遴選立法委員的選舉，與總統選舉在性質上可說是截然不同，更何況兩者的投票率也有所差異，但是選民所採取的投票行為卻是大同小異。由此可推測出特定的觀念已滲透到一般民眾的心中，大多數的選民都早已決定好要支持（或不支持）的對象。

這樣的推測，也符合各種民意調查中兩候選人的支持率從頭到尾都沒有太大變化的現象。一月的立法委員選舉結束後，馬陣營這邊也出現了不少的爭議，包含馬英九疑似持有綠卡的問題、兩岸共同市場的論戰、四名國民黨立法委員鬧事的事件，以及關於西藏問題的發言等等，但是從**表5-11**完全看不出這些事件造成了影響。

或許我們可以說在二○○八年的選舉之中，選民的決定較不容易受到短期的競選話題所左右，而這也意味著諸如候選人的路線問題、治國能力等在中長期所建立起的形象所造成的影響較大。

關於輸贏原因的爭辯

以下筆者整理出了一些關於這次二○○八年選舉，臺灣相關學者、媒體及政治人物所提出的看法。想當然耳，對於選舉結果的解釋，泛綠陣營與泛藍陣營的立場迥然不同。獨派的金恒煒主張民進黨政府的失敗原因在於沒有做到「理念的深化」，也就是對獨立理念的追求不夠徹底[22]。另一方面，統派的石之瑜則認為馬英九的臺灣化路線是放棄了國民黨的原有理念而向臺獨靠攏，因此雖然高票當選卻開心不起來[23]。

在兩岸關係方面，綠營的黃天麟認為扁政府的敗因在於二○○一年採取了「積極開放」政策，推動擴大兩岸經濟關係，導致「中國夢」在臺灣社會上蔓延，因而出現臺灣內部投資減少、失業率增加、貧富差距擴大等問題，引發民眾不滿[24]。相對於此，藍營則認為扁政府的兩岸政策是一種「鎖國政策」，因此人民以選票表達不滿。《聯合報》的某社論則

		立法委員選舉	總統選舉	兩選舉的差距
得票率	泛綠陣營	41.81%	41.55%	-0.26
	泛藍陣營	58.19%	58.45%	+0.26
得票數	泛綠陣營	4,089,375	5,444,949	+1,355,574
	泛藍陣營	5,691,198	7,659,014	+1,967,816
投票率		58.28%	76.33%	18.05

表 5-11　2008 年的兩場選舉中，兩陣營的得票結果

出處：筆者參照中央選舉委員會的資料所製成。

主張因為全球化、中國崛起及臺灣受到邊緣化的影響，政黨競爭的標尺已經從「民主與本土」的組合轉變為「民主與經濟」的組合[25]。

綠營另外還提出了大眾媒體立場偏頗的問題。不斷有綠營人士指責臺灣的媒體只是大肆報導民進黨政府的腐敗，卻絕口不提國民黨的黨產問題[26]。本書無法深入探討臺灣媒體立場偏頗的問題，但筆者在此想提出一點觀察。如今的臺灣已經落實了言論及報導的自由，民眾要看哪一份報紙或哪一臺新聞，全都是自己的抉擇。雖然立場偏藍的報紙及電視臺確實很多，但是立場偏綠的《自由時報》發行數量逐年增加，民視電視臺也靠著晚上八點的臺語新聞提升了收視率，民眾絕對不是沒有機會觀看或閱讀不同立場的新聞[xxxiv]。

臺灣媒體的採訪能力及報導內容的素質確實有一些問題，但是媒體挑剔執政黨的施政原本就是無可避免的事情，將特定政治人物高高捧上天後再狠狠摔在地上也是媒體的天性，因為唯有這麼做，才能吸引更多的目光（提升發行量或收視率）。《聯合報》記者蔡惠萍也曾指出「馬英九長期受媒體及社會過度的寵愛」[27]。但是就連馬英九，也沒有辦法逃過這種媒體天性的蹂躪。馬英九上臺之後，臺灣媒體對他的態度從吹捧轉為批判，導致他的滿意度迅速下滑。

雖然馬英九高票當選，但社會上完全聽不見「國民黨變好了」之類的正面評價。馬英九只是把政策的路線轉向「臺灣化」而已，並沒有改變國民黨的本質。此次選舉的半年之後，筆者詢問國民黨內五名立場不同的立法委員「你覺得勝選的原因是什麼」，其中就只有祕書長吳敦義回答「國民黨改革成功」，剩下的四人都回答「社會對陳水扁的評價太差」，其中一人甚至明言國民黨的改革絲毫沒有進展[xxxv]。由此可看出國民黨立委切身感受到這場選戰比起馬英九跟謝長廷，更重要的似乎是民眾對陳水扁的負面評價。《聯合報》也明確指出這第二次的政黨輪替「反扁的因素大於擁馬的因素」[28]。由於領導民進黨的是陳水扁這種具有強烈特質的政治人物，民眾對陳水扁的評價與對民進黨的評價便難以切割，就連謝長廷也無法避免受到牽連。在這次選舉中當選的少數民進黨籍立法委員，都對陳水扁愛恨交織[xxxvi]。

陳水扁自己在半年後回顧這場選舉，提出了一個重要的癥結點，那就是國民黨有新一代的人接棒，民進黨卻沒有。至於謝長廷大敗的原因，陳水扁則提出了三點，分別為㈠謝長廷認為「入聯公投」對選舉有害無益，因而不再推動；㈡謝長廷切斷了與立委選舉的互動，切斷了與行政團隊的關係，也切斷了與總統的關係；㈢綠營原本有四五％的基礎票，但是謝長廷不把心思放在鞏固這四五％的選票，卻去追求額外的五％選票，結果那五％跟基礎票都沒有保住[xxxvii]。

《中國時報》在二〇〇七年九月十九日、二十日實施了一場民調，在這場民調裡，針對民進黨的執政滿意度項目，回答「滿意」佔二〇・四％、「不滿意」佔四四・七％、「沒意見」及「拒絕回答」佔三四・九％。《聯合報》在二〇〇七年十月二十四日也實施了一場民調，回答「滿意」佔二〇％、「不滿意」佔五七％、「沒意見」佔二三％。各家民調雖然數字不同，卻可以看出相同的傾向。在選舉結束後的五月九日及五月十二、十三日，TVBS也實施了一場民調，民調中認為扁政府執政八年是「進步」的佔一八％、是「退步」的佔七一％、「沒有改變」佔六％、「沒有意見」佔五％。民調對扁政府的評價如此糟糕，應該是政治腐敗、政府運作混亂、改

xxxiv 但此處的論述僅適用於二〇〇八年選舉之前。如今臺灣媒體的狀況，已經受中國影響及滲透而有所改變。參見川上桃子，〈中國影響力對臺灣大眾媒體的滲透機制〉，《日本臺灣學會報》第17號（二〇一五年九月）。

xxxv 對國民黨立委吳敦義、洪秀柱、帥化民、李嘉進、林明湊的訪談，二〇〇八年九月一日至四日。另外，關於國民黨的改革，請參見松本充豐，〈國民黨奪回政權—馬英九與其選舉戰略〉，若林正丈編著，《後民主化時期的臺灣政治—陳水扁政府的八年》（IDE-JETRO亞洲經濟研究所，二〇一〇年）。

xxxvi 對民進黨立法委員賴清德、葉宜津、王幸男等人的訪談，二〇〇八年九月一日至三日。

xxxvii 前總統陳水扁訪談，二〇〇八年九月一日。

革遭遇瓶頸等各種負面要素凝聚而成的結果。既然民眾對政府的評價這麼低，執政黨在選舉中敗北可說是必然的結果[29]。不過話說回來，倘若馬英九的競選承諾是兩岸統一，恐怕他還是無法當選。臺灣化路線是馬英九當選的必要條件，而民眾對扁政府的低評價是充分條件。

總結

這場二〇〇八年總統大選，馬英九大獲全勝，建立了對國民黨有利的政治結構。經過分析選舉結果，我們得知大多數選民的投票行為都是固定的，也就是依循著過去藍綠兩大陣營的框架，繼續支持著原本所支持的民進黨或國民黨。統獨問題、族群意識及地區特殊狀況依然是影響其投票行為的因素。但是除此之外，也有一些選民在採取投票行為的時候，並不受前述這些因素所左右。而且這些選民也不太會受選戰期間所發生的各種事件影響，他們完全是根據扁政府的八年執政，以及雙方陣營的路線及形象，作出了對民進黨的負面評價，因而決定支持馬英九，促成政黨輪替。

我們可以將這些選民視為不屬於臺灣政治兩大勢力任何一邊的中間選民。這一群人與筆者所說的「臺灣認同」的支持層有一部分是重疊的。他們愛著臺灣，但是與統一及獨立都刻意保持距離，而且也沒有強烈的族群意識。根據筆者的分析，這些中間選民在臺灣全島的分布狀況是頗為平均的。這些人轉為支持馬英九，是因為馬英九提倡的是臺灣化路線；如果馬英九推動臺灣化的力量減弱，他們就會背離馬英九。在馬英九當選之後，臺灣認同意識不僅沒有衰退，反而更加成長了，但如果只看表面上兩大陣營的得票率增減，是沒有辦法看出眉目的。

第六章

二〇一二年選舉

——「九二共識」

每次總統選舉都有各自的爭辯議題，本次二〇一二年選舉也不例外。但在這次選舉裡，最大的觀察重點還是在於國民黨現任總統馬英九的兩岸政策，在臺灣選民的眼中有著什麼樣的意義。馬英九及國民黨將兩岸關係的改善當成了施政成果，而蔡英文及民進黨則強調這可能會危及臺灣的主體性。

馬英九的滿意度一直處於低迷的狀態，這場選戰可說是打得很辛苦。途中親民黨主席宋楚瑜也加入戰局，對馬英九而言更是不利的因素。馬英九陣營認為兩岸政策是決定勝敗的關鍵，因此選戰策略主打的是「九二共識」。這個策略成功牽制了企圖拉攏中間選民的蔡英文。蔡英文的特色在於她與過去的民進黨政治人物有所不同，這讓她受到了高度的期待，但是四年的時間畢竟太短，無法完全擺脫陳水扁政府留下的負面印象。到了選戰的最後階段，馬英九成功甩開了緊追在後的蔡英文，同時奪走了宋楚瑜的選票，順利連任。

馬政府成立後的政治情勢

國民黨

二〇〇八年三月二十二日的總統大選，馬英九以五八％的超高得票率當選總統。但是在馬政府成立之後，民眾對總統馬英九的滿意度開始慢慢下滑。馬政府在用人方面的特徵，包含重視學者及偏好起用李登輝時期的舊閣員、政務官及黨內幹部。另一方面，擁有高知名度的立法委員及地方政治人物都不受重用。在兩岸關係方面，馬政府很快就實現了兩岸直航及大陸人士來臺觀光這些選前的承諾。

但是在內政方面，則發生了一些與民眾生活息息相關的問題。包含石油價格飆漲導致公共事業費用跟著上調，以及馬政府最重要政策之一的內需擴大政策出現混亂狀況等等。所得水平沒有上升，房價卻持續高漲，對年輕人及中生代的人也是相當嚴峻的問題，馬政府卻沒有採取任何有效的因應對策。由於選民對馬英九的期待實在太高，反而導致任何事情都讓民眾開始懷疑馬英九的領導能力，馬政府可說是一起步就摔了一跤。

二〇〇八年秋天之後，馬政府更為了解決金融風暴的問題而焦頭爛額。臺灣經濟大受打擊，經濟陷入負成長，這跟馬英九在選前所承諾的六三三（經濟成長率六％、國民所得三萬美金、失業率三％以下）實在差距太大。當然像這樣的金融風暴，不論執政者是誰都會大受衝擊，但馬政府的問題在於行政院的說明及應對都有不足之處。當初競選期間，馬英九（國民黨）不斷在電視上播放宣傳廣告，高喊「我們準備好了」，但是實際上臺之後，給人的感覺卻是什麼都還沒有準備好，導致大家都說當初的競選廣告都是迷惑人的。

進入二〇〇九年春天之後，金融風暴最嚴峻的時期已過，馬英九的滿意度在就職一週年的時候有回升的跡象。臺灣成功以觀察員身分參加世界衛生組織（ＷＨＯ）年度大會，也對馬政府產生了加分的效果。但是滿意度才剛開始上升，不久之後卻又重重下跌，理由就在於馬英九決定兼任國民黨主席。

馬政府的政權結構有一個很大的問題，那就是立法院、地方派系及黨組織有著不同的人脈架構及不同的運作邏輯，馬英九無法確實掌控。雖然馬英九找了一群性質相近的人才來組成權力中樞，但是對於立法院、地方派系及黨組織都有鞭長莫及的感覺，這就是政府運作出問題的最大原因。為了突破這個困境，馬英九讓過去一直支持自己的吳伯雄卸下黨主席職務，由自己兼任，但是這樣的作法反而引來了批評聲浪。

二〇〇九年八月，颱風帶來了罕見的豪雨，引發嚴重水災（八八水災）。這雖然是不可抗力的天災，但是行政院沒有在第一時間採取應變措施，再加上馬英九沒有發出緊急命令，造成民眾對馬英九的判斷能力產生質疑，對政府的信賴也徹底瓦解。水災的救災工作做得太差，對馬英九的第一次任期造成最大的打擊。馬英九讓行政院長劉兆玄下台，改為任命當時的立法委員兼國民黨祕書長的吳敦義擔任行政院長。吳敦義對民意相當敏感，他的登場讓馬英九的滿意度上升了一些。但是國民黨在二〇〇九年十二月的縣市長選舉中得票數大減，後面的立委補選也陷入苦戰。

二〇一〇年初，除了原本的臺北市、高雄市為直轄市之外，臺北縣、臺中縣市、臺南縣市也都升格為直轄市。二〇一〇年十一月，舉行了五個直轄市的市長選舉（五都市長選舉）。國民黨雖然拿下了三都，但是總得票數卻是民進黨佔了上風。國民黨在高雄市、臺南市及臺中市的得票狀況都非常糟糕，顯示中南部的選票已大量流失。

不過國民黨的民意基礎雖然變得薄弱，但馬英九成功在黨內鞏固了權力基礎[i]。原本有可能對馬英九的主導權造成威脅的連戰派系很早就遭到了排除，立法院長王金平遭到孤立，吳伯雄跌下了黨主席之位。原本在全國擁有高人氣的胡志強也聲勢下滑，參選臺中市長結果只是勉強當選。被視為馬英九可能接班人的吳敦義、朱立倫也完全服從馬英九。國民黨內沒有足以威脅馬英九的人物，馬英九輕輕鬆鬆就成為二〇一二年總統大選的國民黨提名候選人。

民進黨

民進黨不僅在二〇〇八年的選舉中丟掉政權，而且敗得相當狼狽，政黨的聲勢可說是跌到了谷底。蔡英文就任黨主席之後，努力嘗試想要讓民進黨重新振作。蔡英文在一九五六年出生於臺北市，就任黨主席時為五十一歲。父親蔡潔生是屏東縣枋山鄉的客家人，其母親（蔡英文的祖母）為排灣族原住民。雖然家庭組成複雜，但父親經營事業成功，蔡英文從小在富裕的環境中長大。蔡英文畢業於臺灣大學法律系，其後留學美國及英國，在康乃爾大學取得碩士學位，在倫敦大學政治經濟學院取得博士學位。求學時期的蔡英文從來不曾參加過任何民主化運動或臺獨運動[ii]，專業領域為國際經濟法。

回國後，蔡英文於政治大學任教，其專業能力受到賞識，經常代表臺灣進行對外貿易談判。李登輝時期，蔡英文曾擔任大陸委員會諮詢委員及國家安全會議諮詢委員，同時她也是李登輝「兩國論」的起草團隊成員之一。陳水扁第一次總統任期內，蔡英文擔任大陸委員會主任委員（負責兩岸政策的閣員）。二〇〇四年，蔡英文成為民進黨的不分區立法委員。直到這個時期，蔡英文才加入民進黨。換句話說，蔡英文就任民進黨主席時，黨員資歷還不滿四年。

蔡英文的風格與民進黨過去的領導者完全不同，黨內有不少人懷疑她領導政黨的能力。二〇〇九年的雲林縣第二選區立委補選，民進黨重振聲勢的重要契機。當時國民黨的地方派系起了內訌，民進黨的劉建國趁虛而入，成功當選立委，民進黨的氣勢開始扶搖直上。其後幾次立委補選，民進黨也都拿到相當不錯的成績。蔡英文在民進黨內逐漸凝聚向心力，建立起自己的支持勢力。但是如何與蘇貞昌、謝長廷、游錫堃、呂秀蓮這些大老級人物相處，卻讓她傷透腦筋。黨內的獨派以及遭逮捕、起訴但仍在伺機而動的陳水扁，互動關係的拿捏也讓她感到相當苦惱。

二〇一〇年十一月的五都市長選舉，是一場非常重要的選舉，將會直接影響二〇一二年的總統大選。主席蔡英文還在調兵遣將，蘇貞昌卻未經同意就擅自宣布參選臺北市長。雖然最後是以蔡英文改為參選新北市長的方式達成了共識，但這件事也暴露了蔡英文在黨內的領導及政治謀略都頗有不足之處。五都市長的選舉，蘇貞昌跟蔡英文都落選了，但臺南市的賴清德及高雄市的陳菊都高票當選，臺中市的蘇嘉全也只小輸胡志強一點，民進黨在總得票數上超越了國民黨。

蔡英文決意要參選總統，在黨內尋求支持，此時蘇貞昌又成為她最大的勁敵。蘇貞昌雖然在二〇〇八年敗

i 對某位了解國民黨內情的人物（代稱 J）的訪談，二〇一一年七月六日。

ii 民進黨主席蔡英文訪談，二〇一二年九月十八日。

選，但一直沒有放棄參選總統。從蘇貞昌的角度來看，當年是他在擔任行政院長的時候拔擢蔡英文為副院長，因此他一直認為自己的地位比蔡英文高。而且蘇貞昌在地方黨員之間也擁有很高的支持度。不過黨內各派的動向詭譎多變，曾經在二〇〇七年跟蘇貞昌競爭過的謝長廷派及游錫堃派都支持蔡英文，新潮流派則保持中立，內部有人支持蔡也有人支持蘇。蔡英文支持派的核心人物，是嘉義縣立法委員陳明文等人。在二〇一一年年初，蔡英文與蘇貞昌在黨內的支持度不相上下。

這個時期民進黨決定提名候選人的黨內初選改為只以民調來決定。除了蘇、蔡之外，前主席許信良也出馬角逐，因此黨內初選的競爭者共有三名。民調的實施方式，是先委託七個民調機關，以「與國民黨的馬英九比較」的方式調查三名候選人的支持度，完成調查後以抽籤的方式抽出其中五組調查結果，最後計算出平均值。樣本數都是三千人。民進黨在四月委託民調，結果為蔡英文四二・五〇％、蘇貞昌四一・一五％、許信良一二・二一％。蔡、蘇的差距僅一・三五個百分點[1]。蔡英文雖然順利成為民進黨的提名候選人，但是贏得相當辛苦，彷彿預示了前途的多災多難。

兩岸關係

二〇〇八年大選時，馬英九靠著「不統、不獨」的口號當選了總統。二〇〇八年五月，馬英九一上臺，政府立刻與胡錦濤政府透過雙方的窗口機關進行兩岸協商。由於雙方靠著概念模糊的「九二共識」迴避了爭議點，兩岸關係迅速升溫。雙方優先處理較好解決的經濟問題，至於棘手的政治問題則先暫時擱置。

二〇〇八年七月，兩岸實現直航，大陸人士來臺觀光也解禁了。大陸觀光客累計人數一眨眼就突破了一百萬人，到了二〇一〇年，中國已超越日本，成為來臺觀光人數最多的國家。二〇一一年來臺旅遊的觀光客之中約有三成來自中國大陸（二〇一四年至一五年達到顛峰，大陸遊客佔了約四成，人數約四百萬人）。兩岸的航空往來不管是班次數、乘客數及貨物量都有顯著成長。

在馬英九的第一任期之內，兩岸就締結了十六條協議，大多與經濟交流有關[2]。二〇一〇年，兩岸簽訂《海峽兩岸經濟合作架構協議》（簡稱ＥＣＦＡ）。這是一種範圍涵蓋各領域的自由貿易協定（簡稱ＦＴＡ），除了貨物及服務的貿易自由化之外，包含投資保護、智慧財產權保護及金融合作等等各種經濟合作及紛爭排除機制，都是以此為基礎進行交涉。

在簽訂ＥＣＦＡ的同時，雙方也約定了優先實施貿易自由化的產品（即早期收穫・Early Harvest）。臺灣輸往中國的產品之中有五百三十九項（金額約佔一六・一％），中國輸往臺灣的產品之中有二百六十七項（金額約佔一〇・五％），不再課徵關稅。中國開放的品項及產業別比臺灣多，這是基於政治考量而對臺灣作出的讓步[3]。

此外，中國各省還頻繁派出採購團到臺灣大量採購水果、養殖漁貨及工業製品[4]。馬政府在第一任期也修改了法律，讓中國學生可以到臺灣留學。雖然留學生人數有上限，但臺灣的各大學早已受少子化的影響而陷入經營困難，因此對大陸留學生來臺還是抱持著高度期待。除此之外，臺灣學生在申請各種資格時，中國大陸的學歷也獲得承認。

隨著兩岸關係的改善，馬政府接著又喊出了「外交休兵」[5]，這部分完全是透過檯面下的交涉在推動。在此之前，臺灣與中國一直因外交問題而爭執不休。中國佔了優勢，原本與臺灣有邦交的國家陸續被中國搶走，成為中國的邦交國。但是在馬政府上臺之後，國際社會不再出現這樣的現象。在特定的條件之下（例如只能以觀察員身分，或是每次都要提出申請並獲得承認），臺灣也漸漸開始能夠參加一部分的國際活動。

從民意調查來看，對於馬政府第一任期的兩岸政策，任何一份民調都是贊成的意見居多。雖然另一方面有人開始擔心馬政府的政策過度向中國大陸靠攏，但是臺灣的民意對兩岸溝通及擴大交流還是相對比較支持的。馬政府第一任期的兩岸政策，主打的是擴大扁政府時代停滯不前的兩岸溝通與交流，民眾對中國的警戒心也被刻意壓了下來[6]。

由此可以看出，雖然國共合作關係在二〇〇五年便已形成，但在馬英九上臺之後關係逐漸深化。松本充豐將國共兩黨的關係認定為一種侍從主義的關係，亦即「國民黨變成了臺灣政黨政治中的共產黨代理人」[7]。這個關係的形成期間，大約是從二〇〇五年到二〇一五年之間的十年。在馬英九執政的前四年，這個關係還沒有清楚顯現。在馬政府的主觀認定之中，現況為「中國想要框住臺灣，但臺灣不會就範，兩岸靠著緊密互動，能確保兩岸的和平」[iii]。

馬英九在第一任期裡不斷主張「九二共識」就是「一中各表」。負責兩岸政策的閣員，馬英九任命的是臺灣認同立場較強烈的賴幸媛。賴幸媛在解釋「九二共識」的時候，總是特別強調「各表」，給人一種「各表」為主、「一中」為客的印象。同時賴幸媛也呼籲中國正視中華民國存在於臺灣的事實，並主張臺灣的民主經驗能夠提供給大陸作為參考[iv]。雖然臺灣社會對「九二共識」有著不少批評的聲音（主要來自綠營），但在「九二共識＝一中各表」的前提下，民意大多傾向支持。

然而中國共產黨從來沒有承認過「一中各表」，而且也試圖讓國民黨放棄「各表」的部分。因為如果承認了國民黨所主張的「一中各表」，就等於是承認現狀可以長久維持下去。但是在馬英九的第一任期裡，由於當務之急為改善雙邊關係，因此胡錦濤政權並沒有公然否定國民黨對「一中各表」的解釋。因為這個緣故，馬英九在主張「九二共識＝一中各表」的時候，並沒有受到阻撓。馬政府聲稱「北京也承認一中各表」時，北京當局也沒有反駁。而且在有了「九二共識」的基礎之後，兩岸關係自二〇〇八年起快速改善，彷彿也印證了馬英九的論述。

二〇一二年的總統大選，雖然值得關注的重點不少，但是最大的焦點還是集中在臺灣的選民如何看待馬英九總統所推動的兩岸政策。馬英九及國民黨將兩岸關係的改善當成了施政成果，而蔡英文及民進黨則強調這可能會危及臺灣的主體性。選民支持哪一邊，成為本屆二〇一二年總統大選的最大衝突點。

選戰過程

前期

二〇一一年四月，國民黨及民進黨都決定了提名候選人，二〇一二年總統大選的選戰正式開打。根據臺灣媒體的調查，此時馬英九與蔡英文的支持率不分上下。這個時期兩人的支持率大致相同，一來是因為蔡英文與蘇貞昌在黨內初選時激烈競爭，吸引了支持者的關注，讓一些原本不會回答民調問題的民進黨支持者明確表態，因而拉高了蔡英文在民調中的支持率，二來則是因為民眾對馬政府的滿意度實在太低。二〇一〇年五都市長選舉，民進黨的總得票數超越國民黨，由此可看出馬英九想要尋求連任並沒有那麼容易。

不過進入五月之後，蔡英文的選情開始陷入瓶頸。首先，蔡英文一直無法決定副手人選。其次，蔡英文在立委選舉的不分區名單中，把主要派系的候選人及自己的親信都排進安全名單內，因而引來批判，領導能力及政治判斷力都遭到質疑。

iii 對馬英九政府相關人士（代稱 C）的訪談，二〇〇九年七月二十日。

iv 對大陸委員會主任委員賴幸媛的訪談，二〇一二年二月二十九日。

蔡英文的競選總部，是由新潮流派、陳水扁派、謝長廷派、蘇貞昌派、游錫堃派等黨內主要勢力派出人力，並由老練的吳乃仁擔任總幹事指揮大局。但由於蔡、蘇對決的後遺症，競選總部的動作相當遲鈍。蔡英文沒有辦法獲得獨派及深綠支持者的全面信任，因此競選廣告只能不斷強調「我是臺灣人、我是蔡英文」，先設法鞏固綠營內部的基本盤，不敢隨便轉向中間路線或柔軟路線。

馬英九陣營方面，則是在五月成立了競選團隊「臺灣加油讚」，由一月辭去了國民黨祕書長職務的金溥聰擔任執行長。金溥聰為了替國民黨建立重視年輕族群的形象，不僅舉辦了各種獨樹一格的競選活動，而且還拔擢毫無選舉經驗的三十五歲女性及二十八歲男性為發言人。金溥聰定位「這次選舉的主軸為中華民國」，在選舉活動中大量使用國旗及國歌，這麼做是為了安撫對馬英九不滿的深藍支持者。但另一方面，二〇〇八年選舉時所走的臺灣化路線也還維持著。這樣的選戰策略，是一方面緊緊拉住對中華民國懷抱感情的支持者，另一方面又不放棄溫和的「臺灣認同」立場。金溥聰早已看準了蔡英文一定會轉向中間路線，因此預先做好了迎戰的準備。

進入六月後，馬英九指名行政院長吳敦義為副總統候選人。這是五都選舉前國民黨內部政治角力後的決定。由於朱立倫出馬競選新北市長，吳敦義獲指名為副總統候選人可說是必然的結果。五都選舉結束之後，馬英九及金溥聰針對政黨的改革方面進行了微調。能夠推動的部分全力推動，有可能會引發激烈反彈的部分則妥協退讓。這樣的因應對策，化解了國民黨地方組織聯手對黨中央表達激烈不滿的危機。原本僵持不下的立法院長王金平連任三屆不分區立委的問題，也在馬英九、金溥聰向王金平派妥協之後宣告和平落幕。

七月，民進黨開出競選支票，承諾會將老農津貼由現行的每月六千元調高至七千元。這個承諾讓民進黨在農村票上佔了優勢，也對地方選情造成了影響。八月，蔡英文公布了《十年政綱》的「國家安全、兩岸經貿篇」，作為施政的長期展望。文章內容是以一九九九年的《臺灣前途決議文》為基礎，一方面維持穩健的中間路線，一方面聲稱「根本不存在九二共識」，讓「九二共識」成為本次選舉的議題。對蔡英文陣營而言，兩岸政策能否為中國所接納並不重要，只要在現階段能夠讓相對多數的臺灣選民接納就行了[vi]。

中期

進入九月之後，選情越來越緊張。宋楚瑜開始蒐集登記參選所需要的連署名單，最終獲得了四十五萬人的連署，遠超過規定的二十六萬人。從這個階段起，選戰的主角變成了三個人（**表6-1**）。因為宋楚瑜參選，馬英九與蔡英文的對峙結構發生了變化，馬英九的連任策略也受到了擾亂。雖然宋楚瑜參選的目的只是為了讓親民黨在同時進行的立委選舉中多拿到一些選票，但如果宋楚瑜的得票率太高，很有可能會導致馬英九落選。

總統候選人	馬英九	蔡英文	宋楚瑜
副總統候選人	吳敦義	蘇嘉全	林瑞雄
推薦政黨	國民黨	民進黨	無黨籍／公民連署
出生地	香港	臺北市	湖南省
年齡	61歲	55歲	69歲

表6-1　2012年總統選舉候選人
年齡以投票日為基準。親民黨在這個時期並不符合提名政黨的資格，因此宋楚瑜是以無黨籍的身分登記參選。
出處：筆者參照中央選舉委員會資料所製成。

v 【編注】兩人分別為李佳霏、殷瑋。

vi 對蔡英文競選總部總幹事吳乃仁的訪談，二〇一一年十一月二十二日。

國民黨在各地舉辦的競選集會，雖然地方派系幹部都會參加，但是這些人都對馬英九不滿，因此缺乏支持的熱誠vii。馬英九陣營內部的分析認為「一定是宣傳不足才會導致民眾對政府的支持度下滑」，但是接下來卻出現了不管再怎麼宣傳，支持度還是難有起色的現象。馬英九經常在演講的時候提出各種數字來誇耀自己的政績，但是這些數字並沒有辦法帶給一般民眾切身的感受。金融風暴後的高經濟成長率是景氣變動所帶來的現象，以此作為政績的宣傳策略很有可能反而會落入陷阱之中。不過另一方面，在兩岸政策的議題上，馬英九作為現任總統確實擁有足夠的政績，這點是馬英九佔了優勢。

到了九月，蔡英文才終於針對副總統候選人的問題作出了結論。一如預期，她指名了蘇嘉全作為副總統候選人。但是國民黨立委此時出面爆料，指稱蘇嘉全在屏東縣的住家是以「農舍」的名義興建在農業用地上。由於蘇嘉全一家人並不務農，住處卻登記為「農舍」，引發了爭議，蘇嘉全一時之間飽受批判。蘇嘉全在陳水扁任內曾擔任內政部長及農委會主委，也是他大受抨擊的主要原因之一。日本的政治人物在新上任時會受到嚴格的身家調查，但蔡陣營並沒有這麼做，而且競選總部也沒有辦法有效滅火，此事暴露出了蔡陣營在防禦上的弱點。農舍問題延燒了一個月以上，直到十月十八日，蘇嘉全宣布將自家農舍捐給鄉公所，這件事才勉強算是平息。因為這場騷動的關係，蔡英文的《十年政綱》沒有引發討論。

國民黨的「農舍」攻擊雖然在短時間之內發揮了效果，但是臺灣農村裡豪華的「農舍」並不罕見，這件事稱不上天大的醜聞，因此對選情的影響實際上相當有限。不過國民黨接著又以「宇昌案」作為攻擊的手段，再度暴露出蔡英文及民進黨在應對上的瑕疵，民眾也對蔡英文身為政治家的判斷能力打上了一個問號。

進入九月下旬之後，蔡英文火力全開，痛批馬英九的兩岸政策。九月二十四日，蔡英文指稱「馬政府可能會背叛人民」。她一面以「包容」為競選口號，一面卻又對馬英九展現出強硬的對決姿態，由此可看出民進黨的競選總部還處於摸不著頭緒的狀態，不知道該為蔡英文打造出什麼樣的競選形象。

十月八日，蔡英文提出「臺灣就是中華民國，中華民國就是臺灣」的主張，十月九日又說出「中華民國政府已經與臺灣的土地、人民結合，今天的中華民國政府就是臺灣的政府」，往中間路線踏出了一步。雖然獨派出現了一些反對的聲音，但是黨內大部分傾向支持蔡英文。相對於此，馬英九則提出了「中華民國是國家，臺灣是家園」的定義。這樣的論點，若與二〇〇八年馬英九陣營所喊出的「中華民國就是臺灣」相比，可說是從臺灣化路線往後退了一步。不過對於一般民眾而言，「到底是中華民國還是臺灣」的爭論實在太艱深，反正重點只是重視臺灣，因此馬英九的論點也沒有引起太大的問題。

十月九日，在臺南市的一場蔡英文的競選集會上，有年僅兩歲的三胞胎兄妹將三個從家裡帶出來的小豬撲滿交給蔡英文。這件事引發了「三隻小豬」的熱潮，但監察院旋即致電民進黨，指出接受不具投票權的孩童所提供的政治獻金為違法行徑。蔡英文的競選總部雖然不擅長防禦，但相當擅長發動攻勢，他們立即為這件事編織出了「處於社會弱勢的群眾各自拿出小錢，幫助蔡英文打倒擁有龐大財富的壞蛋」的感人情節。

剛好就在這個時候，馬政府所舉辦的中華民國建國一百週年慶祝活動中，包含了僅公演兩次卻要花掉兩億三千萬元經費的音樂劇，引來民眾撻伐，最終導致負責的閣員引咎辭職[viii]。此外，馬政府在十月十八日針對老農津貼訂出了「每四年隨消費者物價的上漲調整金額」的規定。根據此規定，老農津貼在隔年可調漲三百一十六元，變成六千三百一十六元。從國民黨這種客觀地訂出調漲基準的做法，可以看出他們想要與民進黨互別苗頭，彰顯自己並不是只會以利益博取民眾好感的政黨。這樣的策略在都市地區獲得了知識份子階層的好評，但因為調漲的金額太少，在農村地區造成了反效果。

vii 對某縣市農會總幹事（代稱S）的訪談，二〇一一年七月七日，以及對某縣市農會總幹事（代稱T）的訪談，二〇一一年十一月二十三日。

viii 【編注】文建會主委盛治仁。

十月十七日，馬英九在「黃金十年、國家願景」計畫的發表記者會上宣布「未來十年，將會慎重檢討是否締結『兩岸和平協議』」。他進一步提出三個條件，分別為㈠國內民意高度支持、㈡國家需要、㈢接受國會監督。而金溥聰也先在九月訪美期間提出「兩岸未來接觸，只要有利於臺灣，不排除任何可能性，包括和平協議在內」的主張，兩人可說是一搭一唱。民進黨登時一片譁然，同聲批評「馬英九走上了統一之路」，蔡英文也表示「此舉將陷臺灣人民於危險之中」。「兩岸和平協議」的想法雖然在國民黨內部的兩岸關係研究者及專家之間頗受好評，卻引來了支持者的疑問與錯愕，馬英九見苗頭不對，也立刻起了退縮之意。

兩天後的十月十九日晚上，總統府發言人在談話中提及了公民投票。到了隔天（二十日），馬英九又召開記者會，強調「和平協議沒有時間表，在推動之前會先舉行公投，公投沒過就不會做」，等於是為自己的政見踩下了緊急煞車。針對立場前後搖擺的馬英九，《聯合報》在十月二十二日的社論上作出的評論是「令人不解」[8]。到了十月二十四日，馬英九又提出「十大保證」作為「和平協議」的前提，等於將「和平協議」牢牢封死，企圖讓這件事平安落幕。

馬英九刻意提出「和平協議」的可能性，或許是因為他想要在第二任期內實現兩岸政策上的歷史性成就，因此先下了一個伏筆，確保可能的空間。另外還有一點，那就是馬英九在選戰中再度喊出「不統」的口號，引發中國的不滿，他想要以「和平協議」的議題來安撫中國。但是當他發現臺灣內部的反應普遍不認同，趕緊轉了方向，即使知道會被批評「立場搖擺」也在所不惜。

馬英九針對「和平協議」議題緊急煞車，最大的理由就在於不僅是民進黨大肆抨擊，就連國民黨的支持者也抱持質疑的態度。根據筆者實地走訪調查，馬英九在提出「和平協議」的當天，都市地區的國民黨支持者就開始出現批判及擔憂的聲音，這些聲音經由地方上的立委或立委候選人傳入了黨中央。不過另一方面，農村地區對馬英九的發言並沒有出現什麼明顯的反應[ix]。

一如馬英九陣營的擔憂，「和平協議」對支持度產生了嚴重的影響。根據TVBS的支持率調查，從十月二十六日到十一月三日的一星期之內，馬英九領先蔡英文的幅度從九個百分點縮小到三個百分點，到了十一月六日，支持率已變成不相上下的狀態（**圖6－1**）。這個數字意味著實際上蔡英文已經領先了，由此可知馬英九的選舉情勢有多麼危急。

馬英九陣營立即轉換策略，宛如在野黨的候選人一般打起攻擊型的選戰，加強了抨擊蔡英文的力道。十一月十八日，馬英九對外宣布會將老農津貼調漲為七千元，就跟民進黨一樣。這麼做當然是為了防止農村的選票繼續流向民進黨，卻等於是親手拋棄了當初自己制訂的老農津貼調漲原則。

蔡英文的支持率在十一月攀升到頂點，著作有好

ix　對國民黨立法委員候選人黃義交、江啟臣、徐欣瑩、楊麗環、陳學聖的訪談，二〇一一年十一月二十三至二十五日。對同黨江義雄的訪談，二〇一一年十二月二十四日。據說當時馬英九的發言一被報導出來，各候選人辦公室馬上接到了大量來自支持者的詢問及批評意見。各選區立委候選人擔心選情生變，立即將這些聲音回報至黨中央。

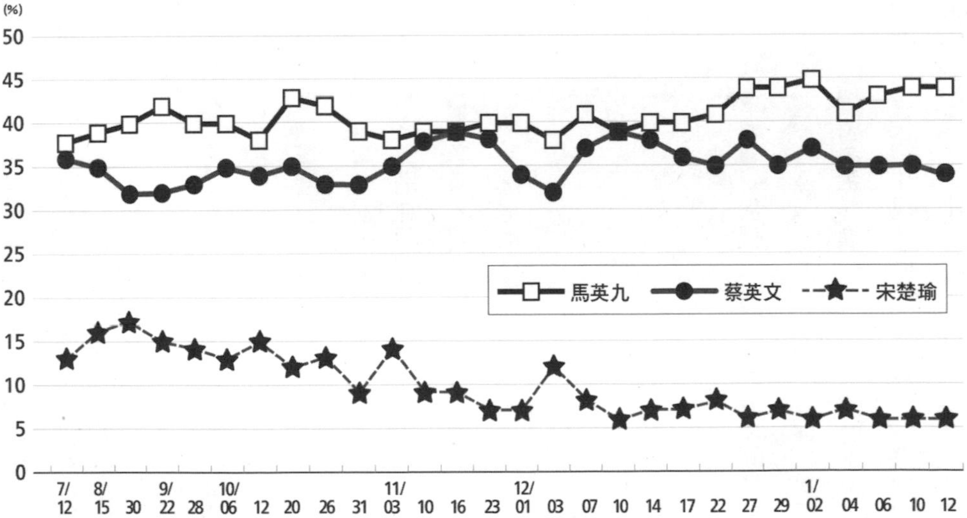

圖 6-1　TVBS 民意調查各候選人支持率的變化（2011 年 7 月至 2012 年 1 月）
出處：筆者參照 TVBS 民意調查的資料所製成。

一段日子蟬聯書店銷售量排行榜第一名x。在各地舉辦的簽書會，都可看見女粉絲排了長長的隊伍。競選總部也打出了「選擇第一位女性總統」的競選廣告。但是另一方面，蔡英文競選總部也做出了許多錯誤的決定。十一月中旬，週刊雜誌爆料「馬英九曾經密會賭盤大亨」，蔡陣營見獵心喜，立即跟著大肆抨擊，但是當國民黨要求拿出證據，蔡陣營卻拿不出來，反而令己方形象受損。

十一月下旬，蔡英文競選總部為了抨擊馬政府對農產品批發價格崩盤的問題毫無作為，製作了「水果月曆」（海報），在上頭印上各月份代表水果，並寫上價格。其中十月份的水果「柿子」上頭寫著產地價格為一斤兩元。但是這個低得誇張的極端價格其實是加工用的水柿的價格，因而遭人抱怨這張海報反而讓甜柿之類的其他柿種的交易價格下跌。更嚴重的一點，是海報上的柿子圖片使用的是甜柿而非水柿，國民黨抓住了這個紕漏，當然全力反擊。這起事件的最大問題，在於民進黨給人一種「談農產品價格只是為了攻擊馬英九，其實不關心農民生活」的印象。各家民意調查都顯示出蔡英文的支持率應聲下滑，最後蔡英文只能出面為柿子放錯照片一事向大眾道歉。不過蔡英文的聲勢還是很強勁，原本因柿子事件而下滑的支持率，不久之後就開始回升，到了十二月又跟馬英九並駕齊驅。

後期

十二月三日，三名候選人舉辦了第一次的電視辯論會。馬、蔡雙方陣營都視同決戰，但最後的結果大體上不分勝負。馬英九在開場陳述時說得又急又快，而且內容包含許多攻擊蔡英文的言詞，表現出來的態度如同在野黨的候選人。蔡英文在二〇一〇年四月，就曾經針對ＥＣＦＡ問題與馬英九進行了一次電視辯論。當時蔡英文表現不佳，但是這一次的表現不錯，宋楚瑜的表現也不錯。當時即使在中國大陸，也可以靠網路連線觀看這場電視辯論會xi。緊接著在十二月十日舉行了副總統候選人的電視辯論會，十二月十七日又舉行三名候選人的第二次辯論會。

十二月八日，國民黨開始以「宇昌案」抨擊民進黨。這個案子發生在陳水扁時代的後期，當時政府出資協助成立宇昌生技公司，而蔡英文的身分是行政院副院長。蔡英文卸下行政院副院長職務之後，立即擔任該公司董事長，蔡家也將資金投入此公司並從中獲利，因此遭國民黨「質疑」這中間是否有違法圖利情事。十二月十六日，蔡英文召開記者會，聲稱自己當初是受到協助發展生技產業的請託，才進入宇昌公司擔任董事長，成立公司的過程完全沒有不法情事。但她在說完之後不給記者發問，直接結束記者會。

這起案子給了國民黨可趁之機，國民黨趁勢發動負面宣傳，指責蔡英文「不管是宇昌案還是兩岸政策都在逃避問題」。當時距離投票只剩一個月的時間，正是觀望中的選民作出最後決定的重要時期。蔡英文是否真的在「宇昌案」中「逃避問題」，這當然見仁見智，然而這畢竟是一個轉折，部分選民開始認為蔡英文只是不斷以「三隻小豬」來炒作聲勢，對於兩岸政策及「九二共識」等議題都沒有作出充分的說明。蔡英文原本扶搖直上的聲勢就這麼受挫，原本正在觀望的中間選民都倒向支持馬英九，當時已經是十二月下旬。

選戰可說是在這個時候分出了勝負。從**圖 6 - 1** 的 TVBS 民調可以明顯看得出來，到了最後兩星期時，馬英九一直大幅領先蔡英文，投票日的前幾天兩人差距甚至達到十個百分點，這是此次選戰中不曾出現的差距。蔡英文陣營在最後關頭喊出「大聯合政府」的主張，企圖轉守為攻，但依然無法扭轉頹勢。

x 【編注】《洋蔥炒蛋到小英便當：蔡英文的人生滋味》，圓神，二〇一一年。

xi 這個時期在中國網路上的手機網頁可以觀看辯論會的影片。

投票結果分析

概況

二〇一二年一月十四日進行投開票的臺灣總統選舉，如**表6-2**所示，國民黨的馬英九獲得六百八十九萬一千一百三十九票（得票率五一・六%），成功連任。民進黨的蔡英文獲得六百零九萬三千五百七十八票（得票率四五・六%），親民黨的宋楚瑜得到三十六萬九千五百八十八票（得票率二・八%）。馬英九的得票率跟上次二〇〇八年選舉的五八・四%相比，少了六・九個百分點，以票數而言少了約七十七萬票。即便如此，馬英九的票數還是比蔡英文多了約八十萬票。宋楚瑜方面，外界原本以為他的參選會打亂局面，沒想到最後他只拿到了非常少的選票。

同時進行的立法委員選舉（共一百一十三席次，過半數為五十七席次），國民黨雖然少了十七席，但還是拿到了過半數的六十四席（**表6-3**）。在野黨方面，民進黨拿到了四十席，增加十三席。除此之外，親民黨拿到三席，臺灣團結聯盟也拿到三席，這兩黨都獲得了在立法院組成黨團的資格。臺灣的選民藉由這兩場選舉，對馬英九的四年執政給予了正面評價。

二〇一二年選舉蔡英文的得票率，在二〇〇八年謝長廷得票率

	蔡英文	馬英九	宋楚瑜
得票數	6,093,578	6,891,139	369,588
得票率	45.63%	51.60%	2.76%

表6-2　2012年總統選舉的投票結果
出處：筆者參照中央選舉委員會的資料所製成。

	2008年	2012年	增減
國民黨	81	64	-17
民進黨	27	40	+13
親民黨	1	3	+2
臺聯	0	3	+3
其他	4	3	-1

表6-3　立法委員選舉各黨席次數
出處：筆者參照中央選舉委員會的資料所製成。

	蔡英文	馬英九	宋楚瑜
平均得票率	46.01%	51.22%	2.77%
標準差	13.48	13.17	0.98

表 6-4　2012 年總統選舉 三名候選人在全投票所的平均得票率和標準差
出處：筆者參照中央選舉委員會的資料所製成。

與二〇〇四年陳水扁得票率的中間。民進黨在二〇〇八年選舉中慘敗，蔡英文成功讓民進黨東山再起，得票率上升了四・一個百分點。但是泛藍陣營的馬英九及宋楚瑜的票加起來有五四・四%，顯示泛藍的優勢地位並沒有改變。馬英九的得票率確實大幅降低了，但是在親民黨的宋楚瑜也參選的狀況下，他還是拿到了過半數的選票。對於企圖奪回政權的民進黨而言，雖然朝著目標邁進了一大步，但是距離目標還是非常遙遠。

一如過去分析投票結果的方式，接下來筆者會統計投票所層級的各候選人得票率，計算出標準差，確認各投票所的得票率離散程度。在這次的二〇一二年選舉裡，全臺灣共有一萬四千八百零六處投票所，每一投票所的平均選民人數為一千二百二十二人，規模相對平均。

表6－4為三名候選人在所有投票所的平均得票率及標準差。蔡英文的標準差為一三・四八，馬英九為一三・一七，宋楚瑜為〇・九八。由於宋楚瑜的得票率非常低，蔡英文跟馬英九的得票率幾乎是互為表裡的關係，所以標準差數值也很接近。蔡英文的一三・四八、馬英九的一三・一七，跟只有兩名候選人的二〇〇八年選舉的一三・四七幾乎相同，都是非常高的數字。每處投票所的蔡英文、馬英九得票率離散程度非常大，由此可看出明顯的藍綠對立結構，導致每個地區的選民所採取的投票行為截然不同。

為了確認三名候選人在每一得票率的得票數分布狀況，筆者依據所有投票所開票資料繪製了曲線圖（histogram）（**圖6－2**）。本圖顯示的是三名候選人在每一%得票率（也就是得票率〇%以上未滿一%、一%以上

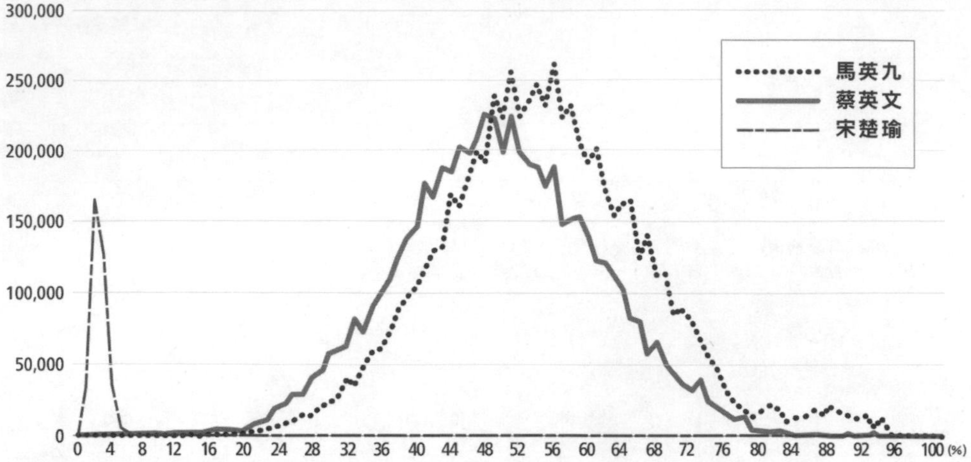

圖 6-2　2012 年總統選舉 三名候選人的全投票所得票率得票數曲線（histogram）
出處：筆者參照中央選舉委員會的資料所製成。

未滿二%、二%以上未滿三%……一直到一○○%）的得票數狀況。橫軸為得票率，縱軸為得票數。

舉例來說，馬英九的得票率在六○%以上未滿六一%的投票所，全臺灣共有三百三十一處，這三百三十一處投票所的馬英九得票數合計為二十萬零七百二十九票。蔡英文的得票率在六○%以上未滿六一%的投票所，全臺灣共有二百四十四處，這二百四十四處投票所的蔡英文得票數合計為十二萬三千九百五十六票。就像這樣畫出三名候選人的得票率得票數曲線。曲線下方的面積，就代表該候選人的得票數。只要利用這樣的曲線圖，就可以在視覺上清楚確認各候選人在哪個得票率拿到了多少選票。

馬英九與蔡英文的得票率標準差數值都很大，而且非常接近，所以得票數的曲線左右都比較寬，而且形狀相似。但是，從這投票所層級的曲線，就可以明顯看出馬英九的得票數整體都高於蔡英文。這意味著蔡英文的得票雖然乍看之下與馬英九相去不遠，但看不出強項，要追上馬英九並沒有那麼容易。

各地區的投票行為

這場選戰其實到中期，雙方都還處於拉鋸關係，直到最後一個月，蔡英文的聲勢才受挫，被馬英九大幅領先。因為這個緣故，選舉結束後有很多人都說「沒想到蔡英文的得票數這麼少」[xii]。此外也有不少親民進黨的政治人物及評論家表示「蔡英文在南部的得票率比預期要少得多」，相信不少人都有這樣的感覺。但是另一方面這說法也有很多誤解。為了確實理解這場選舉的實際狀況，我們必須先掌握蔡英文「在哪些地區得到了多少選票」。

以下將針對民進黨在各地區的得票率變動狀況，觀察這次的開票結果。首先，筆者整理出了兩名候選人在哪些地區的得票數差距特別大。**表6－5**的左側是以縣市作為地區單位的分類方式，列出兩人的得票差距（從蔡英文的立場來看）。負的數字越大，代表與馬英九的差距越大。表的右側，則是使用更廣大的「北部」、「中部」、「南部」和「東部．離島」作為地區單位的分類方式。

蔡英文在全臺灣輸馬英九大約八十萬票，只要看這張表，就可以知道哪些地區輸得特別多。在大範圍地區之中，最值得注意的就是「北部」地區，蔡英文在這裡輸了超過一百萬票。民進黨原本就知道在「北部」的輸面較大，認為只要在「南部」搶回來就行了，但如今光「北部」就差了一百萬票，根本無法靠「南部」挽回

xii 在投票日不久前，好幾家日本媒體都以「勢均力敵」來報導這場選戰，因此許多日本讀者都有這樣的印象。

地區單位	票差	大範圍地區單位	票差
臺北、新北、基隆	-581,006	北部	-1,017,037（40.2%）
桃園、新竹、苗栗	-436,031		
臺中、彰化、南投	-179,123	中部	-179,123（44.9%）
雲林、嘉義、臺南	317,901	南部	530,749（55.3%）
高雄、屏東	212,848		
宜蘭、花蓮、臺東	-94,716	東部・離島	-132,150（37.9%）
澎湖、金門、連江	-37,434		
臺灣整體	**-797,561**	**臺灣整體**	**-797,561**

表 6-5　地區別 蔡英文與馬英九的得票差距
( ) 內為蔡英文的得票率。
出處：筆者參照中央選舉委員會的資料所製成。

這個局面，甚至可以說光看「北部」就已經分出了勝負。由於蔡英文是與過去民進黨政治人物截然不同的候選人，有些人認為「北部是國民黨的天下，南部是民進黨的天下」這種地區性的投票特徵會發生變化，但從前述的分析來看，這個特徵本身是沒有改變的。

至於蔡英文「在南部的得票率比預期還要少」這一點，能否在這些數字中得到印證呢？當然所謂的「預期」，會因評論者的主觀看法而異。但只要㊀與民進黨內部的目標進行比較、㊁與二〇〇八年的謝長廷得票率進行比較、㊂與二〇〇四年的陳水扁得票率進行比較，從這三個方向下手，就能得到相對客觀的答案。

首先我們來看㊀的部分。投票日前兩天（一月十二日）《蘋果日報》A2版有一篇關於雙方陣營最終得票預測的報導，可以作為參考的依據。該報導指稱民進黨的最終得票預測是由競選總部的幹部所提供，其細目如下。「臺北市、新北市、基隆市」（以下簡稱「北北基」）

輸二十五至三十萬票，「桃園縣、新竹縣市、苗栗縣」（以下簡稱「桃竹苗」）輸二十五至三十萬票，以上兩者合計，「北部」地區大約會輸五十至六十萬票。「臺中市、彰化縣、南投縣」（以下簡稱「中彰投」）為「中部」地區，這裡應該會贏五萬票。「高雄市、屏東縣」（以下簡稱「高屏」）贏三十萬票，「雲林縣、嘉義縣市、臺南市」（以下簡稱「雲嘉南」）贏四十五萬票，以上兩者合計，「南部」地區大約會贏七十五萬票。「宜蘭縣、花蓮縣、臺東縣」及「澎湖縣、金門縣、連江縣」合計的「東部·離島」地區大約會輸七至八萬票。全部合計下來，民進黨在投票日前兩天預測（或者該說是期待）蔡英文應該能以十至二十萬票的差距（以得票率來看，僅差一%至一·五%）險勝馬英九。

結果如**表6－5**所示，「北部」輸了約一百零二萬票、「中部」輸了約十八萬票、「南部」贏了約五十三萬票、「東部·離島」輸了約十三萬票。與民進黨內部的預測（期待）的差距為：「北部」少了四十二至五十二萬票、「中部」少了二十三萬票、「南部」少了二十二萬票、「東部·離島」少了五至六萬票。全部地區的得票數都不如預期，但落差最大的還是「北部」。當然報紙上的推測得票數還包含宣傳的意義，不能一概相信，但是整體高達九十二至一百零三萬票的誤差畢竟太大，可見得民進黨對局勢的判斷有著結構上的問題。

另外，在《蘋果日報》同一篇報導之中，國民黨競選總部幹部對馬英九得票數的預測如下。「北北基」贏四十萬票，「桃竹苗」贏三十萬票，以上兩者合計「北部」贏七十萬票。「中彰投」的「中部」贏二十萬票。「高屏」輸二十萬票，「雲嘉南」輸三十萬票，以上兩者合計「南部」輸五十萬票。「東部·離島」贏十萬票。這個得票預測（期待）與實際得票的差距為，「北部」多贏了三十萬票，「中部」只差兩萬票，「南部」及「東部·離島」也只差三萬票，可以看出國民黨對得票的預測是非常精準的。光是這些數字，就顯示出國民黨在二〇一二年對選情的掌握能力勝過了民進黨。

接著我們進入㈡，將蔡英文的得票狀況與二〇〇八年的謝長廷進行比較。**表6－6**整理出了蔡英文的得票率在各地區與謝長廷得票率的差距幅度。東部及離島由於票數較少，因此不列入分析範圍。蔡英文的得票率

地區	得票率差距	地區	得票率差距
北北基	+3.80	北部	+4.01
桃竹苗	+4.50		
中彰投	+4.48	中部	+4.48
雲嘉南	+4.27	南部	+4.11
高屏	+3.95		

表 6-6　地區別 蔡英文和 2008 年謝長廷的得票率差距
出處：筆者參照中央選舉委員會的資料所製成。

地區	得票率差距	地區	得票率差距
北北基	-3.59	北部	-4.10
桃竹苗	-5.10		
中彰投	-5.59	中部	-5.59
雲嘉南	-4.35	南部	-3.84
高屏	-3.36		

表 6-7　地區別 蔡英文和 2004 年陳水扁的得票率差距
出處：筆者參照中央選舉委員會的資料所製成。

整體而言上升了四・一個百分點，從這張表可以看出各地區的上升幅度很接近，差異很小。因此我們可以說蔡英文的得票率是整體平均上升，問題只在於上升的幅度不夠大，「南部」並沒有得票率特別低的問題。

那麼如果是㊂，跟二〇〇四年陳水扁的得票狀況進行比較，又會得到什麼樣的結果呢？二〇〇四年的總統選舉，是民進黨唯一成功拿到過半數選票的選舉，民進黨內部在規劃選戰策略的時候，都是以二〇〇四年的得票狀況作為基本目標。**表 6-7** 整理出了蔡英文的得票率在各地區與陳水扁得票率的差距幅度。表中的負值越大，代表該地區蔡英文與陳水扁的得票率差距越大。以整體來看，蔡英文的得票率平均少了四・五個百分點。從表上可以看得出來，落差較大的是「中部」地區。「北部」跟「南部」的落差幅度差不多，如果硬要比較的話，「南部」反而比較接近陳水扁的得票狀況。因此從民進黨的立場來看，「南部」表現得比「北部」還要好。綜合以上㊀㊁㊂的分析，可知「南部的得票不如預期」的說法是沒有道理的。

接著我們順便看看民進黨在同時進行的立委選舉中，各地區的當選狀況。單一選區席次全部共七十三席，上一次只拿到了十三席，這次增加至二十七席，等於多了十四席。增加的席次為「北部」一席、「中部」四席、「南部」六席、「東部離島」三席。若單看

「南部」二十二個選區，民進黨上一次為十一席，這一次增加至十七席，多了六席，國民黨的席次只剩下五席。而且這些增加的席次，大多都是擊敗了國民黨的現任立委。因此我們可以說在立委選舉上，民進黨在「南部」的表現也相當亮眼。

支持結構——都市與農村

為了進一步分析選民的投票行為，筆者列出了三名候選人在各縣市的得票狀況，並且與二〇〇八年民進黨、國民黨的得票率進行比較，計算出蔡英文與馬英九的得票率增減，整理於**表6－8**。為了維持資料的連續性，臺中市、臺南市及高雄市分別計算出合併前的臺中縣市、臺南縣市、高雄縣市的數值。

馬英九的得票率最高的前五個縣市，若不計金門及連江，依序為花蓮縣、臺東縣、新竹縣、苗栗縣、基隆市，這前五名都跟上次的前五名相同，只是第二名跟第三名對調了位置，上一次的排名順序是花蓮縣、新竹縣、臺東縣。另一方面，馬英九的得票率最低的前五個縣市，由低至高依序為舊臺南縣、嘉義縣、雲林縣、舊高雄縣、屏東縣，跟上一次完全相同。蔡英文的得票率最高的前五個縣市，依序為舊臺南縣、嘉義縣、雲林縣、舊高雄縣、屏東縣。最低的前五個縣市（不計金門與連江）則是花蓮縣、臺東縣、新竹縣、苗栗縣、基隆市，除了臺東縣跟新竹縣的順序對調之外，也跟上一次一樣。雖然多了宋楚瑜這個擾亂因素，蔡英文跟馬英九的得票結構依然呈現完美的表裡關係。

宋楚瑜的得票數只有三十七萬票，這比事前所做的民意調查所顯示的支持率少得多。不僅如此，而且宋楚瑜為了得到登記參選的資格，必須拿到全體選民人數的一・五％（約二十六萬人）的連署，後來宋楚瑜實際上拿到了四十四萬五千八百六十四人的連署，沒想到最後拿到的選票竟然比連署的人數還要少。這可能是因為在選戰的最後階段發生了「棄保效應」，宋楚瑜的選票流向了馬英九。

縣市	蔡英文	馬英九	宋楚瑜	與 2008 年相比得票率的增減	
				民進黨	國民黨
臺北市	39.54%	57.87%	2.58%	2.57	-5.16
新北市	43.46%	53.73%	2.82%	4.52	-7.33
基隆市	36.77%	59.29%	3.94%	4.50	-8.44
桃園縣	39.85%	57.20%	2.95%	4.49	-7.44
新竹縣	30.93%	65.76%	3.31%	4.95	-8.26
新竹市	39.49%	57.43%	3.08%	4.19	-7.27
苗栗縣	33.18%	63.85%	2.97%	4.17	-7.14
臺中縣	46.39%	50.51%	3.10%	5.23	-8.33
臺中市	42.21%	54.54%	3.24%	3.95	-7.20
彰化縣	46.49%	50.58%	2.93%	4.08	-7.01
南投縣	42.37%	54.63%	3.00%	4.40	-7.40
雲林縣	55.81%	41.67%	2.52%	4.28	-6.80
嘉義縣	58.58%	39.04%	2.38%	4.14	-6.52
嘉義市	51.04%	46.27%	2.69%	3.43	-6.12
臺南縣	60.57%	37.01%	2.42%	4.42	-6.84
臺南市	53.65%	43.80%	2.55%	4.36	-6.91
高雄縣	55.39%	42.09%	2.52%	3.98	-6.50
高雄市	51.81%	45.90%	2.28%	3.40	-5.69
屏東縣	55.13%	42.93%	1.94%	4.88	-6.82
宜蘭縣	52.53%	44.89%	2.59%	3.95	-6.53
花蓮縣	25.94%	70.30%	3.76%	3.42	-7.18
臺東縣	30.50%	66.47%	3.02%	3.82	-6.85
澎湖縣	45.65%	49.76%	4.59%	3.58	-8.17
金門縣	8.22%	89.24%	2.55%	3.35	-5.89
連江縣	8.03%	86.61%	5.36%	3.19	-8.55
總計	**45.63%**	**51.60%**	**2.77%**	**4.08**	**-6.85**

表 6-8　2012 年總統選舉各候選人的各縣市得票狀況

出處：筆者參照中央選舉委員會資料所製成。

宋楚瑜得票率最高的前五個縣市（不計金門與連江），依序為澎湖縣、基隆市、花蓮縣、新竹縣、舊臺中市。這些縣市本來就是支持國民黨的比例比較高的地區。另一方面，最低的五個縣市為屏東縣、舊高雄市、嘉義縣、舊臺南縣、舊高雄縣，這些縣市都是支持民進黨的比例比較高的地區。宋楚瑜的得票率跟二〇〇〇年總統大選比起來差距很大，但是在各縣市的得票結構在一定程度上還是類似的。

接著我們比較謝長廷的得票率與蔡英文的得票率，觀察各縣市的得票率上升狀況。不計金門與連江，上升幅度最低的是臺北市，只上升了二・五七個百分點。其次是高雄市，三・四〇個百分點。再其次是花蓮縣，三・四二個百分點。其中臺北市的上升幅度最不理想。在這一點上，我們可以做出一個假設，那就是大眾媒體及網路上的選戰議題攻防是由馬英九佔了上風，因而導致蔡英文的支持率在大都市的上升幅度表現不佳。但是要驗證這個假設，就必須分析各縣市內部都市與農村的得票狀況差異。

從民進黨的角度來看，「南部」的表現雖然比「北部」好，但是位在「南部」的舊高雄市的得票率上升幅度偏低了一些。舊高雄縣的得票率上升幅度雖然接近平均值，但一定有人認為「應該還能更高」吧。上述舊高雄縣市的得票狀況，或許正是讓一些人認為「南部的得票比預期要少」的主要原因。

但如果把這個現象跟中國大陸在臺灣南部大量收購農產品及養殖魚類的政策直接聯想在一起，恐怕過於武斷。因為如果這個推論可以成立，出口中國的水果及漁貨的主要產地應該會不再支持民進黨，導致民進黨在這些地區的得票率難以提升。但是從實際上的得票狀況來看，蔡英文在這些地區的得票率成長還是接近平均值，與其他地區沒有什麼差別。另一方面，南投縣及花蓮縣雖然賺到大量中國觀光客的錢，但是蔡英文的得票率在這兩個縣的上升幅度分別為四・四〇及三・四二%，花蓮縣雖然少了一點，但是南投縣超過平均值，可見得觀光客因素對選舉的影響也不大。

舊高雄縣市的得票率上升幅度較小，其實有一個特殊原因，那就是前民進黨籍的高雄縣長楊秋興轉為支持馬英九。楊秋興在二〇一〇年高雄市長選舉時，與陳菊互相競爭，他最後沒有成為民進黨的提名候選人，因而脫離民進黨，以無黨籍的身分參選市長，得到了二六・七%的選票。雖然一般觀點認為楊秋興的影響力並不大，但也不是沒有。他在市長選舉拿到二六・七%的選票，這些投票者可能大多數在總統選舉時本來就是要投給馬英九，但畢竟楊秋興過去長年都是民進黨的活躍黨員，相信其中還是有一些原本要投給蔡英文的選民，在楊秋興的個人影響之下，改為將票投給了馬英九。就算這種人的比例只佔了高雄全部選民的一、二%，還是足以說明蔡英文在舊高雄縣市的得票率上升幅度為何在整個「南部」比較低。

如果我們不是從南北差異，而是從縣與市的角度來看蔡英文的得票率百分比上升幅度，可以發現舊高雄市（三・四〇）比舊高雄縣（三・九八）小，嘉義市（三・四三）比嘉義縣（四・一四）小，舊臺中市（三・九五）比舊臺中縣（五・二三）小，新竹市（四・一九）比新竹縣（四・九五）小。換句話說，在相同的地理環境裡，比起農漁業地區，其實蔡英文的得票率在都市地區的上升幅度比較小，唯獨舊臺南縣（四・四二）與舊臺南市（四・三六）看不出明顯差異。

蔡英文的得票率在地方上的都市地區上升幅度較小，其實與臺北市的現象是相通的。這與下一節「決定輸贏的重要因素」有關，事實上在都市地區，選舉議題在大眾媒體或網路上的論戰具有相當程度的影響力。尤其是關於兩岸政策的議題，都市居民的關心程度比農村居民高得多，而蔡英文一直沒有辦法在這個議題上掌握主導權，這應該就是得票率難以提升的原因。很多民進黨的立法委員候選人都告訴筆者，農村居民大多不太關心兩岸政策[xiii]。而且都市地區居民在工作上與中國有生意往來的比例比農漁村地帶高，就廣義而言，這也算是受到中國的影響。再加上都市地區居民所得水平較高，蔡英文陣營所強調的解決貧富差距對這些人來說並不是什麼切身的問題，應該也是造成影響的因素之一。由於都市地區人口較多，民進黨是相對比較吃虧的。

屏東縣與桃園縣的例子

屏東縣

為了進一步探討總統大選的民意支持結構，接下來我想舉民進黨支持度較高的屏東縣，以及國民黨支持度較高的桃園縣作為例子。屏東縣是蔡英文父親的家鄉，蔡英文在選戰期間經常強調屏東是自己的故鄉、父親有客家血統，而且祖母是屏東縣的排灣族人，這些都是提高民進黨支持度的特殊因素。

表6－9列出了屏東縣各縣市的蔡英文得票率增加幅度，依照增加幅度的大小順序排列。為了確認增加幅度與中國因素的相互關係，同時列出了中國大量採購水果及養殖漁貨的產地資訊。另外，順便也列出了各鄉鎮的族群結構。排列在表格上方的鄉鎮，代表蔡英文的得票率增加幅度較大，而這也意味著中國因素並沒有造成影響。以平均值而言，蔡英文在整個屏東縣的得票率增加幅度為四・八八個百分點。

首先，我們從養殖漁貨中的石斑魚開始看起。石斑魚是比較高價的魚種，在馬英九的第一任期中，開始提升對中國的出口量。倘若石斑魚的出口對政治發揮了效果，蔡英文的得票率上升幅度應該會很低才對。但是境內有石斑魚養殖場的枋寮鄉、佳冬鄉及林邊鄉，蔡英文的得票率上升幅度都在平均值之上。因此我們無法認定中國大量購買石斑魚降低了民眾對民進黨的支持度。

接著我們看水果。中國最愛購買的臺灣水果，包含鳳梨、木瓜、香蕉，以及價格較高的黑珍珠蓮霧，這些水果都在屏東縣廣泛栽種。查看屏東縣政府及屏東縣農會所提供的資料，可知主要產地為鹽埔鄉、新埤鄉、枋

xiii 對無黨籍候選人胡鎮埔，以及民進黨立法委員候選人蔡其昌、郭俊銘、童瑞陽、林佳龍、張廖萬堅、彭紹瑾、黃適卓、鄭文燦、彭添富等人的訪談，二〇一一年十一月二十三至二十六日。對同黨劉櫂豪的訪談，二〇一一年十二月二十三日。

鄉鎮市	成長幅度	人口構成	養殖魚業	種植水果	特殊因素
枋山鄉	11.32			愛文芒果	蔡英文父親的故鄉
琉球鄉	9.33				
鹽埔鄉	7.66			香蕉	
新埤鄉	7.38	四成以上為客家人		木瓜	
枋寮鄉	6.71		石斑魚	黑珍珠蓮霧、愛文芒果	
滿州鄉	6.65			香蕉	
車城鄉	6.63				
南州鄉	6.16			黑珍珠蓮霧	
恆春鄉	5.92				
高樹鄉	5.91	四成以上為客家人		鳳梨、木瓜、香蕉	
佳冬鄉	5.59	四成以上為客家人	石斑魚		
長治鄉	5.56	四成以上為客家人		木瓜	蘇嘉全的故鄉
東港鎮	5.19				
崁頂鄉	5.07				
林邊鄉	5.05		石斑魚	黑珍珠蓮霧	
內埔鄉	4.99	四成以上為客家人		鳳梨、木瓜	
萬丹鄉	4.98				
萬巒鄉	4.91	四成以上為客家人		鳳梨、香蕉	
新園鄉	4.86				
里港鄉	4.63			香蕉	
竹田鄉	4.57	四成以上為客家人			
牡丹鄉	4.25	九成的原住民			
屏東市	3.90	外省人人口較多			縣內的主要都市
麟洛鄉	3.85	四成以上為客家人			
潮州鄉	3.68				
九如鄉	3.60				
來義鄉	3.31	九成為原住民		愛文芒果	
春日鄉	3.12	九成為原住民			
瑪家鄉	2.69	九成為原住民			
獅子鄉	2.67	九成為原住民		愛文芒果	
霧臺鄉	1.74	九成為原住民			
泰武鄉	1.65	九成為原住民		愛文芒果	
三地門鄉	1.42	九成為原住民			

表 6-9　蔡英文在屏東縣各鄉鎮市的得票率成長幅度

出處：筆者參照中央選舉委員會資料及屏東縣官網所製成。

寮鄉、滿州鄉及南州鄉。蔡英文在這些鄉鎮的得票率上升幅度都不相同，但是大多在平均值之上（位置在表格的上方）。從數據中看不出中國大量購買這些農產品影響了選民的投票行為。但這只是本次選舉的數據而已，如果將來中國的大量採購變成常態，雙方形成穩定的市場機制，情況可能又會不同，我們不能以這次選舉的數據來認定將來絕對不會有影響。

另一方面，愛文芒果的情況有些不同。愛文芒果的行情價格高於一般芒果，主要產地為枋山鄉、枋寮鄉、來義鄉、獅子鄉及泰武鄉。蔡英文的得票率在枋山鄉、枋寮鄉的上升幅度較大，在來義鄉、獅子鄉及泰武鄉的上升幅度較小。不過如果要追究原因，或許跟中國沒有關係，而是產地跟原住民的居住地區重疊。蔡英文的得票率上升幅度較小的來義鄉、獅子鄉及泰武鄉，原住民人口超過九成。在屏東縣，原住民人口超過九成的鄉鎮有八個，蔡英文的得票率在這八個鄉鎮的上升幅度都很低。由此可知，這些原住民的投票傾向，形成了蔡英文屏東縣得票率上的沉重負擔。

這並非屏東縣的特有現象，而是所有原住民居住地區的共同傾向。蔡英文提及自己的祖母是排灣族人，並且強調民進黨的原住民政策是多麼具有前瞻性。但是民進黨內唯一的原住民籍立法委員候選人陳瑩卻被放在不分區立委全安名單的外圍，最後沒有當選。這樣的做法，當然沒有辦法讓原住民感受到民進黨對原住民的重視。民進黨針對原住民的競選策略可以說是失敗了。

另一方面在客家地區，蔡英文的得票率成長幅度有著相當大的差距。蔡英文的父親是客家人的這個族群要素，似乎沒有在選戰上發揮效果，但是客家人也沒有特別排斥蔡英文。客家人口佔四成以上的鄉鎮，在屏東縣有八個。其中六個鄉鎮，蔡英文的得票率成長幅度在平均值之上，但是數值也不是特別突出。顯然蔡英文的族群要素對屏東縣客家選民的投票行為並沒有什麼明顯的影響。

屏東市是屏東縣裡唯一的市。蔡英文的得票率成長幅度在屏東市為三・九〇，低於屏東縣的平均數值四・八八。屏東市的人口較多，因此成長幅度不足對蔡英文而言是沉重的負擔。蔡英文的得票率成長幅度在都市地區較小的現象，在屏東縣也看得出來。

除此之外，蔡英文及蘇嘉全的家族都出身屏東縣，接著我們來看看這個特殊因素是否造成了影響。蔡英文實際上是在臺北市出生及長大，與父親的家鄉屏東縣枋山鄉並沒有很強的地緣感情。即便如此，蔡英文的得票率成長幅度在枋山鄉還是達到一一．三二個百分點，遠大於屏東縣的平均數值，在縣內居冠。可以看出蔡英文確實在這裡發揮了家鄉效應。

另一方面，副總統候選人蘇嘉全出生於長治鄉，直到選前不久，長治鄉內都還有他以農舍的名義與

地區	閩南系本省人比例	客家人比例	外省人比例	原住民比例	蔡英文得票率	蔡英文成長幅度
龍潭鄉	31.9	48.9	12.9		34.49	5.21
楊梅鎮	22.9	61.2	6.9		36.35	5.05
龜山鄉	67.6	14.1	6.9		41.78	4.82
新屋鄉	22.4	70.0	2.5		50.57	4.76
平鎮市	31.3	51.9	9.3		36.99	4.75
觀音鄉	49.3	40.7	2.5		54.23	4.68
八德市	64.6	15.4	13.5		37.49	4.56
大園鄉	67.7	17.5	3.2		48.88	4.37
中壢市	38.3	43.3	8.5		35.14	4.32
蘆竹鄉	68.3	12.9	7.1		45.61	4.15
桃園市	67.4	12.5	8.6		40.69	4.04
復興鄉	34.9	14.8	3.4	44.6	23.19	3.94
大溪鎮	65.6	16.7	9.7		46.00	3.84
桃園縣	**50.8**	**31.1**	**8.5**	**1.6**	**39.85**	**4.49**

表 6-10　桃園縣的各鄉鎮市族群結構和蔡英文的得票狀況（%）

族群比例的數字是依據行政院客家委員會編《99 年至 100 年全國客家人口基礎資料調查研究》（2011 年 4 月）的附表 A-7「單一自我認定臺灣四大族群人口比例」。這項調查研究包含了「臺灣人」、「大陸客家人」、「其他族群」等項目，所以數值的使用要特別謹慎小心。
出處：筆者參照此書及中央選舉委員會的資料所製成。

建的住家。但是蔡英文的得票率成長幅度在長治鄉只有五・五六，雖然高於平均值，但是並沒有特別高。這可能是因為蘇嘉全及其家族所引發的一連串農舍糾紛所造成的影響。不過從另一個角度來看，蘇嘉全曾經擔任兩屆屏東縣長，在縣內擁有高知名度及人脈。蔡英文的得票率成長幅度在整個屏東縣為四・八八，超過了全臺灣的平均值四・〇八。蔡英文及蘇嘉全的故鄉要素，或許在不知不覺之中已經發揮了加分的效果。

桃園縣

接著我們看族群結構非常複雜的桃園縣。筆者想根據蔡英文在桃園縣的得票狀況，來分析族群投票行為的影響。**表6-10**整理出了桃園縣各鄉鎮市的蔡英文得票率、成長幅度及族群結構，依照成長幅度的大小順序排列。

首先我們來看蔡英文的得票率。桃園縣整體的蔡英文得票率為三九・八五％，得票率最高的前三個鄉鎮為觀音鄉、新屋鄉、大園鄉，都集中在沿海地區。在一般人的觀念裡，桃園縣的沿海地區是閩南系本省人的比例較高的地區，但是這三個鄉的閩南系本省人比例為觀音鄉四九・三％、新屋鄉二一・四％、大園鄉六七・七％，差距非常大。得票率最低的三個鄉鎮，由低到高分別為復興鄉、龍潭鄉、中壢市。復興鄉位於山區，原住民的比例比較高。龍潭鄉跟中壢市則是外省人及客家人的比例比較高。這三個鄉市的閩南系本省人比例為復興鄉三四・九％、龍潭鄉三一・九％、中壢市三八・三％，全都低於桃園縣的平均值五〇・八％。

由這個數據看來，外省人及客家人的比例，與蔡英文的得票率似乎為負相關，也就是外省人及客家人的比例較高的鄉鎮市，蔡英文的得票率較低。但這個推論其實是不成立的，因為筆者計算出各鄉鎮市的外省人比例及蔡英文得票率的相關係數為負〇・三七〇，雖然確實為負相關，但是薄弱。客家人比例及蔡英文得票率的相關係數為〇・〇八〇，更是完全不具相關性。就算是把外省人及客家人的比例相加之後的數值，與蔡英文的得票率計算相關係數，結果也是〇・〇一五，同樣不具相關性。

那麼，閩南系本省人的比例跟蔡英文的得票率之間有相關性嗎？兩者的相關係數計算出來為〇・三四四，雖然有某種程度的相關性，但還是很弱。由此可知在閩南系本省人比例較高的鄉鎮市，蔡英文得票率較高，這種說法是不正確的。具體的理由，就在於我們雖然能夠找到族群對投票行為造成影響的典型例子，但我們同樣也能找到打破這個規則的例子。

舉例來說，楊梅鎮的客家人比例很高，而蔡英文的得票率很低；新屋鄉的客家人比例同樣很高，但是蔡英文的得票率很高。八德市、龍潭鄉、平鎮市的外省人比例比較高，蔡英文的得票率很低；但是大溪鎮的外省人比例高於桃園縣的平均值，而蔡英文的得票率也高於平均值。大園鄉的閩南系本省人比例很高，蔡英文的得票率很高；桃園市（現在的桃園區）的閩南系本省人比例也很高，但是蔡英文的得票率跟整個桃園縣的平均值齊平。族群的投票行為非常明顯的地點只有復興鄉，這裡的原住民比例較高，而蔡英文的得票率較低。

由此可知，桃園縣的族群投票行為是相當複雜的。理由可能就在於經濟發展及人口流入大幅改變了桃園縣的社會結構。桃園縣有著蓬勃發展的ＩＴ產業，還有以桃園機場為樞紐的物流服務產業，因此人口快速增加，在二〇一四年升格為直轄市。雖然每個族群的傳統居住地區結構依然存在，但同時也增加了許多不屬於該族群的居民。因此族群的投票現象變得不明顯，這也是很自然的結果。

另一方面，各鄉鎮市選民的投票行為確實存在著明顯的差異。例如楊梅鎮跟新屋鄉雖然地理位置相鄰，而且客家人的比例都很高，但是蔡英文的得票率完全不同。想要釐清箇中緣由，今後除了族群因素之外，還必須針對各地區與民進黨之間的關係深入調查。

接下來筆者想要從民進黨得票率成長幅度的觀點，分析桃園縣選民的投票行為。從**表 6-10**，可以確認蔡英文的得票率，以及與二〇〇八年謝長廷相比的成長幅度。蔡英文在整個桃園縣的得票率成長幅度為四・五個百分點。成長幅度最大的前三個鄉鎮，依序為龍潭鄉、楊梅鎮、龜山鄉。龍潭鄉是客家人及外省人比例較高，楊梅鎮是客家人的比例較高，龜山鄉則是閩南系本省人的比例較高。另一方面，成長幅度最小的前三個鄉鎮，依序為大溪鎮、復興鄉、桃園市。大溪鎮及桃園市是閩南系本省人的比例較高，復興鄉則是原住民的比例較高。由此更加可以看出民進黨的得票率增加幅度，與族群結構幾乎毫無相關性。

接著我們嘗試把觀點從族群結構移開，不以族群的觀點來分析桃園市（現在的桃園區），而著重於桃園市為桃園縣的中心都市這一點上。桃園市為桃園縣內人口最多的地區。蔡英文的得票率上升幅度在這裡是倒數第三名。二〇〇九年的桃園縣長選舉，民進黨在桃園市得到相當亮眼的成績，因此民進黨原本對桃園市寄予相當大的期待，沒想到蔡英文在桃園市的得票率只有四〇・七％，遠低於當初縣長選舉時民進黨候選人鄭文燦所拿到的四八・四％得票率。

不管是桃園縣長選舉還是總統選舉，民進黨負責指揮選戰的人物都一樣（鄭文燦）。在宣傳與集會組織的方式上，總統選舉時的規模更大，而且做法更加洗鍊，沒想到結果竟然是天差地遠。這兩場選舉的最大差異，就在於競選議題完全不同。地方性選舉對於兩岸政策不必著墨太多，但是到了總統選舉，兩岸政策卻是核心議題。蔡英文在桃園市（現在的桃園區）這個都市地區的得票結果，正如同蔡英文在全臺灣其他都市地區的得票結果，成長的幅度相當有限。正如同筆者在前一節的選戰經過中所提，蔡英文在兩岸政策的議題上居於劣勢，或許正是她在都市地區的得票率難以成長的原因。過去民進黨打選戰大多只著重於炒熱氣氛及營造氣勢，這次選舉的結果可說是逼迫民進黨改變做法。

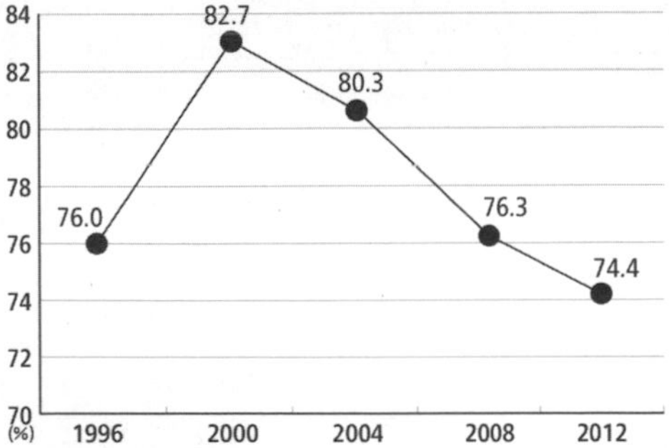

圖 6-3　總統選舉的投票率變化

出處：筆者參照中央選舉委員會的資料所製成。

	縣市	與上回的差距（%）
1	花蓮縣	-4.21
2	基隆市	-4.00
3	新竹縣	-3.26
4	桃園縣	-2.89
5	新竹市	-2.84
6	嘉義市	-2.81
7	高雄市	-2.74
8	臺北市	-2.41
9	苗栗縣	-2.2
10	臺北市	-2.18
11	臺中市	-1.9
12	臺南市	-1.79
13	彰化縣	-1.59
14	宜蘭縣	-1.44
15	臺東縣	-1.39
16	澎湖縣	-1.38
17	雲林縣	-1.14
18	高雄縣	-1.13
19	屏東縣	-1.08
20	南投縣	-0.99
21	臺南縣	-0.88
22	臺中縣	-0.76
23	嘉義縣	0.16

表 6-11　各縣市的投票率增減

出處：筆者參照中央選舉委員會的資料所製成。

投票率降低造成的影響

從投票率的高低，可以看出民眾對選舉的關心程度。如**圖 6-3** 所示，這次的總統大選投票率只有七四・四%，跟二〇〇八年大選比起來少了大約兩個百分點。如果跟投票率最高的二〇〇〇年大選相比，更是少了八・三個百分點，可以明顯看出臺灣的選舉熱度正在慢慢消褪。不過在有效票數方面，上一次是大約一千三百一十萬票，這一次由於具投票權的選民人數增加，因此增加了二十五萬票，達到約一千三百三十五萬票。

選舉結束之後，有人主張「投票率降低是造成蔡英文的得票率上升幅度不如預期的主因」，但是這樣的論點是否有辦法印證？筆者接下來想要嘗試驗證這一點，同時思考造成投票率降低的原因。**表 6-11** 列出了這次選舉與上次選舉的各縣市投票率增減幅度，依照投票率的降低幅度大小加以排列。為了得到較精準的數據，臺中、臺南、高雄皆依照舊縣市進行計算。金門及連江兩縣由於狀況特殊，因此加以排除。

投票率降低幅度最大的前三個縣市分別為花蓮縣、基隆市、新竹縣，這些都是政黨立場較偏向國民黨的縣市。民進黨支持率較高的雲林縣、屏東縣、宜蘭縣以及舊臺南縣、舊高雄縣等縣的投票率降低幅度較小。嘉義縣不僅沒有下降，而且還上升了一點。這樣的結果，不禁讓人懷疑「投票率降低導致民進黨得票率不如預期」這種說法。

這次大選的投票日設定在春節的一星期前，有人認為這也影響了投票率。對於並非在戶籍地就業或就學的人而言，返鄉投票並不是輕鬆的事。以這次的情況來說，相信一定有不少人不願意在春節一星期前先返鄉投票。

然而觀察投票率降低幅度最大的前三名縣市，只有花蓮縣確實因為交通不便而容易發生上述狀況。基隆市距離臺北很近，交通相對比較方便，而新竹縣也因為有高鐵的關係，交通方便性也比其他縣市好一些。交通不方便的南部各縣，本來投票率就比較低，但在分析上，重要的是這次選舉的投票率下降幅度，兩者不可混為一談。以投票率下降幅度來看，基隆市、新竹縣的下降幅度反而比交通不便的南部各縣更大，由此看來投票率下降應該有其他的理由，與交通狀況及投票日的日期無關。

投票率下降幅度較大的地區，大多集中在都市地區。而投票率下降幅度較小的地區，則大多是境內有農漁村的中南部縣市。有很多民進黨支持度較高的地區，也包含在這些縣之中。由此可知，投票率的降低與國民黨或民進黨候選人得票率的增減沒有直接關係[xiv]。

xiv 到了二〇一六年總統選舉，投票率變得更低，但是民進黨的得票率大幅上升。不管是民進黨還是國民黨，只要把「投票率降低」當作理由，敗選就會被視為非戰之罪，黨的路線及候選人的過失都不會遭到質疑。因此兩黨都喜歡把投票率掛在嘴邊，選民對這種敗選理由的接納度也高。但如果完全只把投票率降低當成敗選的原因，不再進一步分析，到頭來癥結還是無法釐清。

二〇一二年大選的投票率降低，當然不能否認可能包含節日的因素，但是除此之外，也必須考慮到「對馬英九跟蔡英文都不抱持期待，因此降低了投票意願」的選民可能增加了一些。先進國家的選舉，往往容易出現選民棄權或對政治不感興趣的情況，或許臺灣的總統選舉也正在逐漸走上這條路。

要討論投票率的問題，當然也必須考量到一些在中國工作及生活的臺商是否回來投票的問題。據說像這樣的臺商若加上其家屬，人數已經超過一百萬人，但是並沒有正確的統計數字。此外，也沒有任何資料可以證明臺商的投票率高低。這些臺商都是各自在其戶籍所在地的縣市進行投票，因此我們無法靠投票結果來分析臺商的投票行為。對於這些住在中國的臺灣選民而言，要在春節的一星期前回來投票確實不太方便。

參加投票的臺商人數到底有多少呢？由前往中國大陸發展的臺灣企業所組成的「全國臺灣同胞投資企業聯誼會」的會長郭山輝表示，這次回來臺灣投票的人數大約是二十萬人[9]。上一次的二〇〇八年選舉，有人說是十八萬人，也有人說是二十萬人，與這次的數字差別不大。擁有投票權的選民總數為一千八百萬人，因此回臺灣投票的臺商所佔的比例是很小的。從投票率增減的觀點來看，臺商的投票行為應該不至於產生多大的影響。

那麼對選舉結果的影響有多大呢？一般觀念認為支持國民黨的臺商比支持民進黨的臺商多，但是並非所有臺商都支持國民黨，還是有一定數量的臺商支持民進黨。我們試著把支持的比例設定為對馬英九比較有利的七比三，來計算看看這會對馬英九的得票狀況造成多大的影響。投給宋楚瑜的選票直接忽略不計。以二十萬臺商回臺投票來計算，馬英九可以拿到十四萬票，蔡英文可以拿到六萬票。馬英九靠著臺商領先蔡英文的票數，只有八萬票而已。由於大部分臺商的戶籍都在北部，我們可以說這八萬票拉高了馬英九在北部的得票率，但是馬英九在全臺灣的得票數比蔡英文多八十萬票，因此臺商的八萬票實際上不至於對選舉的大局造成什麼影響[10]。

決定勝敗的因素

馬英九獲勝的原因

馬英九成功連任的大原因，在於改善兩岸關係的政績，以及「不統不獨」的維持現狀路線獲得選民的正面評價。臺灣多數的民意，都是既「希望臺灣能維持自立」，卻又「希望透過兩岸交流獲得經濟利益」，馬英九正是在這一點上巧妙地抓住了民心。馬英九陣營的選戰策略，大致上可分為三招。

就跟二〇〇八年一樣，馬英九一方面強調「臺灣化路線」及「臺灣認同」，向中間選民示好，一方面又強調對「中華民國」、「國旗」的重視，向深藍支持者示好。「中華民國是國家，臺灣是家園」正是凝聚了這個概念的口號。在鞏固基礎民意的同時，並主打以「九二共識」為基本立場的兩岸政策，與對手一較高下，這就是馬陣營的選戰策略第一招。

選戰策略第二招，則是在兩岸政策以外的經濟社會政策上，暫時拋開面子問題，拉下臉仿效民進黨的做法。主要是因為蔡陣營企圖在經濟社會政策上超越馬政府，而馬陣營直接模仿民進黨，可以讓蔡陣營的政策效力大減。

第三招，則是強調國民黨的改革，藉此獲取都市地區中間選民的支持。例如在決定立委選舉的候選人時，國民黨大力展現自身的改革，不惜與地方派系發生摩擦，甘願冒上損失一些地方組織票的風險。在政黨的運作上，寧願招來埋怨也要將黨內大老排除在核心之外，同時盡可能避免檯面下的利益交換，寧願引發親民黨倒戈也在所不惜。不過改革倒也不是草率進行，在一些有可能危及選情的事情上，馬英九還是選擇了妥協。

馬英九將這些選戰策略的構思及執行交給金溥聰一個人負責。金溥聰宛如美式企業的CEO一般，手握大權坐鎮指揮選戰大局[xv]。金溥聰將戰勝蔡英文視為唯一目標，靠著內部民意調查掌握正確情勢，依據情勢設計宣傳廣告，以最具效果的方式向選民發送訊息[xvi]。在選戰期間的幾次關鍵時期，金溥聰靠著過人的敏銳直覺，逐漸挽回選情上的不利局面，在最後關頭大幅領先蔡英文。

例如「和平協議」引發社會熱烈討論的十月下旬至十一月，正是馬英九選情告急的關鍵時期。馬英九在提出與中國進行「和平協議」時，其實是把時間設定在「未來十年」，用字遣詞相當謹慎保守，沒想到在媒體的大肆報導之下，馬英九的支持率開始節節下滑。馬英九陣營見苗頭不對，立刻追加了「會事先舉行公投」的條件，幾乎等同於徹底凍結「和平協議」的可能性，藉此防止爭議繼續擴大。這樣的做法，成功讓馬陣營化解了選戰期間的最大危機。

「九二共識」

很多要素都有可能對選情造成影響，選戰期間的衝突點當然也絕對不止一點，但如果要舉出一個決定二〇一二年選舉勝負的關鍵議題，想必非「九二共識」莫屬。「九二共識」作為兩岸關係的概念之一，到底是如何成為這次選戰中的最大衝突點？以下將針對這個問題進行分析。

「九二共識」誕生於一九九二年兩岸窗口機關之間事務性協調的過程。中國方面對這個共識的解釋是「海峽兩岸各自以口頭方式表述堅持一個中國的原則」（一中原則），但國民黨的解釋則是「各自以口頭方式表述一個中國的內涵（中華民國和中華人民共和國）」（一中各表）。

由於中國並不承認中華民國，江澤民時代一直否定臺灣方面的解釋方式。但是進入胡錦濤時代之後，中國的方針轉變為不否定也不肯定，正是靠著這樣的立場，共產黨與國民黨在二〇〇五年之後成功攜手合作。國民黨方面，也刻意迴避雙方在解釋上的差異。因此「九二共識」也含有暫時擱置兩岸各種爭執之意。馬英九上臺之後，兩岸以這個共識為溝通的基礎，推動改善雙邊關係，締結了包含ＥＣＦＡ在內的各種協議，由此可看出「九二共識」確實發揮了一定的效果。

二〇〇八年總統選舉，「九二共識」也曾被拿出來討論，但是當時大家還不明白「九二共識」能夠發揮什麼樣的效果，因此討論並不熱烈。而這一次的選舉，大家已經親眼目睹了「九二共識」的效用，民進黨的蔡英文將會做出什麼樣的回應，特別受到關注。蔡英文主張兩岸「根本不存在九二共識」，理由在於雙方沒有簽訂任何協議文書，而且中國的官方立場是不承認臺灣方面的解釋方式。

馬英九陣營早已猜到民進黨會反對「九二共識」，因此整個選戰的議題都是圍繞著「九二共識」打轉。蔡英文為了擴大中間選民的支持，在兩岸政策上一定會展現出較柔軟的姿態，這是在選戰剛開始的時候，馬陣營就已經能夠預期的狀況。如此一來，施政滿意度不佳的馬英九必定會陷入劣勢。因此在選戰的期間，馬英九勢必得在兩岸政策及「國家認同問題」上展現出不同於蔡英文的優勢。為了在兩邊都是「不統一、不獨立」的框架之內找出雙方的不同之處，「九二共識」成為絕佳的活用工具。

馬陣營的選戰策略，是主張「九二共識」正是既能維持現狀又能改善兩岸關係的關鍵要素，藉此獲得中間選民的支持。在這個狀況下，蔡英文如果不能針對「九二共識」提出一些主張，將會流失這些中間選民的選票。換句話說，在蔡英文的中間路線上，「九二共識」成為難以突破的屏障。中國方面為了協助馬英九連任成功，國務院臺灣事務辦公室主任王毅，以及中國共產黨中央政治局常務委員賈慶林等人，都向臺灣社會提出警告，

xv 金溥聰訪談，二〇一二年三月二日。

xvi 馬英九陣營為了正確掌握選情，對於不回答民意調查的受訪者，會進行後續的追蹤調查。為了做到這一點，他們都是採用話術高明的女性作為電話訪問員。對馬英九競選總部負責人（代稱Ｋ）的訪談，二〇一一年十月二十一日。

強調「九二共識」是兩岸交流的基礎，「不承認就無法進行交流，將損及兩岸同胞的利益」。藉由這個方式，中國共產黨與國民黨攜手合作，逼迫民進黨表達立場。

民進黨的一貫方針，是不承認中國所主張的「一個中國」原則。至於國民黨所主張的「一中各表」，要不要反對則還有商量的空間。民進黨在一九九九年提出的《臺灣前途決議文》，實際上已經承認了中華民國的地位。承認中華民國，等於間接承認中華民國憲法，而中華民國憲法就含有「一個中國」的內容。藉由「一中各表」來表述「我們是中華民國」，就像是在為「中華民國為主權獨立國家」的主張打下基礎，這正是二〇〇〇年陳水扁的新中間路線的本質，同時也繼承了李登輝在任職總統期間所採取的「中華民國在臺灣」路線[11]。

只要對《臺灣前途決議文》做出理性的解釋，就會發現「一中各表」是可以考慮接納的概念。但是民進黨的黨員及支持者在情緒上會強烈排斥與國民黨所主張的中華民國站在相同的立場。而且民進黨內部還有一個很堅定的想法，認為在國民黨掌握主導權的議題內附和國民黨的主張並不是明智的政治決策[xvii]。再者，如果從民進黨在陳水扁執政的二〇〇七年九月所通過的《正常國家決議文》的立場來看，「一中各表」就變成了無法接納的概念[xviii]。因此到目前為止，民進黨內部沒有任何重要人物明白表態贊成「一中各表」。考量民進黨內部的這些狀況，蔡英文否定「九二共識」也是理所當然的決定。

但是「九二共識」並非只與兩岸政策有關，還涉及了臺灣經濟的推動方向，以及執政能力的問題。蔡英文的立場，是在一定程度上認同馬政府改善了兩岸關係，她甚至提到上任後會繼續維持ECFA，可說是走在相當務實的中間路線上。蔡英文在某次接受專訪的時候，曾以「橫柴入灶」這句諺語來強調「我們不會採用魯莽蠻幹的做法」[12]。

但是在蔡英文否定「九二共識」之後，選民自然會懷疑「這樣真的能跟中國好好交涉嗎」，而這也造成了「兩岸關係可能會惡化，經濟交流也會受影響」的擔憂，這正是讓前往中國發展的企業家感到不安的主要原因。蔡英文雖然再三強調民進黨執政之後還是會維持兩岸經濟關係，卻沒有辦法消除民眾心中的不安。

為了對抗「九二共識」，蔡英文提出了「臺灣共識」的概念，但是概念的內容還是一片空白，蔡英文只強調將會在當選總統後，依照民主程序決定共識內容。這樣的做法，若以日本的選舉文化來比喻，就像是某個政黨提出了選舉承諾，卻只說在當選之後將依照民主程序討論選舉承諾的內容。從競選策略的角度來看，這是失敗的做法。到底該將兩岸的經濟關係往什麼樣的方向推動，蔡英文至少應該提出大致的方向[14]。

同樣是針對「九二共識」表態，除了「根本不存在九二共識」之外，其實還有很多立場可以選擇。例如可以說「我們不支持」，或是「我們想要看看國民黨會不會堅持他們的解釋方式」這種隱含弦外之音的說法，甚至是岔開焦點，只說「我們認同先擱置爭議的一九九二年精神」等等。除此之外，也有很多應對方式可以在參與議題時攻訐對方的矛盾。但是蔡英文的一句「根本不存在」，等於是徹底排除了這一切的可能性，也排除了在選戰中與馬英九及中國互相鬥智、見機行事的機會。如果要建立起自己是一個絕不妥協的強悍領袖的形象，這當然不失為一個選擇，但是都市地區的知識分子大多比較關心候選人在上臺後的執政能力，太過強硬的立場只會讓這些人認為蔡英文是一個沒有辦法圓融處事的頑固領導者。隨著「九二共識」的爭議加深，越接近投票日，選民就越懷疑蔡英文的執政能力。

到了選戰尾聲時，蔡英文擺出了與馬英九一決高下的強硬姿態，指稱馬英九的立場是「終極統一」，然而這一招謝長廷在二〇〇八年使用時就失敗了。在中間選民之中，有不少人因為馬政府推動改善兩岸關係的速度

xvii 民進黨立法委員蕭美琴訪談，二〇一二年三月二日。

xviii 一九九九年的《臺灣前途決議文》與二〇〇七年的《正常國家決議文》有著邏輯上的衝突，但兩者皆是現存的民進黨代表大會決議文，並沒有任何一方遭到廢除。

實在太快而感到不安，因此蔡英文其實還是有提高支持率的空間。但是包含「九二共識」的議題在內，蔡英文在各種兩岸政策的議題上都沒有辦法給選民一個具說服力的遠景。

二〇一二年的蔡英文，甚至沒有辦法明確表達「以民主化之後的中華民國及中華民國憲法體制的外殼來保護臺灣」之類理念，終於無法成功爭取到中間選民。自十二月下旬之後，選情已轉變為馬英九領先的局面。在接近投票日的時候，蔡英文陣營喊出「大聯合政府」的主張，企圖轉守為攻。但是她在徹底否定「九二共識」上表現出絕不妥協的強硬態度，而「大聯合政府」的主張卻需要以妥協為前提的柔軟態度，兩種態度格格不入，給人立場不一的印象。

「九二共識」確實是這場選戰中的議題，但是投票給馬英九的選民並不見得每個人都知道這個詞的意義。能夠正確說明「九二共識」的人其實只佔了一小部分。「九二共識」這個議題，早已超越了認不認同「九二共識」的問題，成為一個涵蓋能否改善兩岸關係及是否具備執政能力的象徵性議題，在選戰中舉足輕重。本書也是站在這個廣義的觀點上，認為「九二共識」是二〇一二年總統選舉中的最大的議題。

但是以上關於「九二共識」的論述，僅適用於二〇一二年總統選舉。在胡錦濤時代，中國共產黨雖然並不認同國民黨的「一中各表」主張，但也沒有公然否定，因此給了馬英九自由引申的機會。然而當中國的領導人從胡錦濤變成了習近平之後，解釋「九二共識」的自由度可說是大幅縮限了。習近平在二〇一九年一月的對臺發言中，明確否定了國民黨的「一中各表」[14]。如此一來，前文的論述全都不再適用，而且攻守逆轉，這次輪到國民黨必須主動說明「九二共識」是否意味著接納中國所主張的兩岸統一。

中國因素

中國方面，胡錦濤不僅在二〇〇八年十二月的發言中表明「兩岸關係和平發展」為對臺政策的中心理念，同時積極擴大兩岸的交流與對話。胡錦濤政府的方針，向來是避免直接要求統一，而是先建立緊密的兩岸經濟關係，藉此提高雙方互信，降低獨派在臺灣的影響力。因此在與馬政府交涉的過程中，中國不僅提供臺灣在貿易及投資方面的各種優惠措施，而且還開放大量觀光客來臺，同時派出採購團至臺灣各地方大量購買工業產品及農、漁產品，企圖藉由經濟利益提升臺灣民眾對中國的好感。

中國非常希望馬英九能夠連任，但是在整個選舉期間，中國都保持相當謹慎的態度。在選戰逐漸白熱化的二〇一一年夏天之後，中國為了避免引來「干涉臺灣選舉」的批評，不僅暫停派遣採購團至臺灣購買工業產品及農、水產品，就連相關人士及各界學者也都暫時中止了訪臺行程。

因此中國在這場選舉發揮的影響力，並非靠著強調「九二共識」直接改變臺灣選民的想法，而是間接讓臺灣選民產生了「不希望兩岸關係惡化」、「一旦民進黨執政，兩岸關係可能會惡化」的聯想。說得更明白一點，一旦否定「九二共識」，執政能力就會遭到懷疑的社會氛圍，正足以說明中國因素對這場選舉的影響有多大。到了選戰的末期，與中國有商業往來的臺灣企業家紛紛表態支持「九二共識」，這部分也發揮了一定的效果，這也算是間接的中國因素。

但是另一方面，中國的實際對臺政策對選情造成的影響相當有限。有人說中國故意讓臺商回臺灣投票，影響了二〇一二年總統選舉的選情，但那其實是不切實際的推論。中國當局確實曾經鼓勵臺商回臺灣投票，還提供廉價的機票，間接地幫助了馬英九。但是回臺灣投票的臺商不過二十萬人左右，筆者在前文已經說明過，這二十萬人只能讓馬英九領先八萬票。不管是看投票總數（約一千三百四十五萬票），還是看馬英九領先蔡英文的票數（約八十萬票），這八萬票所佔的比例都不大。

而且根據前一節的投票結果分析，我們看不出中國的對臺行動直接對國民黨產生了正面的幫助。中國刻意在民進黨的支持度較高的臺灣南部大量購買農產品及養殖漁貨，但是沒有任何明顯跡象可以證明中國這麼做對國民黨的得票有所幫助。產地居民的投票行為，與其他地區的居民幾乎一樣。更何況馬英九的得票率跟二〇〇八年相差甚遠。像南投縣及花蓮縣這些因為中國觀光客增加而受惠的地區，馬英九得票率的降低幅度反而超過平均值。

因此我們很難認定中國的對臺行動在二〇一二年總統選舉中發揮了效果。曾經對馬英九執政期間中國的惠臺政策進行過詳細分析的川上桃子，不僅對中國的惠臺政策做出「不成功」的評價，同時也說明了原因[15]。要評論中國對總統選舉所造成的影響，必須詳細分析每一個環節，不能只憑印象就做出判斷。少數選民基於兩岸關係帶來的個人利益所採取的投票行為，並不是讓馬英九勝選的關鍵。多數的選民是針對大局作出判斷，認為應該維持兩岸關係獲得改善的現狀，所以才選擇支持馬英九。

中國對臺政策的工作對象，從政府、國民黨及臺商擴大至媒體界、旅遊業界、年輕人、中南部的果農及養殖業者，是這個時期的特徵。中國擴大了意圖影響的範圍，可視為在臺統戰工作的一大進展，以及中國因素的顯著化，但也包含了對象過度擴張而難以有效掌控的一面。

蔡英文落敗的原因

在選戰的過程中，蔡英文好幾次暴露出她不擅長政治角力的弱點。除了對「九二共識」的處理方式不夠老練之外，不管是不分區立委選舉的名單、副總統候選人的選定，還是面對國民黨發動負面選戰時的應對方式，都有不盡理想之處。此外在「宇昌案」的記者會上不讓記者提問，以及為了反擊而將已經有了結論的馬英九醜聞拿出來炒冷飯的做法，都顯示出蔡英文不擅長在決勝負的關鍵時刻做出正確的決定。競選總部的團隊幾乎是當初陳水扁時代的原班人馬，對於想要張揚扁政府負面形象的國民黨來說，簡直是天上掉下來的大禮。

除此之外，競選總部的能力也是一大問題。民進黨向來認定臺灣的主流媒體所做的民意調查必定會偏袒國民黨，因此從頭到尾都視而不見，只仰賴自己做的民調及各地的選情報告來研判大局的趨勢。但其實臺灣的主流媒體所做的民調因為市場競爭的關係，精準度越來越高，反而是民進黨受了意識形態的局限，在局勢的判斷上不夠精密。

蔡英文的競選總部在宣傳戰上屢次犯錯，危機管理機制也不夠靈敏。選戰策略的基本想法，都跟當初陳水扁的做法像是同一個模子印出來的。高喊夢想與希望（蔡英文喊的是「TAIWAN NEXT」），提議組成全民政府（蔡英文改稱「大聯合政府」），就連期待李遠哲、李登輝這些人發揮影響力的心態，也跟當年如出一轍。而且在競選活動上太過追求營造氣氛，重蹈蘇貞昌二〇一〇年競選臺北市長的覆轍[16]。統率競選總部的總幹事吳乃仁就像是傳統大企業的董事長，主要擅長協調與溝通，很少在選戰中加入創意，也不太能夠引出蔡英文的個人優勢特質。

在貧富差距的問題上，蔡英文主打社會福利政策。在中南部地區，經濟成長僅讓特定族群受惠，蔡英文的政策確實在一定程度上吸收了不滿民眾的選票。馬政府在金融風暴之後努力想要恢復景氣，反而給民眾一種只會討好大企業及富裕人士的印象，這正是讓他在選舉中陷入苦戰的原因之一。事實上這也正因如此，馬、蔡兩人的支持度在十二月中旬之前一直處於拉鋸戰。但是民進黨不擅長論述政策的缺點依然沒有改變，蔡英文雖然高喊「公平、正義」，但民眾大多搞不清楚民進黨到底想要靠哪些政策實現這些理想。蔡英文的特色在於她與過去民進黨一些代表性的政治人物有所不同，這讓她受到了高度的期待，但是四年的時間畢竟太短，無法完全擺脫陳水扁政府留下的負面印象。

馬英九的競選幕僚只以戰勝蔡英文為唯一目標，把全部的能量都投注在這一點上，相較之下，蔡英文身邊的人還徘徊在追求理想及爭奪政權所需的現實戰略之間。蔡英文至少在二〇一〇年之前，應該不曾想過自己會參選總統，因此她並沒有做好準備要打一場激烈的選戰。當初黨內初選時，她和蘇貞昌將民進黨一分為二，留下的後遺症也是敗因之一。蔡英文牢牢記住了這些等待克服的問題，四年之後捲土重來，終於成功當選。

總結

二〇一二年的投票結果，反映出了兩名候選人一直到選戰中期都仍勢均力敵。馬英九在全臺灣的得票率大減，但是跟蔡英文相比，馬英九守住了「北部」的選票，因而成功連任。包含「南部」在內，蔡英文在各地的得票率都超越了上一屆的謝長廷得票率，但這依然沒有辦法彌補她在「北部」的大敗。此外，都市地區的得票率成長幅度普遍小於農村地區，也是蔡英文所面臨的問題。

在中國因素方面，從各地的投票結果無法看出中國的直接影響，但是如「九二共識」之類圍繞著整個選舉環境的重要議題，應該還是對選民（尤其是都市地區的選民）產生了一些效果。蔡英文企圖挑戰馬英九在二〇〇八年創造出的國民黨優勢結構，但是沒有成功。二〇〇八年的民意結構雖然已開始動搖，但還不到瓦解的地步。

選舉剛結束的時候，大家都認為馬英九及國民黨政府會成為臺灣政治接下來四年的主導者。但是馬英九的滿意度卻開始暴跌，民眾對馬政府的兩岸政策開始極度不安。再加上震動了整個國民黨的馬英九、王金平權力鬥爭，以及太陽花學生運動，整個政治局勢出現了驚人的變化。

第七章

二〇一六年選舉

——民進黨完全執政

二〇一六年的總統選舉，將決定臺灣在結束了長達八年的馬英九執政時期後，接下來該往什麼樣的方向前進。投開票在一月十六日舉行，民進黨的蔡英文大勝國民黨的朱立倫及親民黨的宋楚瑜，當選總統。當天同時舉行的立法委員選舉，也是由民進黨大獲全勝。民進黨第一次在立法院獲得過半數的席次，實現了總統、行政院、立法院合而為一的完全執政。在表面上，這是「睽違八年的民進黨執政」，但是當初陳水扁政府在立法院並沒有過半的席次，考量臺灣的政治制度屬於「半總統制」，這一次執政才真正算是實質上的政黨輪替。臺灣的政黨政治發生了民進黨與國民黨勢力逆轉的「地殼變動」。臺灣的選民透過這兩場選舉對國民黨做出了嚴厲的審判，並對民進黨寄予相當大的期待。

政治情勢的變化

馬英九的滿意度暴跌

二〇一二年總統選舉時，馬英九雖然陷入苦戰，最後還是獲得過半的得票率（五一・六％），成功連任。同時舉行的立法委員選舉，國民黨雖然席次減少，但還是拿到了超越過半（五十七席）的六十四席。國民黨依然同時掌握行政權及立法權，照理來說臺灣政治的主導權應該掌握在總統馬英九的手中。但是接下來馬政府的滿意度卻開始暴跌，再加上馬王政爭、太陽花學運，以及二〇一四年縣市長選舉大敗，國民黨一路走來可說是相當坎坷。

圖7-1為TVBS的民調所記錄下的馬英九滿意度變化[1]。每當發生特殊事件，民調的滿意度就會立刻產生變化，但是過了一段時間又會有稍微恢復的傾向。但是當波動（Swing）往相同的方向一去不返的時候，

那就不是波動而是趨勢（Trend）了。判斷一個變化到底是波動還是趨勢，可說是相當重要的關鍵。

一般看法多認為馬英九的滿意度在二〇〇九年八月的「八八水災」時暴跌後就一直低靡不振，但其實當時下跌的滿意度，在馬英九的第一任期內就已經恢復了。從圖上可以看得出來，馬英九的滿意度在連任成功後的二〇一二年二月至六月的四個月時間內快速下跌，其後在整個第二任期內一直處於低靡的狀態。前四年的任期內滿意度高低起伏（波動）很大，顯示出民眾對馬英九同時抱持著很大的期待及不滿，但是另一方面，民眾也不信任民進黨。從TVBS民調可以看出，前四年任期的趨勢是馬英九及國民黨處於相對優勢的地位，而後四年任期的趨勢則是馬英九及國民黨陷入了劣勢。意即馬英九第一任期跟第二任期的民意趨勢截然不同。

馬英九連任成功初期，原本計畫在第二任期的前兩年推動國內改革，後兩年在兩岸關係上建立起歷史性的政績。他指名政務官出身的陳冲為行政院長、學者出身的江宜樺為副院長，意氣風發地大談改革之路。二〇一二年二月十九日，他以堅定的語氣說出「能夠

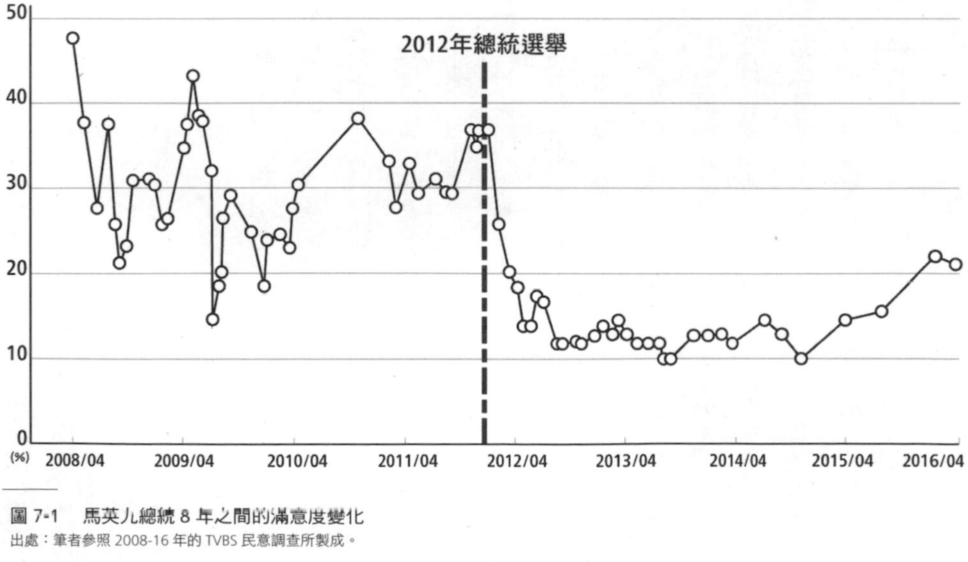

圖 7-1　馬英九總統 8 年之間的滿意度變化

出處：筆者參照 2008-16 年的 TVBS 民意調查所製成。

不受選舉影響推動改革的時間只有兩年多」、「在這第二任期裡，一定要用大刀闊斧的方式，來推動臺灣脫胎換骨的改革」等語。二月二十二日，他宣布接下來四年的目標為「均富、就業、產業創新以及擴大區域經濟連結」，另外他也提到了將會強化對高所得者的課稅機制[2]。

由於馬政府已經有了第一任期的經驗，再加上國民黨在立法院的席次依然維持穩定多數，陳冲內閣可說是凝聚了相當程度的期待。根據陳冲內閣成立後不久的二月九日ＴＶＢＳ民調，民眾對陳冲內閣的滿意度為「滿意」三八％、「不滿意」二〇％，以起步而言算是不錯的數字，馬總統也對這第二次充滿了自信[i]。

但是陳冲內閣馬上面臨了一個棘手的問題，那就是是否開放進口「飼料中含瘦肉精萊克多巴胺」的美國牛肉的爭議。二月十三日的ＴＶＢＳ民調之中，有一題是：「請問您贊不贊成政府開放含有瘦肉精『培林』[ii]的美國牛肉、豬肉進口？」針對這個問題，回答「贊成」為六％，回答「不贊成」為七八％，回答「沒意見」為一六％。顯然「不贊成」佔了絕大多數，但是由官員及學者所主導的陳冲內閣竟然想要強行通過，頓時引發民眾強烈反彈，導致計畫受挫。同一時期，又爆發了Ｈ５Ｎ２型禽流感，陳冲內閣的因應措施慢了半拍，導致防疫檢疫局長請辭。除此之外，還發生了財政部長劉憶如閃電請辭，以及行政院祕書長林益世貪汙遭逮捕等事件。

不過政府在運作上本來就難以完全迴避爭議或醜聞，就算遇上了，只要經過一段日子，滿意度還是會有一定程度的回升。真正的核心問題，還是在於陳冲（以及在實質上背負責任的馬英九）缺乏領導能力。諸如年金改革、津貼改革及一例一休的實施等等，馬英九政府被迫要面對國民黨威權主義時代所遺留下來的種種棘手議題。但是各種改革方案都必須對既得利益動刀，讓陳冲內閣陷入動輒得咎的兩難局面，最後什麼也做不了。要改革過度優惠的年金及各種津貼，說穿了就是要剝奪軍人、公務員及教師的既得利益，而這些人向來是國民黨所仰賴的支持基礎。馬政府光是透露出改革的訊息，立刻便引來這些國民黨支持者的強烈反彈，最後馬政府也只能不了了之。對現況感到不公平的中間選民原本期待馬政府能夠實施改革，如今見了馬政府退縮的樣子，當然會大失所望。陳冲下臺之後，江宜樺繼任行政院院長，繼續統率內閣，但情況依然大同小異。

馬英九第二任期剛開始的這一連串事件，大大降低了民眾對馬政府的信賴度。這每一起事件，都與內政有關。馬政府企圖削減既得利益的姿態，引來了部分軍公教人員的埋怨，而改革到最後竟然不了了之，則是讓期待適切改革的中間選民對馬英九不再抱持希望。馬政府因內政問題而失去民心的窘境，也波及到了民眾對馬政府兩岸政策的信賴度。讓國民黨在二〇〇八年及二〇一二年嚐到勝利滋味的民意基礎，在這個時期開始動搖。到了馬英九第二任期正式起步的二〇一二年五月之後，馬英九的滿意度一落千丈，在一一%至一四%的狹窄範圍內上下起伏。處於這種狀態的執政黨，當然不可能打贏選戰。

馬王鬥爭

到了二〇一三年九月，又爆發了一起足以撼動司法體制的關說事件[3]。事情的開端，是特偵組在檢察總長的指揮下，偵辦一起與民進黨立法院黨團總召集人柯建銘可能有關的案件，基於調查上的需要，特偵組監聽柯建銘的電話[4]。在監聽的期間，特偵組意外監聽到了柯建銘與立法院長王金平的通話內容。在柯、王的對話中，談及了另外一起柯建銘所涉嫌的背信案。這起背信案在一、二審都作出易科罰金的判決，同年六月的更一審改判無罪。柯建銘在電話裡拜託王金平幫忙協調，要背信案的承辦檢察官別再上訴。六月二十八日及二十九日，

i　馬英九總統訪談，二〇一二年三月二日。

ii　【譯注】即萊克多巴胺。

王金平打電話給柯建銘，告知已將此事傳達給法務部長曾勇夫，並獲得曾勇夫的同意。特偵組進一步調查，又查出法務部長曾勇夫在王金平出面協調之後，確實要高檢署檢察長處理此事，高檢署檢察長向承辦檢察官告知「預算有限，不用再上訴了」，該承辦檢察官果然沒有上訴，讓柯建銘無罪定讞。

特偵組原本監聽柯建銘的案子因為證據不足而沒有起訴，沒想到竟然意外牽扯出柯、王的關說案，可說是無心插柳。檢察總長黃世銘得知此事之後，立刻向總統馬英九報告。當時的時間為二〇一三年八月三十一日星期六晚上九點半。事後黃世銘在記者會上提起當時的狀況，表示自己向馬英九報告「王金平雖然關說但沒有收賄，難以追究法律責任」，馬英九聽了之後「臉部表情緊繃，雙眉緊鎖」5。

馬英九在二〇〇八年上任之後，就一直感覺立法院的審議拖泥帶水，遲遲沒有進展，早已有些不耐煩。馬政府的關係人士都認為一定是立法院長王金平故意扯後腿，但一直避免直接與王金平起衝突。馬英九是國民黨內的外省人領袖，而王金平則是本土派領袖，兩人長年來一直是勁敵關係。馬英九雖然在二〇〇五年的黨主席之爭中大勝王金平，在競爭中佔了上風，但王金平身為立法院長，還是維持著獨特的影響力。

然而王金平面臨了一個困境，那就是他的家鄉舊高雄縣選區由於民進黨勢力大增，要當選變得極為困難。王金平只好改選不分區立委，這才延續了政治生命。但是根據國民黨的內規，黨員參選不分區立委以兩屆為限。二〇一二年立委選舉時，馬英九陣營原本有機會取消王金平的不分區立委候選人資格，但是考量到王金平在黨內的人脈及對選舉的影響，因此沒有這麼做。進入馬英九的第二任期之後，由於民進黨的立法委員人數增加了，立法院內的審議工作變得越來越窒礙難行。

馬英九陣營越來越感到「立法院缺乏效率又不肯積極配合，導致政府的政策推不動」iii，與王金平之間的摩擦也越來越嚴重。就在這個狀況下，爆發了關說事件。馬陣營原本就懷疑王金平與柯建銘互相串通，沒想到還爆出王金平設法讓柯建銘的案子無罪定讞。此時馬英九的心中，除了有著擔憂這起事件會對整個國民黨政府造成傷害的客觀判斷之外，想必還因為終於抓到王金平的把柄而感到興奮不已吧。馬英九首先要求法務部長曾勇夫引咎辭職，緊接著又迅速擬定了在短時間之內讓王金平下臺的策略。

馬英九選擇的做法，是靠著政治鬥爭「流放」王金平。由於依照臺灣的現行法規，無法將王金平定罪，馬英九於是與行政院長江宜樺、總統府副祕書長羅智強密會，企圖以國民黨的黨紀懲處王金平。九月六日，特偵組召開記者會，公布了王金平與柯建銘的電話監聽紀錄。九月八日，馬英九也親自召開記者會，嚴厲批評王金平，指稱立法院長進行司法關說是「侵犯司法獨立最嚴重的一件事，也是臺灣民主法治發展最恥辱的一天」[6]。國民黨旋即召開黨紀委員會，通過開除王金平的國民黨黨籍。一旦喪失黨籍，王金平也將失去不分區立委身分，當然立法院長的職位也將不保。

此時王金平剛好在馬來西亞的離島上參加女兒的結婚典禮，沒有辦法即時作出回應。但他在九月十日一回到國內，立刻在桃園機場發出聲明進行反擊。不過他在聲明中並沒有直接批評馬英九，而是為司法關說事件說明來龍去脈，同時以高明的話術將問題轉到檢察官的濫權起訴上。當時竟有十幾位國民黨的立法委員、地方派系領袖，以及大約兩千名民眾前往機場聲援王金平[7]。民意竟然轉向批評馬英九而同情王金平，這是馬英九始料未及的。國民黨表面上看起來似乎沒有分裂，但馬英九只剩下身邊的一群人在拚命擁護他，整個政府已經失去了向心力。

王金平為了保住黨員身分，向法院申請假處分，獲得法院核可，逃過了免職危機。馬英九陣營原本想要速戰速決，沒想到這場政治鬥爭竟然演變成長期抗戰。接著王金平向法院提出確認黨籍存在的訴訟，一審法院判決由王金平勝訴。國民黨決定上訴，但二審依然是王金平勝訴。國民黨上訴到最高法院，但後來繼任國民黨主

iii　對某馬政府相關人士（代稱 E）的訪談，二〇一三年六月六日。

席職位的朱立倫決定停止訴訟。最高法院於是駁回國民黨的上訴，王金平的確認黨籍存在訴訟就此定讞[8]。

到頭來這場政治鬥爭是以馬英九的敗北收場，也成為馬政府喪失威信的轉捩點。在國民黨內部，支持王金平的勢力對馬英九極度不滿，而原本支持馬英九的勢力則是對馬英九大失所望，整個國民黨四分五裂，士氣滑落谷底。

太陽花學生運動

二〇一四年三月十八日，發生了大量學生強行佔領立法院，要求馬政府撤回《海峽兩岸服務貿易協議》（以下稱「服貿協議」）的異常事件，一場年輕人佔據國會的「太陽花學運」就此揭開序幕。這些年輕人從這一天起，一直到四月十日為止，總共佔據立法院長達二十三天。過程中有越來越多民眾加入，另外同時也有人舉辦了對馬政府表達抗議與不滿的集會。由此可看出馬英九在第二任期內積極推動兩岸政策，已經引發了民眾的不安[9]。

這場學運讓臺灣政治面臨了極大的考驗，最後是由立法院長王金平出面收拾局面。王金平發出聲明，承諾將會制定《兩岸協議監督條例》，而且在條例通過之前不會讓《服貿協議》進入審查，讓《服貿協議》的審查變得遙遙無期。王金平的承諾，在一定程度上代表著學生的勝利，學生結束了長達三星期的立法院佔據行動，收拾了立法院裡的垃圾，光榮撤退。這些學生的驚人之舉，表現出的是臺灣人「不希望被中國吞沒」的強烈心情，可說是一場象徵臺灣認同意識興盛的事件[10]。

「太陽花學運」能夠成功，其實仰賴了許多的「幸運」。最關鍵的幸運，就在於前一年的二〇一三年九月發生了馬王鬥爭。如果沒有那場政治鬥爭，王金平想必不會做出對學生有利的承諾，學運的結果也將有所不同。再者，這場學運如果是發生在馬英九的第一任期內，想必無法獲得如此廣大的民意支持。正因為馬英九在第二任期內積極推動兩岸政策，引發多數人不安，才會有那麼多人轉為支持學運。

這場學運轉化成了政治上的影響力，造成國民黨在同年十一月的縣市長選舉中大敗，引發臺灣政治的「地殼變動」，最終導致民進黨在二〇一六年一月的選舉後實現完全執政。綜觀全世界的學生運動，如此成功的例子可說是相當罕見。在大部分的國家，學生或年輕人對抗國家權力，結果往往是遭到驅趕、鎮壓及殺害。光是執政者願意接納學運團體提出的要求，就是極為少見的狀況，更何況這股力量還能轉化為政治影響力，促成政黨輪替，這幾乎可說是奇蹟。

潛藏在「太陽花學運」底下的是一股否定既有政黨（包含民進黨）及既有政治的能量。民進黨高層作出了「不能獨佔太陽花學運成果」的判斷，因而決定與隨著「太陽花學運」而興起的社會運動及柯文哲這類無黨籍的趨勢帶動者攜手合作[iv]。藉由站在協助者的立場，民進黨成功凝聚起了一股反國民黨聯盟的力量。

二〇一四年縣市長選舉

二〇一四年十一月二十九日，臺灣舉行縣市長選舉，執政的國民黨大敗，失去了臺北市、桃園市、臺中市等重要都市。國民黨所擁有的縣市，從選舉前的十五個掉到只剩六個，民進黨則是從六個翻了一倍以上，增加至十三個。由無黨籍候選人當選的縣市，也從一個增加至三個（**圖7-2**）。從選舉結果來看，只要是國民黨提名的候選人，得票數必定大減，候選人本身的素質優劣反而成了其次。自從馬英九在二〇〇八年上臺之後，馬政府已經執政六年，如今選民透過這次的縣市長選舉，向馬政府說「ＮＯ」。

iv 民進黨副祕書長洪耀福訪談，二〇一五年六月三日。

這場選舉同時選出臺灣二十二個縣市的縣市長、縣市議員、鄉鎮市長、鄉鎮市民代表、村長及里長，因此又被稱為「九合一選舉」。過去這些地方選舉是分開舉行，直到這一年才改變為同時舉行。由於這次選舉中的選民，與總統大選的選民幾乎完全重疊，因此國民黨及民進黨在縣市長選舉中的得票狀況，成為二〇一六年總統大選的重要指標。而且這場選舉與總統大選只差了一年兩個月的時間，臺灣的選舉活動都是從很早的時期就開始進行，這意味著國民黨在地方選舉中慘敗之後，還來不及重振聲勢，馬上就要進入總統選舉及立委選舉的選戰階段。因此這次的選舉雖然只是一次地方選舉，卻具有舉足輕重的地位，與其稱之為總統選舉的「前哨戰」，或許稱之為「上半場」更加貼切。意即這場選舉一結束，比賽已經打完了一半。

首先我們來看看這場二〇一四年縣市長選舉的得票率（**表7-1**）。跟上一次縣市長選舉比較，國民黨的得票率從四五・八%掉到了四〇・七%，確實是輸得很慘，但是民進黨也從四八・二%掉到了四七・六%，只有無黨籍從六・〇%上升至一一・七%。有人以此認定「民進黨的支持率並沒有增加」，但是增加的無黨籍選票，其實是流向了民進黨所支持的臺北市長候選人柯文哲。

雖然無黨籍的得票率增加了，但是這個時期的臺灣政治結構，依然是舊有的藍綠兩大陣營的對立結構，一旦戰場轉移至總統大

	2009-2010 年	2014 年
國民黨	45.8%	40.7%
民進黨	48.2%	47.5%
無黨籍	6.0%	11.8%

表 7-1　縣市長選舉各黨得票率變化
出處：筆者參照中央選舉委員會的資料所製成。

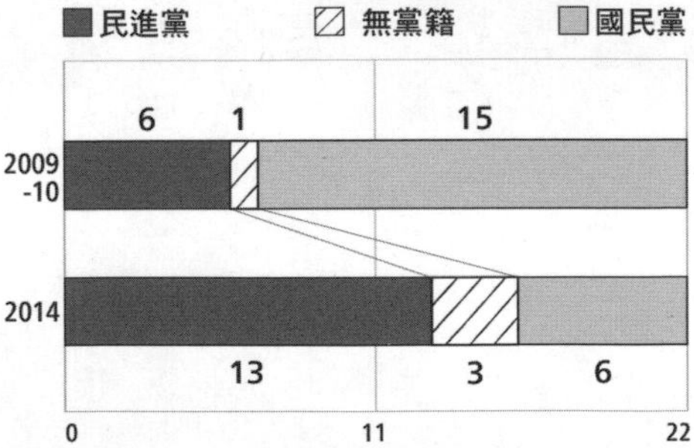

圖 7-2　2014 年縣市長選舉的各黨當選人數
出處：筆者參照中央選舉委員會的資料所製成。

選，無黨籍候選人的選票都會被藍綠陣營瓜分。因此筆者試著把無黨籍候選人的得票數分配給泛藍及泛綠兩大陣營，計算出雙方的勢力比例為泛綠五十五對泛藍四十五11，這是泛綠陣營的選舉成績中最好的一次。

民進黨的勢力擴大，不僅展現在上層的縣市長層級，也同時展現在基層的縣市議員層級。**表7-2**為全臺灣各縣市議員選舉的得票率，其中國民黨為三六・九％（比上一次少了三・七個百分點），民進黨為三七・一％（比上一次多了五・八個百分點），這是歷史上第一次民進黨超越了國民黨。但是全部共九百零七個席次之中，國民黨拿到三百八十六席（比上一次少了三十三席），民進黨拿到二百九十一席（比上一次多了三十三席），國民黨在席次上還是佔了優勢。這是因為國民黨在農漁村及人口稀疏的山區非常有效率地拿到了席次。

大部分國民黨縣市議員的參選型態，都是地方派系或地方政治家族成員以自己的後援會為基礎，再掛上國民黨的招牌。民進黨多年來一直無法打破這個結構，因此每次選舉都會陷入苦戰。在李登輝時代的一九九八年，民進黨的得票率只有一九・〇％，而且無黨籍候選人還是以親國民黨居多。相較之下，如今的臺灣政治不僅在表面上吹起了反馬風氣，而且還發生了一場名為民進黨勢力擴張的「地殼變動」。

	1998年	2002年	2005-6年	2009-10年	2014年
國民黨	47.26%	34.54%	40.31%	40.59%	36.86%
民進黨	19.02%	20.29%	23.83%	31.31%	37.08%
無黨籍及其他	33.72%	45.18%	35.86%	28.10%	26.06%

表7-2　縣市議員選舉中各黨得票率變化 12

若將納入「無黨籍及其他」的親民黨及新黨得票率，和國民黨的部分加在一起，計算出泛藍的得票率，為1998年52.8%、2002年45.2%、2005-6年45.9%、2009-10年42.7%、2014年39.5%。
出處：筆者參照中央選舉委員會的資料所製成。

這場選舉之中最受關注的焦點，就是臺北市長選舉。民進黨喊出「在野大聯盟」的口號，支持無黨籍候選人柯文哲，讓柯文哲大勝國民黨候選人連勝文，成功當選臺北市長。柯文哲雖然站在反國民黨的立場，但他提出「打破藍綠高牆」的主張，與民進黨也刻意保持距離。許多對馬政府不再抱持希望的國民黨支持者，轉為支持柯文哲。同一時期，連勝文陣營的競選手法因為太過拙劣的關係，成為網民嘲笑的對象，相關文章在全臺灣的網路上到處轉傳。相較之下，柯文哲陣營採用的是不同於以往的競選手法，不管是在新聞媒體或是網路上都受到普遍肯定。臺北市原本是國民黨的重要據點，如今颳起了柯文哲旋風，在其他縣市也誘發了背離國民黨的風潮，促使民進黨得票率增加。

連勝文的父親連戰，是曾經在二〇〇五年與中國共產黨總書記胡錦濤對談，為兩岸的緊密經濟關係奠定基礎的人物。但由於連家此後便深入兩岸政經界，藉此獲得了龐大財富，在選戰期間引來了民眾的關注及批評聲浪。雖然從事實上若不是「太陽花學運」讓民眾開始關心兩岸的利益結構，或許這件事情根本不會有很多人注意到。前就有臺灣的社會學家提出了「滲透到兩岸的政經網絡之中，從中牟取暴利」的「兩岸權貴」概念，但是這個概念太過抽象，而且對一般人來說太過遙遠。連勝文的登場，才讓大家切身感受到「原來這就是兩岸權貴」。

這場選舉由於是地方選舉，兩岸問題並沒有成為直接的選舉議題，但還是促成了國民黨的敗北。臺北市的一場選戰，誘使民眾對馬政府所推動的兩岸經濟交流產生懷疑，衝擊了國民黨的選情。例如靠著在中國發展建立起了龐大企業的郭台銘，全力擁護馬政府的兩岸政策，他在助選演講時經常強調「只要國民黨的候選人當選，我就會拿出鉅額的資金投資這個地方」，但只要是他助選過的縣市，國民黨的候選人全部落選了。由此可看出臺灣的民意在歷經了「太陽花學運」之後，已經對馬政府的兩岸政策產生了強烈的警戒心。

九合一選舉開完票的隔天，也就是十一月三十日，馬英九決定辭去黨主席職務。後馬英九時代來得如此之快，這是所有人都始料未及的。突如其來的變化，讓國民黨內部亂成了一團。朱立倫獲選為繼任的黨主席，他對外宣布「不會出馬角逐二〇一六總統大選」、「一定會將新北市長的任期做好做滿」。其實朱立倫原本的政治生涯規劃，是先在新北市長的選戰中大獲全勝，緊接著便趁勝追擊，出馬參選總統。但沒想到新北市長一戰，朱立倫只險勝了民進黨大老游錫堃，再加上受了國民黨大敗的衝擊，導致朱立倫原本的計畫全亂了套∨。國民黨就這樣在混亂的局面下進入了總統大選的選戰階段。

習近平的對臺政策

二〇一六年的總統大選，是習近平上臺之後所面對的第一場臺灣總統選舉。剛開始，習近平似乎延續了胡錦濤路線，但隨著時間經過，他的對臺思想流露出了比胡錦濤更加強烈的中國民族主義要素。在習近平的想法裡，唯有統一臺灣，才算是實現了他的「中國夢」。胡錦濤在談及統一的時候，總是避免說出「盡早統一」之類的詞句，但是習近平在上任後的隔年（二〇一三年），就說出了「臺灣問題終究要解決，總不能這樣一代一代拖下去」之語。不僅如此，相對於立場較柔軟的胡錦濤，習近平表現出了非常重視原則的強硬態度。但是另一方面，習近平也提出了「同等待遇」的概念，在中國就業或就學的臺灣人與中國公民可享有相同的權利及資格，開始推動讓臺灣人直接參與中國發展的政策。

馬英九希望能夠以兩岸關係的改善作為自己的歷史性政績，因此一直暗中與中國進行協議，希望能夠促成自己與習近平的領導人會談。在幕後交涉的過程中，國民黨逐漸被習近平籠絡。回顧馬英九執政的八年，中國共產黨可說是在完全不妥協其原則的前提下，改善了兩岸關係，在經濟上籠絡了臺灣。就算是在「九二共識」

∨ 對某熟知國民黨內情的人士（代稱D）的訪談，二〇一五年一月九日。

的議題上，也成功弱化了國民黨所主張的「一中各表」裡頭的「各表」的力道。最後在二〇一五年的十一月，中國共產黨又靠著馬習會這個大絕招，成功籠絡了馬英九[13]。

就在即將進入選戰期間的二〇一五年三月，習近平說出了「（九二共識的）基礎不牢，地動山搖」之語。由於這次的總統選舉造成政黨輪替的可能性很高，習近平這一番話其實是對不承認「九二共識」的民進黨蔡英文所提出的強烈警告[14]。然而這個警告並沒有在臺灣社會引發太大的反應。原因之一，是兩岸關係在馬英九執政的八年期間有了大幅的改善，民眾已經不太能夠想像現在還會發生一九九六年那樣的臺海危機。蔡英文也喊出了維持現狀的主張，避免與習近平直接衝突。在習近平提出了警告之後，國臺辦等單位的對臺事務相關人士頻頻針對習近平的發言作出延伸解釋。

到了二〇一五年五月，朱立倫以國民黨主席身分拜訪中國，與共產黨總書記習近平進行了會談。朱立倫在會談結束之後，成為了國民黨的提名候選人（中間歷經了一些波折）。臺灣的總統候選人在選舉前與中國的最高領導人見面，這是史上第一次。

選戰過程

前期

民進黨的候選人

民進黨在二〇一二年總統選舉敗選之後，蔡英文便辭去黨主席職務，由蘇貞昌接任。自此之後，前主席蔡英文與現任主席蘇貞昌就一直在爭奪著主導權，被形容成「兩個太陽」。筆者在二〇一三年曾經深入調查過民進黨內部的動向，詳細分析蔡、蘇兩人在民進黨各縣市長、立法委員、中央常務委員、地方黨部主任委員之間的支持度，彙整成一覽表。當時雖然蔡英文在民意調查上大幅領先蘇貞昌，但是蘇貞昌在黨內幹部層級也有很高的支持度。然而到了二〇一四年，黨內幹部層級逐漸轉為支持蔡英文。同年三月所發生的「太陽花學運」促使民進黨內部出現世代交替的風潮，對蔡英文有利。

到了二〇一四年五月，民進黨舉行黨主席選舉，蘇貞昌尋求連任，但蔡英文及黨內大老謝長廷也都出馬角逐。由於黨內大多數的聲音都傾向支持蔡英文，最後蘇、謝兩人都決定退選，讓蔡英文順利回歸黨主席職位。到了這個階段，蔡英文已幾乎篤定成為民進黨二〇一六年的總統候選人，但能否順利掌握黨內運作的主導權，還是未知數。黨內還存在著一些針對蔡英文的「雜音」，有些人擔心蔡英文的領導能力及領袖魅力是否足夠[vi]。

直到二〇一四年十一月的縣市長選舉，情況才有了改變。蔡英文觀察到了民眾對馬英九所主導的國民黨統治集團結構感到不滿與厭倦，因此為自己建立起了「與傳統的民進黨有些不同，但是能夠推動改革的踏實政治家」的形象，成功吸引了年輕人及各年齡層民眾的期待。她隨時掌握最新選情，不斷以黨主席的身分進入戰略據點縣市，為民進黨提名候選人輔選。尤其是在選戰的後期，她把火力集中在自己所主導的中部三縣市（臺中市、彰化縣、南投縣），這個選戰策略非常成功，拿下了臺中市及彰化縣[vii]。這場勝利讓蔡英文的黨內領導力大幅提升，從此成為「一個太陽」（無人可及的地位）。

vi 對某民進黨縣市黨部主委（代稱 L）的訪談，二〇一四年一月十日。

vii 民進黨副祕書長洪耀福訪談，二〇一五年一月六日。

黨內再也沒有人提出對蔡主席的負面評價。原本在言談中對蔡英文多有批判的獨派大老辜寬敏，也表態支持蔡英文。蘇貞昌、謝長廷、游錫堃、呂秀蓮這些大老雖然對蔡英文來說依然是難以駕馭的人物，但已不構成威脅。唯獨陳水扁依然隱含有足以干涉蔡英文指揮的能力，但由於黨內一致團結支持蔡英文，陳水扁也保持低調，沒有任何動作。

黨內積極推動世代交替，除了領導人變成了蔡英文（黨主席，五十八歲）之外，第二把交椅也變成了賴清德（臺南市長，五十五歲）。第三把交椅則可能是林佳龍（臺中市長，五十一歲）或鄭文燦（桃園市長，四十七歲）。除此之外，還有一些年輕的縣市長如林右昌（基隆市長，四十四歲）、林智堅（新竹市長，三十九歲），以及一群充滿抱負的立法委員。至少在接下來的二十年，民進黨應該不會缺乏人才（年齡以二〇一五年四月為基準）。相較之下，國民黨內部較有實力的人物都超過六十歲。五十多歲的黨員之中，只有朱立倫具有全國性的知名度及實力。國民黨在馬政府時期，中生代黨員以下開始出現了斷層viii。

立委選舉的提名候選人，這一次敲定得特別順利。過去民進黨每次要決定提名候選人的時候，都會發生爭執與摩擦。當然國民黨的狀況也一樣，但是民進黨這個政黨有一個特性，那就是當他們覺得「贏面很大」的時候，黨內就會特別團結。在蔡英文的指揮之下，競選總部決策委員會在競選策略、候選人的安插調整，以及競選合作上都發揮了十足的領導力。對於時代力量這一類新政黨，以及柯文哲風潮所帶起的無黨籍候選人，競選委員會所採取的策略是把選區讓給他們，並且提供協助。從現實層面來看，民進黨在這些選區的當選可能性確實相當小，但即便如此，黨內還是可能有人想要參選，或是對於不列提名候選人的做法感到不滿，競選委員會還要安撫這些人的情緒，因此這可說是相當高難度的策略。但是靠著這樣的做法，民進黨成功集結泛綠陣營，在每一個選區對國民黨發動猛攻。

蔡英文指名了當初在陳水扁時代曾擔任衛生署長的陳建仁為副總統候選人。上一次指名蘇嘉全時跌了一跤，但這一次指名陳建仁則受到普遍的歡迎。比較政黨形勢，團結一心的民進黨在競選上當然比四分五裂的國民黨有利得多。

蔡英文所面臨的最大考驗，還是兩岸政策。這次蔡英文以維持現狀的路線，在黨內取得了共識。蔡英文的維持現狀路線，是以「遵循中華民國憲法體制」及「不刺激中國」為基本立場，盡可能不談「九二共識」，並且搭配能夠減少依賴中國的統括性策略「新南向政策」，結合出一個綜合性的施政展望。雖然這種獨立方向不明確的維持現狀路線引來了部分人士的不滿，但是民進黨對蔡英文的向心力十分強，黨內幾乎沒有出現爭議。六月的時候，蔡英文前往美國會見美國政府人士、政治界要人及智庫機構的專家，說明自己的維持現狀路線。美國官方及媒體的反應大多良好，因此這可說是一次相當成功的訪美行程。自此之後，蔡英文的發言從不曾深入觸及兩岸政策。由於選舉支持度大幅領先，她根本沒有必要這麼做。選情上的優勢，讓蔡英文陣營能夠在競選策略上刻意保持一定的模糊性[ix]。

國民黨的候選人

另一方面，國民黨在總統候選人的決定上，則陷入了各方較勁的混亂局面。原本在馬英九卸任之後，最有可能接棒的應該是副總統吳敦義。吳敦義在二〇〇八年擔任國民黨祕書長時，全力協助馬英九當選，在馬英九

viii 國民黨臺北市議員徐弘庭、國民黨桃園市議員黃敬平訪談，二〇一五年一月七日。

ix 民進黨主席蔡英文訪談，二〇一五年九月一日。民進黨立法委員蕭美琴訪談，二〇一五年八月三十一日。邱義仁訪談，二〇一六年一月十七日。

的第一任期內擔任行政院長時也頗有政績。到了馬英九的第二任期，吳敦義升為副總統之後，就一直在為自己的「下一個階段」布局。馬英九自己似乎也傾向於支持吳敦義參選，但是吳敦義不太受歡迎，在民眾之間的支持率一直很低。從各種民調來看，若讓吳敦義參選，贏過蔡英文的可能性趨近於零。而且國民黨在地方選舉大敗，主因正是遭到馬政府拖累，吳敦義身為馬政府的副總統，形勢上實在不太好再出來參選。吳敦義本人則非常低調，從頭到尾保持沉默[15]。

在地方選舉結束之後，王金平逐漸浮上了檯面。王金平從一九九九年起，當了十六年的立法院長。自從二〇〇五年與馬英九爭奪黨主席落敗後，王金平就與馬英九之間產生了心結。二〇一三年九月，更發生了馬英九企圖將王金平「流放」的「馬王鬥爭」，這件事前文已經描述過。王金平在這次內鬥中差一點失去立法院長地位及政治生命，但因為馬英九的手法太過強硬，反而引來大家對王金平的同情，讓王金平化險為夷，度過了這個難關。後來王金平在民調裡的支持度一直相當高，因此成了這一次總統選舉的可能人選之一。

根據推測，王金平原本的計畫應該是繼續當他的立法院長。但是要當立法院長，就必須當選立法委員，對一直是以不分區立委身分當選的王金平而言，這是項相當艱難的任務。王金平的地盤在高雄，但由於民進黨在高雄聲勢很旺的關係，王金平不管參選高雄市九個選區裡的任何一個選區，當選的希望都相當渺茫。至於北部一些國民黨較佔優勢的選區，也都有現任的立委佔據著，想要硬擠進去也不是一件容易的事。

對王金平來說，最簡單的做法當然還是列名在不分區名單裡，以不分區立委的身分當選。但是根據國民黨的內規，黨員擔任不分區立委以兩屆為限。二〇一二年選舉時，馬英九對王金平特別優待，開了一次特例，讓王金平在不分區第三次連任立委，繼續擔任立法院長。如果要繼續採用這個做法，國民黨就必須再開一次特例，但現任黨主席朱立倫是否會同意還很難說。如果朱立倫不同意，王金平就無法繼續當立法院長，因此王金平的支持者紛紛敦促他出馬參選總統。

王金平人脈很廣，知名度也高，一般評價都認為他是面面俱到的政治人物。但是王金平是國民黨內的本土派代表人物，深藍的支持勢力對王金平有著很強的不信任感，認為他是「藍皮綠骨」。再者，此時王金平已屆七十四歲高齡，一般認為國民黨並不適合派他出來對抗五十八歲的蔡英文。因為這些因素，王金平一直在觀察著黨內的動靜，並沒有明確表達參選的意願。

至於朱立倫，如同前文所述，他已經改變計畫，表明不參選總統了。此時朱立倫才五十三歲，沒有必要躁進。反正這次出馬參選，大概也選不上，何況就算真的選上了，還得應付黨內的馬英九派、王金平派、連戰等大老派、立委勢力及各地的地方派系，要讓政權正常運作可不是一件容易的事。稍有差池，可能就會重蹈馬政府的覆轍。因此對朱立倫來說，較聰明的做法是先鞏固自己在黨內的權力，對外強調政黨改革，為二〇二〇年總統大選鋪路。

事實上當時黨內的狀況對朱立倫極為有利。馬英九派的主要人物一一離開政壇，再加上馬英九本人卸任，降低了影響力。連戰、吳伯雄等大老也因為兒子落選的關係，在黨內的影響力並不高。接著只要逼退吳敦義、解決王金平，黨內的運作就會比現在容易得多。想要解決王金平而不留下後遺症，最好的策略就是推他出馬競選總統。參選總統必須組成競選團隊、籌措資金，具有擴大人脈、提升知名度的效果。如果是中生代黨員出馬參選總統，將來有可能會成為朱立倫的勁敵，但是王金平年事已高，這次落選之後，下一屆不太可能再出馬。而且王金平一旦落選，同時也會失去立法院長的地位。立法院長地位是王金平的權力來源，一旦失去會讓王金平的影響力大減[16]。

因此朱立倫決定不參選總統，而且設法想要推王金平出馬[17]。自己則暫時以黨主席的身分累積實力，等到二〇二〇年再參選。但是為了提升自己的影響力，朱立倫刻意讓民眾在一定程度上期待及猜測自己會出馬參選總統。於是朱立倫意氣風發地訪問中國，在五月四日拜會了習近平，回到國內之後，便依照預定計畫發出了不參選總統的聲明。沒想到這種先讓人期待，接著又全盤否定的做法，反而引來了支持者的不信任。這就是朱立倫的算計不夠縝密之處。為了要在二〇二〇年參選，想要盡可能提升自己的聲勢及權力，但是卻又不想在二〇一六年出馬參選，一般民眾當然無法理解這種老謀深算的政壇邏輯。

沒想到就在這時，洪秀柱意外登場，完全打亂了朱立倫的計畫。決定國民黨提名總統候選人的黨內初選，就在有實力參選的人都不表態的情況下揭開序幕。這些重量級人物的消極態度，看在一般民眾的眼裡，都認為他們「一定是知道贏不了才不想參選」。日子一天天過去，支持者的焦躁也與日俱增。就在這個情況下，洪秀柱（六十七歲，女性）突然在二〇一五年四月三日宣布參加黨內初選。洪秀柱是曾經八次當選立法委員的政壇前輩，二〇一二年更獲選為立法院副院長，但是一般觀點認為她還「不夠格」參選總統。

王金平原本已準備要參加黨內初選，但是到了登記參選截止日不久前的五月十五日，突然宣布不參選，同時說出「或許努力不夠，無法讓大家相信足以承擔大任，難以滿足各方期待，除了感激之外，鄭重表示歉意」之語[18]。當時王金平距離黨內提名只有一步之遙，但是在黨內人士各懷心機的過程中，突然跳出了洪秀柱，再加上馬英九強烈反對提名王金平，最後王金平才決定不參加黨內初選[19]。

如此一來，就只剩下洪秀柱一人登記參加黨內初選。洪秀柱的知名度相對較低，而且在國民黨內並沒有支持自己的派系，能不能好好打一場總統選戰都讓人懷疑。宣布參選的集會上，沒有一名立法委員到場聲援，只有一名市議員，以及一群受到動員的年輕人。就連某報的資深記者也感慨地表示：「她本來就不夠格參選總統，連市議員出馬時的陣容都不如。」[×]。洪秀柱在言談中暗批黨內大老不肯接這個燙手山芋，一個人努力辦著宣傳活動，尋求民眾的支持。

這是國民黨第一次舉辦提名總統候選人的黨內初選。在此之前，曾經爭取過黨內提名的人物如李登輝、連戰、馬英九等人，都是在進入黨內初選之前就已擊敗對手，確認可獲得提名，因此黨內初選不曾真正舉辦過。朱立倫雖然表示「一切按照制度來走」，但因為沒有黨內初選的前例，所以實際上的做法接近邊走邊思考制度。國民黨內部針對洪秀柱的登記參選，開出了「如果只有一人登記參加初選，內部民調支持率必須超過三〇％」的條件。但是什麼時候實施民調、採用什麼樣的提問形式等等具體做法的部分，執行單位內部意見分歧，由此可看出朱立倫也還拿不定主意該如何處置洪秀柱。

黨內經過一陣推演之後，決定在六月十二日、十三日實施民意調查。原本一直無法取得共識的提問內容及比重部分，決定為是否支持洪秀柱參選總統的提問分數佔五成，洪秀柱與蔡英文對決型的提問分數佔五成，最後加總計算，只要超過三〇％就能獲得提名候選人資格。

一開始，洪秀柱的支持率非常低，但是她毫不氣餒的參選鬥志贏得了一些民眾的認同，再加上有不少人對朱立倫感到失望，最終導致不少深藍支持者倒向洪秀柱。當初，洪秀柱在黨內處於孤立無援的狀態，但隨後以郝龍斌為首的新黨派系轉為支持洪秀柱，讓洪秀柱的支持率在六月之後大幅上升。洪秀柱堂堂正正參加黨內初選的態度，與黨內三位重量級人物可說是有著天壤之別。國民黨的支持者都很清楚這一次國民黨選情堪憂，但是見了洪秀柱旺盛的鬥志，有人開始期待或許洪秀柱有機會能扭轉劣勢，擊敗蔡英文。

但是一些熟悉內情的專家，則提出了「洪秀柱根本沒有做好參選總統的準備」及「洪秀柱的深藍立場太明確，難以擴大支持結構」等問題。更有人開始擔心「洪秀柱在黨內並沒有鞏固的勢力基礎，如果國民黨真的讓洪秀柱參選總統，包含立委選舉在內，所有的選舉都會被她搞砸」。

隨著洪秀柱距離黨內提名候選人的資格越來越近，不安與期待同時在黨內擴散，此時王金平又有了動作。六月六日，王金平對外聲稱「只要黨中央直接指名自己為候選人，自己就會接受」。由於當時的趨勢，洪秀柱成為提名候選人幾乎只差臨門一腳，王金平的舉動顯然是想要設法擋下這件事。但是王金平早在五月十五日就已經聲明自己不會參加初選，此時的發言當然引來了「如果有心要選，為什麼不打從一開始就參加黨內初選」

x　臺灣某大報記者（代稱G）的訪談，二〇一五年六月一日。

的疑問，因此有如火上加油，讓洪秀柱的聲勢更旺了。王金平的行動沒有得到效果，理由就在於他已經錯過了行動的最佳時機。

六月十二、十三日兩天所進行的內部民調，洪秀柱的支持率高達四六・二％，遠超過三〇％門檻。以內容的分項得分來看，洪秀柱代表國民黨參選總統的支持率為五〇・七％，對抗蔡英文的支持率為四一・六％，兩項比重各佔五成，因此最終合計值為四六・二％。

但是在這場民調裡，有些回答者可能是基於特別的意圖，才回答「支持洪秀柱」。臺灣的選民對於選戰策略非常敏感，雖然民進黨沒有對支持者下達任何指示，但是有不少民進黨的支持者都主動認為「只要讓國民黨派洪秀柱出馬參選總統，蔡英文就會更有希望當選」。國民黨的民意調查將在六月十二、十三日進行，這是大家都知道的事情，因此當民調公司隨機撥打電話號碼，一旦接電話的人是民進黨的支持者，就有可能會隱藏真正想法，說出「支持洪秀柱」的答案。

我們沒有辦法驗證洪秀柱這時候的支持率是否真的受到了灌水。或許在一部分的民調之中真的有這樣的狀況，但也或許只是空穴來風的臆測。不論真相為何，國民黨也只能接受這個結果。洪秀柱在黨內初選中獲得了提名候選人的資格，六月十七日中央常務委員會正式通過，七月十九日全國代表大會做出最後的確認。這個時期不管是任何一家民調公司的民意調查，洪秀柱的支持率都非常低，與蔡英文有著極大的差距。

中期

洪秀柱的兩岸政策

洪秀柱的政見之中，兩岸政策為最受矚目的焦點。在兩岸政策上，洪秀柱所提出的重要政策包含兩點，分

別為 以「一中同表」取代「一中各表」、 締結兩岸和平協議[20]。

洪秀柱認為「九二共識」已經完成了其「階段性的任務」，因此主張以「一中同表」取代馬英九大力鼓吹的「一中各表」。洪秀柱強調這只是「九二共識」的「深化」，但其實內涵與北京的論調如出一轍。馬英九在二〇一二年總統大選期間，就曾提過「兩岸和平協議」，但因為引來太大的批判及爭議，很快就將這個想法束之高閣。洪秀柱的政見目標，在於讓馬英九時期所建立的兩岸關係架構有更進一步的突破。洪秀柱的智囊團是著名的「統派人士」張亞中、謝大寧、黃光國等人。所謂的「一中同表」，其實是臺大教授張亞中所提出的主張，他多年來一直強調「馬英九的『一中各表』會讓兩岸統一遲遲沒有進展」。

洪秀柱的競選承諾，簡單來說就是變更兩岸關係現狀的承諾。因此二〇一六年總統選舉的對立結構，逐漸演變為「承諾維持現狀的民進黨蔡英文」對抗「承諾改變現狀的國民黨洪秀柱」。在前一年的九合一選舉之中，馬英九的兩岸政策是造成國民黨敗北的重要原因之一，而洪秀柱的政治立場比馬英九還要親中，提出的兩岸政策要獲得大多數選民的支持可說是極為困難。國民黨內部的本土派及維持現狀派在得知洪秀柱的兩岸政策之後都非常沮喪，「統派」則聲勢大振。不過「統派」畢竟是少數派，這一點從洪秀柱支持率萎靡不振就可以看得出來。

立委選舉

總統選舉與立法委員選舉在同一天投票，在歷史上只在二〇一二年發生過一次，這次是第二次。這兩場選舉互相牽連，將會引發「同日選舉效果」及「分裂投票」等複雜的投票行為。立委選舉基於單一選區及每個縣市分配至少一席的比重問題，過去一般多認為「對國民黨比較有利」，因此在選前大多數看法都傾向「就算國民黨輸了總統大選，在立法院還是可以拿到過半的席次」。但是這種看法大多只是基於一股臆測，並非深入分析過每一個選區狀況之後做出的結論。民進黨很順利地敲定提名候選人，完成選戰布局，給了國民黨很大的壓力。

國民黨處在這種逆境之下，北部的軍公教人員及中南部的地方派系這兩大基本盤都出現了動搖。從選戰開打的四月到六月之間，國民黨的現任立委如翁重鈞、張嘉郡、鄭汝芬、黃昭順、楊應雄、謝國樑、蔡正元、林鴻池等人都因為選區內的問題而陸續表態不再參選。其中只有鄭汝芬最後還是參選了，但沒有選上。黃昭順則是被放入不分區名單內，順利當選。

國民黨總統候選人洪秀柱的支持率完全沒有好轉的跡象，各選區的國民黨候選人為了求生存，在競選活動中大多不提洪秀柱或國民黨這塊招牌。甚至不少選區的候選人打出了引誘分裂投票的競選戰術，簡言之就是「總統投蔡英文沒關係，但是立委選舉記得投我一票」。這樣的戰術對候選人來說有好處，卻讓國民黨元氣大傷。黨籍候選人採取這樣的競選策略，就算明知道只是一種妥協的作法，還是廣泛形成一種「國民黨不受歡迎，所以大家都不想提」的印象。

親民黨主席宋楚瑜見國民黨亂成了一團，決定第三次出馬角逐總統之位。在選戰的宣傳上，宋楚瑜以第三勢力的立場自居。副總統候選人方面，宋楚瑜挑選了跟柯文哲關係較近的徐欣瑩（新竹縣立法委員，民國黨主席），企圖在親民黨基本票之外開拓新的票源。

進入秋天之後，終於有不少人開始意識到國民黨可能在立委選舉上無法過半數，此時國民黨內部出現了一股「換柱」（換掉洪秀柱）的聲浪。國民黨主席朱立倫以自己必須負起責任為理由，表明打算取代洪秀柱成為國民黨提名候選人。十月十七日，國民黨召開臨時代表大會，決議取消洪秀柱的候選人資格，改立朱立倫為提名候選人。換句話說，國民黨在選戰打到一半的時候，作出了陣前換將的決定。

但是候選人換成了朱立倫，並沒有改善國民黨的選情。朱立倫此時承受了「這事態還不是你搞出來的」及「既然你現在可以參選，為什麼當初不參選」的質疑。每次上臺演講的時候，朱立倫都必須向大家「道歉」。

但是朱立倫的支持率並沒有因此而上升。原本朱立倫等黨內高層的盤算是「就算輸了總統大選，至少立委選舉要贏才行」，但是這個盤算最後也落空了。

國民黨的立委選舉情勢，可說是一天比一天惡化。原本的激戰選區，變成了民進黨優勢選區；而原本的國民黨優勢選區，也因為民進黨候選人急起直追而變成了激戰選區[21]。過去的民意基礎已不再能帶來任何保障，各候選人自顧不暇，也沒有餘力理會朱立倫及黨中央的問題。能夠在激戰選區中勝出的國民黨候選人，若不是擁有非常強大的個人或家族後援會組織，就是過去在選區裡的選民服務工作做得非常扎實的候選人[xi]。

兩岸領導人會面

十一月初舉行的兩岸領導人會面（馬習會），成了整場選戰中最大的意外插曲。其實早在二〇一三年，就傳出了馬英九與習近平將要會談的消息，但由於雙方在細節上無法達成共識，二〇一四年一度不了了之。到了二〇一五年九月，馬習會死灰復燃，而且這次是由習近平方面主動提出。由於馬習會的時間距離總統大選只有兩個月，因此有人認為中國是刻意想要「影響臺灣選情」，幫助聲勢薄弱且內部混亂的國民黨。

十一月七日，馬習會在新加坡舉行。這段期間的前後，新聞媒體完全把焦點放在馬習會上。有些人期待馬習會能夠成為國民黨重振聲勢的契機，但結果是對選情幾乎沒有任何影響。一來這次的會談沒有發表任何共同聲明，兩岸關係也沒有任何新進展，二來過了一段時間之後，大家發現馬習會的全部過程幾乎都是由習近平所

xi　國民黨立法委員候選人江啟臣、顏寬恒、許淑華訪談，二〇一五年十一月五—七日。

主導[22]。

而且在馬習會的前後，馬英九成了媒體追逐的焦點，身為總統候選人的朱立倫反而遭到了忽視。就連朱立倫相當重視的訪美行程，也沒有受到社會關注。雖然馬英九一再強調這場對談具有重大的意義，但是過了一陣子之後，馬習會就再也沒有引發任何話題討論。某國民黨都市地區立委候選人甚至表示「比起馬習會，大家更關心（後來發生的）巴黎恐怖攻擊事件」[xii]，足見馬習會在民眾心中的地位有多低。

此外，朱立倫在指名副總統候選人及決定不分區立委名單上，也重重摔了一跤。朱立倫所指名的副總統候選人，是曾經擔任馬政府閣員（勞委會主委）的王如玄（**表7-3**）。但是後來王如玄遭揭發曾經靠買賣軍宅套利，遭受嚴厲譴責，最後不得不向社會大眾道歉。另一方面，由朱立倫所主導的國民黨立法委員不分區名單，也遭人批評上頭全都是有地方派系背景的政治人物。

後期

到了十二月，大多數人的看法逐漸趨於一致，認為「蔡英文會當選，而且民進黨的席次會過半」，話題的焦點轉移到了贏得「漂不漂亮」，也就是蔡英文的得票率及民進黨最終拿到

總統候選人	蔡英文	朱立倫	宋楚瑜
副總統候選人	陳建仁	王如玄	徐欣瑩
推薦政黨	民進黨	國民黨	親民黨
出生地	臺北市	桃園縣	湖南省
年齡	59歲	54歲	73歲

表7-3　2016年總統選舉候選人
年齡以投票日為基準。
出處：筆者參照中央選舉委員會資料所製成。

的席次上。最後一個干擾選情的事件，是宋楚瑜的支持率在選戰接近尾聲的時候突然飆高。十二月底所舉行的電視辯論會，蔡英文表現普通，而宋楚瑜則展現出了政壇前輩的氣勢。ＴＶＢＳ所作的得票率預測為「蔡英文五二％、朱立倫三二％、宋楚瑜一六％」，由此可看出蔡英文的部分選票被認為將會流向宋楚瑜。蔡英文支持者的決心堅不堅定，成了觀察的重點。

由於總統選舉與立委選舉是同時舉行，兩場選舉會互相牽連影響。立委選舉方面，選情已經對民進黨有利。民進黨能不能在國民黨的優勢選區拿到席次，成為最後的攻防戰場。在這場立委選舉之中，筆者特別觀察了臺北市第一選區的吳思瑤、新北市第一選區的呂孫綾、花蓮縣選區的蕭美琴這三名民進黨的候選人。這三人所參選的選區，都是國民黨的優勢選區，一般看法認為不管民進黨的聲勢再怎麼如日中天，都難以在這些選區拿到席次。這三名候選人都是女性，而且在競選活動中都非常重視與蔡英文的互動。筆者在十二月底的時候前往了這些選區，觀察到三名候選人的聲勢越來越旺，國民黨候選人的支持度卻遲遲沒有起色，因此筆者作出了這三名候選人都會當選的預測。這也意味著蔡英文的得票率在這三個選區也會上升。

投票日的一星期前，候選人的競選活動進入了最後的高潮階段。透過臉書等社群網站上的照片及現場的影片，即使是在東京也能觀察臺灣各地的競選活動。從當時的各地動態來看，蔡英文的向心力一點都沒有減弱。筆者想要特別提一張讓筆者留下深刻印象的照片。那是在投票日的一星期前，在雲林縣虎尾鎮的蔡英文造勢集會上，大量支持者冒著雨聚集在現場的照片。一月的雨天可說是非常寒冷，而且集會場地在戶外，地面相當泥濘。入夜之後，環境更加嚴苛，但是現場聚集了大約一萬名支持者，場面極為浩大。雲林縣為民進黨的重要票

xii 對某國民黨立法委員候選人（代稱Ｈ）的訪談，二〇一五年十一月二十六日。

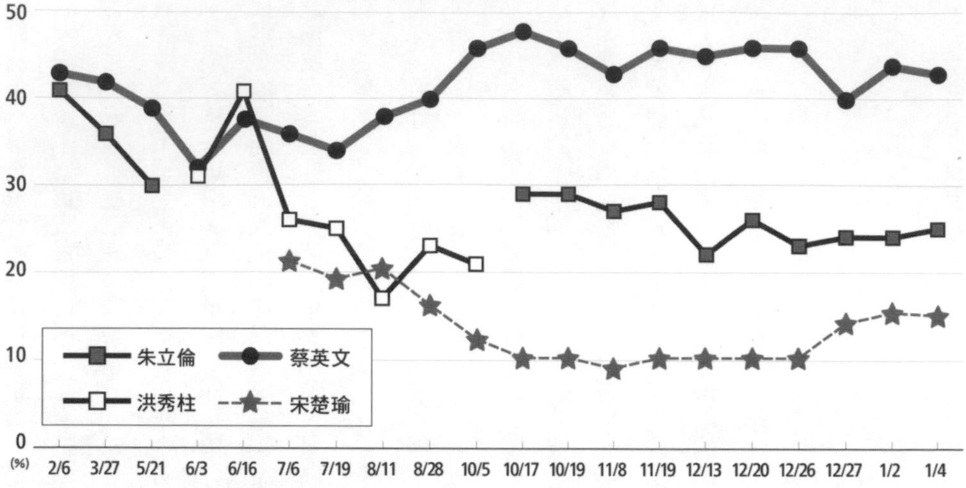

圖 7-3　2016 年總統選舉各候選人支持率變化

出處：筆者參照 TVBS 民調資料所製成。

倉，光是從這張照片，就可以感受到支持者所散發出的一股低調卻穩健的熱情。

一直到投票日當天，蔡英文的聲勢都絲毫沒有減退的跡象。筆者觀察了投票日前兩天在桃園市舉辦的一場蔡英文造勢集會。位在桃園區內的戶外集會場地擠滿了大約兩萬名支持者。市長鄭文燦剛介紹完六名民進黨提名或推薦的立法委員候選人，蔡英文抵達現場，整個場面霎時陷入高潮。四年前，筆者也在投票日前一天，在同樣位於桃園市（現在的桃園區）內的某室內體育館觀察過蔡英文的造勢集會。四年前的那場集會雖然乍看之下同樣相當熱絡，但仔細觀察之後，筆者發現有些座位是空的，而且支持者的反應也少了一股氣勢。會場的外頭，堆滿了沒有用到的塑膠椅。明明距離投票日的時間點相近，而且同樣都是在桃園市，但是從集會的狀況，還是可以看出選民這一次有多支持蔡英文及民進黨。

回顧整場選戰的過程，從**圖 7-3** 的 TVBS 民調各候選人支持率變化就可以看得出來，這是一場難得完全沒有高潮起伏的選戰。蔡英文從頭到尾都保持優勢，國民黨雖然採取過一些行動，但是都沒有辦法影響選情。宋楚瑜雖然靠著個人氣勢搶到了一些票，但是到頭來，這些票都來自於國民黨。

這場二〇一六年的總統大選，三名候選人的省籍並不相同。蔡英文是本省人，朱立倫是外省人第二代，宋楚瑜是外省人。但是在選戰的過程中，省籍並沒有成為選舉議題。蔡英文從小在臺北的菁英環境裡長大，周圍大多是外省人，因此臺語不太流利。相反地，朱立倫是在臺灣出生，而且是在本省人較多的鄉區（桃園縣大溪）長大，因此能說一口流利的臺語。產生於威權主義體制時期的省籍情結，雖然還殘留在政治社會結構之中，但是從這場二〇一六年的總統大選可以看得出來，隨著時代的演變，這個議題已經不再那麼重要。

投票日前一天發生了周子瑜事件

競選活動平安落幕的一月十五日晚上十點之後，出現了一個佔據電視新聞及網路一整晚的熱門話題，那就是周子瑜的「道歉」影片。周子瑜出身臺灣，是韓國偶像團體 TWICE 的成員，事情的開端是她在電視節目上揮舞中華民國國旗，引發中國網民強烈不滿，韓國經紀公司趕緊要周子瑜出面道歉，在臺灣社會引發軒然大波。

周子瑜在道歉影片中，以虛弱的聲音說出：「中國只有一個，海峽兩岸是一體的，我始終為自己是一個中國人而感到驕傲[23]。」雖然製作及播放這段影片的是韓國公司，卻深深刺激了臺灣人對中國的敏感神經。一個年僅十六歲的少女只因為揮舞中華民國國旗就必須向中國謝罪，那影像實在太令人同情。

中國的網民因為周子瑜揮舞中華民國國旗而認定周子瑜為臺獨份子，對她大肆批評，這起事件成為馬英九一再強調的「一中各表」在中國根本行不通的最佳證明。不管是主張臺獨還是中華民國，中國都不會給予臺灣任何生存空間。雖然國民黨在選舉中高舉中華民國國旗，但是周子瑜的道歉事件已經讓社會大眾知道國民黨的立場是完全站不住腳的。

從投票日的前一天晚上，一直到投票日當天，電視新聞上一直播放著周子瑜公開道歉的影片。有人認為這起事件對國民黨造成了極為不利的影響，不過在此之前，國民黨敗象已露，而且從選後的民調分析，也看不出明顯的影響。

投票結果分析

概況

二〇一六年一月十六日進行投開票的總統選舉，民進黨的蔡英文得到六百八十九萬四千七百四十四票（得票率五六・一%），國民黨的朱立倫得到三百八十一萬三千三百六十五票（得票率三一・〇%），親民黨的宋楚瑜得到一百五十七萬六千八百六十一票（得票率一二・八%）（**表 7-4**）。蔡英文大勝朱立倫約三百零八萬票，得票率差距達二十五個百分點。上次二〇一二年總統大選，蔡英文的得票率為四五・六%，這次上升了一〇・五個百分點。另一方面，上一次馬英九的得票率為五一・六%，這次朱立倫的得票率大幅減少了二〇・六個百分點。至於宋楚瑜，則是比上一次多了一〇・一個百分點。

蔡英文的大獲全勝，可說是二〇一四年九合一選舉時發生的「地殼變

候選人	蔡英文	朱立倫	宋楚瑜
得票數	6,894,744	3,813,365	1,576,861
得票率	56.12%	31.04%	12.84%

表 7-4　2016 年總統選舉的投票結果
出處：筆者參照中央選舉委員會的資料所製成。

動」連帶造成的結果。綠營與藍營的勢力比例，在陳水扁時代一直是「四五：五五」。從地方基層的角度來看，這一〇個百分點的差距可說是相當巨大，對民進黨而言有如一道難以跨越的高牆。但是到了二〇一四年九合一選舉時，這個比例逆轉為「五五：四五」，而且在藍營的「四五」的內部還發生了劇烈的震盪現象。如果要加以比喻，或許可以形容為國民黨的民意基礎發生了「土壤液化」吧。結果造成朱立倫的得票率大幅下滑，最終與蔡英文的得票率比例變成了「五六：三一」。

圖7-4為二〇一二年及二〇一六年總統大選各候選人的得票數，比較上方（一二年）的長條跟下方（一六年）的長條，可以在視覺上明顯看出「地形改變了」。蔡英文在投票率下滑的逆境之中，得票數從上一次的六百零九萬票增加至這一次的六百八十九萬票。過去民進黨從來沒有拿到這麼多的選票。

同時舉行的立法委員選舉（全部共一百一十三席，過半數為五十七席），民進黨同樣大勝國民黨，拿到了六十八席，遠超越過半數的五十七席。獲得民進黨幫助的時代力量，在這第一次的選舉裡就拿到了五席。國民黨只拿到了三十五席，減少了二十九席。此外還有親民黨三席、無黨籍兩席。

圖7-5為各政黨於立法院的席次數量變化圖，可以看出席次結構有了相當大的改變。國民黨在二〇〇八年所形成的優勢地位，在八年後完全遭到逆轉。民進黨首次在立法院獲得過半的席次，實現了總統、

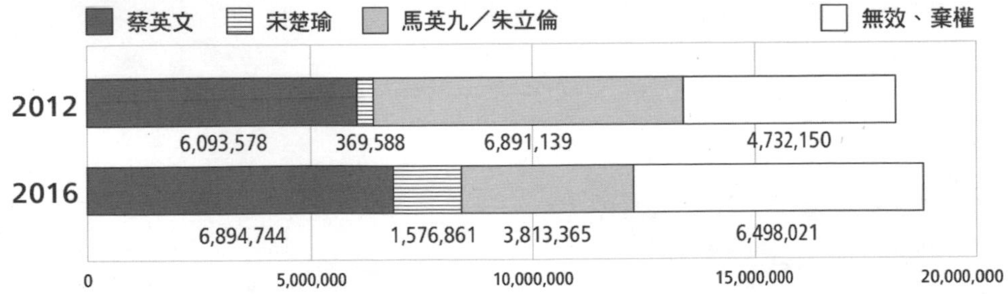

圖7-4　2012年及2016年總統選舉各候選人得票數
出處：筆者參照中央選舉委員會的資料所製成。

行政院與立法院互相配合的完全執政。臺灣的選民透過這兩場選舉對國民黨做出了嚴厲的審判，並對民進黨寄予相當大的期待。

投票率

從**圖7-6**可以看得出來，總統選舉的投票率以二〇〇〇年的八二・七%為最高點，其後逐次下滑，二〇一二年為七四・四%，這一次更下滑了八個百分點，只剩下六六・三%，下滑的幅度相當大。本次選舉有投票權的選民人數約一千八百七十八萬人，比上一次的一千八百零九萬人多了約六十九萬人。但因為投票率大幅下滑的關

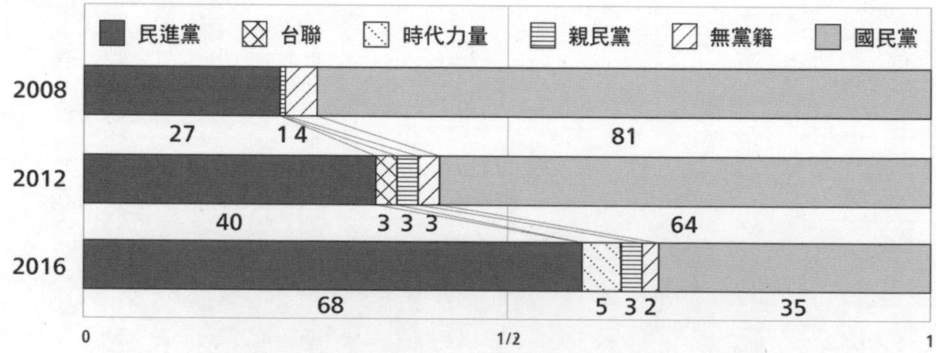

圖 7-5　立法委員選舉各黨席次變化
出處：筆者參照中央選舉委員會的資料所製成。

	選民人數	總投票數	有效票數	無效票數	投票率
1996年	14,313,288	10,883,279	10,766,119	117,160	76.0%
2000年	15,462,625	12,786,671	12,664,393	122,278	82.7%
2004年	16,507,179	13,251,719	12,914,422	337,297	80.3%
2008年	17,321,622	13,221,609	13,103,963	117,646	76.3%
2012年	18,086,455	13,452,016	13,354,305	97,711	74.4%
2016年	18,782,991	12,448,302	12,284,970	163,332	66.3%

表 7-5　總統選舉的選民人數、有效票數、投票率
出處：筆者參照中央選舉委員會的資料所製成。

係，有效票數從上一次的約一千三百三十五萬票，掉到這次的約一千二百二十八萬票，減少了一百零七萬票。

表7－5整理出了六次總統大選的選民人數、有效票數及投票率。

投票率大幅下滑，反映出的是民眾對國民黨及民進黨的不滿與失望，而其中對國民黨的不滿與失望的成分應該較大。因為這個緣故，選舉結束後臺灣的媒體上常有人說出「國民黨會輸是因為支持者不去投票」之類論點。這論點本身當然不無道理，但如果反過來認為「只要投票率夠高，國民黨就能贏」，那就是過度引申了。以籠統的數字來計算，選民總數約一千八百萬人，有效票數約一千二百萬票，而蔡、朱的得票數差距高達三百萬票。如果得票數差距小一點，或許還可能會因為投票率的高低變化而發生逆轉的狀況。但是三百萬票的差距實在太大，絕對不可能因為投票率的高低變化而逆轉。在這種局勢下要發生逆轉，除非選民的支持結構再度發生巨大變化，導致民進黨的支持率大幅減少。

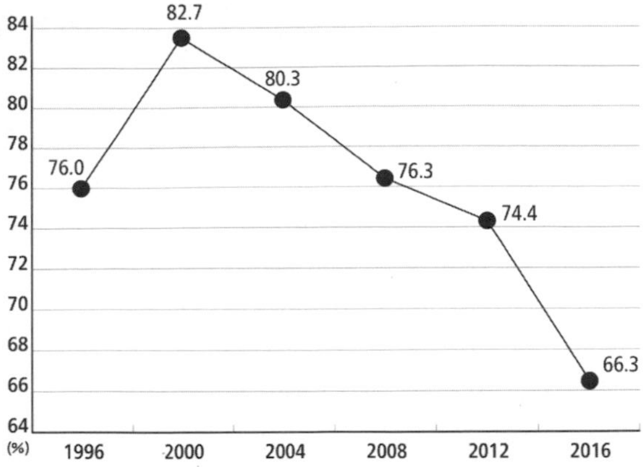

圖 7-6　總統選舉的投票率變化

出處：筆者參照中央選舉委員會的資料所製成。

拿投票率的高低來做文章，乍看之下似乎很科學，但其實引申出來的結論都只是一些想像而已。很多人喜歡談投票率，是因為投票率是一種能夠用來「轉移焦點」的方便工具，只要把錯推給投票率，大家就不會繼續在意候選人資質及政黨路線等本質上的問題。而且抬出投票率，還能發揮讓支持者重新燃起希望的效果。蔡英文在二〇一二年敗選時，民進黨相關人士都說「因為中南部（民進黨的票倉）投票率太低，蔡英文才會落敗」，獲得支持者的普遍認同，正是最好的例子。但其實這次選舉中南部的投票率同樣下滑，蔡英文卻是大獲全勝。

第三勢力的崛起

有人把朱立倫的得票率三一・〇％及宋楚瑜的得票率一二・八％相加，主張這次「泛藍陣營得票率四四％」，但是其實這次把票投給親民黨宋楚瑜的人，並不見得全部都是藍營支持者。以過去的泛藍陣營概念來認定宋楚瑜的得票率，實際上並不妥當。國民黨加上親民黨就是「泛藍」的概念早已不再成立。這次宋楚瑜在選戰期間，都是以中間選民為拉攏的重點對象[xiii]。宋楚瑜不僅針對從前國民黨的高壓統治向民眾道歉，而且還故意在臉上抹泥巴，表現出「髒兮兮」的樣子。整個選戰期間，他不斷強調自己既不是國民黨，也不是民進黨，藉此獲得了一定選民的支持。參選立法委員的親民黨候選人也一樣，他們對國民黨的批評可說是毫不留情。

宋楚瑜所拿到的一二・八％選票之中，除了少數宋楚瑜的固定支持者所投的票之外，還包含了一些對國民黨及民進黨都不滿意的「第三勢力」支持者所投的票。宋楚瑜雖然沒有和臺北市長柯文哲合作，但是受宋楚瑜指名為副總統候選人的徐欣瑩與柯文哲頗有交情。徐欣瑩脫離了國民黨，創建民國黨，以第三勢力自居。從宋楚瑜拿到的選票，可以看出在兩大政黨的競爭結構之中，第三勢力還是有著一定的民意基礎。

宋楚瑜長年置身在藍綠兩大陣營的鬥爭之中，可說是政壇的超級前輩。這已經是他第三次參選總統，毫無新鮮感可言，而且他不擅長打網路上的選戰，再加上年事已高，距離政治生涯的終點已經不遠了。像這樣的人物能夠有一二・八％的得票率，足見有多少人對兩大陣營感到不滿及失望。假如改成由一個完全沒有染上藍綠色彩，年紀屬於中世代且擅長打網路選戰的實力派政治人物出馬，相信可以拿到更多選票。

以下舉一個假設的情況。蔡英文的聲勢在二〇一六年達到了頂點，一旦風潮退去，蔡英文的支持率一定會下滑。如果在這個時候，有一個能夠統整第三勢力的實力派人物出馬參選總統，蔡英文的五六％得票率之中有二〇個百分點流向第三勢力也不是不可能的事。如此一來，勢力比例就會形成民進黨三六％、國民黨三一％、第三勢力三三％。再加上臺灣的選舉只要有三名以上的候選人，就有可能發生棄保效應，這麼一來最後誰會當選就很難說了。

二〇一六年的選舉，確實創造出了對民進黨有利的全新勢力地形，然而一旦蔡政府的聲望下滑，很可能又會導致另一波的「地殼變動」，到時候臺灣政治的地形可能又會出現巨大的變化。

周子瑜事件的影響

接下來筆者想要分析投票前一天晚上發生的周子瑜事件所造成的影響。TVBS新聞報導根據投票後的一月十八、十九日所進行的民調資料，指稱「投票的民眾之中，約有四％的民眾是因為周子瑜事件才決定前往投票，以票數而言相當於五十萬票」[24]。由此可看出周子瑜事件所造成的政治影響確實不小。但是對這次選舉實際上造成了多大的影響，還需要審慎的評估，因此筆者想要針對TVBS在投票後所進行的民調資料進行進一步的分析。

TVBS的民調問題中，有一題是：「請問您是投票日之前多久，決定要去投票的？」回答比例為「當天八％、前一天三％、前一個星期內六％、前一個月內七％、前三個月內五％、前半年內三％、半年以前五七％、不知道／拒答十一％」（**表7－6**）。

xiii 親民黨主席宋楚瑜訪談，二〇一五年八月三十日。

決定前往投票的時間點	比率
投票當天	8%
投票的前一天	3%
投票的前一星期內	6%
投票的前一個月內	7%
投票的前三個月內	5%
投票的前半年內	3%
投票的半年以前	57%
不知道／拒絕回答	11%

表 7-6　決定前往投票時間點的調查結果
樣本數為 921 人。
出處：筆者參照 2016 年 1 月 19 日 TVBS 民調所製成。

加以彙整統計，可以得知「當天、前一天及前一個星期內決定要去投票的人」佔了一七%。TVBS民調進一步詢問這一七%的人：「不論您是投給哪一位總統候選人，日前發生的周子瑜事件，請問是不是您最後決定要去投票的原因？」回答「是」佔二三%，回答「不是」佔七四%，回答「不知道」佔三%。TVBS民調的結論認為此處回答「是」的二三%，「約佔全體投票民眾的四%，相當於五十萬票」，因此有了前述的新聞報導。

這裡有兩點必須注意。第一，周子瑜事件透過電視及網路迅速傳開，是在投票日前一天晚上十點之後的事。但是TVBS民調對於「前一天三%、前一個星期內六%」的調查對象也詢問了周子瑜事件的影響。第二，在這次的民調裡，回答「有去投票」的樣本之中，投票對象的比例為「朱立倫一七%、蔡英文五一%、宋楚瑜八%、拒絕回答二三%」。其中朱立倫的「一七%」，比朱立倫的實際得票率三一%少了十四個百分點。臺灣有個風氣，那就是許多選民不想告訴他人「自己把票投給了落選的候選人」。因此不管落選的是國民黨還是民進黨，每次選後民調裡回答投給落選候選人的比例都偏低。由這一點來看，民調資料作為分析選民投票行為的資料是有其缺陷的。如今筆者暫時撇開這兩個問題，僅針對民調的內容進行分析。

這次的民調針對投給不同候選人的樣本對象，進一步區分出了「當天、前一天及前一個星期內決定要去投票的人」所佔的比例，但是並沒有公布「當天、前一天及前一個星期內決定要去投票的人」投給各候選人的比例。因此筆者自行分解民調數據，分別計算出「當天決定要去投票的人」、「前一天決定要去投票的人」及「前一個星期內決定要去投票的人」分別投給各候選人的比例[25]。

根據分析結果，得知「當天、前一天及前一個星期內決定要去投票的人」的投票對象比例為「朱立倫一七%、蔡英文四八%、宋楚瑜一四%、拒絕回答二一%」。將這個結果與前述回答「有去投票」的所有人的投票對象比例「朱立倫一七%、蔡英文五一%、宋楚瑜八%、拒絕回答二三%」兩相比較，可知朱立倫的比例完全相同，蔡英文少了三個百分點，但差距不大，宋楚瑜則高了六個百分點。由此可看出不管是投票日的不久前才決定要去投票的人，還是在很早之前就決定要去投票的人，投票對象的比例沒有太大的差異。如果硬要找出差異，頂多只能說投票日的不久前才決定要去投票的人之中，有較多人是把票投給了宋楚瑜。但是從這樣的民調結果，沒有辦法看出周子瑜事件對選舉造成了什麼明顯的影響。關於周子瑜事件所造成的政治影響，筆者將在最後進一步提及。

得票狀況的宏觀及微觀分析

各縣市的選票動向

接下來筆者想要分析三名候選人在各縣市的得票率。**表7-7**為三名候選人在各縣市的得票率，依照蔡英文的得票率高低順序排列。為了保持資料的連續性，臺中市、臺南市及高雄市分別以合併前的舊臺中縣市、舊臺南縣市、舊高雄縣市的得票率取代。

縣市	蔡英文	朱立倫	宋楚瑜
臺南縣	69.42%	20.70%	9.89%
嘉義縣	65.37%	23.38%	11.25%
高雄縣	65.05%	24.22%	10.74%
臺南市	64.84%	24.00%	11.16%
屏東縣	63.49%	26.99%	9.52%
雲林縣	63.41%	24.93%	11.66%
宜蘭縣	62.06%	25.38%	12.55%
高雄市	62.01%	27.50%	10.49%
嘉義市	59.86%	27.95%	12.19%
彰化縣	56.47%	28.80%	14.73%
臺中縣	56.39%	28.65%	14.96%
新北市	54.79%	33.34%	11.87%
臺中市	52.97%	31.54%	15.49%
南投縣	52.23%	32.08%	15.68%
臺北市	21.96%	37.49%	10.55%
新竹市	51.22%	32.42%	16.35%
桃園市	51.03%	34.39%	14.59%
澎湖縣	50.81%	29.48%	19.71%
基隆市	48.22%	35.29%	16.50%
苗栗縣	45.45%	37.55%	17.00%
新竹縣	42.52%	35.28%	22.19%
臺東縣	38.41%	44.62%	16.96%
花蓮縣	36.94%	47.72%	15.34%
金門縣	18.00%	66.10%	15.90%
連江縣	16.54%	68.60%	14.86%

表 7-7　2016 年總統選舉 各候選人各縣市的得票率
依蔡英文的得票率高低順序排列
出處：筆者參照中央選舉委員會的資料所製成。

蔡英文得票率最高的前五個縣市，依序為舊臺南縣、嘉義縣、舊高雄縣、舊臺南市、屏東縣。二〇一二年蔡英文得票率最高的前五縣市，則依序為舊臺南縣、嘉義縣、雲林縣、舊高雄縣、屏東縣。雖然這些原本都是民進黨較佔優勢的縣市，但是過去大多在前三名內的雲林縣，這次掉到了第六名，而上一次是第六名的臺南市，這一次攀升到了第四名。另一方面，得票率最低的前五個縣市，排除離島的連江縣、金門縣，依序為花蓮縣、臺東縣、新竹縣、苗栗縣、基隆市。這部分則與二〇一二年完全相同。

朱立倫得票率最高的前五個縣市，排除連江縣、金門縣，依序為花蓮縣、臺東縣、苗栗縣、臺北市、基隆市。二〇一二年的馬英九得票率最高前五縣市，排除連江縣、金門縣，則依序為花蓮縣、臺東縣、新竹縣、苗栗縣、基隆市。上一次在第三名的新竹縣，這一次掉到了第六名。朱立倫得票率最低的前五個縣市，依序為舊臺南縣、嘉義縣、舊臺南市、舊高雄縣、雲林縣。二〇一二年的馬英九得票率最低前五縣市，依序為舊臺南縣、嘉義縣、雲林縣、舊高雄縣、屏東縣。這部分除了雲林縣及舊臺南市的排名不同之外，基本上的排名狀況也大致相同。

二〇一六年總統大選，民進黨與國民黨的勢力比例發生了巨大的改變。二十五個縣市（換算為合併前）中，蔡英文在十八個縣市的得票率超過五〇％。另一方面，朱立倫的得票率超過五〇％的縣市，若扣除金門縣及連江縣，則一個都沒有。雖然得票率發生了很大的變化，但是從縣市層級來看，兩黨的傳統支持結構似乎沒有改變。然而如果繼續深入分析，就可以看出變化了。

為了進一步分析，筆者將本次選舉的資料與二〇一二年選舉的資料相比，計算出蔡英文在各縣市的得票率增加幅度（**表7－8**）。蔡英文的得票率與四年前相比，增加了一〇．五個百分點，各縣市的增加幅度差距並不大。扣除金門縣及連江縣之後的二十三個縣市，蔡英文的得票率增加幅度的標準差計算出來為一．八六，數值相當小。如果深入比較各縣市的增加幅度，增加幅度最大的是臺北市，以下依序為苗栗縣、新竹市、新竹縣、基隆市、新北市。

由此可看出雖然蔡英文在全臺灣各縣市的得票率增加幅度很平均，但是如果比較其細微差異，在國民黨較佔優勢的北部、客家地區及都市地區，增加幅度是相對較大的。這些都是蔡英文在二〇一二年選舉時得票狀況不佳的地區，可見得這一次蔡英文成功提升了這些地區的得票率。相反地，嘉義縣、雲林縣的增加幅度相對較小。這應該是因為民進黨在這些縣的支持率本來就很高，因此增加幅度較難以提升。

朱立倫的得票率，與二〇一二年的馬英九得票率相比，減少了二〇．六個百分點。細看朱立倫的各縣市得票率減少幅度，會發現各縣市之間的差距非常大（**表7－9**）。各縣市得票率減少幅度的標準差，計算出來

	縣市	增加幅度
1	新竹縣	-30.48
2	苗栗縣	-26.30
3	新竹市	-25.01
4	基隆市	-24.00
5	臺中市	-23.00
6	桃園市	-22.81
7	花蓮縣	-22.58
8	南投縣	-22.55
9	臺中縣	-21.86
10	臺東縣	-21.85
11	彰化縣	-21.78
12	新北市	-20.39
13	臺北市	-20.38
14	澎湖縣	-20.28
15	臺南市	-19.80
16	宜蘭縣	-19.51
17	高雄市	-18.40
18	嘉義市	-18.32
19	高雄縣	-17.87
20	雲林縣	-16.74
21	臺南縣	-16.31
22	屏東縣	-15.94
23	嘉義縣	-15.66

表 7-9　朱立倫各縣市得票率增加幅度

與 2012 年馬英九的得票率相比

出處：筆者參照中央選舉委員會的資料所製成。

	縣市	增加幅度
1	臺北市	12.42
2	苗栗縣	12.27
3	新竹市	11.73
4	新竹縣	11.59
5	基隆市	11.45
6	新北市	11.33
7	臺南市	11.19
8	桃園市	11.18
9	花蓮縣	11.00
10	臺中市	10.76
11	高雄市	10.20
12	臺中縣	10.00
13	彰化縣	9.98
14	南投縣	9.86
15	高雄縣	9.66
16	宜蘭縣	9.53
17	臺南縣	8.85
18	嘉義市	8.82
19	屏東縣	8.36
20	臺東縣	7.91
21	雲林縣	7.60
22	嘉義縣	6.79
23	澎湖縣	5.16

表 7-8　蔡英文各縣市得票率增加幅度

與 2012 年蔡英文的得票率相比

出處：筆者參照中央選舉委員會的資料所製成。

為三・五八，比蔡英文的變化幅度標準差大得多。這應該是因為受到了宋楚瑜得票率的影響。朱立倫的得票率減少幅度最大的是新竹縣，以下依序為苗栗縣、新竹市、基隆市、舊臺中市、桃園市。

宋楚瑜在新竹縣的得票率有二二・二％，這是因為副總統候選人徐欣瑩為新竹縣的立法委員。受了這個影響，朱立倫在新竹縣的得票率減少幅度最大。客家人口比例較高的新竹縣市及苗栗縣，原本都是國民黨的優勢縣市，但在這次的選舉裡顯然已被蔡英文及宋楚瑜成功滲透。由於這些縣市都是國民黨的主要票倉地帶，因此我們可以說越是國民黨的票倉地帶，國民黨的得票率減少幅度越大。另一方面，國民黨原本就處於劣勢的嘉義縣、屏東縣、舊臺南縣及雲林縣等各縣，朱立倫的得票率減少幅度就相對較小。以結果而言，不管是蔡英文還是朱立倫，各縣市的得票率差異都變小了。換句話說，各縣市對兩黨的支持結構特色有逐漸消失的趨勢。

前文提到了得票率的標準差及得票率變動幅度的標準差，或許造成了一些理解上的困難，因此筆者將得票率的標準差整理在**表 7-10**。這個表比較了二〇一二年及二〇一六年三名候選人的各縣市得票率標準差。蔡英文這一次的各縣市得票率標準差為八・九一，比上一次的九・七二小了一些。朱立倫這一次的各縣市得票率標準差為六・六九，比上一次馬英九的九・三七小了許多。**表 7-10** 的數值，可作為前述「各縣市對兩黨的支持結構特色有逐漸消失的趨勢」的佐證。

	蔡英文	馬英九／朱立倫	宋楚瑜
2012 年	9.72	9.37	0.61
2016 年	8.91	6.69	3.31

表 7-10　三名候選人在縣市層級的得票率標準差（2012 年和 2016 年）
出處：筆者參照中央選舉委員會的資料所製成。

各投票所的選票動向

接下來就跟前幾次的選舉資料分析一樣，筆者想要觀察三名候選人在投票所層級的得票率是否可以看出什麼特徵。這次的二〇一六年總統大選，全臺灣共有一萬五千五百八十二處投票所。每一投票所的平均選民人數為一千二百零五人，規模相對平均。

筆者計算出了各投票所的得票率標準差，藉此掌握各投票所的得票率離散程度。如**表 7-11**所示，三名候選人在各投票所的得票率標準差數值為蔡英文一二・三八、朱立倫一〇・二六、宋楚瑜四・二九。蔡英文的一二・三八，跟二〇一二年的蔡英文數值一三・四八比起來小了一些。朱立倫的一〇・二六，跟二〇一二年的馬英九數值一三・一七比起來也小了一些。蔡英文、朱立倫在投票所層級的得票率離散程度都變小了一些，這意味著基層各投票所的極端投票行為多少受到了抑制。

為了確認三名候選人在各投票率的得票數分布狀況，筆者依據所有投票所的數據，繪製出了曲線圖（histogram）（**圖 7-7**）。本圖顯示的是三名候選人在每一%得票率（也就是得票率〇%以上未滿一%、一%以上未滿二%、二%以上未滿三%……一直到一〇〇%）的得票數狀況。橫軸為得票率，縱軸為得票數。

舉例來說，蔡英文的得票率在五六%以上未滿五七%的投票所，全臺灣共有五百八十三處，這五百八十三處投票所的蔡英文得票數合計為二十八

	蔡英文	朱立倫	宋楚瑜
平均得票率	55.99%	31.06%	12.95%
標準差	12.38	10.26	4.29

表 7-11　2016 年總統選舉 三名候選人在各投票所的平均得票率和標準差
出處：筆者參照中央選舉委員會的資料所製成。

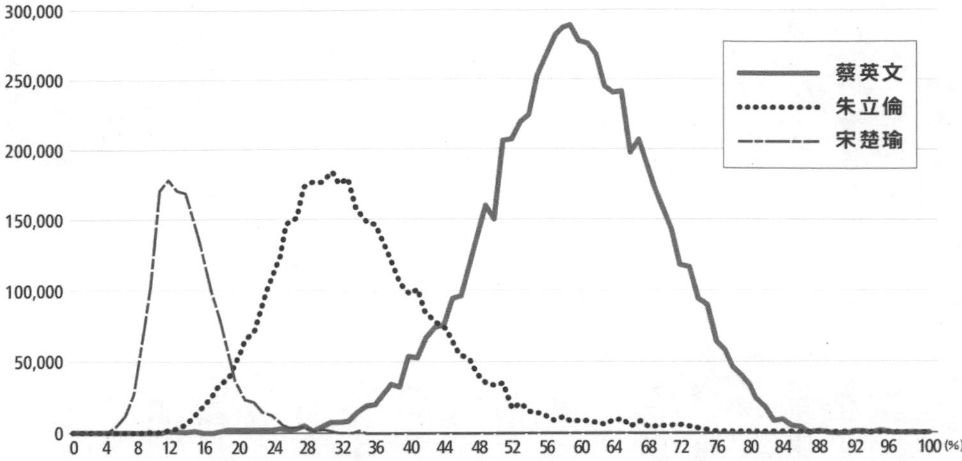

圖 7-7　2016 年總統選舉 三名候選人在各投票所的得票率得票數曲線圖（histogram）
出處：筆者參照中央選舉委員會的資料所製成。

萬一千零四十八票。蔡英文的得票率在八〇％以上未滿八一％的投票所，全臺灣共有五十處，這五十處投票所的蔡英文得票數合計為二萬五千二百零三票。如此畫出三名候選人的得票率得票數曲線。曲線下方的面積，就代表該候選人的得票數。只要利用這樣的曲線圖，就可以在視覺上清楚確認各候選人在哪個得票率拿到了多少選票。

接著筆者想要進一步探討投票所層級的細部狀況。筆者將全部一萬五千五百八十二處投票所依照蔡英文的得票率高低順序排列。蔡英文的得票率在七〇％以上的投票所有一千七百四十七處，比二〇〇八年謝長廷的二百一十九處增加了非常多，甚至大幅超越二〇〇四年陳水扁的八百六十處。蔡英文的得票率在八〇％以上的投票所有一百六十六處，同樣超越二〇〇八年謝長廷的十四處，以及二〇〇四年陳水扁的七十七處。

蔡英文的得票率最高的投票所前五名，第一名為臺南市官田區西庄里（舊臺南縣官田鄉西庄村），得票率九四・四％。此處連續成為民進黨得票率最高的投票所。第二名為嘉義縣番路鄉觸口村兩處投票所之一，得票率九二・二%。第三名為臺南市官田區東庄里（舊臺南縣官田鄉東庄村），得票率九一・七%。第四名為嘉義縣新港鄉南崙村，得票率八九・一%。第五名為嘉義縣義竹鄉溪洲村，得票率八八・四%。臺南市的西庄里、東庄里為陳水扁的故鄉，嘉義縣的三個村則是蔡英文派系重量級人物陳明文的重要據點。

另一方面，蔡英文的得票率最低的投票所，為桃園市八德區大信里的三處投票所之一，得票率僅四・六%。這裡是榮民之家所在地。倒數第二低的投票所，為高雄市左營區合群里兩處投票所之一，得票率四・九%。倒數第三為臺東縣金峰鄉賓茂村，得票率五・〇%。倒數第四為高雄市燕巢區安招里的四處投票所之一，得票率五・四%。倒數第五為臺南市東區忠孝里的三處投票所之一，得票率五・七%。高雄市左營區合群里為眷村所在地，臺東縣金峰鄉賓茂村為排灣族聚落，高雄市燕巢區安招里為榮民之家所在地，臺南市東區忠孝里也是榮民之家所在地。這些投票行為處於兩個極端的投票所，都維持著傳統的政黨支持結構。

但是投票所層級的極端投票行為，還是可以看出有減少的趨勢。例如民進黨的得票率未滿一〇%，可說是相當極端的投票行為，但是在這次選舉裡，蔡英文的得票率未滿一〇%的投票所僅十八處。相較之下，二〇〇八年有三百二十四處，二〇〇四年也有二百四十四處，可看出這次是大幅減少了。若舉國民黨這邊的例子，朱立倫的得票率超過九〇%的投票所一處也沒有，二〇〇八年馬英九有三百二十四處，可看出這次同樣是大幅減少了。相反地，朱立倫的得票率未滿一〇%的投票所有三十七處，二〇〇八年馬英九只有一處，這次雖然增加了，但是這個數量跟二〇〇八年及二〇〇四年的民進黨的數量相比，還是少得多。

從以上數個例子，可以觀察出最基層的投票所層級的極端投票行為有減少的跡象。蔡英文在各投票所的得票率標準差比上一次小了一些，也可成為這個論點的佐證。即便排除受宋楚瑜的選票所干擾的部分，還是可以看出過去藍綠支持結構的極端部分有漸趨緩和的傾向。對於臺灣的民主政治來說，這個傾向是一件好事。

三種選票的動向

這一次的選舉，每個選民可以投出三票，分別為總統選舉一票，立委選舉兩票。因此以下筆者想要從㈠總統選舉、㈡選區立委、㈢不分區立委這三票的投票行為是否一致的觀點來進行分析[26]。在立委選舉上，除了各黨拿到的席次數量之外，其實得票率也是一個觀察的重點。

首先分析的是選區立委的選票動向。全臺共有七十三個選區，全部都採單一選區制。除此之外還有六席的原住民立委，但由於選區制度不同，因此不列入計算[27]。各政黨的得票率為民進黨四五・一%、國民黨三八・七%、親民黨一・三%、其他一五・〇%。民進黨與國民黨在選區立委上的得票率差異並不算非常大。

筆者以自己構思的分類方法，將這些數據重新分類統整為「綠營」、「藍營」及「其他」。分類法的細項如下。「綠營」：民進黨、時代力量、親綠無黨籍、臺聯、綠黨社會民主黨聯盟（綠社盟）。「藍營」：國民黨、新黨。「其他」：親民黨、民國黨、其他諸黨派及無黨籍。雖然在一些選區裡發生了綠營的各政黨或無黨籍候選人互相競爭的狀況，但是對於整體的數值並沒有造成太大的影響，為了

綠營					藍營		其他		
民進黨	時代力量	親綠無黨籍	臺聯	綠社盟	國民黨	新黨	親民黨	民國黨	其他黨派無黨籍
45.08%	2.94%	3.45%	0.82%	1.71%	38.71%	0.63%	1.26%	1.63%	3.77%
54.0%					**39.3%**		**6.7%**		

表 7-12　2016 年立法委員選舉 藍綠陣營的選區得票率
出處：筆者參照中央選舉委員會的資料所製成。

在比較時能夠淺顯易懂，還是分別計算出各政黨的提名候選人及民進黨所支持的無黨籍候選人的得票率。經過整理之後，得到**表 7-12**。

計算的結果，綠營的得票率高達五四．〇%，遠大於民進黨獨自的四五．一%。與國民黨合作的政黨只有新黨，因此藍營的得票率為兩黨合計的三九．三%。其他方面，不管是親民黨還是新創的民國黨，都派出了對抗國民黨的候選人，因此納入「其他」而非藍營。其他的得票率為六．七%。

民進黨靠著統整協調綠營各政黨，在單一選區裡創造出了相對的優勢，成功瓦解了國民黨的堅固基本盤。因此我們可以說民進黨獲得過半的席次，並不是因為民進黨的理念及政策獲得民眾的熱烈支持，而是因為民進黨成功組成了一股反國民黨的聯盟勢力，而且採取了相當高明的選戰策略。雖然這個政治結構讓蔡英文政府運作變得窒礙難行，但那是後來的事了。

比較耐人尋味的一點，是一些讓人摸不清底細的政黨或當選機率極低的候選人也拿到了比預期還要多的選票。依照過去的慣例，選區立委中的「其他諸黨派及無黨籍」候選人的得票率合計大約只有一%上下，但是這一次他們的得票率增加了不少。流向他們的選票，據推測應該是一些過去原本會把票投給國民黨的選民。這樣的現象代表什麼意思？在每個國民黨的資深現任立委都大喊「選情告急、搶救〇〇〇」的狀況下，原本的支持者卻將選票投給其他諸黨派或當選機率極低的候選人，這意味著這些支持者完全不在乎國民黨的候選人會不會落選。由此便可看出國民黨的選票流失情況有多麼嚴重。「其他」部分的六．七%選票，都是從國民黨基層流出去的。

接下來，筆者想要分析不分區立委選舉的政黨票動向。許多小政黨也都參加了不分區立委選舉，但是只有得票率超過五%的政黨才能夠拿到席次。各政黨的得票率為民進黨四四．一%、國民黨二六．九%、親民黨六．五%、其他政黨二二．五%。

就跟前面的做法一樣，筆者將這些數據重新分類統整至藍綠陣營。分類法的細項如下。「綠營」加入時代力量、臺聯、綠社盟；「藍營」加入新黨。除了親民黨及民國黨之外的小政黨，全部納入「其他」中的「小政黨」內。重新計算得票率後，得到的結果為綠營五五・二%、藍營三一・一%、其他一三・七%（**表7-13**）。

接著我們將這個得票率與㈠總統選舉及㈡選區立委選舉的得票率進行比較。先看綠營的得票率，㈠總統選舉為五六・一%、㈡選區立委為五四・〇%、㈢不分區立委為五五・二%。三個得票率數值相近，可見得投給綠營的選民有很高的比例三張選票的投票對象是一致的[28]。這意味著蔡英文及民進黨發揮了非常強的選票凝聚力。接著我們看藍營的得票率，㈠總統選舉為三一・〇%、㈡選區立委為三九・三%、㈢不分區立委為三一・一%。從數值可以明顯看出㈠跟㈢一致，但與㈡有不小的落差。這意味著各選區的國民黨參選立委都有一定程度的基本實力，但是朱立倫及國民黨的選票凝聚力實在太弱了。

「其他」部分為一三・七%。這裡頭宋楚瑜的大本營親民黨及民國黨的得票率分別為六・五%及一・六%，合計為八・一%，其他不包含在藍綠兩大陣營結構的小政黨為五・六%。然而宋楚瑜的總統選舉得票率有一二・八%，可見得宋楚瑜成功吸收了小政黨的選票。由於參選不分區立委的小政黨都對藍綠兩大陣營抱持批判的態度，因此「其他」部分的一三・七%可以視為第

綠營				藍營		其他		
民進黨	時代力量	臺聯	綠社盟	國民黨	新黨	親民黨	民國黨	小政黨
44.06%	6.11%	2.51%	2.53%	26.91%	4.18%	6.52%	1.62%	5.56%
55.2%				**31.1%**		**13.7%**		

表 7-13　2016 年立法委員選舉 不分區的藍綠陣營得票率

出處：筆者參照中央選舉委員會的資料所製成。

三勢力能夠計算得出來的基本票。

二〇一六年的立委選舉出現了許多新的政黨，因此可以說這次選舉的特徵就在於政黨結構的多元化及多樣化。但是從結果來看，國民黨的民意基礎雖然崩盤了，但是新政黨卻普遍沒有什麼亮眼的表現，只有時代力量拿到了席次。理由之一是筆者在前文已提過的，民進黨成功整合了綠營勢力。理由之二，則是因為沒有出現一個能夠統率整個第三勢力的重量級領袖。民進黨的選票凝聚力一旦減弱，很可能就會像這次的國民黨一樣，出現綠營選票外流的情況。

以上，筆者將選民所投的三票依照藍綠陣營分類，探討了選票的流向。綠營不僅守住了傳統的選票結構，而且還開拓了新票源，這一來是因為蔡英文有著很強的向心力，二來則是因為民進黨的高明選戰策略發揮了效果。另一方面，藍營則是出現傳統選票結構瓦解的現象，大量選票流向「其他」勢力。

二〇一六年選舉雖然是由民進黨大獲全勝，但前提條件一旦出現變化，綠營的選票結構可能也會不保。後來民進黨在二〇一八年的九合一選舉中大敗，正是最好的證明。雖然大家都把焦點放在民進黨的戰果上，或許臺灣的政黨政治已經進入了巨大的轉捩點。

民進黨大躍進的象徵性當選者

筆者曾經走訪立委選舉的各激戰選區，實際觀察當地選情。在此筆者想要取出三個足以象徵民進黨大躍進的當選者，分別為臺北市第一選區的吳思瑤、新北市第一選區的呂孫綾，以及花蓮縣選區的蕭美琴。這三人都是民進黨立委成功突破國民黨高牆的典型例子，更耐人尋味的一點是三人剛好都是女性。

臺北市第一選區可說是國民黨的鐵票地盤[xiv]，不僅有軍公教方面的深藍支持者，而且現任立委丁守中兼具政績及知名度，對民進黨來說是非常難以攻下的選區。民進黨在這裡提名了實力雄厚的市議員吳思瑤，與國民黨正面對決。由於民進黨在整個臺北市只提名了兩人，另一人是幾乎篤定能夠連任的現任立委姚文智，因此民進黨能夠投注全部力量為吳思瑤輔選。丁守中是相當資深的立法委員，自一九八九年起幾乎每一屆都連任成功[xv]，擁有許多支持者。吳思瑤反而針對這一點出手，在選戰策略上以世代交替為主要訴求[xvi]。此外吳思瑤靠著社會政策議題引發話題，最後再搭上蔡英文聲勢的順風車，成功逆轉劣勢，以得票率五〇・八%對四三・八%的成績首次當選立委。

新北市第一選區也是國民黨的優勢選區[xvii]，現任立委是兼具政績及知名度的吳育昇。對民進黨來說，這裡也是選情相當嚴峻的選區，如果採取一般的競選手法，絕對沒有勝算。但吳育昇一來是在立法院支持馬政府政策的核心人物，二來不斷有人提及他過去被揭發的個人醜聞，導致形象受損。民進黨看準了這一點，發動另類戰術，推出年僅二十七歲的研究所學生呂孫綾參選。呂孫綾不僅年輕，而且是個不曾進入政壇染缸的新鮮人。這個策略發揮了效果，吳育昇刻意挑起政策論戰，呂孫綾也不回應，只是巧妙地營造出跳脫馬英九時代陳舊的氛圍，讓吳育昇在選區內的政績黯然失色[xviii]。最後，呂孫綾同樣搭上了蔡英文聲勢的順風車，以得票率五三・三%對四〇・九%的成績大勝吳育昇，首次當選立委。

xiv 【編注】範圍為北投區以及士林區部分。

xv 【編注】第五屆（二〇〇二—〇五年）未選上。

xvi 民進黨立法委員候選人吳思瑤訪談，二〇一五年十二月二十三日。

xvii 【編注】範圍為石門區、三芝區、淡水區、八里區、林口區、泰山區。

xviii 民進黨立法委員候選人呂孫綾訪談，二〇一五年十二月二十三日。

在花蓮縣選區，蕭美琴則是以五三・八％對四三・六％的成績擊敗現任立委王廷升。花蓮縣是對民進黨的支持度非常低的縣，甚至可以說是民進黨眼中的「鐵板一塊」。上一屆的二〇一二年立委選舉，民進黨提名的候選人只拿到了二五・九％的得票率。蕭美琴在二〇一〇年就曾經出馬參選花蓮縣立委補選，但敗給了王廷升，到了二〇一二年才當選不分區立委。補選挫敗之後，蕭美琴就一直在花蓮縣積極從事選民服務活動，終於獲得了選民的認同xix。除此之外，花蓮縣內的親國民黨政治家族之間互相鬥爭，也給了蕭美琴漁翁得利的機會。話雖如此，但畢竟花蓮縣是國民黨的重要據點。總統選舉中，朱立倫在花蓮的得票率為四七・七％，遠勝蔡英文的三六・九％，因此蕭美琴能夠在這裡當選，幾乎可說是奇蹟。而且蕭美琴在花蓮的得票率，還比蔡英文的得票率高了一六・八個百分點。由此可知蕭美琴是靠自己的實力當選立委，並沒有仰賴蔡英文的聲勢。

時代力量在選區內的得票狀況

這一次的立委選舉，新登場的時代力量捲起了一股旋風，成功當選三名選區立委及兩名不分區立委。而且他們當選的選區，原本都是國民黨非常佔優勢的選區。**表7-14**比較了三名當選選區立委的時代力量候選人的得票率，以及蔡英文在該選區內的得票率。在比較上必

	選區	候選人	得票率	蔡英文的得票率	與蔡英文的差距
1	臺中市第3區	洪慈庸	53.9%	56.5%	-2.6
2	新北市第12區	黃國昌	51.5%	53.1%	-1.6
3	臺北市第5區	林昶佐	49.5%	53.4%	-3.9

表7-14　時代力量候選人和蔡英文在選區內的得票率
出處：筆者參照中央選舉委員會的資料所製成。

須注意的一點，是這三個選區都另外有當選機率極低的候選人出馬參選，並非一對一的單挑對決。從表中可以看出，蔡英文在這三個選區的得票率都過半，而且時代力量候選人的得票率也很接近蔡英文的得票率。

這三名候選人都有著很高的知名度，且因為投入激戰選區而受到關注。時代力量能夠在社會上捲起旋風，這三名候選人功不可沒。這三人雖然扛著時代力量的招牌，但是在進行競選活動的時候，他們各自善加運用了自己的專長背景[xx]。不過他們三人能夠在選區內有如此亮眼的表現，也是因為他們與蔡英文有著緊密的互動。換句話說，在選區內幾乎沒有基礎選票的三名候選人選擇了借助蔡英文聲勢的做法，而蔡英文及民進黨也伸出援手，拉抬了時代力量的聲勢。三名候選人的支持率因而大幅上升，引發了時代力量旋風。

時代力量是因「太陽花學運」的契機而誕生的新政黨。另外一個名為綠黨社會民主黨聯盟（綠社盟）的政黨，不僅創黨過程與時代力量相似，而且同樣以獲得立委席次為目標。時代力量選擇與民進黨合作，綠社盟則選擇不與民進黨合作。以下，我們再來看看綠社盟的候選人范雲的例子。范雲在臺北市第六選區出馬參選立委，民進黨選擇推薦范雲，不在這個選區推出提名候選人。但范雲對於蔡英文及民進黨則是有褒有貶，在立場上並非完全配合。蔡英文在該選區的得票率為四七・〇％，范雲的得票率則只有三五・四％。該選區（臺北市大安區）也是國民黨的優勢選區，綠營候選人要在這裡當選並不容易，但是朱立倫在這裡的得票率只有四二・九％，低於蔡英文的四七％。相較於蔡英文的高得票率，范雲在這裡的得票率卻比蔡英文少了一一・六個百分點。

xix 民進黨立法委員蕭美琴訪談，二〇一五年十二月二十二日。

xx 時代力量立法委員候選人洪慈庸訪談，二〇一五年十一月八日。

時代力量選擇與民進黨合作，因此可以拿到幾乎全部蔡英文及民進黨支持者的選票。而綠社盟不跟民進黨合作，當然就少了這些票。民進黨中央鼓勵支持者把票投給時代力量的候選人，也鼓勵支持者把票投給綠社盟的候選人，在立場上是一視同仁的。但是蔡英文及民進黨支持者在投票的時候，還是會在慎重考量後做出自己的決定。這個分析結果，在未來的選情分析上應該會受到重視。說得明白一點，新興的小政黨要靠自己的實力拿下選區立委的席次非常困難，為了增加票源，勢必得跟總統候選人合作。至於要以什麼樣的方式合作，將成為二〇二〇年選舉的觀察重點。

決定勝敗的因素

民進黨獲勝的原因

選舉的輸贏，往往是許多要素互相影響之後的結果，二〇一六年選舉也不例外。但如果要舉出一個讓民進黨獲勝的關鍵原因，那應該就是廣義的臺灣認同意識高漲。臺灣認同跟隨著總統民選的歷史步伐，逐漸在臺灣社會扎根，到了二〇一四年的「太陽花學運」及同一年的縣市長選舉期間進入全盛狀態。民進黨可說是順利搭上了這股風潮。

二〇〇八年，馬英九靠著提倡國民黨的「臺灣化」打贏了選戰，但在與習近平交涉的過程中，不管是「臺灣化」還是「中華民國」的立場都不夠堅定。中國共產黨不承認「臺灣化」也不承認「中華民國」，馬英九想要妥協，維護主體性的態度當然也不敢太強硬。

國民黨由此分裂，一方是主張回歸中國民族主義的深藍勢力，另一方是主張強化臺灣色彩的本土派勢力。

前者在黨內獲得較多的支持，卻與臺灣認同高漲的臺灣社會潮流格格不入。朱立倫等既不屬於深藍也不屬於本土派的黨內中間勢力企圖打模糊仗，避免提及路線問題，沒想到洪秀柱竟然打開了潘朵拉的盒子，讓對立從檯面下浮現。

馬英九執政期間經濟景氣太差，雖然也是蔡英文勝選的原因之一，但理由絕非如此單純。在一般民眾的印象裡，國民黨應該較重視經濟，而民進黨則把焦點放在政治議題上。大部分選民心中的期待，都是「重視臺灣認同，同時也振興經濟」，而非「只要顧好經濟，臺灣認同一點也不重要」。然而國民黨的下場，卻是「經濟沒搞好，臺灣認同的立場也沒有把持住」，這樣當然沒有辦法拿到選票。

相較之下，蔡英文選擇了拉攏中間選民的「維持現狀」路線，採取重視「臺灣認同」的立場，成為打贏選戰的重要原因。除此之外，民進黨「在地方上的勢力擴張及擁有豐富人才」也是獲勝的因素。民進黨在地方上長期尋求民眾的支持，過程中致力於培養中生代及年輕的人才，這些努力在二〇一四年及二〇一六年的兩場選舉中開花結果。

另外，民進黨與公民運動之間的聯繫也是值得注意的重點。臺灣的社會有著各式各樣的公民運動，這些運動都與民進黨維持著微妙的關係。其中最大的公民運動，就屬「太陽花學運」，這個運動雖然是一場反國民黨的運動，但是背後隱含著一股否定全部既有政黨（包含民進黨）及既有政治體制的能量。民進黨於是策動建立一支反國民黨的聯合勢力，在選戰策略上故意將立委選區讓給時代力量這一類新政黨，以及柯文哲風潮所帶起的無黨籍候選人，壓下黨內的反對聲浪，對這些非民進黨的候選人提供支援。

此外還有一個重點，那就是蔡英文充分發揮了領導能力，不僅讓民進黨內部團結一致，而且不管是在總統選舉還是立委選舉上，都採取了相當高明的選戰策略。筆者在二〇一二年的選舉中，曾經說過「蔡英文不擅長政治角力」，但在接下來的四年裡，蔡英文不僅磨練出了高明的政治手腕，而且還學會了「狡獪」。

國民黨的歷史角色變化

國民黨的大敗，是由支持結構、資金、路線、人才等各種負面因素互相影響而產生的結果。其實在選戰剛開打的時候，這些問題就已經浮現出來了。北部的軍公教組織及中南部的地方派系，就像是長年來支撐著國民黨的兩根大柱子，但如今這兩根柱子都已不穩。國民黨雖然還是有龐大的黨產，但絕大部分都屬於固定資產（如土地、建築物、投資企業等），能夠動用的「現金流」已經不多了。黨內職員大幅遭到裁員，對基層選區所能挹注的資金也減少了。原本刻意迴避的路線問題，也因為洪秀柱的關係而攤在陽光下。人力資源方面，中生代人才以下也出現斷層。國民黨因此大敗，不再是長期統治臺灣的獨大政黨。

從前的中國國民黨，長年來一直對抗著中國共產黨，在臺灣守護並發展中華民國。但是在二〇〇五年四月舉行了國共首腦會談（連胡會）之後，國民黨的立場從反共轉變成了國共合作。接下來一直到二〇一五年十一月的馬習會，在這長達十年的時間裡，國民黨一直想盡辦法要讓共產黨默認中華民國的存在。然而國民黨只是一個在臺灣逐漸失去優勢地位的政黨，共產黨卻是一個因為中國的強盛而手握大權的政黨，雙方的力量實在太懸殊，國民黨因而逐漸受到共產黨拉攏及掌控，這一點在馬英九第二次執政時期最為明顯。

二〇一五年的馬習會，一度成為國際社會的關注焦點。在接受國際媒體採訪的兩人開場致詞上，馬英九對習近平只提到了「一中」（一個中國），卻絕口不提「各表」（各自表述，即強調己方所稱的一中指的是中華民國）。這個訊息透過國際媒體傳達至全世界。在此之前，日本媒體在報導「九二共識」相關議題時，必定會提及共產黨及國民黨的雙方立場差異，但是自從馬習會結束之後，包含日本媒體在內的國際媒體都開始認定「九二共識指的就是中國所主張的一個中國原則」，這可說是馬英九在兩岸政策上的最大挫敗。

雖然國民黨在選舉中高舉中華民國國旗，但是周子瑜的道歉事件已經讓社會大眾知道國民黨的立場是完全站不住腳的。發生在馬英九卸任前的周子瑜事件，幾乎是以戲劇性的方式證明了馬政府的兩岸政策並沒有盡到捍衛中華民國的職責。馬習會及周子瑜事件這兩個象徵性的例子，可說是國民黨決定與中國共產黨攜手合作所帶來的下場。

雖然臺灣認同意識已在臺灣社會扎根，但這只是一種以臺灣為重的溫和立場，並不能與支持民進黨劃上等號。一旦民進黨想要朝著臺灣民族主義的方向推進，這時臺灣社會又會形成反民進黨的聯合勢力。民進黨在本質上是追求臺灣民族主義的政黨，黨內不斷有著偏向臺灣民族主義的力量，民進黨夾在內外的現實矛盾之間，處境一直相當尷尬。

國民黨在威權主義時代的一黨獨大角色，在這個時期已完全結束。二〇一六年選舉，讓國民黨淪為只有三分之一支持度的政黨。但是國民黨接下來還是可以藉由扮演不同的角色，來保持其影響力。那就是卸下反中國共產黨的招牌，強化反臺獨的立場。國民黨恐怕會搖身一變，成為一個靠著來自中國的強大影響力及充足資金在臺灣打選戰的政黨。當初那個與中國共產黨對峙，堅決在臺灣守護中華民國的國民黨，已經轉換了其歷史上的角色定位。

總結

二〇一六年選舉，可說是具有歷史性的意義。民進黨在這次選舉裡首次實現完全執政。不僅民進黨與國民黨的勢力比例逆轉了，而且國民黨的支持結構動盪不穩，選票大量流失，臺灣的政黨政治發生了「地殼變動」。民進黨的大勝，反映了廣義的臺灣認同意識興起。而大敗的國民黨，則卸下了反中國共產黨的招牌，轉換了在臺灣的歷史角色定位。

綠營不僅維持著既有的民意支持結構，而且還成功開拓了新票源，這除了反映出蔡英文有著很強的選票凝聚力之外，還應該歸功於民進黨的高明選戰策略發揮了效果。雖然臺灣認同意識已在臺灣社會扎根，但這只是一種以臺灣為重的溫和、鬆散的立場，並不能與支持民進黨劃上等號。民進黨獲得過半的席次，並不是因為民進黨的理念及政策獲得民眾的熱烈支持，一旦反國民黨聯盟勢力這個前提要件消失，綠營的民意支持結構也可能動搖，選票也有可能流失。

深入分析蔡英文及朱立倫的得票情形，可以發現不管是縣市層級還是投票所層級，都還殘留著傳統的藍綠支持結構，但是在縣市層級出現了藍綠色彩變得不明顯的狀況，投票所層級的極端投票行為也有趨緩的跡象。宋楚瑜的得票率，有可能在將來成為第三勢力的發展基礎，只是被民進黨大獲全勝的光芒所掩蓋，注意到的人可能並不多。

民進黨雖然實現了完全執政，但接下來民進黨的理念及政策上的矛盾開始浮上檯面。二〇一六年選舉雖然讓臺灣的政黨政治發生了「地殼變動」，但這個變動並不會以民進黨的絕對優勢作為終點，接下來可能還會出現更多的結構性變化。

第八章

二〇二〇年選舉

——拒絕一國兩制

二〇一六年總統選舉，首次締造了民進黨完全執政。二〇二〇年選舉，是要決定是否讓蔡英文政府繼續做下去。另外，由於這時期中國對臺灣的影響力之大，可說是前所未見，再加上本次選舉是在美中對立的大環境中首次舉行的臺灣總統大選，所以受到內外矚目。本次選舉的結果，也取決於臺灣選民如何判斷「國家認同問題」。

選戰過程中，現任總統蔡英文明確表態否定「一國兩制」及中國所主張的統一。國民黨的韓國瑜候選人面對中國的統一壓力，無法明確表明如何捍衛中華民國。臺灣選民選擇支持蔡總統的「國家認同問題」相關主張，做出了讓民進黨繼續執政的判斷。透過二〇二〇年選舉，臺灣民意明確表態拒絕了「一國兩制」。

蔡英文執政後的政治局勢

跌跌撞撞的完全執政

蔡英文雖然在大獲全勝的氣勢下開始執政，但是政權的運作卻是頻頻出狀況。首先，蔡政府勇敢挑戰當初馬政府不敢碰的年金改革及一例一休問題，但是這一連串的改革引來了既得利益者的強烈反彈。另一方面，為年輕人創造就業機會的務實經濟政策，卻沒有辦法在短時間之內看見效果。而「新南向政策」雖然企圖強化與東南亞諸國的聯繫、降低對中國的依賴，但那也是一種長期性的政策。此外在轉型正義、非核家園、原住民復權政策、同性婚姻合法化等種種社會自由主義政策上，蔡英文政府夾在強硬的公民運動及保守的民意之間，立場相當尷尬，支持結構出現破口[1]。基於以上種種因素，民眾對蔡政府的滿意度在短短半年之內大幅下滑。

從藍綠陣營對立結構的宏觀角度來看，民進黨及時代力量、柯文哲等第三勢力在二〇二〇年之前，原本有著「不能讓國民黨東山再起」的一致立場。但是在國民黨大敗，共同的「敵人」消失了之後，反國民黨聯盟勢力的成員開始各懷鬼胎及過度自信。在蔡政府成立之後不久，聯盟勢力就瀕臨瓦解。國民黨雖然淪為「三分之一」的政黨，卻意外得到了重振聲勢的機會。

在兩岸政策上，蔡英文遵守著競選時的承諾，採取維持現狀路線，而且保持「不挑釁中國」的低姿態。在蔡英文的就職演說上，她明確表示將「持續遵循中華民國憲法，與兩岸人民關係條例，來處理兩岸事務」。這對於以臺灣民族主義為根源的民進黨政權而言，已經是最大的讓步。但中國依然對此表達不滿，停止了兩岸間的對話，讓兩岸關係陷入僵局。獨派的大老批評蔡英文對中國的態度太過軟弱，這也是造成政府滿意度下滑的原因之一。

中國持續加強對臺灣施壓，干擾臺灣的對外邦交，派出軍機及軍艦繞行臺灣四周，而且利用各種媒體對臺灣進行資訊操控。對於中國來說，光是臺灣的民意違背北京當局的期待，讓民進黨再度執政，就是一件無法接受的事情。但是另一方面，北京當局也對於前往中國發展的臺灣企業，以及在中國就業及就學的臺灣人公布了大範圍的優惠措施，加強籠絡臺灣人的心。習近平的手法可說是「軟硬兼施」，一方面恫嚇及孤立臺灣，一方面又積極拉攏臺灣民意。趁著蔡政府支持率下滑的時機，中國加強對臺灣施壓。

二〇一八年縣市長選舉

二〇一八年十一月所舉行的縣市長選舉，最終是以執政黨民進黨的大敗收場。二十二個縣市之中，民進黨原本擁有十三個縣市，選完之後腰斬到只剩下六個縣市。國民黨從原有的六個縣市增加為十五個，增加的幅度在一倍以上。無黨籍則是從三個減少為一個（**圖8－1**）。

全縣市合計的得票率，民進黨為三九・二％、國民黨為四八・八％、無黨籍為為一二・〇％。前一屆（二

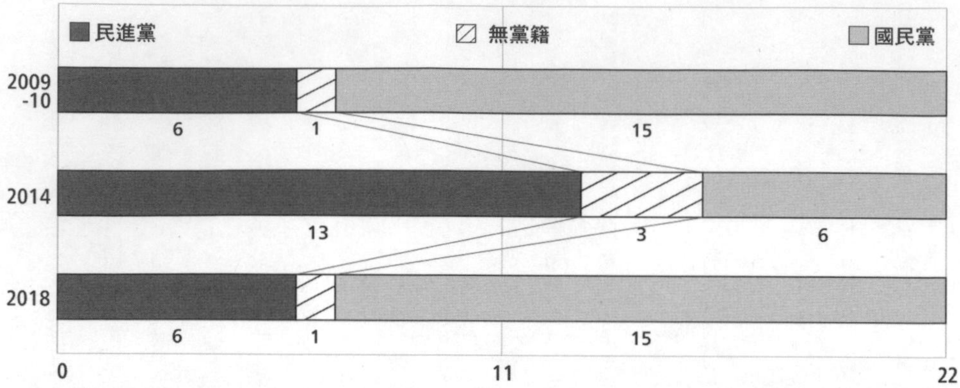

圖 8-1　縣市長選舉中國民黨及民進黨的當選數量變化

臺中縣市、臺南縣市、高雄縣市在二〇一〇年合併，縣市總數從二十五個減少為二十二個，因此圖內並不包含二〇〇一、二年及二〇〇五、六年的資料。

出處：筆者參照中央選舉委員會的資料所製成。

〇一四年）選舉，民進黨的得票率為四七・五%，國民黨為四〇・七%，民進黨這一次的得票率少了八・三個百分點。原本領先國民黨六・八個百分點，這次變成倒輸九・六個百分點。早在選前，大家便已預測民進黨會陷入苦戰，但沒想到會輸得這麼慘，國民黨在地方上的聲勢一口氣恢復到了從前的水準。最令人吃驚的一點，是連高雄市也回到了國民黨的手中。

距離二〇一六年的歷史性選舉才過了兩年半的時間，臺灣政治又面臨了一個重大轉捩點。但國民黨自二〇一六年敗選到現在，其實沒有什麼改變。黨主席在短時間之內由朱立倫交棒給洪秀柱，又由洪秀柱交棒給吳敦義。黨產遭到凍結及瓦解，因而陷入了嚴重的資金不足問題。蔡政府不斷將由民進黨理念兌現的政策加以法制化並付諸實行，國民黨根本無力阻止。

因此這次的選舉不能說是國民黨贏了，應該說是蔡英文政府自亂陣腳。民進黨的敗因包含㈠選戰策略失敗、㈡蔡政府施政失敗、㈢民進黨在臺灣政治中的定位問題。這三項分別為短期、中期、長期的問題，互相影響之下造成了民進黨的挫敗。

由於蔡政府同時想要推動多項改革，導致不同的反對勢力凝聚在一起，聲勢迅速壯大。既然是縣市長選舉，照理來說地方治理以及縣市長候選人的素質評價才是爭論的重點，蔡政府卻把這場選舉定位為「是否支持改革的選舉」。因為蔡政府太過強調改革的關係，給人一種過度熱衷於政治議題的印象，讓許多原本期待蔡政府能夠活絡經濟的選民抱持不滿。「兩岸關係惡化造成臺灣景氣停滯不前」的傳聞趁虛而入，在臺灣的社會上擴散。

民進黨在二〇一四年靠著與柯文哲及各種社會運動團體合作，成功形成了反國民黨聯盟勢力。靠著這個勢力結構，民進黨在二〇一六年選舉中大獲全勝，讓國民黨徹底喪失了原本身為兩大政黨之一的氣勢。但是在執政之後，民進黨政府卻開始像霧中行車一樣視野不良導致駕駛不穩。這個現象徹底彰顯出了民進黨在本質上是一個專注於意識形態的政黨，支持者重視「該不該」更勝於「能不能」。只要認為「自己的理念是正確的」，他們就會強烈主張「應該要加以實現」。民進黨的「過半數」，是與國民黨比較之後的結果，並不代表民進黨的理念及政策獲得過半數民眾的支持。民進黨的政治人物及支持者在實現了完全執政之後，都抱持著過度的信心及使命感，輕忽了「要讓政黨的理念及政策獲得民眾支持需要一些時間」這個現實層面的問題。

另外還有一個問題，那就是民進黨已經從反體制的政黨搖身一變，成為體制的一部分，但是民進黨的內部卻幾乎沒有這樣的自覺。民眾對於民進黨的體制化以及那盛氣凌人的態度所抱持的不滿，在民進黨勢力較強大的中南部地區逐漸累積，有如地底下的岩漿一般。國民黨的韓國瑜能夠在高雄市長選舉中擊敗民進黨的候選人，正是因為他將民進黨的這個弱點看得一清二楚。

蔡政府一口氣同時推動各種重大改革，導致批判的聲浪像野火一樣迅速延燒。再加上政府在運作上連連犯錯，頓時讓蔡政府陷入了引火燒身的危機之中。而且民進黨跟極受中間選民歡迎的柯文哲決裂，派出黨內的候選人參選臺北市長，也讓中間選民一瞬間成為民進黨的敵人。社會上對民進黨不滿的聲浪逐漸凝聚在一起，最終造成了蔡政府的自我破壞（自食惡果）[2]。

臺灣到底該接近中國，還是該與中國保持距離，成了一個棘手的問題。但即便臺灣已經陷入了這種「繁榮與自立的矛盾」之中，選民還是要求執政黨必須做到「既繁榮又自立」。二〇一四年的縣市長選舉，選民強烈要求臺灣要「自立」，到了二〇一八年，選民卻又改為要求「繁榮」。不論任何一個政黨執政，都很難同時滿足這兩個要求。加上來自中國的壓力所造成的心理負擔，更是讓臺灣社會瀰漫著一股困頓感。就在這個局勢之下，習近平採取了行動。二〇一九年一月，習近平發表了統括性的對臺政策，表現出堅定的統一決心，強迫臺灣接受「一國兩制」[3]。

選戰過程

蔡英文的逆轉劇本

二〇二〇年總統選舉的選戰過程，就像是蔡英文達成逆轉勝的一齣大戲。從**圖 8-2** 的支持率變化，便可看出這一點[4]。在距離二〇二〇年一月總統選舉只剩一年兩個月的時候，蔡政府處於最低靡

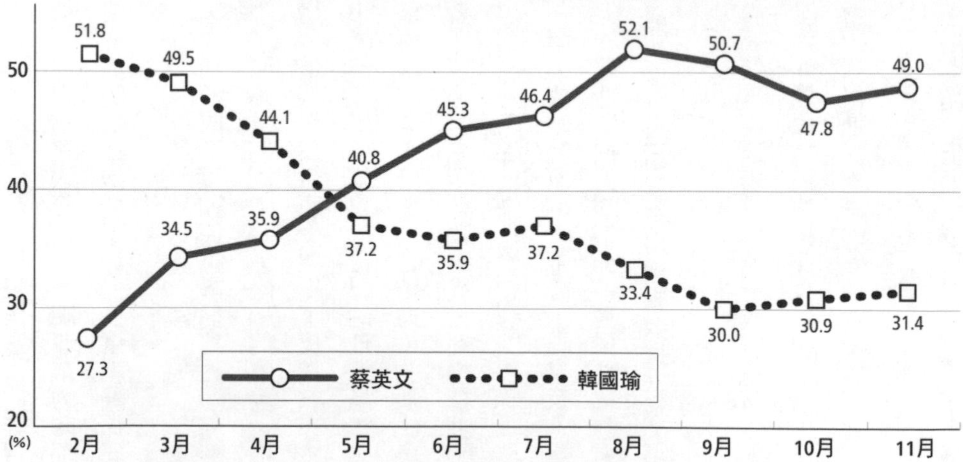

圖 8-2　蔡英文與韓國瑜的支持率變化（2019 年 2 月至 11 月）
出處：筆者參照《美麗島電子報》的民調資料所製成。

的狀況。蔡英文就從這個時期開始發動反攻。首先，她著手改善政府的資訊傳播能力。自蔡英文上臺以來，大量的假新聞在社會上蔓延，其中一些內容疑似是由中國方面所策劃，而政府的反應在以往非常被動。蔡政府著手盤點這些問題，進而提出改善方案。

蔡總統開始採取以往自己不擅長的手法去迎合大眾胃口。總統府的幕僚改善媒體應對方式，並運用社群網站等各種ＩＴ技術，重視向年輕人傳遞訊息。為了做到這一點，蔡英文自己也願意「變身」。這種新風格在二〇一九年初立刻看見了成效。

一月二日，中國國家主席習近平發表對臺灣的重要談話，強調「一國兩制、統一臺灣」。蔡英文在這一場談話的二小時後，立即發表聲明斷然拒絕「一國兩制」，並進行了網路直播，同時發布到了社群軟體上（**圖8-3**）。這種迅速和果斷的反應，得到了年輕人的好評，蔡英文在網路上的人氣開始上升。此外蔡英文也強化了關於「國家認同問題」的論述。在反對習近平發言的同時，也反覆呼籲「維護臺灣的自由和民主」，由此逐漸獲得共鳴。

圖 8-3　堅決反對「一國兩制」的蔡英文總統
社群網站上的公開照片
出處：蔡英文總統的 Facebook，2019 年 1 月 2 日。

然而這只是網路上的情況，在以整個選民為對象的民意調查中，蔡英文的支持率持續低靡。黨內仍存在著不安感、焦躁感。前行政院長賴清德觀察到了這種黨內氛圍，於三月下旬參加了民進黨總統候選人黨內初選。由於賴清德極受民眾歡迎，蔡陣營承受了相當大的壓力，決定採取守勢，不顧一切將初選日期延遲了兩個月，以爭取時間。

此時在民調支持率中排名第一的是國民黨的高雄市長韓國瑜，第二名是無黨籍的臺北市長柯文哲，蔡英文則遠遠落在第三名。二〇一九年一月至五月的布局戰中，蔡正是處於這樣的劣勢。但是，蔡的支持率開始有了起色。這是因為習近平的談話所造成的警戒心在社會上蔓延開來，而且蔡陣營致力於改善訊息傳播的效果也逐漸顯現出來了。

然後，就在民進黨初選前夕的六月九日，香港發生了第一次反對《逃犯引渡條例》的大規模抗議示威。絕望的香港人擠滿香港島中心地帶金融區的樣子，不是透過文字和傳聞，而是透過影像直接傳到了臺灣。之前習近平的發言和蔡英文的反駁在此時也發揮了作用。臺灣許多人都能理解香港人反對的是北京，並且提高了警惕，心裡明白一旦接受了「一國兩制」，就無法挽回了。

局勢發生了明顯的變化。蔡英文在黨內初選中以極大的差距打敗了賴清德。雖然在反對習近平的演說及反對「一國兩制」這一點上，賴清德的立場也是一樣的，但「臺灣很危險」的危機感更傾向於提升對現任總統的向心力。蔡陣營在選舉宣傳的影片中也積極提到了香港[5]。隨著香港抗議活動的加劇，蔡的支持率隨之上升，到了八月份，已在所有民意調查中占據支持率首位。國民黨也同樣站在不接受一國兩制的立場，但是對於習近平的發言以及香港抗議活動的反應則曖昧不清、猶豫不定，都無法表達明確的立場。

美國強化對臺灣支援，也使蔡英文搭上了這一陣順風。原本美國雖然支持臺灣的民主政治，但是一直不涉入臺灣的政黨政治，也不選邊，對兩大黨保持同等距離。但是，這次美國川普政府在選前公布對臺軍售六十六架F-16戰機，等於明確表態支持蔡英文連任。

計畫以無黨籍身份參選的柯文哲也在八月放棄了競選，此後成了蔡一個人領先的形勢。蔡英文指定賴清德為副總統候選人。蔡和賴兩派人馬因為競爭黨內初選，情感上仍有隔閡。賴清德在不喜歡蔡英文的獨派圈子裡擁有高人氣，對民進黨部分地方競選團隊也造成負面影響。然而在蔡、賴再次合作之後，各縣市的競選團隊運作都變得順暢了。在十月以後，選戰後期的三個月裡，蔡陣營保持了很大的領先優勢，並在沒有任何波動的情況下到達終點。

立委選舉的情形也相同，起初民進黨處於失去過半數的劣勢，但因與總統選舉互相影響，各選區的民進黨候選人的支持也轉向上升。儘管如此，在九月初，民進黨的預期席次約為五十席，跟過半數還有一段距離，蔡總統自己也這麼認為[i]。這是因為在兩黨的支持度幾乎勢均力敵的激戰區，國民黨候選人領先。但是，在總統選舉中蔡英文的優勢，以及後面會講到的國民黨不分區名單遭到選民的批評，使得民進黨候選人在激戰區急起直追，最終確保了民進黨超過半數的勝利。

國民黨的自我破壞劇本

蔡的戲劇性逆轉，如果從另一個角度來看，可以說是一齣國民黨的自我破壞戲碼。隨著二〇一八年十一月在地方選舉中的大勝，國民黨內部對奪回政權的期望越來越高。從二〇一九年一月開始，國民黨的朱立倫前新北市長、王金平前立法院長、吳敦義主席等黨內實力人士為爭奪參選門票，陷入內部拉鋸戰。但是在民調中顯示出壓倒性優勢的人物，是剛剛就任高雄市長的韓國瑜。支持率低靡的王金平和吳敦義後來不得不放棄了黨內初選。黨內當權派害怕身為黨內「局外人」的韓國瑜就此崛起，促使郭台銘參加黨內初選。身為全球大企業鴻海的創辦人，郭台銘已經向國民黨人士透露他有意參選總統。

[i] 蔡英文總統訪談，二〇一九年九月三日。

在七月份的黨內初選中，韓國瑜、郭台銘、朱立倫等人展開了角逐，最終韓國瑜取得了壓倒性勝利，成為了國民黨的提名候選人。但是韓的人氣在此時開始走下坡。首先，民眾對韓的兩岸政策越來越感到擔憂。韓無視外部局勢的變化，只是強調「九二共識」、「改善兩岸關係」，卻絕口不談習近平的發言和香港的抗議行動。香港發生大規模抗議活動的時候，韓國瑜第一時間只說「不太清楚」。而且，面對習近平的統一壓力，韓國瑜沒辦法說明如何捍衛中華民國。

其次，高雄市民對於韓國瑜剛剛就任市長就參加總統選舉的不滿情緒高漲。這後來引起罷韓活動。第三，黨內沒辦法實現團結。在初選中與韓展開競爭的郭台銘對結果感到不滿，於九月退出國民黨。郭台銘雖然放棄以無黨籍身分參選的念頭，但始終沒幫助國民黨。黨內實力派人士都有各自的想法，直到選戰的最後一刻，黨內都沒有團結一致。韓國瑜指定張善政為副總統候選人，但是對選情沒有影響。

看著國民黨混亂的情況，宋楚瑜表態第四次競選總統。宋楚瑜指定余湘為副總統候選人，但是余湘知名度不高，又沒有爆發力。宋楚瑜不得不找余湘，是因為有實力的人物都不願意跟宋組合，這某種程度象徵宋楚瑜本身和親民黨的衰退。雖然宋楚瑜想要自我定位為第三勢力的領袖人物，但是

總統候選人	蔡英文	韓國瑜	宋楚瑜
副總統候選人	賴清德	張善政	余湘
推薦政黨	民進黨	國民黨	親民黨
出生地	臺北市	臺北縣	湖南省
年齡	63 歲	62 歲	77 歲

表 8-1　2020 年總統選舉候選人
年齡以投票日為基準。
出處：筆者參照中央選舉委員會資料所製成。

無法擴大支持結構。

十一月，國民黨公布了不分區立委名單。安全名單中的前幾名，有被認為是親中派的吳斯懷（退役將領）和葉毓蘭（前警察大學教授）等人。另外，主席吳敦義還把自己的名字也寫進了安全名單，這使得黨內外出現了強烈的不滿和批評。隨著批評的擴大，吳敦義把自己的排名挪到後面，移出了安全名單，但吳斯懷和葉毓蘭仍保持不變，因此「國民黨親中」的批評仍然持續。

不分區名單加深了民眾對國民黨路線的疑問，令國民黨的選情進一步惡化。在選區立委的競爭條件中，由於選民重視候選人對選區的服務，所以有中央選舉和地方選舉兩方面的因素。部分選民透過「分裂投票」的投票行為，分開考慮總統選舉和選區立委候選人的選擇。幾名國民黨候選人在選區內，以與黨的招牌不同、自己獨有的方式與民進黨候選人競爭，保持領先。但由於韓國瑜處於劣勢以及國民黨形象下降等因素逐漸發揮殺傷力，在選區領先的國民黨候選人一個接一個被超越。

到了接近尾聲的十二月，韓國瑜的支持率仍然低靡。焦慮不斷加深的韓國瑜陣營竟然指示支持者：「只要接到民意調查的電話就回答支持蔡英文。」韓陣營打算靠這個行為擾亂民調，造成「韓國瑜正在趕上」的耳語來扭轉選舉局勢，可說是相當匪夷所思的選舉策略。當然，這種古怪的對策不可能行得通。

不過，韓國瑜的支持率在十二月中旬已經觸底，從下旬到投票日之前，韓陣營的氣勢多少有所恢複。韓陣營在投票日的兩天前，在臺北市內成功地舉行了大規模的選舉集會，挽回了流向宋楚瑜的選票，但是仍然未能奪取蔡英文的選票。最終，韓國瑜以極大的差距敗北。

投票結果分析

概況

二〇二〇年一月十一日舉行投開票的總統選舉，身為現任總統的民進黨蔡英文得到八百一十七萬零二百三十一票（得票率五七．一%），國民黨韓國瑜得到五百五十二萬二千一百一十九票（得票率三八．六%），親民黨宋楚瑜得到六十萬八千五百九十票（得票率四．三%）（**表8－2**）。蔡英文以臺灣選舉史上最高票成功連任。從得票率的變化來看，蔡英文在二〇一六年選舉時的得票率為五六．一%，這次上升了一個百分點，韓國瑜則是與上一次朱立倫的三一．〇%相比，上升了七．六個百分點。至於宋楚瑜，則是比上一次少了八．五個百分點。蔡英文與韓國瑜的得票數相差二百六十五萬票（一八．五個百分點）。

圖8－4為二〇一二年之後的三次總統大選，各候選人的得票率變化。民進黨的蔡英文及

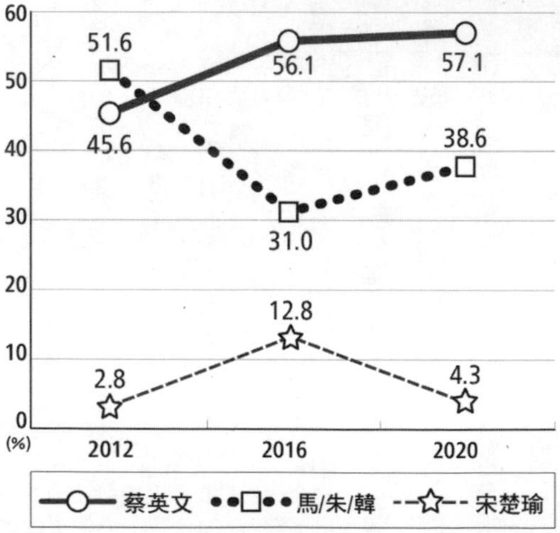

圖8-4　總統選舉各候選人得票率變化（2012-2020年）
出處：筆者參照中央選舉委員會資料所製成。

	蔡英文	韓國瑜	宋楚瑜
得票數	8,170,231	5,522,119	608,590
得票率	57.1%	38.6%	4.3%

表8-2　2020年總統選舉投票結果
出處：筆者參照中央選舉委員會的資料所製成。

親民黨的宋楚瑜都是連續三次出馬參選，而國民黨則是每次的候選人都不一樣。從整體的變化來看，民進黨依然維持著上一次建立起來的優勢地位，國民黨則雖然得票率稍微增加了一些，還是跟民進黨差距很大。

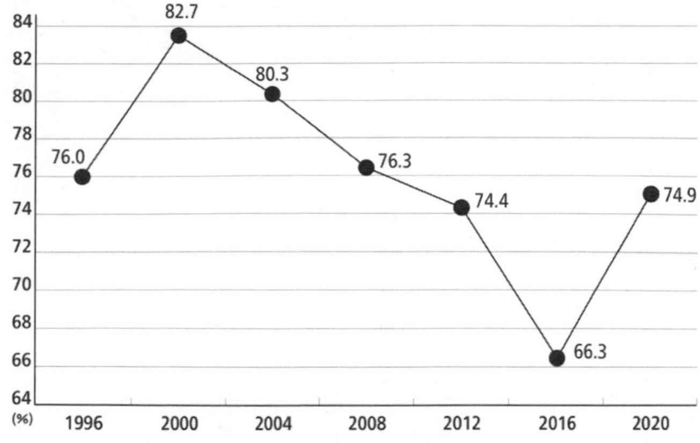

圖 8-5　總統選舉的投票率變化（1996-2020 年）
出處：筆者參照中央選舉委員會的資料所製成。

投票率與全體選票動向

這一次的投票率為七四・九％，比上一次的六六・三％上升了八・六個百分點。由**圖 8-5** 可以看出，臺灣的總統選舉是以二〇〇〇年為投票率的最高點，其後逐年下滑，上一屆的下滑幅度尤為驚人。有些人推測臺灣的投票率會一直維持像這樣的下跌趨勢，但沒想到這一次逆勢反彈了。

造成投票率上升的原因是什麼呢？這次的選舉，由於蔡英文及韓國瑜差距懸殊，選前分析多認為蔡英文可說是篤定當選，在這種情況下似乎投票率應該要下降才對。但是，因為候選人之一的韓國瑜個性突出，對部分選民發揮強烈的吸引力，再加上韓國瑜的支持者都有著狂熱信念，相信韓的當選，因此雖然兩人在民調中的支持率相差懸殊，但是雙方陣營的投票意願都沒有下滑。

再者，在禁止公布民調數據的選前十天之間，社會上流傳著許多謠言及臆測。尤其是在投票日的兩天前，韓國瑜陣營在臺北市成功召開了一場規模非常龐大的造勢活動。根據筆者的觀察，參加人數約有二十萬人。以前陳水扁在二〇〇〇年總統大選投票前一天的造勢集會有大約十萬人，這應該是人數最多的造勢活動。這次韓國瑜的二十萬人可說是大大破了紀錄。關於造勢集會的消息透過社群網站等迅速傳播，引發了藍營的興奮及綠營的危機意識。到了隔天，也就是投票日的前一天，蔡英文陣營也成功舉辦了一場約十萬人規模的大型造勢集會。雙方陣營像這樣在最後兩天各自舉辦大型集會，造成彼此陣營互相刺激，應該也是投票率升高的原因之一。不過投票率雖然上升，蔡英文及韓國瑜的得票比例並沒有變化，發生變化的是韓國瑜及宋楚瑜的得票比例。受到這些造勢活動的衝擊，宋楚瑜的得票率又下降了不少。

若從選戰的整體局勢來看，造成投票率提升的重要因素除了前述投票日前的造勢活動之外，還有另一個重要因素，那就是選民對「國家認同問題」的關心程度提高了。蔡英文的支持者受到香港情勢惡化及「亡國感」＝所刺激，產生「絕對不能讓國民黨拿到政權」的堅定決心，投票意願隨之上升。另一方面，韓國瑜的支持者則是受到反民進黨情緒所刺激，產生「絕對不能讓民進黨為所欲為」的想法，投票意願同樣水漲船高。簡言之，投票率上升的最合理解釋，是許多人都認為這次選舉是一場足以決定臺灣未來的重要選舉。

那麼整體選票的動向又有什麼樣的特徵呢？筆者試著比較了最近三次選舉的整體選票動向。除了各候選人的得票數之外，也將無效票及棄權票納入比較的對象。這次的選舉，全臺灣的人口數為二千三百六十萬人，有權利投票的選民人數為一千九百三十一萬人（兩者皆為概數）。

圖 8-6 的棒狀圖代表各勢力的得票數，由左至右分別為民進黨的蔡英文、國民黨的候選人、親民黨的宋楚瑜、無效票及棄權票。棒子的長度一年比一年長，代表選民人數逐年增加。

雖然選民人數增加了，但是棄權及無效票有增有減，因此有效票數也會隨之增減。有效票數（三名候選人的得票數合計）在二〇一二年為一千三百三十五萬票，到了二〇一六年因為投票率下降的關係，只剩一千二百二十八萬票，二〇二〇年投票率上升，又增加至一千四百三十萬票。

如果觀察蔡英文的得票數，會發現二〇一六年的得票數比二〇一二年還要多。投票率下降了，但是蔡英文不僅得票率上升，而且連得票數本身也上升了，這絕對不是容易的事情。到了這次的二〇二〇年選舉，投票率上升，有效票數增加，蔡英文的得票數也變得更多了。看在民進黨競選團隊負責人的眼裡，這代表己方陣營的優勢地位，應該是相當足以自豪的數字。

反觀國民黨，二〇一六年投票率下降的時候，國民黨的得票數更是大幅減少，這次二〇二〇年投票率上升，國民黨的得票數雖然也上升了一些，但因為蔡英文的得票數也上升了，因此雙方的差距縮小有限。看在國民黨競選團隊負責人的眼裡，投票率不管上升還是下降都選輸，可說是相當糟糕的情況。尤其是二〇一六年的選舉，從這票數的棒狀圖，可以看出選舉的結果有多麼驚人。

ii 由於中國以強硬的態度要求以「一國兩制」來統一臺灣，令臺灣民眾普遍產生了擔心臺灣（中華民國）國家體制將會滅亡的不安，因此「亡國感」一詞在二〇一九年的臺灣社會上普遍流傳。

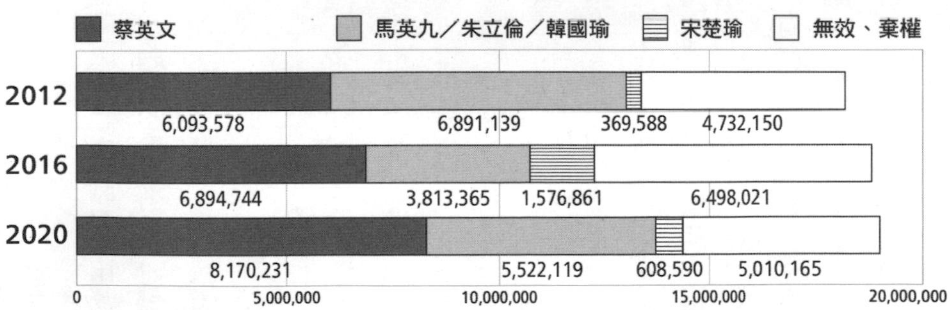

圖 8-6　總統選舉的選票動向（包含無效票及棄權票）（2012-2020 年）

出處：筆者參照中央選舉委員會的資料所製成。

各縣市的投票狀況

接下來我們看各縣市的投票行為。**表8-3**為三名候選人在各縣市的得票率，以及與前一屆比較的得票率變化。較明顯的投票趨勢，是宋楚瑜在各縣市減少的票數由韓國瑜接收，而蔡英文的得票率則與前一屆沒有太大差距。各縣市的選民投票行為基本上延續了二〇一六年所形成的結構。但如果仔細觀察，還可以看出一些耐人尋味的傾向。

蔡英文的得票率在全臺灣上升了一・〇個百分點，但各縣市則是有增有減。得票率上升的縣市之中，最值得注意的是桃園市的情況。蔡英文在桃園市的得票率為五四・八%，比前一次上升了三・八個百分點，超過平均值。桃園市在改制前為桃園縣，這裡原本是國民黨的鐵票區，這一次選舉，韓國瑜可說是集結了國民黨的核心支持者，沒想到蔡英文在桃園市的得票數還是增加了，這對國民黨而言，可說是足以令士氣受挫的遺憾結果。

北部的臺北市及新北市同樣是國民黨的重要據點，這一次蔡英文在兩市各增加了一・七個百分點。這兩市都是在上一次選舉中發生「地殼變動」，造成國民黨大敗的地區。這一次蔡英文在兩市的得票率又上升了一些，這表示「地殼變動」之後的結果正在逐漸定形。基隆市、新竹市的狀況也大同小異。中部的臺中市及彰化縣，原本也是國民黨擁有穩定基本盤的縣市，蔡英文在臺中市的得票率為五七・〇%，比上一次增加了一・九個百分點，相當於全國平均數值。

另一方面，南部的民進黨地盤縣市，蔡英文的得票率反而減少了一些。減少幅度最大的是雲林縣，少了一・八個百分點。此外嘉義縣、高雄市、屏東縣也減少了。不過這些縣市都是民進黨的鐵票區，蔡英文在上一次的得票率就很高，由於得票率已接近上限，沒辦法再成長也不是什麼奇怪的事情。

蔡英文在這些縣市的得票率稍微下降，或許是二〇一八年縣市長選舉時期民眾對民進黨的反感沒有完全消

	2020 年蔡英文	蔡英文的變化	2020 年韓國瑜	朱／韓的變化	2020 年宋楚瑜	宋楚瑜的變化
臺北市	53.7%	1.7	42.0%	4.5	4.3%	-6.2
新北市	56.5%	1.7	38.9%	5.6	4.6%	-7.3
基隆市	50.8%	2.6	43.9%	8.6	5.3%	-11.2
桃園市	54.8%	3.8	40.4%	6.0	4.8%	-9.8
新竹縣	46.9%	4.4	47.5%	12.2	5.7%	-16.5
新竹市	55.3%	4.0	39.3%	6.9	5.4%	-11.0
苗栗縣	45.0%	-0.4	50.3%	12.8	4.7%	-12.3
臺中市	57.0%	1.9	38.1%	8.2	5.0%	-10.2
南投縣	50.8%	-1.4	44.7%	12.6	4.5%	-11.2
彰化縣	57.2%	0.7	38.2%	9.4	4.6%	-10.1
雲林縣	61.6%	-1.8	34.6%	9.7	3.8%	-7.8
嘉義縣	64.2%	-1.2	32.2%	8.8	3.6%	-7.6
嘉義市	61.4%	1.5	34.8%	6.8	3.8%	-8.3
臺南市	67.4%	-0.1	29.1%	7.0	3.5%	-6.9
高雄市	62.2%	-1.2	34.6%	8.6	3.1%	-7.5
屏東縣	62.2%	-1.3	35.1%	8.1	2.7%	-6.8
宜蘭縣	63.3%	1.2	32.8%	7.4	3.9%	-8.6
花蓮縣	35.9%	-1.0	60.4%	12.7	3.7%	-11.6
臺東縣	38.1%	-0.3	58.3%	13.7	3.6%	-13.4
澎湖縣	53.9%	3.0	41.1%	11.6	5.1%	-14.6
金門縣	21.8%	3.8	74.8%	8.7	3.4%	-12.5
連江縣	19.8%	3.3	77.2%	8.6	3.0%	-11.8
全臺灣	**57.13%**	**1.01**	**38.61%**	**7.57**	**4.26%**	**-8.58**

表 8-3　總統選舉 各候選人於各縣市的得票率及與 2016 年選舉比較的變化

出處：筆者參照中央選舉委員會的資料所製成。

失的關係，這對民進黨來說是個警訊。不過國民黨在這些縣市的勢力並沒有擴大，因此對國民黨也不算是什麼好消息。在這些南部縣市之中，蔡英文在臺南市的得票率維持跟上一屆一樣的水準，或許是因為副總統候選人賴清德是前臺南市長的關係。

不過也有狀況不同的縣市。南投縣跟花蓮縣原本就是民進黨居於劣勢的縣市，這次蔡英文的得票率在南投減少了一・四個百分點，在花蓮減少了一・〇個百分點。這兩個縣都是觀光產業相當重要的縣，因中國觀光客減少而受到的衝擊比較大。蔡英文的得票率在這兩個縣減少的原因，或許就在於居民對蔡政府的兩岸政策感到不滿。話雖如此，但減少的幅度並不大。

新竹縣也算是例外。上一次宋楚瑜在新竹縣的得票率特別高，那是因為新竹縣是宋楚瑜的副手徐欣瑩的地盤。這一次蔡英文在新竹縣的得票率成長達到四・四個百分點，為所有縣市最高，正是因為上一次的特殊因素在這一次已消失，宋楚瑜的部分選票流向了蔡英文。不過宋楚瑜的票相信還有更多是流向了韓國瑜。

上一次選舉的得票狀況有一個特徵，那就是各候選人在各縣市的得票率離散程度變小了，這個特徵在本次選舉中是否依然存在呢？**表 8-4** 比較了三名候選人在二〇一二、二〇一六及二〇二〇年的縣市層級得票率標準差。為了提高數值的精準度，本表格排除了二十二個縣市中的金門縣及連江縣，只以二十個縣市作為比較對象[6]。

	蔡英文	馬／朱／韓	宋楚瑜
2012 年	9.71	9.37	0.61
2016 年	8.86	6.73	3.36
2020 年	8.45	8.24	0.79

表 8-4　三名候選人的縣市層級得票率標準差（2012-2020 年）
出處：筆者參照中央選舉委員會的資料所製成。

表中的標準差代表著各縣市的得票率離散程度，蔡英文的數值在二〇一六年變小了，這次二〇二〇年則是大致維持相同的數值。另一方面，國民黨候選人的數值在上一次變小，這一次又變大了。這可能有兩個原因，一是韓國瑜在深藍支持者之間引起一股旋風，這個現象讓國民黨在各縣市的得票率出現較大的差異，二則是宋楚瑜的參選對選戰的干擾效果降低了。但即便如此，國民黨在二〇二〇年的數值還是比二〇一二年小。不管是民進黨還是國民黨，比較二〇一二年跟二〇二〇年的標準差，數值都明顯變小了。這可以解釋為「各縣市都出現了藍綠色彩變得不明顯的狀況」。

全投票所的選票動向

就跟前幾次的選舉分析一樣，接著筆者想要探討三名候選人在全臺灣所有投票所的得票率有著什麼樣的傾向。這次的二〇二〇年選舉，全臺灣共有一萬七千二百二十六處投票所。每一投票所的平均選民人數為一千一百二十一人，規模相對平均。上一次總統選舉的投票所數量為一萬五千五百八十二處，這一次多了一千六百四十四處（增幅約一一%）[7]。

只要計算出各投票所的得票率標準差，就可以知道得票率在各投票所的離散程度。三名候選人的得票率標準差數值分別為蔡英文一一・

	蔡英文	馬／朱／韓	宋楚瑜
2012 年	13.48	13.17	0.98
2016 年	12.38	10.26	4.29
2020 年	11.11	10.88	1.22

表 8-5　三名候選人在各投票所的標準差（2012-2020 年）

出處：筆者參照中央選舉委員會的資料所製成。

一一、韓國瑜一〇・八八、宋楚瑜一・二二。蔡英文的一一・一一跟二〇一六年的一二・三八相比，小了一些。韓國瑜的一〇・八八跟二〇一六年朱立倫的一〇・二六相比，雖然大了一些，但是差距太小，基本上可視為相同。

由於二〇一六年的標準差受到了宋楚瑜的干擾，因此筆者主要想比較的是二〇一二年及二〇二〇年的數值（**表 8-5**）。由結果來看，不管是民進黨還是國民黨，標準差的數值都明顯變小了。這意味著本次選舉各投票所的得票率離散程度比二〇一二年小了一些。可見得投票所層級的極端投票行為有趨衡的跡象。由於韓國瑜的競選活動凝聚了深藍的支持者，給人各投票所的得票率離散程度應該會變大的印象，但從數據上可以看得出來，那只是局部性的現象而已。

為了確認三名候選人在每個得票率階段的得票數，就跟前幾次分析一樣，筆者依據全投票所的資料繪製出（示意三名候選人每一%得票率的得票數的）曲線圖（histogram），並且與二〇一六年選舉的曲線圖重疊比對（**圖 8-7**）。蔡

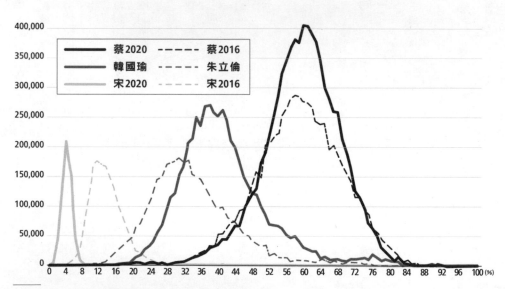

圖 8-7　三名候選人在各投票所的得票率得票數曲線圖（histogram）比較 2016 年及 2020 年

出處：筆者參照中央選舉委員會的資料所製成。

英文這一次的曲線呈現中間較高而左右比較平均的形狀，接近常態分布。韓國瑜的曲線跟上一屆朱立倫的曲線相比，整個曲線往右側偏移，而且中間變高了，最右側的尾端有一段較平緩的部分，對韓國瑜的支持度較高的地區都集中在這裡。但是跟國民黨從前的曲線形狀相比，這個特徵變得沒有那麼明顯。

筆者接著想要簡單分析投票所層級的細部狀況。蔡英文得票率最高的投票所前五名，第一名為臺南市官田區東西庄里兩處投票所之一（舊臺南縣官田鄉西庄村），得票率九二・九%。第二名為同樣東西庄里的另一處投票所（舊臺南縣官田鄉東庄村），得票率九〇・一%。東西庄里是陳水扁的故鄉。第三名為嘉義縣義竹鄉溪洲村，得票率八六・八%，第四名為嘉義縣新港鄉南崙村，得票率八六・八%，第五名為臺南市柳營區神農里，得票率八五・六%。這些原本就是民進黨較佔優勢的中南部農村社區。

另一方面，蔡英文的得票率最低的投票所，為高雄市燕巢區安招里的四處投票所之一（這裡有榮民之家），得票率七・七%。倒數第二低的投票所，為臺東縣太麻里鄉多良村，得票率八・七%。倒數第三為南投縣仁愛鄉榮興村，得票率九・一%。倒數第四為臺東縣大武鄉大竹村，得票率九・三%。倒數第五為南投縣仁愛鄉親愛村，得票率一〇・一%。從倒數第二到倒數第五都是原住民的聚落，這些原本就是國民黨較佔優勢的地區。

概觀全部的投票所，蔡英文的得票率超過九〇%的投票所有兩處（上一次是三處），未滿一〇%的投票所只有四處（上一次是十八處）。韓國瑜的得票率超過九〇%的投票所一處都沒有，跟上一屆的朱立倫一樣，未滿一〇%的投票所只有兩處（上一次朱立倫是三十七處）。不管是超過九〇%還是未滿一〇%的投票所，數量都大幅減少了。此外，蔡英文的得票率超過八〇%的投票所有八十三處，比上次的一百六十六處減少了一半。由此可看出極端的投票行為在投票所層級有減少的跡象。

根據前述的分析，可得知基層的投票所層級的得票率離散程度有縮小的趨勢。這次蔡英文得票率的標準差，也是七次總統選舉當選人之中最低的。

大地區的投票行為

接著筆者想要分析各地區的大致傾向，觀察「大範圍地區」的支持結構變化。先將全臺灣共二十二縣市依照「北部」、「中部」、「南部」、「東部・離島」這四個「大範圍地區」進行分類，如下所示。

「北部」臺北市、新北市、基隆市、桃園市、新竹縣、新竹市、苗栗縣，共七縣市

「中部」臺中市、彰化縣、南投縣，共三縣市

「南部」雲林縣、嘉義縣、嘉義市、臺南市、高雄市、屏東縣，共六縣市

「東部・離島」宜蘭縣、花蓮縣、臺東縣、澎湖縣、金門縣、連江縣，共六縣市

上一屆的二〇一六年選舉，發生了劇烈的「地殼變動」，這次選舉大致上延續了其結果。筆者嘗試將這次選舉與馬英九成功連任的二〇一二年選舉進行比較，觀察其變化的幅度。**表8－6**整理出了二〇一二年及二〇二〇年「大範圍地區」的蔡英文及馬英九／韓國瑜的得票率。

二〇一二年選舉時，蔡英文在人口眾多的「北部」無法取得夠多的選票而落敗。馬英九能夠連任成功，可說是仰賴了「北部」的「積蓄」。國民黨在「北部」所築起的高牆，擋住了民進黨的去路。但是後來，蔡英文成功提升了「北部」的得票率。跟二〇一二年比起來，蔡英文的得票率上升了十四個百分點。韓國瑜在「北部」的得票率，比馬英九少了一五・七個百分點。對國民黨來說，「北部」的基礎選票像這樣遭民進黨滲透吸收，可說是相當嚴重的危機。

在「中部」地區，蔡英文的得票率比二〇一二年多了一一・四個百分點。這個增加幅度大約等於全國平

	2012 年 蔡英文	2020 年 蔡英文	蔡英文 的增減	2012 年 馬英九	2020 年 韓國瑜	馬→韓 的增減
北部	40.2%	54.2%	14.0	56.9%	41.2%	-15.7
中部	44.9%	56.3%	11.4	52.0%	38.8%	-13.2
南部	55.3%	63.7%	8.4	42.3%	33.0%	-9.3
東部・離島	37.9%	47.5%	9.6	59.0%	48.6%	-10.4
全臺灣	45.6%	57.1%	11.5	51.6%	38.6%	-13.0

表 8-6　總統選舉 大範圍地區的民進黨及國民黨的得票率變化（2012-2020 年）
出處：筆者參照中央選舉委員會的資料所製成。

均值。「中部」居民的投票行為，有著較大的變化性。雖然國民黨在「中部」地區還是有著一定程度的基礎票，但是這些選票大多來自於親國民黨的地方派系及地方政治家族。這種勢力雖然能在地方性選舉時發揮一定的效果，但是在國家層級的選舉上，對於政黨聲勢的回復並沒有太大的助益。

在「南部」地區，蔡英文的得票率比二〇一二年多了八．四個百分點。民進黨在「南部」的支持率已到達頂點，難以再往上提升，二〇二〇年的得票率比二〇一六年還少了一些。即便如此，與國民黨之間還是有著二〇個百分點的差距。國民黨在「南部」的勢力一直沒有辦法擴大。

在「東部．離島」地區，只有宜蘭縣是民進黨的支持度較高，其他地區都是國民黨佔了壓倒性的優勢。國民黨雖然被民進黨超越，但在「東部．離島」地區依然勉強維持著領先地位。不過由於這些地區的人口較少，對整體選戰的影響並不大。

從「大範圍地區」可以明顯看得出來，原本只在「南部」居優勢地位的民進黨，如今在「中部」及「北部」也開始領先國民黨。筆者根據「大範圍地區」的得票率，繪製出了蔡英文與韓國瑜得票數的立體棒狀圖（**圖 8－8**），從這張圖可以在視覺上明顯看出民進黨民意支持比國民黨相對優勢。

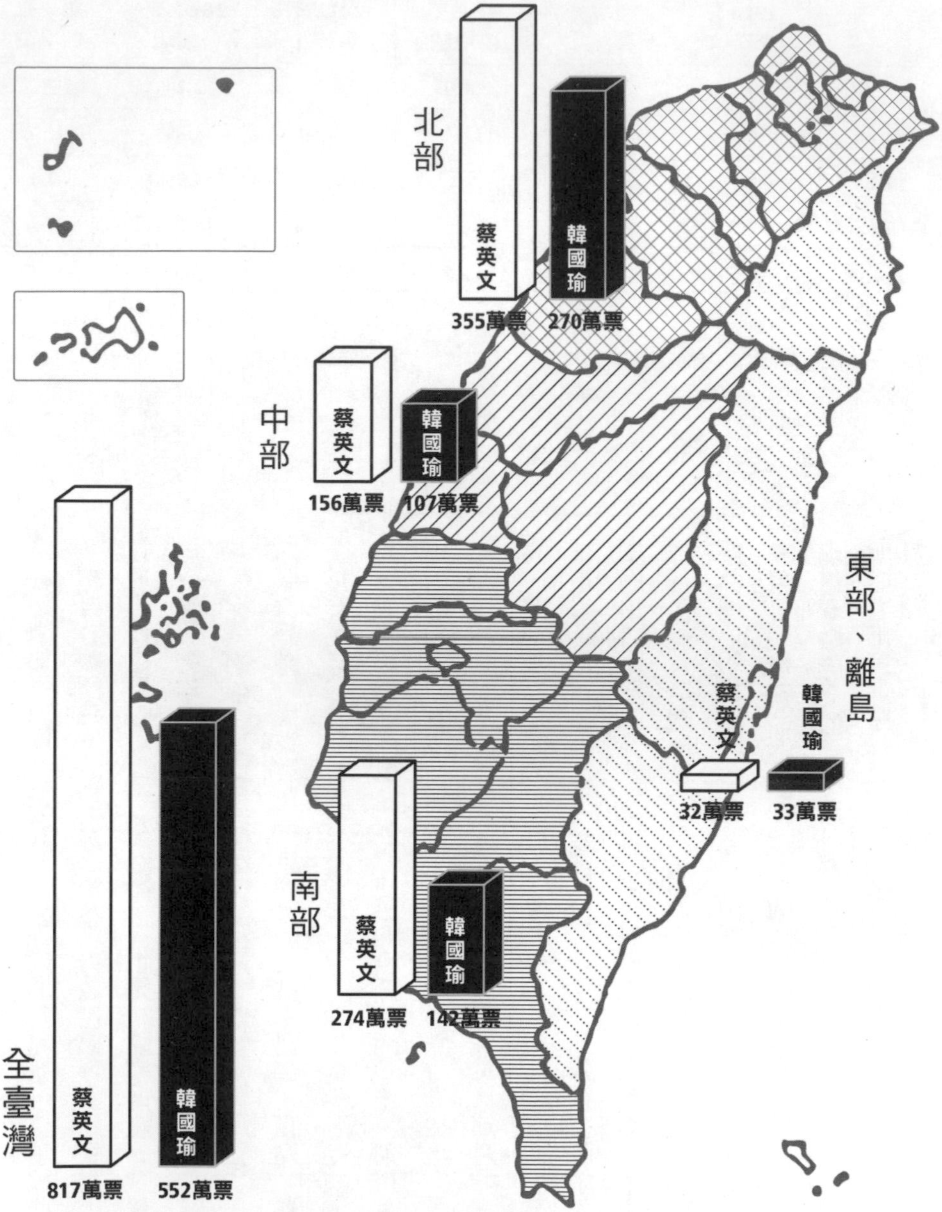

圖 8-8 大範圍地區別蔡英文與韓國瑜的得票數（2020 年）

出處：筆者參照中央選舉委員會的資料所製成。

立法委員選舉

與總統選舉同時舉行的立法委員選舉，同樣是由民進黨獲得勝利。民進黨拿到了六十一個席次，維持過半數的優勢。國民黨只拿到了三十八席。小政黨方面，臺北市長柯文哲在二〇一九年八月所創立的新政黨「臺灣民眾黨」（以下稱民眾黨）拿到了五席，時代力量拿到了三席，無黨籍及其他黨派拿到了六席（**圖8-9**）。親民黨過去幾次選舉都能拿到少數席次，這次一席也沒有拿到。

民進黨在上一次的立委選舉也是大獲全勝，這次雖然少了七席，但是「無黨籍及其他黨派」之中有四席是在民進黨的支持下才當選[iii]。這四名當選者在表決重要法案時，會與民進黨站在同一陣線，因此民進黨的實際

iii 四人分別為林昶佐（臺北市第五選區）、趙正宇（桃園市第六選區）、蘇震清（屏東縣第二選區），以及臺灣基進的陳柏惟（臺中市第二選區）。

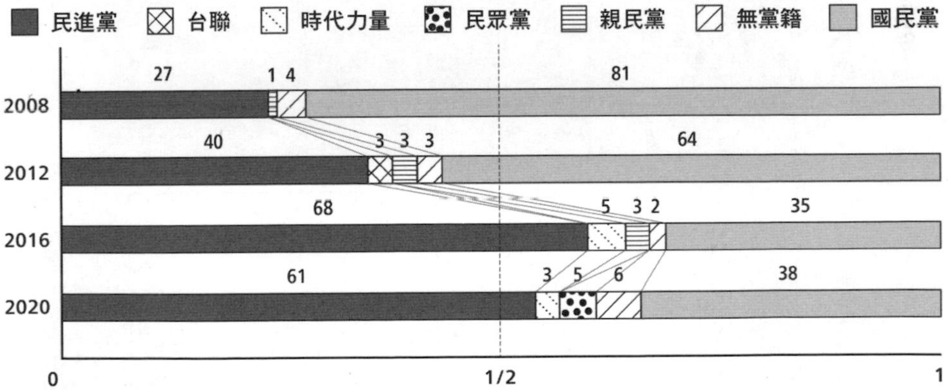

圖 8-9　立法委員選舉各黨席次變化（2008-2020 年）
出處：筆者參照中央選舉委員會的資料所製成。

席次可視為加上四席，達到六十五席，比過半數的五十七席多了八席。在總席次一百一十三席的立法院裡，已算是安定多數。國民黨在上一次吞下了歷史性的大敗，這一次也只多了三席而已，結果可說是非常不理想。這次的選舉，讓民進黨的完全執政延長了四年。

兩大陣營的勢力比例

接著筆者想要根據包含地方選舉在內的八年間政治變動狀況，為本次選舉結果找出定位，並且依照既有的藍綠陣營概念來掌握雙方的勢力比例。從二〇一二到二〇二〇的八年之間，總共舉行過三次總統選舉及兩次縣市長選舉，以下將整理出藍綠陣營在這些選舉中的勢力比例變化。在馬英九連任成功的二〇一二年總統選舉中，「蔡英文得票率」與馬英九及宋楚瑜加起來的「藍營得票率」的比例為「四五：五五」，相差一〇個百分點。一〇個百分點乍看之下似乎不多，但是在政黨支持結構相對穩固的臺灣選舉中，這個差距是非常大的。蔡英文在二〇一二年落選時曾說出「我們還差一里路」（意思是這一里路好遙遠），正說出了當事人的切身感受。

這個「四五：五五」的比例，在發生「太陽花學運」之後的二〇一四年縣市長選舉時一口氣逆轉，綠對藍的勢力比例變成了「五五：四五」。這個新的民意支持結構就此延續了下來，最好的證據就是二〇一六年總統選舉時綠對藍的得票率為「五六：四四」。而且藍營的「四四」還是朱立倫與宋楚瑜的得票率相加的結果，其內部的部分支持結構具有相當大的流動性，整體的基礎變得極為脆弱。

但是過了兩年十個月後的二〇一八年十一月縣市長選舉，由於颳起了韓國瑜旋風，國民黨在整個臺灣都靠著這股風潮大勝民進黨，再度恢復了「四五：五五」的勢力比例。可是在短短一年兩個月後的二〇二〇年一月總統選舉，勢力比例再度翻轉，綠對藍來到了「五七：四三」。

從一四到一六年之間所發生的藍綠勢力比例逆轉，是非常重大的結構性變化，可以形容為兩大政黨民意支持結構的「地殼變動」。從結果來看，二〇二〇年選舉延續了四年前的勢力比例結構。乍看之下逆轉速度似乎快得讓人目不暇給，但其實那是因為國家層級選舉與地方層級選舉有所不同。不僅選舉議題不一樣，而且選民的投票行為也會大相逕庭。二〇一八年的縣市長選舉時，主要的議題為內政，社會生活上對民進黨政府改革政策的反對聲浪會反映在得票率上。但是到了總統選舉時，議題變成了「國家認同問題」。根據筆者的分析，臺灣政黨政治的「地殼變動」趨勢雖然在二〇一八年一度回彈，但是到了二〇二〇年時變動已經逐漸定形。而且在一六年與二〇年，宋楚瑜企圖凝聚「第三勢力」，只是這股力量成不了氣候。這意味著宋楚瑜拿到的選票不能再與國民黨混為一談，亦即如果單看國民黨的狀況，支持結構的流失可說是更為明顯。因此我們可以說，臺灣政治已經進入了「民進黨的相對優勢時期」。

各選區的實際狀況

實地訪查

這裡想介紹一下候選人和選民在這次選舉中如何互動的具體例子。因為總統選舉和立法委員選舉這兩種選舉是連動的，所以選擇立法委員選舉的選區作為觀察點是比較合適的。筆者自選戰開打的二〇一九年秋天以來，每個月都訪問臺灣，從臺北市、新北市等大都市，到宜蘭縣、花蓮縣等農村及東海岸，共造訪了二十二個選區，與四十名立法委員選舉的民進黨、國民黨、其他黨以及無黨籍候選人見面，並對更多的選舉相關人士進行了訪談調查。

訪談的主題是各選區的選舉議題和各候選人的選情，也詢問了該選區對蔡政府的評價、總統候選人的選情、以及香港局勢的影響。訪問的選區如下：臺北市一、四、五，新北市七、十、十二，桃園市一、二、四、六，臺中市三、四，彰化縣二、三，雲林縣一、二，高雄市三、五、六、七，宜蘭縣、花蓮縣。這些都是激戰區。

進行訪談的四十名候選人及二十二個選區如**表 8-7** 所示。並且還列入了另外三名該選區中與候選人具有同等重要性的三名選舉相關人士。所以名單中共有四十三人。此外，雖然表中未列，但也聽取了這些縣市的選舉專家的意見。

選區	訪談過的候選人	選區	訪談過的候選人
臺北市 1	吳思瑤（民） 汪志冰（國）	臺中市 4	張廖萬堅（民） 黃馨慧（國）
臺北市 4	高嘉瑜（民）	彰化縣 2	黃秀芳（民） 張瀚天（國）
臺北市 5	林昶佐（無） 林郁方（國）	彰化縣 3	洪宗熠（民） 謝依鳳（國）
新北市 7	羅致政（民）	雲林縣 1	蘇治芬（民） 【張嘉郡（國） 陣營的張麗善】
新北市 10	吳琪銘（民） 林金結（國） 李縉穎（無）	雲林縣 2	劉建國（民）
新北市 12	賴品妤（民） 李永萍（國） 孫繼正（安定力量）	高雄市 3	劉世芳（民）
		高雄市 5	李昆澤（民） 黃柏霖（國）
桃園市 1	鄭運鵬（民） 陳根德（國）	高雄市 6	趙天麟（民） 陳美雅（國）
桃園市 2	黃世杰（民） 吳志揚（國）	高雄市 7	許智傑（民） 李雅靜（國） 【陳惠敏（時力） 陣營的黃捷】
桃園市 4	鄭寶清（民） 萬美玲（國）	宜蘭縣	陳歐珀（民） 呂國華（國）
桃園市 6	趙正宇（無）	花蓮縣	蕭美琴（民） 傅崐萁（無） 【黃啓嘉（國） 陣營的吳采動】
臺中市 3	洪慈庸（無） 張睿倉（民眾黨）		

表 8-7　造訪過的選區及候選人
【 】內並非候選人本人，而是該陣營相關人士。
出處：筆者自製。

從選區看總統大選

進行田野調查的選區，因為選擇了激戰區，所以基本上的情況是民進黨候選人正在追趕或趕上了國民黨候選人，選情呈現五五波或才剛逆轉。越是後期，對民進黨候選人越有利。對國民黨候選人而言情況相反，越是後期，原來的優勢逐漸流失。至於民進黨候選人逆轉的時間點，受制於選區的支持結構及候選人的實力，每個選區都不同。

首先介紹民進黨的情況。二〇一九年前半年，民進黨候選人在個別選區陷入苦戰。他們所提出的理由，是二〇一八年縣市長選舉大敗的影響，以及對於蔡政府推動改革所引發的不滿仍然存在等等。但是到了二〇一九年秋天，他們認為「已經脫離最壞情況，而且蔡政府已回到軌道上」。

例如引發強烈反對運動的年金改革，在二〇一八年七月相關法律制定之後，社會上一般認為已告一段落。同婚合法化遇到包括民進黨支持者在內的社會各界嚴重質疑和反彈。但是二〇一九年五月通過專法並實施後，民眾認為不會發生之前反對團體所講的亂象，反對的情緒大部分沉靜了。除此之外，如減稅、最低工資調整、育兒津貼、前瞻基礎建設計畫等經濟社會政策也逐漸獲得認同。

對於後續的選情，大部分民進黨候選人表示「因為在自己的選區，蔡總統轉為優勢，所以立委的選情也改善了」。至於蔡總統聲望回升的理由，他們大多回答「民眾支持蔡總統的臺灣認同主張」（認同因素），「民眾支持蔡總統對於中國統一壓力以及香港局勢的態度」（中國因素）。但也有「民眾認為韓國瑜不適合當總統」（韓國瑜因素）的回答。這意味著「與其說是民進黨贏了，不如說是國民黨輸了」的解釋也是行得通的。

另外，也有候選人提出「蔡政府的運作變得順暢，民眾感受到蔡政府的努力」，以及行政院長蘇貞昌效應（內部因素）。九合一選舉大敗後，配合蘇院長上臺，蔡政府採取積極宣傳的策略，快速回應誤解和假新聞，逐漸改善民眾的評價。

民進黨立委候選人的選舉策略有兩個支柱，一個是跟蔡總統掛勾，強調民進黨中央政府的成績，另一個是強調自己的選區服務。他們的選舉看板幾乎都用候選人和蔡總統的合照，候選人獨自的照片反而較少。問到選戰最後階段的策略，他們的回答還是以訴求蔡總統連任以及民進黨國會過半等中央議題為中心。

接下來，筆者想介紹國民黨的情況。二〇一九年秋天，激戰區的基本選情是儘管總統選舉方面已經出現明顯的蔡優韓劣趨勢，但在立委選舉方面，國民黨候選人基於比較有力的後援會和組織，還擁有能跟民進黨候選人一拚的態勢。

對於如何看民眾對蔡政府的評價這個問題，全部國民黨候選人的回答都是負面。他們提出的理由是民眾反對蔡政府推動的改革、討厭民進黨政治手段蠻橫、不喜歡蔡總統個人、擔憂兩岸關係等等。當然國民黨候選人接觸的民眾是國民黨支持者居多，他們的判斷傾向於「蔡政府的支持率持續低靡」。

國民黨候選人的選舉策略是以拉攏不滿蔡英文、民進黨的選票，以及推銷自己選區服務能力為主，積極宣傳國民黨政策是比較少的。到了二〇一九年後半年，因為社會上看好臺灣經濟現況的風潮擴大，所以民眾對於國民黨「透過改善兩岸關係，擴大臺灣經濟利益」這招牌政策的期待也隨之下降。當然還是有一定人數的選民期待國民黨的經濟政策，國民黨也一直持續著這個訴求，但是受到習近平演講以及香港局勢帶來的氛圍變化的影響，效果減弱了。

國民黨候選人有人坦承韓國瑜在自己的選區處於劣勢，但也有人不承認。不承認的理由可能有兩種：一種是認知事實的落差，另一種是基於戰略上的考量，因為承認會令支持者喪失鬥志。承認韓國瑜不利的國民黨候選人，大多提及了分裂投票的效應。他們都提出選區服務以及後援組織的優勢，認為儘管部分國民黨支持者以及中間選民投給蔡英文，區域立委的選票還是可能投給自己。

對每個國民黨候選人而言，與韓國瑜如何連結及宣傳是非常敏感的問題。如果韓國瑜的支持率在自己的選區大幅度落後的話，與韓國瑜掛勾的選戰策略不是個有利的方法。但是作為國民黨的立委候選人，跟國民黨的總統候選人保持距離也不妙。更何況還有韓粉的問題。韓粉是選區內的重要支柱，如果國民黨候選人表態與韓國瑜保持距離，勢必導致韓粉的憤怒、抗議，這都不利於自己的選情。

如果情況微妙，國民黨候選人會調整選舉大型看板上跟韓國瑜合照和自己單獨照片的比例。有的候選人在選區街頭的看板幾乎都用單獨照片，只有競選總部外面掛的大看板用合照，好像這是避免韓粉批判的護身符。另外，死忠挺韓的候選人選擇同甘共苦，一直強調與韓的連結，因此會多用合照。

從立委選舉結果來看，因果關係相當複雜。強調與韓連結的候選人中，有的本來被看好但是意外落選了。相反地，沒強調與韓連結的候選人中，有的本來不被看好但是意外當選了。舉個例子：明顯挺韓的張嘉郡（雲林一）、顏寬恒（臺中二）、李永萍（新北十二）都落選了。不太強調與韓連結（也沒有否認）的謝衣鳳（彰化三）、萬美玲（桃園四）都當選了。雖然他們的當選或落選取決於個別選區的情況，與韓連結的程度不一定是決定性的因素，但是這選舉結果還是很耐人尋味。

香港局勢的影響

筆者在本次對二十二個選區的四十名候選人進行訪談時，針對「香港局勢對選區的影響」向所有人進行了提問。幾乎所有候選人都回答「有影響」。民進黨候選人表示「對自己的選情起到了正面作用」。這是因為香港的情況顯示出「一國兩制」的問題，會讓人聯想到中國的壓力也將轉向臺灣，所以導致民眾的支持轉向對中國採取不屈服姿態的民進黨。但是，對影響程度的認知存在著差異。

國民黨候選人的答案也一樣是「有影響」，但是他們認為這是因為蔡英文操縱並煽動了選民的不安，顯然國民黨的認知與對蔡英文的批判是一體化的。另外，回答「沒有影響」的人物，只有花蓮縣的蕭美琴（民進黨）

和傅崐萁（無黨籍）iv。花蓮縣是國民黨的地盤，主要發展支柱是觀光產業，這裡對兩岸交流的期望很高，另外對如交通問題這樣的地方性議題的關注很強。由於花蓮縣的地方政治有其獨特之處，可以認為這導致了與其他縣市選區不同的答案。

至於選民對香港局勢的關注程度，當然因人而異。綜合受訪候選人的看法，我們可以觀察到都市選區比農村選區更加關注香港局勢。此外包括國民黨候選人在內，所有受訪者都同意，年輕人比中年和高齡族群更關注香港局勢。

如果進一步詳細分類的話，有的候選人認為香港局勢對立法委員的選區產生了很大的影響（直接影響），也有候選人認為香港局勢產生氛圍變化，導致蔡英文的支持率上升，並反映在選區的形勢上（間接影響）。另外也有候選人認為除了香港因素，也有對蔡政府的支持回升、對韓國瑜的負面情感等因素。

「有沒有選民在候選人座談會上談論香港的情況？」針對這個問題的回答是分歧的。像座談會這樣的選舉集會，是候選人聆聽選民聲音的重要機會，內容大多是與選區生活有關的事項和投訴。如果在這裡談及香港局勢，可以說是對這個問題非常關注。另一方面，就算回答「沒有」，也會補充回答「有許多選民通過網路和電視觀看香港新聞」、「這是選民之間的話題」等。不管怎麼說，香港局勢是這次選舉分析上不可缺的重要因素。

片面認定香港局勢為民進黨勝選的唯一因素或許過於武斷。但是通過實地訪查，可以明確知道香港局勢顯然對二〇二〇年臺灣選舉產生了巨大的影響。

決定勝敗的因素

「韓國瑜現象」

追究國民黨的敗選原因，可以發現問題的根源在於由韓國瑜和狂熱支持者共同製造的「韓國瑜現象」，它在二〇一八年的縣市長選舉中發揮了強大的力量。韓國瑜體現的是中華民國民族主義。在韓的造勢活動上，每次都會看到非常多的中華民國國旗。如果將「韓國瑜現象」置於世界各國的民粹主義現象中，可以說它接近於強調保守價值觀和國家權威的右派民粹主義，反對自由主義價值觀。而韓國瑜的政治主張的核心是「反民進黨」。

支持韓國瑜的這種政治主張、在網路上關注韓國瑜的動態、積極參加韓國瑜活動的人，就是「韓粉」。這些人以公務員、教師、軍人（包含退休者）為主，但是，地方農民和小生意人也不少，社會階層頗為廣泛。「韓粉」的年齡層以五十歲以上的中高年齡為主，年輕人不多。參加韓國瑜造勢活動的人數通常都有五至十萬人，在社群網站上發表文章、留言、轉發的人也很多，因此「韓粉」的人數應該非常多。

然而「韓粉」的特點在於排他性。一般而言，核心支持層具有漣漪效應，會擴散到自己周圍的薄弱支持層。然而，從韓粉的情況看，其特點是內部狂熱的邏輯與外部不同，導致擴散效果有限，因此狂熱支持不會擴散到核心支持層之外。即使核心人數多，卻不能向外擴散，那終究只是少數派。

iv 花蓮縣選區國民黨候選人黃啟嘉的競選辦公室主任吳采勳也表達了相同的看法。

如果要追根究底，其原因就在於「韓國瑜現象」的發生背景，其實是對廣義的臺灣認同正在擴大的臺灣社會現狀的疏遠感、焦躁感及危機感（sense of alienation, irritation and crisis）。韓的支持者都抱持著這種情感。這個支持層原本希望馬英九能夠扭轉局勢，但後來對馬感到失望，他們認為像馬這樣高學歷、有留學經歷、屬於高知識分子的傳統國民黨菁英無法與民進黨對抗。韓國瑜符合這些失望和不滿者的期待，所以韓國瑜牢牢抓住了支持者的心。我們可以說，這種「韓粉」的性質決定了韓國瑜以及國民黨的沉浮。

筆者在這裡，想要用「總統選舉中的意識形態和支持結構」的理論（參照終章）來解釋韓國瑜失敗的原因。韓陣營立足於中華民國的民族主義，有利於鞏固深藍選票，但他們也瞭解需要得到中間選民的票。從蔡陣營的角度來看，只要能把韓封鎖在中華民國民族主義的框架裡，選戰就贏定了。因此蔡陣營用「韓親中論」來進行牽制，散布一種危機感，讓人覺得如果把臺灣交給韓國瑜的話，中華民國有可能會滅亡。國民黨與中國共產黨有合作關係，所以韓國瑜陣營無法進行有效的反駁。也就是說，在習近平演講和香港的抗議活動中，韓國瑜一直沒有明確表態，成為落人口實的把柄。蔡陣營拿這個把柄進行牽制，韓陣營便遭到抑制而無法拉攏中間選票。

另一方面，韓陣營則拿出「九二共識」，試圖阻止蔡陣營拉攏中間選票。在二〇一二年的選舉中，馬英九成功地利用「九二共識」牽制住了蔡英文。當時在「九二共識」的涵義上，國民黨主張「一中各表」，中國領導人胡錦濤並沒有公開否認。由於當時馬總統的解釋給人的印象是「一中各表的九二共識」有利於維護中華民國，而且馬英九的競選宣傳給人「中華民國等於臺灣」的印象。當時民進黨的立場是不承認「九二共識」，因此接受「九二共識」的中間派轉向了支持馬英九。

但是在本次選舉中，「九二共識」的涵義已經轉換成了北京方面所強調的「一中原則」，而且習近平的演講等於否定了「一中各表」的「各表」。在這樣的狀況下，韓國瑜依然只是反覆強調「九二共識」，因此未能發揮對蔡英文的牽制作用，導致爭取中間票失敗。實際上，這個結構與二〇一六年選舉相同。這意味著國民黨的失敗原因並不是一時的，而是已經結構化了。

美中對立

有關民進黨的勝選原因，本章已經談到，習近平演講和香港局勢的影響特別大，其背景為廣義的臺灣認同已經扎根。筆者想以這個分析為基礎，進一步討論美中對立對本次選舉的影響。

首先，筆者想整理臺灣民族主義、「臺灣認同」及中國民族主義這三個政治立場和美國、中國的關係。臺灣民族主義認定中國為敵人，採取親美的立場。維持現狀的「臺灣認同」雖然跟臺灣民族主義劃清界線，但是在樂見美國支持、警惕中國的路線是相同的。至於在臺灣的中國民族主義，在國民黨的主導下，原本是親美而不是反美，但是二〇〇五年國共合作開始後，逐漸向北京靠攏。因此如今的美中對立，讓中國民族主義的立場變得很為難。

從美國的立場來看，臺灣沒有被中國統治的現狀符合美國國家利益，所以美國反對中國強迫統一臺灣，幫助臺灣免於被統一。但是另一方面，美國希望海峽兩岸維持現狀，所以反對臺灣獨立。美國不支持中國民族主義和臺灣民族主義，但是會支持維持現狀的「臺灣認同」立場。蔡政府的路線符合美國的立場。美國川普政府於選前公開宣布大規模對臺軍售，顯然支持蔡英文的連任。

北京支持臺灣的中國民族主義，而敵視臺灣民族主義。對於臺灣民族主義和「臺灣認同」的差異，北京並沒有加以區分，都表現出敵視的立場。不過對於走「維持現狀」路線的政權，北京還不到動用武力的地步。

「臺灣認同」的立場是比較廣泛而寬鬆的。其支持層通常煩惱於該與中國保持什麼樣的距離，陷於繁榮與自立的矛盾之中。當中國提倡「兩岸關係和平發展」，採取重視經濟關係的姿態（如胡錦濤時代）的話，「臺灣認同」的支持層對中國的警惕就會降低。反之，當北京強力促進統一（如習近平時代），他們對中國的警惕會提高，對美國的期待也會提高。

第二次世界大戰後臺灣政治經濟體制的結構建立於反共親美路線上，這是蔣介石靠著非常手段及非常大的犧牲所建立，勉強維持到蔣經國時代，反共親美已經在臺灣社會成為根深蒂固的價值觀。如果美國和中國對立，臺灣社會主流一定傾向美國。與美國建立緊密合作關係的蔡英文政府，正符合了這樣的價值觀。

相反地，李登輝後的國民黨脫離了反共路線，轉向國共合作。原本美中關係還順利的時候，國民黨的親美和親中的立場矛盾並沒有被凸顯出來，但是如今大環境已經改變了。雖然國民黨仍然強調自己「親美」，但連美國都不相信，維持現狀的「臺灣認同」支持層也不買單。二〇一六年和二〇二〇年國民黨的敗選，可以用這個理論架構來解析。

總而言之，如今蔡英文是蔣介石的反共親美路線的繼承者。美中對立會產生對民進黨有利，對國民黨不利的影響。

總結

二〇二〇年選舉結果與上次二〇一六年選舉結果差不多，選舉的結構也相同，民進黨乘著廣義的臺灣認同擴大的潮流獲得勝利。另一方面，國民黨基本上與臺灣認同相處得不太好，即使在地方層級選舉贏了，一旦到了國家層級選舉，極端不利的情況就會再次顯現，這意味著臺灣政治已進入民進黨相對優勢時期。

選戰過程中，蔡英文總統明確否定「一國兩制」，表態支持香港的抗議活動，還不斷與中國政治體制進行比較，讚揚臺灣的自由民主政治體制。另一方面，蔡政府制定了防堵中國共產黨對臺滲透工作的法律和規則。其結果是蔡總統以臺灣選舉史上最高票的八百一十七萬票成功連任。在同時舉行的立法委員選舉中，民進黨維持過半的席次。臺灣選民給予民進黨再完全執政四年的機會。

選民並不是全面肯定過去四年民進黨政府推動的所有法律、政策及政治議題。在二〇一八年縣市長選舉中，蔡政府飽受批判，最後以民進黨大敗收場。總統選舉起跑的時候，蔡總統並不被看好能連任。

但是總統選舉是要決定臺灣方向的選舉，要決定台灣應該以什麼方式存在。在其過程中，蔡英文的主要訴求如上所述，為拒絕「一國兩制」和堅持自由民主，這讓她的支持率回升了。因此我們可以合理作出這樣的分析：臺灣選民選擇支持蔡總統關於「國家認同問題」的主張，作出讓民進黨繼續執政的判斷。

總而言之，臺灣民意在二〇二〇年選舉中，明確表態不接受中國主張的統一，也對習近平的演講說「NO」。

終章

總統選舉的四分之一個世紀

從第一次總統直選的一九九六年，到蔡英文成功連任的二〇二〇年，這二十五年之間總共舉行了七次總統大選，第八次將在二〇二四年舉行。本書的終章將探討總統直選的意義及臺灣民意的動向，整理出意識形態與支持結構的關係，並且為這四分之一個世紀的臺灣政治變化作出一定程度的結論。此外亦將討論「臺灣認同」分析架構的有效性，最後將針對臺灣的民主政治現況作出評價。

總統直選的意義

民主化的里程碑

一九九六年的總統直選，具有兩層意義，一是作為臺灣政治體制民主化的里程碑，二則是作為後民主化臺灣政治的起點。關於前者已累積了大量的研究文獻，其評價在一定程度上已形成共識。關於後者，則是歷經了四分之一個世紀後逐漸浮現的新觀點。

首先，筆者想從「民主化的里程碑」這個觀點進行整理分析。由每個選民親自投票選出總統的總統直選制度，可說是證明臺灣已經從威權主義體制轉型為民主主義體制的最佳證據，也是國際社會認定「臺灣擁有民主政治」的重要理由。松田康博認為「一九九六年三月實施的總統選舉，完成了臺灣的民主轉移」，而這也是大多數學者的一致觀點[1]。

從制度方面來看，臺灣不管是行政面的村里長、鄉鎮長、縣市長到總統，還是議會面的鄉鎮民代表、縣市議員到立法委員，全部都是靠著自由選舉加以選出。針對這樣的政治體制，若林正丈作出如此評價：「就在中國大陸的東南方，日本南方不遠處的海上，出現了一個擁有民主體制的島嶼國家。這些從鄉鎮層級到國家層級的公職人員選舉，任何一個擁有投票權的民眾都曾參與，成為『選舉共同體』的一分子。2」

臺灣的民主化及自由化，是從蔣經國時代末期解除戒嚴令（一九八六年）開始。對於這個過程，若林認為：「以『中華民國』實質統治範圍內的公民為主體的國民主權制度化已大致完成。『中華民國』作為戰後的臺灣國家，已經藉由民主的方式更新了內部的正統性。3」一九九六年的總統選舉，在民主化的政治過程中，可說是形成「選舉共同體」的最後一步，同時也是最重要的一步。

一九九六年總統選舉，是臺灣的民主轉型在制度上的里程碑。從這裡開始，臺灣的政治進入了後民主化的新階段。雖然社會評價對於臺灣的選舉政治有褒有貶，但是臺灣選舉史的相關文獻皆認為「臺灣藉由歷年來的選舉，從這長時間的變化，我們也可看出台灣朝向民主多元政黨政治的軌跡」4。正是總統選舉所造成的深遠影響，形成了今天的臺灣政治。

後民主化的起點

一九九六年總統選舉作為起點的意義包含了三個面向：㈠藍綠兩大陣營的重新整編、㈡臺灣認同的興起、㈢兩岸關係新架構的形成。

藍綠兩大陣營的重新整編

九六年的選舉，雖然表面上國民黨的聲勢達到巔峰讓民進黨嘗到了挫敗的滋味，實際上卻是國民黨衰退而民進黨崛起、臺灣政治重新整編為藍綠兩大陣營結構的起點。國民黨因為結構的關係，內部一直隱含著分裂的種子。在選舉之前，就有一群人脫黨組成了新黨，到了選舉的時候，林洋港及陳履安也脫黨了。這是因為國民黨是一個抱持中國民族主義的政黨，卻要在一個臺灣化的中華民國政治體制內參選總統，這個狀況無可避免地有著本質上的矛盾。

不僅如此，國民黨還有著另外一個矛盾，那就是國民黨在體質上屬於中央集權式的政黨，卻必須要在民主化之後的政黨政治之中，與其他政黨競爭。隨著社會的多元化，黨內也出現了許多不一樣的聲音，但國民黨有著集權式的組織，這種政黨體質與民主化之後的政治之間的落差無可避免地遭到放大。在威權主義體制時代所形成的黑金體質，也成為受到批判的原因。

仰賴地方派系的支持結構，也是造成國民黨衰退的原因之一。國民黨在選舉時不得不仰賴地方派系，然而地方派系在本質上卻是追求地方利益的群體。九六年所舉行的國大代表選舉，當選國代的各種行徑在社會上遭到批判，也讓這個問題浮上檯面。

另一方面，民進黨則是因為黨內臺灣民族主義的意識形態難以貼近現實政治而經常陷入窒礙難行的狀態，因此民進黨在對抗國民黨的過程中，目標方向總是在臺灣民族主義與「臺灣認同」（以民主化、臺灣化的中華民國體制維持現狀）之間搖擺。民進黨在九六年選舉受挫之後，轉而在地方政治上尋求活路，馬上就在九七年的縣市長選舉中贏得勝利。民進黨對親國民黨的地方派系有時表現出對決的態度，有時又表現出拉攏及合作的態度。隨著在地方行政上逐漸累積治理的政績，民進黨逐漸成長為足以與國民黨抗衡的政黨。

自一九九六年選舉之後，原本具有壓倒性優勢的國民黨逐漸邁向分崩離析的道路。以短期的現象來看，這個趨勢造成了宋楚瑜的分裂，而從長期的現象來看，則是失去了地方派系的向心力。經過二〇〇〇年的選舉之後，臺灣的政治結構重新整編為藍綠兩大陣營對立。剛開始還是藍營佔優勢，但是民進黨在地方上逐漸累積實力，慢慢讓國民黨失去了優勢地位。歷經了四分之一個世紀之後，臺灣的政治局勢已經從國民黨的絕對優勢，轉變為民進黨的相對優勢。

所謂的臺灣總統選舉，其實嚴格說來應該稱作「存在於臺灣的中華民國的總統選舉」。選民為中華民國的國民，舉行選舉的地區為臺灣地區5。透過總統的直接選舉，臺灣的選民逐漸理解到自己的一票能夠決定臺灣的未來。

臺灣認同的興起

由手中的選票選出最高領導人的行為，讓民眾自然而然地意識到「中華民國／臺灣為一主權獨立國家」及「我們的主權範圍只在臺灣的地理範圍之內」這兩個事實。因為選的是總統而不是行政長官或自治區首長，所以被認為是主權獨立國家。候選人的競選活動範圍及選民的資格範圍都在臺灣之內，所以被認為主權的範圍也在臺灣之內。

雖然在法理上，應該稱作「中華民國總統選舉」，但是在現實上，卻是選出臺灣領導人的選舉。這樣的選舉持續舉辦了二十五年，過程中逐漸出現「臺灣總統選舉」這樣的稱呼，如今大部分臺灣人在提起總統選舉時，都是稱之為「臺灣總統選舉」i。

臺灣並沒有針對總統選舉的意義對民眾施行政治教育6。但是臺灣社會對選舉的關心程度非常高，不管是報章雜誌、電視媒體，還是網路上，關於總統選舉的資訊傳遞及意見交換可說是相當頻繁。不論媒體還是網路，一年到頭都有人在討論關於總統選舉的議題。對選舉的關心，能夠讓民眾意識到自己具有選民身分，可說是一種最有效的自我政治教育。在這樣的社會之中，具有廣意的臺灣認同逐漸擴散，可說是水到渠成。

i　大部分的國際媒體都使用「臺灣總統選舉」（Taiwan's presidential elections）這樣的稱呼。但是中國不能使用這樣的稱呼。在中國，「正確」的稱呼為「臺灣地區領導人選舉」。

所謂具有廣意的臺灣認同，包含了認定自己為臺灣人的自我意識、對臺灣的感情，以及認為臺灣與中國有所不同的想法。臺灣認同能夠滲透到多數臺灣人的心中，是李登輝政府的施政及民進黨的訴求策略互相影響下的結果，但是這個意識能夠在臺灣人的心中徹底扎根成長，卻得歸功於多年來不斷舉行的總統選舉。總統選舉背後所代表的自由及民主，成了民眾所擁有的一種生活模式，更成為廣意的臺灣認同的一部分。而這一切的起點，就是一九九六年的總統選舉。臺灣的年輕人生活在這樣的社會之中，大多數打從一出生就抱持著臺灣認同，這就是所謂的「天然獨」[7]。

筆者認為臺灣認同意識興盛的最重要原因就是舉行總統直選，但是臺灣的政治學者則持比較保守的看法。例如王業立認為「總統直選是後來臺灣意識高漲的重要原因，但並非唯一原因，而是數個原因之一」[8]。

兩岸關係新架構的形成

李登輝在一九九九年發表的「兩國論」之中，提到了「總統、副總統由臺灣人民直接選舉，使所建構出來的國家機關只代表臺灣人民，國家權力統治的正當性也只來自臺灣人民的授權，與中國大陸人民完全無關」。雖然中華民國的國名沒有改變，憲法體制沒有改變，國民黨掌握政權的現況也沒有改變，但是政治權力的根源卻正在靜靜地臺灣化[9]。

自從臺灣政治建立起了僅限於臺灣這個地理範圍的體制之後，兩岸關係不再能夠以單純的「國共內戰的延伸」來解釋。就算國民黨與共產黨雙方同意結束內戰，如果無法透過臺灣的政治制度加以承認，也不具任何效力。對於能夠親自投票選出最高領導人的臺灣選民來說，「一國兩制」毫無吸引力。原本兩岸關係的架構是在「一個中國」的原則之下，雙方各自主張其正統性，但如今臺灣方面已發生了變化。相較之下，中國則是依然堅持著這個架構，因此對臺灣的警戒之心迅速攀升。

對臺灣人而言，總統選舉是向國際社會展示「臺灣的自由與民主」的絕佳機會。對於中國所推動的兩岸統一，臺灣人能夠以民主的方式對中國說「NO」。由於臺灣與中國在政治、經濟及軍事上的實力都趨向於對中國有利，總統選舉成了臺灣自我防衛的「武器」。但是在總統直選議題剛浮現的一九九〇年代前期，很少有人意識到這樣的觀點。在九〇年代前期，臺灣人在議論總統選舉的時候，絕大多數的人若不是站在民主化的觀點，就是站在臺灣內部權力鬥爭的觀點，很少有人把注意力放在總統選舉對兩岸關係的影響上[ii]。直到九六年總統直選及臺海危機同時發生，臺灣人及國際社會才察覺「接下來將進入全新的時代」。

就法理上而言，臺灣的總統選舉與中華人民共和國毫無關係。但是自從九六年總統選舉時，中國採取了武力恫嚇的手段之後，中國對臺灣總統選舉的干涉就成了常態。從此之後，兩岸關係就多了四年一次的總統選舉這個充滿不確定性的要素。不過由於決定權是由臺灣的民意所掌握，中國就算想要收買人心，也會因為範圍太大而難以鎖定對象。從中國的立場來看，想要將局勢朝著統一的方向扭轉，成為非常困難的事情。綜合以上所述，以九六年的總統選舉為起點，臺灣認同開始抬頭，同時，中國對臺灣的干涉也成為民主化之後的臺灣政治的常態。

ii　臺灣大學政治系教授王業立訪談，二〇一五年六月三十日。

臺灣民意的主流

臺灣民眾的自我認同

想要理解總統選舉，就不能忽略民意的動向。臺灣民意的基幹，可以分成「自我認同」及「對臺灣前途的主張」這兩個層面，以下分別進行整理。

首先，我們來看看臺灣民眾自我認同的變化。許多民意調查都有類似「你認為自己是臺灣人還是中國人」的問題，而各家的民意調查之中，以政治大學選舉研究中心的調查（以下簡稱「政治大學的民調」）最值得信賴。該中心自一九九二年起，每年都在民調中向民眾提問：「我們社會上，有人說自己是『臺灣人』，也有人說自己是『中國人』，也有人說都是。請問您認為自己是『臺灣人』、『中國人』，或者都是？」日本有許多學者及專家也都引用政治大學的民調結果10。

筆者依據民調的數據繪製出了曲線圖

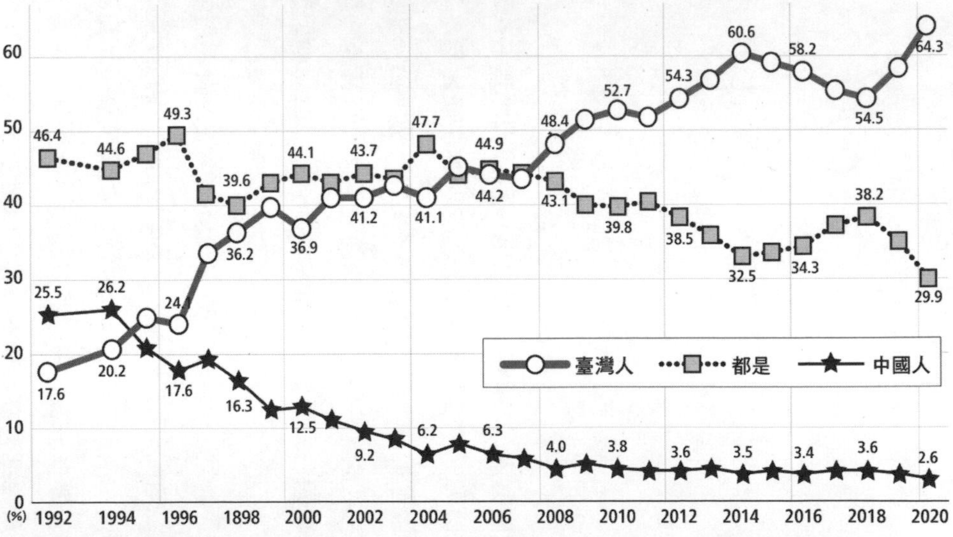

圖 9-1　臺灣民眾的自我認同

出處：筆者依據政治大學選舉研究中心的資料所繪製。

（**圖9－1**）。一九九二年第一次進行調查時，比例最高的回答是「既是臺灣人也是中國人」（都是），佔了四六．四%，其次是「中國人」，佔了二五．五%，最低的是「臺灣人」，佔了一七．六%。但是後來曲線發生了極大的變化。

原本是第三名的「臺灣人」在李登輝時代快速上升，超越了「中國人」，成為第二名。到了陳水扁時代，變成平緩上升，與原本是第一名的「都是」並列第一。到了馬英九時代，又開始攀升，超越了「都是」，成為第一名。在二〇一四年達到六〇．六%之後轉為下滑，但是到了二〇一九年又開始攀升，在二〇二〇年達到最高點的六四．三%。

回答「都是」的比例從李登輝時代到陳水扁時代都是第一名，但比例本身大致上沒有變化，到了馬英九時代變成第二名。接著比例開始逐漸下滑，在二〇一四年剩下三二．五%。後來雖然上升了一些，但是到了二〇一九年又驟降，到了二〇二〇年掉到最低點的二九．九%，跌破了三〇%大關。

回答「中國人」的比例，從李登輝時代到陳水扁時代都在下跌，從原本的二五．五%掉到只剩不到五%。進入馬英九時代之後，就一直維持在五%以下，沒有太大變化，與前兩名的差距極大。根據二〇二〇年的調查結果，「臺灣人」為六四．三%，「都是」為二九．九%，「中國人」為二．六%。

民眾自我認同的變化，形成了政治上的民意支持結構的基本趨勢。「臺灣人」只是一種溫和而模糊的概念，無法直接形成一股政治勢力，但是「臺灣人」的認同意識增加，也意味著認同「臺灣與中國有所不同」的意識增加。而「中國人」的認同意識下滑，則直接造成了支持統一的比例下滑。雖然「臺灣人」的自我認同比例，與「臺灣認同」的勢力不能直接劃上等號，但是從「臺灣人」的比例增加，可以看出廣義的臺灣認同擴大了。馬英九的臺灣化路線，正是在分析出了這個趨勢之後決定搭上這股風潮的策略。而另一方面，總統選舉時兩大政黨的候選人竟然都強調重視臺灣而否定統一，這個現象也會反饋到社會上，對民眾的意識造成影響。因此「臺灣人」的自我認同意識在馬英九時代攀升，絕對不是偶然。

雖然自我認同與支持政黨並不會完全一致，但還是存在著一定的傾向。回答「臺灣人」的民眾雖然還是有一部分支持國民黨，但是大部分都支持民進黨。回答「都是」的民眾雖然還是有一部分支持民進黨，但是大部分都支持國民黨。而回答「中國人」的民眾，則全部都是國民黨的深藍支持者，裡頭不會有民進黨的支持者。從長期的角度來看，回答「臺灣人」的民眾增加，就會讓民進黨的得票數增加。而回答「中國人」及「都是」的合計人數減少，會讓國民黨的得票數減少。

回答「臺灣人」的比例在二〇一四年一度達到顛峰，但接下來到二〇一八年之間卻轉為下滑，這是相當有趣的現象。筆者認為這個現象應該從兩個面向來論述。首先，回答「臺灣人」的比例所減少的部分，應該是流向了「都是」，而非流向了「中國人」。但是另一方面，從「臺灣人」流向「都是」的現象，可能會有抑制國民黨選票流失的效果，隱含著對民進黨不利的可能性。事實上二〇一八年的地方選舉，確實是由國民黨獲勝。

那麼回答「臺灣人」的比例在二〇一九年之後快速攀升，又帶有什麼樣的意義呢？「臺灣人」的比例攀升，應該代表有一些「都是」的比例流向了「臺灣人」，而這也意味著局勢可能對國民黨不利。事實上二〇二〇年的選舉，確實是由民進黨大獲全勝。

另一方面，「臺灣人」與「都是」的合計比例在馬英九上臺的二〇〇八年之後，就一直維持在九一％至九三％之間。「臺灣人」及「都是」在這段期間互有高低，但是「中國人」的比例一直維持在極小的數值，這個趨勢一直都沒有改變。臺灣的民意可能會在「臺灣人」及「都是」的意見之間搖擺，但是同樣的情況不會發生在「中國人」上，從這一點也可看出廣義的臺灣認同已在臺灣扎根。從這個長期趨勢來看，未來幾乎不太可能出現「中國人」的自我認同在臺灣擴大的現象。

關於臺灣的前途

接著我們來看關於臺灣前途的民調狀況。所謂的臺灣前途，指的就是「獨立」、「維持現狀」或是「統一」。這三個立場，與本書所介紹的臺灣民族主義、「臺灣認同」及中國民族主義的支持民意大致重疊。關於這個部分的民調也很多，不管是哪一家的民調，比例最高的答案都是「維持現狀」，其次是「獨立」，最後才是「統一」。

不過同樣是「維持現狀」，民調的提問方式還可以細分出「目前支持維持現狀，但未來希望朝獨立（或統一）方向發展」，或是「總之目前先維持現狀，未來再決定該統一還是獨立」。依照提問方式的不同，得到的數值也會有所差異。例如《聯合報》的民調提問方式是前者，因此只能計算「永遠維持現狀」的部分。而政治大學的民調提問方式是後者，所以能夠將「永遠維持現狀」的部分與「目前先維持現狀」的部分相加，數值當然也會比較大。

這兩種民調的選項設定如下。《聯合報》的民調，提供選擇的選項有五個，分別是「盡快獨立」、「先維持現狀，但朝著獨立推動」、「永遠維持現狀」、「先維持現狀，但朝著統一推動」、「盡快統一」。另一方面，政治大學的民調則是提供六個選項，分別是「盡快獨立」、「偏向獨立」、「永遠維持現狀」、「維持現狀再決定」、「偏向統一」及「盡快統一」。

筆者試著將《聯合報》及政治大學的民調結果重新彙整為「偏向獨立」、「維持現狀」及「偏向統一」這三個項目，計算出二〇一〇年至二〇一九年這十年間的平均值並進行比較。《聯合報》民調的部分，「偏向獨立」為二九・三％，「永遠維持現狀」為四九・四％，「偏向統一」為一五・六％，「沒意見」為五・七％。而政治大學選舉研究中心民調的部分，「偏向獨立」為二二・四％，「維持現狀」為五九・五％，「偏向統一」為一〇・八％，「無反應」為七・三％。

從以上數值可以看出，《聯合報》民調的「偏向獨立／統一」部分的數值較政治大學民調大，而政治大學民調的「維持現狀」數值較《聯合報》民調大。《聯合報》民調的特徵，就在於將政治大學民調的「先維持現狀」裡頭所隱藏的「偏向獨立／統一」的部分抽取了出來。不過若撇開這些統計方式的差異不談，這兩家民調的結果其實有著幾乎一模一樣的傾向。

圖9-2為《聯合報》從二〇一〇年到二〇二〇年的民調數據變化曲線圖。從這張圖可以看出細部的變化。二〇一〇年的民調結果，「偏向獨立」為三一%，「永遠維持現狀」為五一%，「偏向統一」為一四%（另有「沒意見」為四%）。接下來了各數值發生了微妙的擺盪。「偏向獨立」在二〇一〇年為三一%，到了一四年上升至三四%，達到最高點。「偏向統一」在二〇一〇年為一四%，到了一四年下降至一二%，到達了谷底。

接下來趨勢逆轉，「偏向獨立」開始下降，而「偏向統一」開始上揚。到了二〇一八年，「偏向獨立」到達過去十年的最低點，而「偏向統一」到達最高點。同時這一年也是兩者最

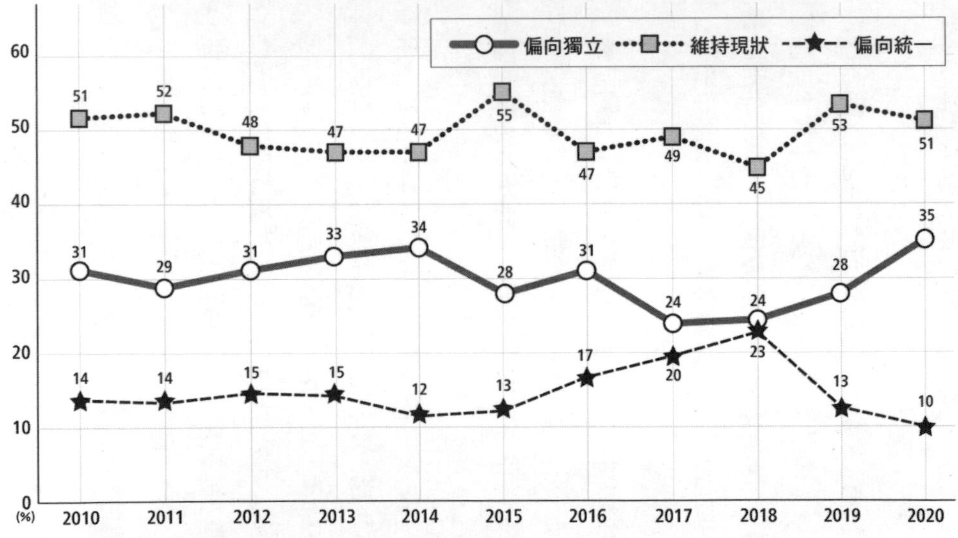

圖 9-2　臺灣民眾對於臺灣前途的主張
出處：筆者依據《聯合報》民調資料所繪製。

接近的一年。二〇一八年的民調結果，「偏向獨立」為二四%，「永遠維持現狀」為四五%，「偏向統一」為二三%（另有「沒意見」為八%）。

但是從這一年起，趨勢再度逆轉，「偏向獨立」轉為上升，「偏向統一」則開始暴跌。到了二〇二〇年，「偏向獨立」達到三五%，為開始進行民調以來的最高數值，而「偏向統一」則只剩下一〇%，為開始進行民調以來的最低數值，兩者相差了二十五個百分點。另一方面，「永遠維持現狀」雖然也有一些變化，但在這十年之間數值相對比較穩定。

「偏向獨立／偏向統一」的曲線轉折點有兩處，分別在二〇一四年及二〇一八年。最有趣的一點，就在於這與「臺灣人／中國人」的曲線轉折點恰好相符。前者為《聯合報》的民調，後者為政治大學的民調。不僅民調機關不同，而且提問的問題也不一樣，但是轉折點卻相同。

接著我們從政治局勢來探討這個問題。二〇一四年發生了以「太陽花學運」為首的巨大政治潮流。另一方面，二〇一四至一八年則是民眾對民進黨的優勢地位反感的時期。到了二〇一九年，由於習近平的演講及香港局勢的劇烈變化，民眾對中國的警戒心迅速攀升。這些局勢的變化都變成了轉折點，在「臺灣人／中國人」及「偏向獨立／統一」的民調中顯現了出來。

「永遠維持現狀」的比例相對安定，意味著支持「臺灣認同」的民意為相對安定的多數。在這個長期趨勢之中，臺灣與中國的關係會發生時遠時近的微妙擺盪，而這個擺盪會與民進黨在縣市長選舉及總統選舉時的輸贏一致。由此可知代表臺灣民眾基本態度的兩種民意指標，與臺灣政治的狀況有著緊密的關聯。

三種意識形態框架的數值化

前文論述了「認同自己為臺灣人，且認為臺灣的前途應該要維持現狀」為臺灣的主流民意。接下來筆者想要將這個部分與本書的三種意識形態框架結合，量化其勢力關係。指標為前述的㈠臺灣民眾的自我認同（臺灣人／中國人），以及㈡對於臺灣前途的主張（獨立／統一），各項分別計算出從二〇一〇年到二〇一九年的十年間的平均值。

㈠使用的是政治大學的民調數據。十年平均值為「臺灣人」五六．三％、「既是臺灣人也是中國人」三六．四％、「中國人」三．六％，此外還有「無反應」三．七％。㈡使用的是《聯合報》的民調數據。十年平均值為「支持獨立」二九．三％、「永遠維持現狀」四九．四％、「支持統一」一五．六％、「沒意見」五．七％。

將這些數值與筆者的意識形態框架相結合之後，即**圖9-3**。從這張圖可以具體看出各意識形態的勢力大小。臺灣的主流民意為「維持現狀」的「臺灣認同」，支持臺灣民族主義及中國民族主義的人都是少數派。

利用這個圖，可以在視覺上明確看出「臺灣人／中國人」的自我認同在政治上屬於什麼樣的立場。「臺灣人」橫跨了臺灣民族主義及「臺灣

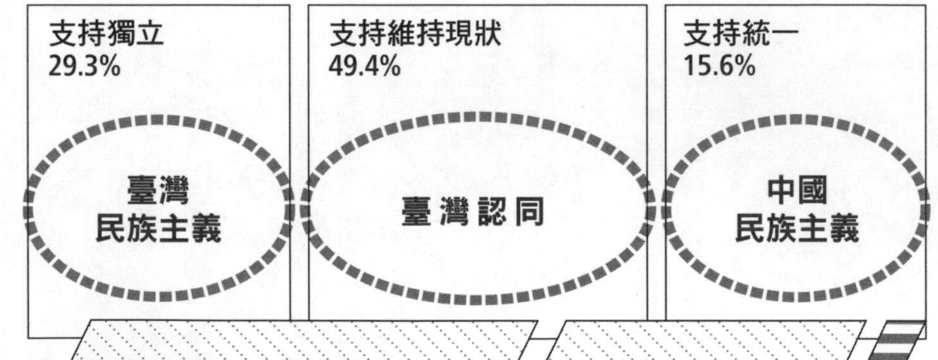

圖 9-3　臺灣的三種意識形態與臺灣前途・自我認同的關係
出處：筆者依據《聯合報》及政治大學選舉研究中心的民調資料所繪製。

認同」，「既是臺灣人也是中國人」橫跨了「臺灣認同」及中國民族主義，「中國人」則僅為中國民族主義的一部分。從這張圖可以看得出來，「臺灣認同」並非只是毫無顏色的中間派，「臺灣」就是它的顏色。

臺灣民族主義支持者的自我認同必定為「臺灣人」，但是回答「臺灣人」的人並不見得全部都是臺灣民族主義支持者。經常有人把「認同自己是臺灣人」跟「支持獨立」直接劃上等號，但這其實是一種誤解。此外也有人把「支持統一」與「認同自己是中國人」劃上等號，這同樣是誤解。這方面如果抱持著錯誤的認知，就會錯誤解讀臺灣政治勢力的支持結構。

從這張圖還可以看出另外一個重點，那就是不管試圖將臺灣推向獨立或統一的任何一個方向，反對的勢力必定為壓倒性多數。「支持獨立」與「永遠維持現狀」都反對中國民族主義，從十年平均值來看，兩者的合計達到七八・七%。反過來看，「永遠維持現狀」與「支持統一」都反對臺灣民族主義，從十年平均值來看，兩者的合計達到六五・〇%。

臺灣民意的最大共識，是實現了民主化及臺灣化的中華民國，想要朝著獨立或統一的方向推動，都會遭遇強烈的反彈。在競選時一旦表現出明確的獨立或統一立場，該場選舉必定會落敗。正因為這個緣故，民進黨一直不敢表達明確的獨立立場。

歷經了七次的總統選舉，民眾的意識在一定程度上已經作出了不想改變臺灣現狀的結論。臺灣的民意在這一點上是相當明確的，但是臺灣該與「希望早日結束現狀」的中國維持什麼樣的關係，不同的主張一直處於對立的狀態。雖然臺灣認同意識在臺灣已經根深蒂固，但是隨著中國的實力增強，臺灣還是會不斷受到中國的干擾與動搖。

總統選舉中的意識形態與支持結構

七次的投票結果

本書在各章已分別論述過每一屆的總統選舉，以下將彙整七次選舉的意識形態與各陣營支持結構的關係，提出一定程度的結論。以下有兩張圖，都是從選舉結果來分析民意支持結構。第一張圖是各陣營在七次選舉中的得票率變化（**圖9－4**）。從這張圖可以看出民進黨、國民黨、其他黨派及無黨派的勢力變遷。

第一次選舉中，右側的「無黨籍」參選人原本都是國民黨，與李登輝的得票數加起來幾乎達到八成，由此可看出泛國民黨在這個時期的勢力有多麼龐大。到了第二次選舉時，民進黨的支持率提升，第三次選舉時已形成了藍綠兩大陣營對決的結構。第四次選舉時，馬英九率國民黨反攻，建立起國民黨的優勢地位。第五次選舉時，國民

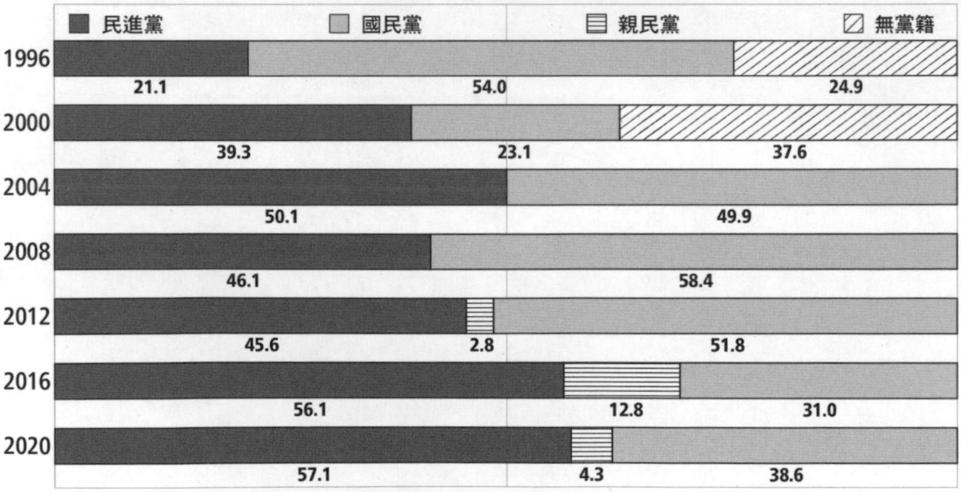

圖 9-4　總統選舉的各陣營得票率變化（%）

宋楚瑜共參選了 4 次，分別在 2000 年、12 年、16 年及 20 年。但是 2000 年時參選的資格與 16 年及 20 年不同，因此在圖上換了位置。另外，宋楚瑜在 2012 年是以無黨籍身分參選，但由於他是親民黨主席，為了方便統計還是視為親民黨。

出處：由筆者根據中央選舉委員會提供的資料所製作。

黨依然維持優勢，但是到了第六次選舉時，民進黨已經成功逆轉。第七次選舉，民進黨同樣維持著優勢。從這些選舉結果可以看出，民意對政黨的支持結構是不斷在改變的。

但是另一方面，臺灣政治的意識形態結構在這二十年間幾乎沒有任何改變。左右為兩種不同的民族主義，中間為「臺灣認同」的結構，長久以來大同小異，只是勢力比例改變了。

接下來的**圖9－5**，筆者嘗試變更觀點，將七次選舉中的候選人得票率僅簡單區分為民進黨及「民進黨以外」。透過這張曲線圖的勢力比例變化，筆者想要分析出總統選舉的長期趨勢。

民進黨及「民進黨以外」的勢力原本有著極大的差距，但在最初的三次選舉中大幅拉近。其後國民黨一度聲望回升，但接著便形成了民進黨領先的局勢。二〇一六年民進黨與「民進黨以外」的勢力比例為「五六：四四」，到了二〇二〇年變成「五七：四三」，差距為十二到十四個百分點。對照二〇二〇年之後的臺灣政局，十二到十四個百分點的差距可說是對民進黨頗為有利。

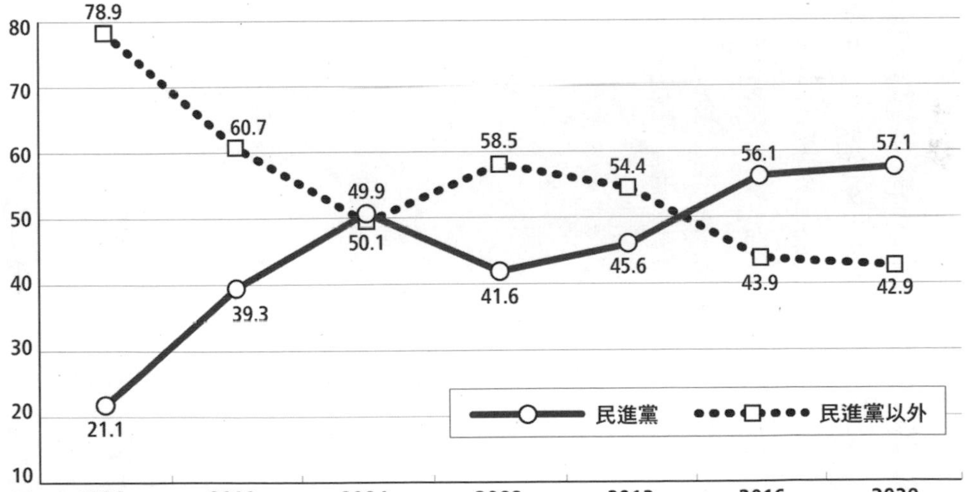

圖 9-5　總統選舉中民進黨及「民進黨以外」的勢力比例（1996-2020 年）
出處：由筆者根據中央選舉委員會提供的資料所製作。

其理由就在於宋楚瑜的票跟國民黨是分開的。二〇一六及二〇二〇年的宋楚瑜所得選票，在這張圖上為了方便統計，直接納入了「民進黨以外」的勢力中。但其實宋楚瑜在這兩次選舉中的自身定位，是刻意朝向「第三勢力」發展的（雖然效果不彰）。換句話說，「第三勢力」已開始在臺灣的政治局勢中萌芽。雖然長期的狀況還很難說，但至少在二〇二四年總統選舉時，「民進黨以外」的勢力很可能會被國民黨及「第三勢力」所瓜分。當然隨著「第三勢力」的出現，民進黨的得票率也會下降，但是國民黨的選票也會被「第三勢力」吸走，因此國民黨要超越民進黨可說是相當困難[11]。就算「第三勢力」沒有推出候選人，原本「第三勢力」的支持票還是會有一部分流回民進黨，到頭來國民黨要贏過民進黨還是不容易。

從這張圖還沒有辦法認定民進黨的絕對優勢地位已然成形，但是認定「國民黨的勢力正在衰退」應該不會有任何爭議。而國民黨的衰退，也意味著民進黨取得了相對優勢。因此長達四分之一個世紀的總統選舉的長期趨勢，可以簡單描述為「從國民黨的絕對優勢轉變為民進黨的相對優勢」。

意識形態與支持結構的關係

接下來筆者將整理出三種意識形態及政治立場與七次選舉中各陣營定位的關係。**圖9-6**及**圖9-7**為各屆選舉中意識形態與支持結構的關係圖。**圖9-6**為一九九六年到二〇〇八年之間四屆，**圖9-7**則為二〇一二年到二〇二〇年之間的三屆。圓形及橢圓形代表意識形態及政治立場，四邊形及菱形的面積大致上相當於各陣營的得票率。四邊形及菱形的位置，代表著各陣營的民意支持基礎及其定位。

前面的**圖9-4**只能以得票率來觀察選舉結果，但是**圖9-6**及**圖9-7**還能夠看出各陣營是以什麼樣的選民為拉攏的目標。從這張圖可以清楚掌握各陣營的選戰策略與選舉結果的關係。七次的選舉結果，從哪個陣營成功拉攏了「臺灣認同」的支持群的觀點可看得出來。

針對意識形態的圖，筆者想要再作一些說明。在蔣介石時代以及蔣經國時代，意識形態只有右側勢力龐大的中國民族主義（當時稱為中華民國愛國主義），以及左側的一小塊臺灣民族主義。到了李登輝時代，溫和、寬鬆的「臺灣認同」才作為政治立場開始出現在社會上。李登輝提出了「中華民國在臺灣」的概念，讓「臺灣認同」（在民主化及臺灣化的中華民國框架之下維持現狀，既不統一也不獨立的政治立場）開始成形。

在接下來的時代，三種意識形態及政治立場雖然位置沒有改變，但是政治勢力的大小不斷發生變化。右側的中國民族主義逐漸萎縮，如果只以中國民族主義作為民意支持基礎，要獲得過半數的民意變得越來越困難[12]。相較之下，左側的臺灣民族主義則漸漸壯大，但是光靠臺灣民族主義同樣沒有辦法獲得過半數的民意。支持層最大的意識形態，一直是「臺灣認同」。從**圖9－6**及**圖9－7**可以看得出來，在每一屆的選舉裡，當選的都是以這個區塊為票源的候選人。其過程及機制，筆者已在各章的選舉分析中論述過，在這裡筆者只簡單地彙整出結論。

首先在一九九六年總統選舉之中，李登輝以「臺灣認同」支持群為訴求對象，成功拉攏了這一群人。除此之外，李登輝還獲得了國民黨的組織票，以及一部分對彭明敏不抱希望的民進黨支持者的選票，最後以五四・〇%的得票率高票當選。國民黨的組織票之中，包含了很多軍公教人員，他們大多是中國民族主義的支持者。至於地方派系之中，則有很多人是溫和的「臺灣認同」的支持者。相較之下，林洋港只能仰賴新黨的民意支持基礎。他雖然努力想要吸收中國民族主義支持群的選票，但必須與無黨籍的陳履安競爭，再加上遭國民黨的組織票排拒在外，因此最後只能拿到中國民族主義支持群的一部分選票。

至於民進黨的彭明敏，則只能拿到臺灣民族主義支持群的選票。雖然民進黨的支持者還包含了「臺灣認同」區塊的左半邊，但後來這些人對彭明敏不抱希望，把票投給了李登輝。陳履安則是試圖在中國民族主義與「臺灣認同」的重疊部分吸收選票，但是在中國民族主義的區塊內必須與林洋港競爭，「臺灣認同」又已經被李登輝拉攏，因此支持率無法擴大。

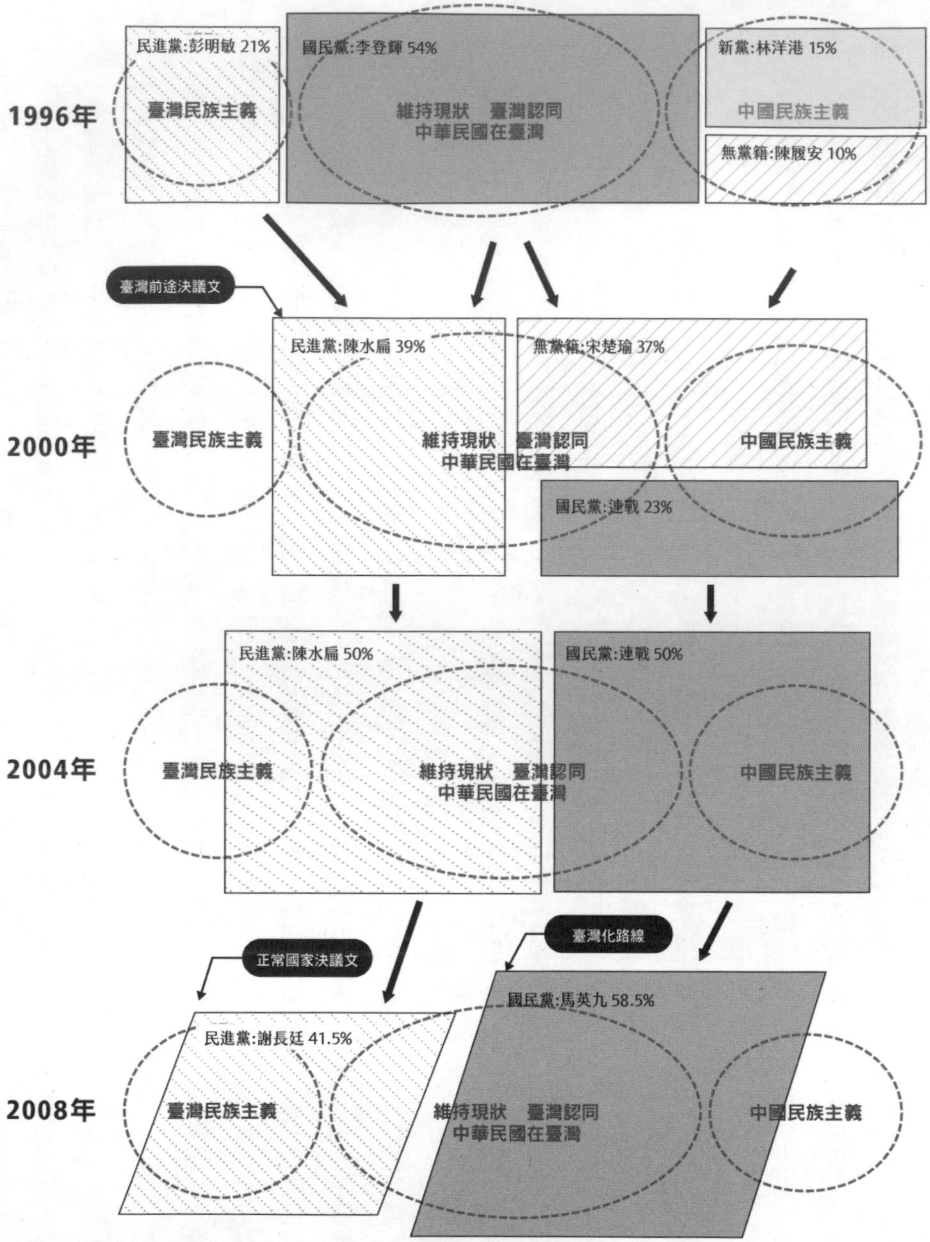

圖 9-6 總統選舉中的意識形態・政治立場及支持結構（1996-2008 年）

出處：由筆者製作。

一九九六年總統選舉所出現的勢力結構，是國民黨以厚實的中間區塊為民意基礎，而把兩種民族主義往左右兩側擠壓。李登輝想要讓連戰繼承這個穩固的結構。由於「臺灣認同」的支持者會對兩極端的民族主義抱持戒心，因此如何吸收「臺灣認同」的大量支持群成為挑戰國民黨的左右兩側候選人的課題。

到了二〇〇〇年總統選舉，民進黨的陳水扁一方面強化既有的支持基礎，一方面喊出新中間路線的口號。在這路線上，陳水扁刻意與臺灣民族主義保持距離，把拉攏的目標對象鎖定在「臺灣認同」的左半邊區塊上。因此陳水扁所佔據的位置，在圖中央的左側。民進黨在一九九九年通過《臺灣前途決議文》，壓下了想要建國、獨立的心願，修正目標為在中華民國的招牌之下，強化廣義的臺灣認同，正是因為他們明白靠臺灣民族主義很難打贏選戰。

對於臺灣民族主義的支持者而言，沒有一個候選人完全符合自己的意識形態。但是陳水扁成功拉攏了希望臺灣未來朝獨立方向發展的一群人，以及族群意識較強的閩南系本省人，透過競選活動大幅提升了支持者的熱情。從圖上可以看得出來，臺灣民族主義的支持群進入了代表陳水扁得票範圍的四邊形中。

無黨籍的宋楚瑜，則是一邊接受新黨的支持，一邊喊出臺灣優先的口號，以中國民族主義及「臺灣認同」的右半邊為拉攏的目標。因此宋楚瑜所佔據的位置，在圖的右側。連戰的選舉策略較不明確，他在選戰中只是與宋楚瑜爭奪中國民族主義的支持群，而「臺灣認同」的支持群則完全被看準這塊大餅下手的陳水扁奪走。雖然二〇〇〇年總統選舉中各候選人的選戰策略及得票率的關係頗為複雜，但從整體局勢來看，把目標鎖定在「臺灣認同」支持群的陳水扁居於優勢地位，再加上對連戰不抱希望的一部分國民黨支持者也把票投給了陳水扁，因此最後陳水扁擊敗宋楚瑜，成功當選。

二〇〇四年總統選舉，形成了藍綠兩大陣營直接對決的局面。陳水扁與連戰的競選策略都是一方面鞏固己方陣營的基礎選票，一方面設法吸收中間的「臺灣認同」的選票。自二〇〇〇年之後，臺灣民族主義有稍微擴大的趨勢，而中國民族主義有稍微縮小的趨勢。陳水扁佔據了相當巧妙的位置，他一方面接近臺灣民族主義，一方面拉攏「臺灣認同」支持群。再加上最後的槍擊事件，讓陳水扁逆轉獲勝。最後局勢之所以逆轉，是因為陳水扁還吸收到了一些意識形態薄弱的地方派系。連戰雖然在基礎票上佔了優勢，但是在爭奪「臺灣認同」的選票時贏不了陳水扁，終於導致落敗。

二〇〇八年總統選舉，馬英九走臺灣化路線，成功吸收拉攏了「臺灣認同」支持群，以五八・四％的得票率高票當選。民進黨在二〇〇七年通過《正常國家決議文》之後，在圖上的位置往左側偏移。他們對於局勢判斷錯誤，大多數民進黨相關人士及獨派人士都將「臺灣認同」與臺灣民族主義直接劃上等號，他們有以為只要訴諸臺灣民族主義就能夠打贏選戰的傾向。

另一方面，馬陣營則強調「不統、不獨」，也就是維持現狀，企圖藉此吸收「臺灣認同」的選票。雖然這樣的立場引起了中國民族主義支持者的不滿，但他們還是為了終結民進黨政府而團結一致。從**圖 9－6** 可以看得出來，馬英九佔據的位置往「臺灣認同」的方向移動。中國民族主義的支持者雖然遭到拋棄，但最後還是把票投給了馬英九。

接著進入**圖 9－7**。二〇一二年總統選舉，民進黨的蔡英文試圖靠中間路線發動反攻。蔡英文原本想要佔據「臺灣認同」的左側，但是尋求連任的馬英九也不打算放棄「臺灣認同」支持群的選票。蔡英文想要將勢力從左側往中央擴張，卻遭到國民黨所祭出的「九二共識」所阻撓。國民黨的這一招在二〇一二年總統選舉中發揮了一定程度的效果。另一方面，蔡陣營則喊出「馬英九為終極統一支持者」，試圖讓馬英九的勢力沒有辦法從中國民族主義往「臺灣認同」的方向擴張。但是在二〇一二年總統選舉中，蔡陣營這個策略所發揮的效果有限。最後蔡英文就因為在「臺灣認同」的選票爭奪戰中輸給了馬英九而落選。

二〇一六年總統選舉，國民黨歷經了中途換將，但筆者想先就一開始的洪秀柱的事例來說明國民黨的位置。洪秀柱提出了「一中同表」（與中國共產黨的主張一致）來取代馬英九的「一中各表」。這等同於承諾將改變兩岸關係現狀，顯然是以中國民族主義的支持群為拉攏的目標。另一方面，蔡英文走的是非常明確的維持現狀

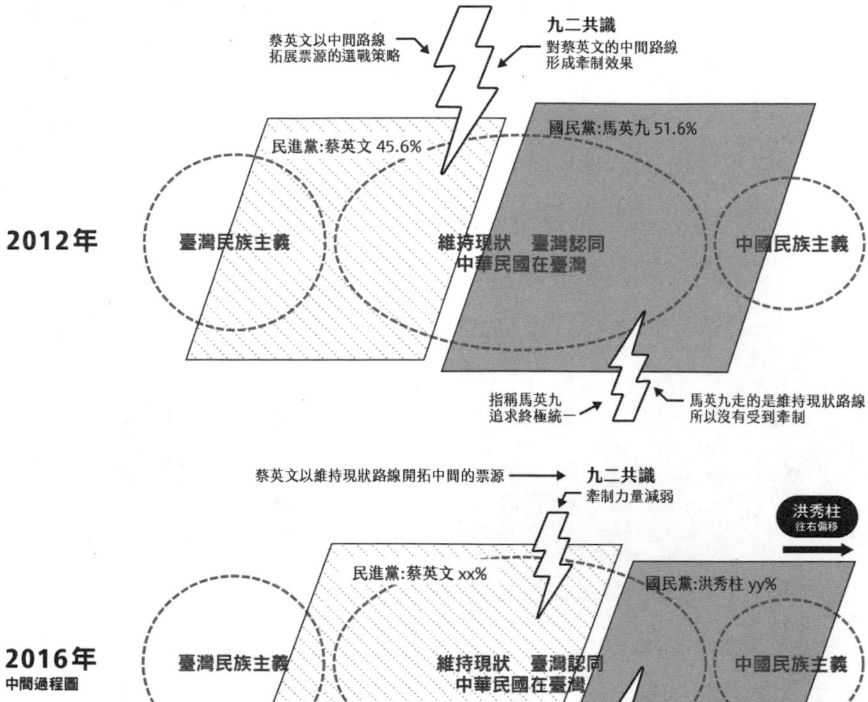

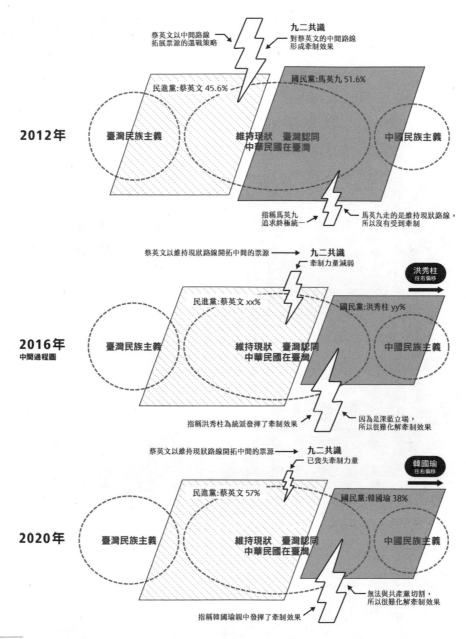

圖 9-7　總統選舉中的意識形態・政治立場及支持結構（2012-2020 年）
出處：由筆者製作。

路線，以「臺灣認同」的支持群為目標。也就是國民黨的位置由中央往右偏移，而民進黨的位置由左側往中央偏移。

在二〇一二年，蔡英文就想要往中央移動，只是因為受到馬英九阻撓而沒有成功。到了二〇一六年，洪秀柱卻是自己往右移動，把中間的區塊拱手讓給了別人。由於洪秀柱主張「一中同表」的關係，蔡英文再也不會受到「九二共識」所牽制。相反地，蔡陣營還以「洪秀柱為統派」的主張來牽制洪秀柱。這個主張成功地將洪秀柱的勢力封鎖在中國民族主義的框架內。如此一來，洪秀柱的位置偏離了屬於多數派的「臺灣認同」區塊，支持率難以提升。後來國民黨雖然將候選人換成了朱立倫，卻沒有辦法改變這個勢力結構。由於國民黨往右移動，中央出現空隙，宋楚瑜的支持率也提升了。這一屆最後是以朱立倫的慘敗收場，朱立倫的得票率只有三一・〇%。

二〇二〇年的選舉勢力結構，與二〇一六年幾乎完全相同。蔡英文雖然遭受獨派的批評，還是堅持維持現狀路線，在立場上依然是以「臺灣認同」為目標訴求對象。相較之下，韓國瑜則是在追求中華民國民族主義的熱情韓粉支持下，立場逐漸遠離「臺灣認同」。雙方所佔據的位置，可說是已經決定了這場選戰的輸贏。擁有強烈個人風格的韓國瑜雖然在一定程度上凝聚了反民進黨的選票，終究還是慘敗給了蔡英文。

到目前為止，筆者整理了各屆總統選舉候選人的立場定位與意識形態及民意支持結構的關係。總統選舉是以「國家認同問題」為主要議題的選舉，因此筆者認為各陣營意識形態的定位會與選舉的輸贏息息相關。在這樣的前提認知之下，可以看出七次的總統大選都符合一個狀況，那就是在「臺灣認同」的選票爭奪戰中獲勝的一方，必定是最後當選的一方。然而，實際的選戰過程要複雜得多，這點從本書各章的論述就可以窺知一二。

「臺灣認同」框架的驗證

自我認同、臺灣的前途、民進黨的得票率

前文已透過三種意識形態框架分析了總統選舉的結果與臺灣民意的動向。這三種意識形態的分析框架有一個前提，那就是「唯有關於國家認同的意識形態問題，才具有影響總統大選結果的決定性力量」（參見第一章的「總統選舉的交鋒議題」）。而這個框架的核心概念，就是「臺灣認同」這個有著「臺灣色彩」的中間派。因此這個框架也可以稱作「臺灣認同」框架。

在總統選舉分析的最後，筆者想要將這個框架與臺灣民意及總統選舉的長期趨勢進行比較，藉此驗證其有效性。驗證方法是將二十五年來的㈠「臺灣人」的比例及㈡「獨立」及「維持現狀」的支持率繪製成圖表，與七次總統選舉中民進黨的得票率進行比對。從中可以看出的傾向，與本書的分析結果完全一致。為了提升資料的統一性，㈠跟㈡皆使用政治大學選舉研究中心的調查資料。

圖9-8是筆者根據政大的「臺灣人/中國人」民調資料，將「臺灣人」的回答率繪製成曲線圖，標上民進黨在選舉中的得票率，並且畫出得票率的近似線。從這張圖上，可以清楚看出「認同自己為臺灣人」的增加比例，與民進黨的得票率近似線極為貼合。這意味著舉辦總統選舉的這二十五年來，民進黨的擴張趨勢，與「臺灣人」的自我認同增加趨勢是一體兩面的現象。換句話說，這證明了本書所不斷強調的廣義的臺灣認同已在臺灣滲透及扎根，而民進黨剛好搭上了這股風潮。

接著筆者再利用政治大學的民調資料，以「獨立」及「維持現狀」的支持率繪製出堆疊棒狀圖，再標上七次選舉中的民進黨得票率，並且畫出得票率的近似線（**圖9-9**）。

從這張圖可以得出以下的結論。由「獨立」及「維持現狀」的支持率所堆疊的棒狀圖，是呈現平緩上升的狀態，而民進黨得票率的近似線，也是呈現平緩上升的狀態。但是「獨立」的支持率比民進黨的得票率小得多。這意味著民進黨所成功獲得的支持率，遠大於「獨立」的支持率。倘若民進黨在選舉上只仰賴「獨立」的支持者，根本不可能當選。真正能夠決定民進黨當選或是落選的要素，不是民眾對「獨立」的支持率，而是民進黨在「維持現狀」內的支持率。在民進黨獲勝的幾屆選舉中，得票率都包含了「維持現狀」支持群的半數以上[iii]。

框架的有效性

以圖9-8及圖9-9的解讀結果配合選舉政治的脈絡進行整理，可以得到以下三點結論。

（a）民進黨的勢力擴大，主要是搭上了臺灣認同意識興盛的風潮。
（b）民進黨如果只依賴臺灣民族主義，肯定無法獲得今天的高支持率。
（c）民進黨想要勝選，一定要獲得「維持現狀」的支持群的過半數支持。

iii 在這張圖裡，蔡英文在二〇二〇年選舉時的得票率比「維持現狀」的一半低了一些。但是這應該要將民調的時期及總統選舉的投票日也納入考慮。總統選舉是在二〇二〇年一月上旬舉行，而政治大學的民調則是二〇二〇年六月與十二月的民調的平均值。如果想要正確地看出兩者的相關性，二〇二〇年的選舉結果應該要放在這張圖表的二〇一九年裡頭才比較恰當。二〇二〇年的蔡英文得票率，比二〇一九年「維持現狀」的一半為高。二〇二〇年的民調因為受到新冠病毒爆發流行的影響，「獨立」及「臺灣人」的民調比例大幅提升，形成了另一種不同的傾向。

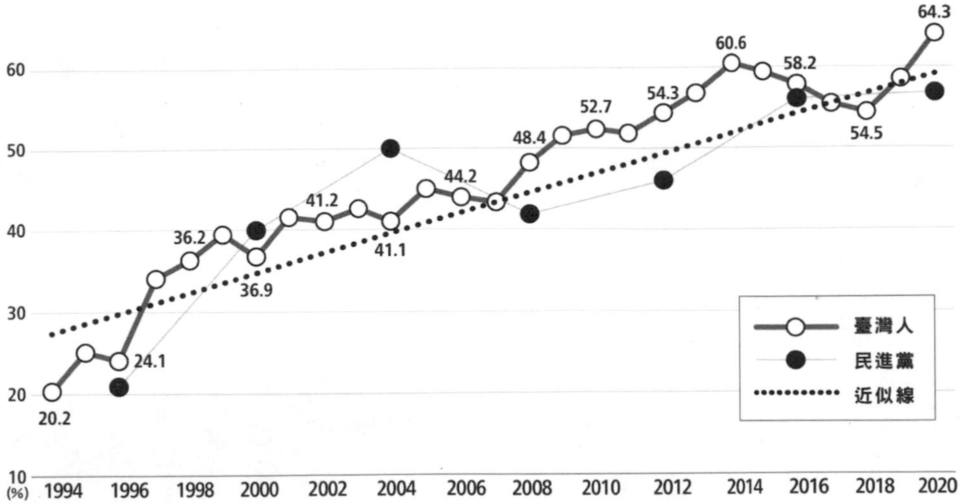

圖 9-8　自我認同為「臺灣人」的比例變化與民進黨得票率的近似線
出處：筆者參照政治大學選舉研究中心與中央選舉委員會資料所製成。

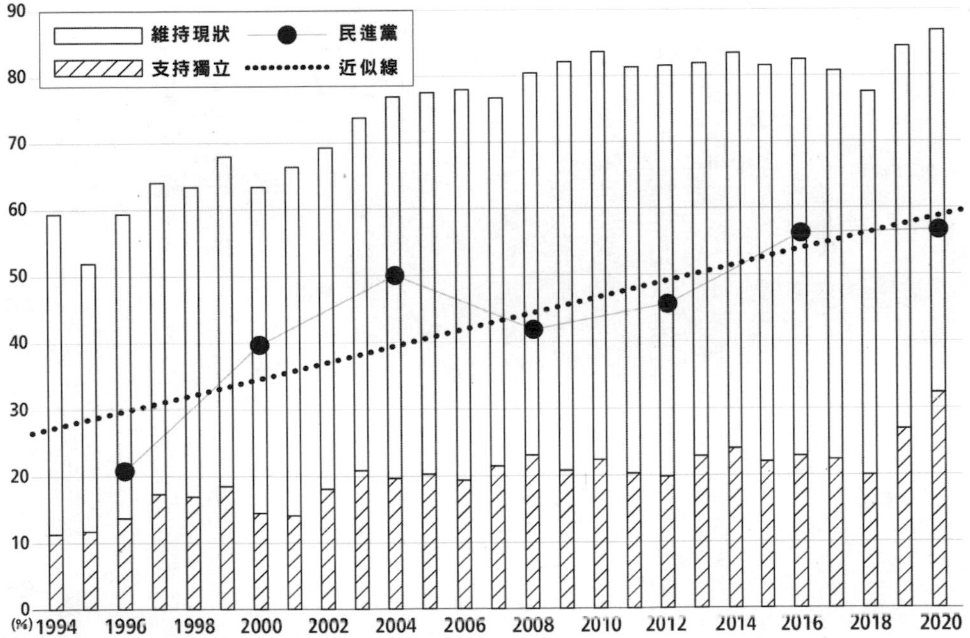

圖 9-9　獨立及維持現狀的支持率變化與民進黨得票率的近似線
出處：筆者參照政治大學選舉研究中心與中央選舉委員會資料所製成。

以上三點，正是筆者在各章依照選舉分析結果所提出的論點。透過上述兩圖及二十五年來的資料，筆者的論點獲得了印證。簡言之，三種意識形態的框架已藉由筆者的選舉過程實證研究（包含實地觀察），以及包含統計處理在內的選舉結果分析，證實其有效性。

「總統選舉的最大議題是『國家認同問題』」這個觀點，是筆者為了觀察二〇〇〇年總統選舉，自一九九九年四月起在臺灣待了整整一年的期間，從臺灣民眾的口中聽來的。筆者在二〇〇四年總統選舉的分析論文中，首次以兩種意識形態加上「臺灣認同」作為分析的框架[13]。從那一次之後，筆者在二〇〇八年、一二年、一六年、二〇年的選舉時，都以相同的框架進行分析並發表論文。

這個框架除了能用來分析選舉結果之外，也能夠用來判斷選情及預測結果。筆者以這個框架建立基本模型，再以此基本模型搭配總統選舉及各選區的立委選舉資料建構出分析應用模型，在二〇一二年、一六年、及二〇年都在一定程度上成功預測出了選舉結果[14]。輸入模型內的選情資料，都是筆者親自實地訪查蒐集來的。為了蒐集這些資訊，筆者每年平均會前往臺灣六次。筆者的模型能發揮機能，全仰賴實地訪查時受到許多人的幫助。

當然這不能說明臺灣的所有政治現象。筆者的「臺灣認同」框架只是分析臺灣選舉政治的有效框架之一，但要說明臺灣的政黨結構，還是若林正丈的「民族主義政黨制」理論較為有效。在政治史、執政制度、兩岸關係、臺美關係等各方面，日本的學會都有豐碩的研究成果[15]，而臺灣則是累積了大量以投票行為分析為主的選舉研究成果。除此之外，臺灣的政治學者、社會學者及國際政治學者等各界研究人員，對於臺灣的政黨、族群、權力結構及兩岸關係等各方面都有優秀的研究成果，整體而言臺灣的政治研究水準相當高。

臺灣式民主政治

「我最大」、「居上位者」及「阿莎力」

臺灣選民的主權在民觀念相當強。雖然日本也有「選民的地位就跟神一樣」這種說法，但是臺灣選民在這方面的觀念比日本要強烈得多，他（她）們會對政府提出各種五花八門的要求。造成這種現象的原因，其實是民主化後，臺灣社會的流動化及多元化更為擴大，政治人物為了爭取選票而在選區內做了過多的選民服務。如今臺灣的選民已經視之為理所當然，在這種環境氛圍下很容易就產生了「我最大」的觀念。自我認同意識高漲的結果，往往也會帶來一些自我中心的想法。

臺灣的民眾都認為「民主化是自己親手建立起的成就」，每個人都為此感到驕傲。但是另一方面，臺灣的民眾也受了傳統的家長制國家觀念的影響，因而有著「居上位者（政府）應該要照顧居下位者（民眾）」、「有事上面的人會扛」的想法。這種「居上位者」的觀念，與「自我責任」是完全相反的政治觀，容易造成民眾對政治人物的過度要求。而且臺灣民眾在政治方面的態度相當「阿莎力」，只要政治人物不符合自己的期待，馬上就會想要換掉。對於做得不好的政黨，「民意」立刻就會給予懲罰。就算是原本大受歡迎的政治人物，民眾翻臉的速度也會跟翻書一樣。

「我最大」、「居上位者」及「阿莎力」這三種要素結合在一起，就形成了「臺灣式民主政治」。因此臺灣的政治總是變動非常大，而且容易被社會氛圍所影響。臺灣的民意不擅長對政策進行長期的監督，而罷免投票及單一議題的公投可說是恰好符合這種風氣的制度。

臺灣經常發生假消息氾濫的現象。比起官方的正式發言，日常生活中的一些小道消息反而更容易為臺灣民眾所相信，這可說是臺灣社會的傳統特質。因為網路發達的關係，這些小道消息傳播得比以前更快、更廣。而且臺灣的媒體往往沒有做好求證的工作。網路上的傳聞在未經確認的情況下就被拿來當作新聞頭條，這對今天的臺灣媒體來說已經是家常便飯。

選戰期間，關於政策的錯誤解讀也會以訛傳訛，在社會上擴散。就算政府一再強調「不是那麼回事」，還是趕不上擴散的速度，這也是假消息的特徵之一。政治活動的時間軸被迫縮短，短時間之內的大量網路留言及批判就足以對政局造成影響。在這樣的狀況下，政局當然難以安定。民主政治體制經常處於混亂狀態，整個社會經常籠罩著一股困頓感。威權主義體制的國家看在眼裡，想必會暗自竊笑吧。

臺灣因為地理環境的關係，經常發生颱風及集中性的豪大雨。一旦發生水災，民眾就會不顧一切地批評政府。例如陳水扁政府時期的「八掌溪事件（二〇〇〇年七月）」、馬英九政府時期的「八八水災（二〇〇九年八月）」，以及蔡英文政府時期的「八二三水災（二〇一八年八月）」，雖然水災造成的危害都不相同，但是當時的政府都因為處理得不夠妥善而遭到嚴厲批判，導致政權岌岌可危的情況更是如出一轍。

二〇一八年九月，日本關西機場因燕子颱風的影響而被迫關閉，部分臺籍旅客被迫滯留機場，這時蔡英文政府也因為採取因應措施的速度太慢而遭受抨擊。不僅如此，而且接下來更發生了一起悲劇。當時滯留機場的旅客，當然包含了日本人、臺灣人及中國人，但是這時中國方面的網站卻放出一則假新聞，指稱「中國籍旅客已經搭乘中國大使館所準備的巴士早一步離開了機場」。這則新聞在臺灣迅速擴散，引發了「政府採取行動的速度為什麼比中國還慢」的批評聲浪。

實際上的情況，是當時滯留在機場內的所有旅客都已先搭乘關西機場所準備的巴士前往了泉佐野市，接著中國籍旅客才從該地搭乘中國所準備的巴士前往大阪市（其實，到了泉佐野市就有交通工具，無需包車）。然而錯誤的新聞卻在臺灣鬧得沸沸揚揚，大量抨擊聲浪湧入臺灣駐大阪經濟文化辦事處（相當於臺灣的駐日領事館），最終導致臺灣駐大阪外交官自殺[16]。

臺灣民眾不滿的點，在於「為什麼大阪辦事處沒有採取保護臺灣人的特別措施」。然而這起事件並非戰爭、恐怖攻擊或是大規模天災，並沒有人員傷亡的風險，只是一群倒楣的旅客因颱風而「暫時無法移動」而已。只因為與中國比較的關係，讓臺灣的社會產生了歇斯底里的偏激反應。

剛好就在同一個月，日本的北海道發生地震，新千歲機場被迫封閉，又有一些臺灣旅客滯留在當地。臺灣駐日代表處的札幌分處只有兩名職員而已，他們不眠不休地提供協助，卻還是招來旅客的埋怨。有些旅客要求「派出救援班機」，有些旅客要求「安排旅館住宿」，甚至有旅客抱怨「不想再吃泡麵」。相關訊息透過社群網站傳回臺灣，登時引發了一陣撻伐蔡英文政府的聲浪。國民黨也跟著推波助瀾，趁機強烈譴責蔡英文政府。事實上，民進黨過去也曾經以相同的手法攻擊馬英九政府。

不論任何人上臺，都會有一些施政上的小疏失。而其中一些較有話題性的事情就會被放大檢視，在網路上引發熱烈討論，在野黨也會基於政治目的而加以利用，這樣的狀況幾乎已成了循環。不管是馬英九時期還是蔡英文時期，都發生過相同的事情。馬英九執政時期，民進黨屢次以這樣的手法攻訐政府的政策，從中獲得了相當大的政治利益。後來蔡英文執政，國民黨也「以其人之道，還治其人之身」。

換句話說，國民黨是靠著以前民進黨所使用的手法，來為自己爭取政治上的優勢。在臺灣，在野黨總是以不理性且不科學的態度全盤否定執政黨的政策。當在野黨有朝一日變成了執政黨，也會遭當時的在野黨以相同的方式扯後腿，導致政策窒礙難行。不管是執政黨還是在野黨，都在持續做著傷害臺灣民主政治的「自我傷害行為」。

「尾巴搖狗」

現代的民主政治，可以形容為一種輿論調查政治。每個星期都會有各式各樣的民意調查被公布出來，一旦民調支持率下滑，就算還沒到選舉時期，執政黨也會如坐針氈。臺灣有一句俗諺說「不是狗搖尾巴，是尾巴搖狗」，這正是臺灣政治與輿論調查之間關係的最佳寫照。在正常的情況下，應該是政治人物先提出施政方針，再透過民意調查來確認民眾對此政策的評價。但如今的臺灣政治，卻是「支持率」這種短暫現象在媒體及網路上大行其道，對政府造成壓力，或是引發異常的風潮。像這種由民調所主導的政治，必定是大起大落而難以安定，甚至是動搖人民對民主政治的信賴感，這就是臺灣的政治現況。

臺灣在政治經濟上處於相當不利的結構。其他各國的政府能夠利用各種大規模的領導人外交活動或國際會議作為提升政權威望的工具，但是臺灣的政府沒有辦法這麼做。ＷＴＯ如今已遇上了瓶頸，各國之間紛紛締結兩國協議或區域協議以確保本國的經濟利益，但臺灣很難與其他國家訂定自由貿易協議。因此到頭來臺灣的政府能夠做的事情相當有限，但民眾卻對政府抱持著高度的期待。

臺灣的選民往往在投票時對政治人物抱持著不切實際的期待，而且總是學不到教訓。評論一項政策的效果通常需要四年的時間，其中至少需要兩年的觀察。但是臺灣的選民總是不肯耐心等待，對政府的不滿情緒往往在一瞬間就爆發出來。不管是陳水扁、馬英九還是蔡英文，都是在上臺不到半年之內就陷入支持率暴跌的困境，導致政府難以順利運作。其背後的原因，當然是半年前投票的人一旦覺得執政黨的表現「不如預期」，立刻就加以拋棄。處在這種風氣之下的政治，沒有辦法從長期的觀點來好好解決一個問題。臺灣的政治長期籠罩著一股困頓感，其實可說是臺灣的選民「自作自受」。

隨著臺灣認同意識在臺灣形成共識，原本動盪期的激昂民意當然也會逐漸恢復冷靜。這時一些與生活息息相關的政治問題就會開始受到關注。畢竟認同不能當飯吃，認同也不能解決政治問題。選民總是不斷累積著不滿及焦躁的情緒，總是在尋找著宣洩情緒的缺口。圍繞著認同意識的政治氛圍，本來在這個時候應該已開始要轉型了。但是進入二〇一九年之後，由於習近平的演講、香港局勢及新冠肺炎所引發的爭議，臺灣認同的熱度不降反升。原本這時候應該已經要進入認同問題的下一階段政治展望，臺灣卻因為持續承受來自中國的壓力而陷入原地踏步。

臺灣的社會如今流行著「小確幸」的概念。對於生活在政治、經濟及社會皆快速變遷的環境之中的臺灣人來說，這其實是一種充滿了智慧的概念。每一個單一個體所追求的，其實只是找出自己在社會中的棲身之所及職責，過著與他人和平相處的生活。這樣的價值觀，與一輩子活在競爭之中的大陸人的價值觀可說是截然不同。但是臺灣社會這種豁達而平穩的智慧，卻沒有被好好運用在政治領域上。

在民主政治的實施過程中，「能否形成共識」往往是一大難題。對任何一個實施民主政治的國家來說，這都是相當艱難的課題，臺灣當然也不例外。政治人物及政黨必須在審慎討論之後，將臺灣當前的問題告知選民並尋求共識。選民也應該主動理解臺灣所面臨的狀況，建立起尋求共識的風氣。選民應該避免對政治抱持過度的期待，在面對政治議題的時候應該抱持更多的耐心。當然這絕對不是簡單的事情。透過總統選舉掌握權力的政權，必須要接受整整四年的嚴格監視，並且在下一次總統選舉時接受選民的審判。這雖然聽起來平凡無奇，但唯有不斷累積這樣的經驗，才能夠逐漸朝著理想的狀態邁進。

某些臺灣民主政治的問題，與日本及歐美民主國家的問題是相同的，並非是臺灣的民主政治所獨有。但是臺灣所面臨的狀況較為特殊且嚴苛，因為中國隨時都想要趁虛而入，設法讓臺灣的民主政治陷入混亂，甚至是瓦解。

臺灣的選民都希望臺灣能夠「維持自立」，也希望臺灣能夠「維持繁榮」。但是隨著中國的壯大，臺灣不管是要維持自立，或是要維持單獨的經濟繁榮，都變得越來越困難。當臺灣親近中國、接受中國的優惠經濟措施，臺灣的自立就會受到威脅，約一半的選民對此感到不安。但是當臺灣以自立為優先考量，中國就會加倍施壓，這讓另一半的選民感到不安。不論由誰執政，都不可能同時實現這兩邊的願望，因此施政滿意度下滑是必然的結果。

臺灣有著多元化的社會結構及多樣化的價值觀，因此難以完全阻擋中國共產黨的資訊操控及統戰策略。如今的中國已實現了高度的發展，不僅科技領先全球，而且在全球經濟中舉足輕重，與當年被蔣介石稱為「共匪」

的時代不可同日而語。這樣的中國，以十九、二十世紀式的民族主義控制中國國民的思想，而且抱持著無論如何一定要統一臺灣的決心。在未來的時代，中國對臺灣的干涉力道一定會越來越強，臺灣的政治經濟結構上的矛盾也會越來越遭到突顯。未來的臺灣，想必還得面臨更多的困境。即便如此，筆者還是期盼臺灣的民主政治能夠長久維持下去。

民主的燈塔

民主化之後的臺灣，廣義的臺灣認同已經在社會上滲透及扎根。這是一種全面肯定臺灣及臺灣人，認同臺灣有著獨一無二的存在及存續意義，而且對於臺灣的生活型態抱持深厚感情的意識。認同意識的顯現，當然是因為有了外力／外人的關係。這意味著臺灣人會對任何威脅臺灣及臺灣人，或是對臺灣表現出高高在上態度的勢力抱持反感。對象可以是中國，可以是日本，也可以是美國。

不管是臺灣民眾對臺灣各地歷史的關心、各種古蹟及日治時期建築的保存運動、社區再造、環境保護運動，還是騎單車環遊臺灣的風氣，其實體現的都是「重視臺灣」、「珍惜這塊土地」的臺灣認同意識。以臺灣為主題的電影會賣座，也是基於相同的道理[17]。臺灣的主要大學大多設有關於「臺灣文學」或「臺灣史」的科系或組別，許多大學生及研究所學生都在進行著關於臺灣的研究。

公民運動也逐漸發展成熟，成為臺灣日常生活景象的一部分。諸如抗議陳水扁政府貪污、抗議馬英九政府的兩岸政策等等，臺北市的街頭經常出現規模達十萬人的抗議或示威遊行。各種重視公民價值的活動，都受到廣泛的支持，理由可能是同情在軍中遭虐待而死的年輕士兵，可能是同情因為地方政府的蠻橫土地開發計畫而失去田地的農民，也可能是對期盼同性婚姻合法化的少數派抱持同理心。除此之外，臺灣人對於國外的人道救助活動也表現得相當積極。

發起「太陽花學運」的學生們佔據立法院的行為，明顯違反了臺灣的法律，雖然在臺灣的社會上引發兩極的看法，但是臺灣的檢警單位並沒有強行驅離，事後對這些學生的法律行動也相對輕微[iv]。臺灣有許多人願意上街頭主張其政治訴求，或是尊重他人的訴求權利，理由就在於臺灣人是靠著自己的力量結束了長期的威權主義體制，這股自信心在社會上傳承了下來。

過去很多評論都對臺灣政治抱持負面評價，認為兩大陣營的持續對立損害了政治的效率及民眾對政府的信賴，筆者自己也曾作出「臺灣的民主政治籠罩在困頓感之中」這種評價。但即便如此，在實施總統選舉的這四分之一個世紀裡，臺灣的政治還是獲得了許多難能可貴的價值。

重視自由、民主及人權，這是毋庸置疑的事情。在臺灣幾乎不用擔心政權會落入軍隊的掌控，群眾運動也不會遭受警察或鎮暴部隊鎮壓。族群融合及尊重少數人權利等多文化主義的思想也受到充分的理解與接納。這些現象所展現出來的具體成果，就是女性在社會上也有充分表現的機會、同性婚姻合法化、對外勞的接納度高、母語教育的擴大，以及積極的人道救援活動等等。

這四分之一個世紀以來，不僅臺灣認同在社會上扎根，而且發生了三次政黨輪替，同時推動了各種改革。經濟方面，雖然長期以來成長率並不高，但是許多臺灣企業都已發展成為國際企業，每人ＧＤＰ也超過了兩萬五千美金。社會方面，臺灣有適用於全體國民的健康保險制度，生活雖然不至於奢華，但相當安定。中華民國

iv 檢察官雖然針對佔領立法院的行為進行起訴，但法院判決無罪定讞。另一方面，對於在立法院佔領期間企圖侵入行政院的事件，則起訴了相關人士，二審雖判決有罪，但最高法院裁定撤銷發回，至今仍在審理中。相較之下，同樣發生在二〇一四年的香港雨傘運動抗議人士卻遭起訴且判決有罪。

雖然無法參與包含聯合國在內的各種國際組織，但是許多臺灣人及非政府組織在國際社會上相當活躍。

在個別議題上，臺灣確實還有許多待改善的問題，但是自由與民主政治是臺灣所擁有的一股軟實力。臺灣的民主政治還相當年輕，才誕生了四分之一個世紀。只要能夠在試行錯誤中累積經驗，不斷改進及成長，將來有希望能夠成為讓外國也想要借鏡的優秀民主政治。

兩岸在政治、經濟、軍事等各方面的實力差距年年擴大，局勢對臺灣越來越不利，這的確是不爭的事實。中國的媒體非常喜歡針對臺灣的選舉作出負面的宣傳，在評論中夾帶批判或譏笑。臺灣的新聞網站或其他相關網站在網路上遭中國當局阻斷，在中國國內無法瀏覽。即便如此，兩岸之間的影響力作用方向絕對不會是單方面的。中國還是有國民會關心臺灣的民主政治。

中國的最高領導人都是在國民看不到的地方決定之後才對外發表，而臺灣的最高領導人卻是由國民投票選出，過程完全透明公開，大部分的中國國民都很清楚這一點。在中國，民眾不能公然批評領導人，但是在臺灣，電視上的談話節目每天都在批評總統，街頭上經常有抗議政府的集會遊行活動，清楚這一點的中國國民也不在少數。

從中國大陸的立場來看，臺灣社會的組成同樣是以中華民族為主，這樣的臺灣卻實現了民主政治的這個事實，長期下來一定會以各種的方式對中國造成影響。廣東省的某個縣或市可能會出現想要直接投票選出縣長或市長的聲音。未來有一天，他們甚至可能會想要直接選出省長。上海市的市民，可能有一天也會想要直接選出上海市長。到那時候，在臺灣的選舉歷史上威權主義時期的獨大政黨是如何維持民眾的支持，地方派系又是如何互相競爭，將成為他們可以借鏡的絕佳前例。

對於中國來說，臺灣的民主政治將能夠發揮燈塔的作用。燈塔所釋放出的光芒有兩個效果，其一是照亮中國政治體制的黑暗面，其二是對中國的政治改革發揮領航的作用。

中國為了促成兩岸統一，可說是無所不用其極，但如今的臺灣依然是以一個不受中國共產黨統治的獨立國家來運作，就連中國也無法改變這個事實。臺灣的民眾雖然對臺灣式民主政治感到不滿，但是主張放棄民主政治的聲音在臺灣可說是微乎其微。

幾乎沒有臺灣人會因為覺得民主政治太缺乏效率而憧憬中國共產黨的一黨專制政權。抱持著「我最大」想法的臺灣人，絕對不會自願放掉自己的權利。雖然有很多人抱著「居上位者應該要照顧下面的人」的觀念，但是臺灣人心中的「居上位者」是建立在中華民國的體制之內，而非中華人民共和國。

臺灣的民主政治與臺灣認同是一體兩面，臺灣人絕對不會放棄。只要有總統選舉，臺灣的民主政治就會長久延續下去。只要有總統選舉，燈塔就會持續釋放光芒。

後記

筆者研究臺灣政治的時期，剛好與臺灣總統選舉的四分之一個世紀歷史重疊。一九九四年，筆者為了研究臺灣而首次踏上臺灣的土地，在政治大學國際關係研究中心待了一年。筆者在當時親眼見證了民主化之後第一次的臺北市長選舉。臺灣的民主政治氣息，以及透過選舉可以觀察到的臺灣政治及社會動態實在太有意思，讓筆者忍不住一頭栽了進去。

筆者在大學及研究所時期的研究主題為英國政治，在英國留學的時間前後加起來約三年。筆者曾經寫過兩本關於英國政治學者哈羅德・拉斯基（Harold Laski）的政治思想及柴契爾（Margaret Thatcher）政府施政的書。後來想要了解東亞政治，腦中首先想到的就是民主化之後的臺灣。一九九〇年代初期，雖然不久前才剛發生過天安門事件，但有些人樂觀地認為中國遲早會走上民主化的道路，而臺灣的民主化將成為仿效的典範，筆者也受了這種說法的影響。

筆者想要從比較政治學的觀點，針對臺灣的民主主義寫一點東西，因此決定在臺灣住上一段時間，而且認真地開始學習中文。當時筆者三十五歲。

然而臺灣雖然是個小島，中華民國在臺灣的政治體制卻是極其深奧。剛開始幾年，筆者根本沒有辦法寫出像樣的論文。筆者這才驚覺，想要一邊研究英國政治，一邊鑽研臺灣政治的想法實在太天真了。一九九九年，筆者第二次長期居留臺灣，花了一整年的時間觀察二〇〇〇年總統大選，才終於能夠針對臺灣選舉講出一點東西出來。就在這個時期，筆者為了更加理解臺灣的地方政治，開始在雲林縣進行定點觀測。

從這個時期之後，每到總統選舉、立法委員選舉及地方選舉，筆者便實際走訪各地，在日本臺灣學會等研究組織報告筆者的觀察結果，並且將報告的內容撰寫成論文。筆者一直重複這樣的過程，唯獨在〇五至〇六年之間，筆者曾因為健康因素而一時難以維持大學的勤務，但還是離不開臺灣，在關注臺灣政治的過程中，身體逐漸恢復健康，於是又回到了研究崗位。就這樣，筆者花了二十五年的時間，終於完成了本書。

詳細分析選舉資料是本研究工作的基本功。觀察臺灣各縣市及鄉鎮的得票狀況是非常有趣的工作，筆者總是一邊回想著自己曾經造訪過的地方，或是熟人所居住的地方，一邊追蹤著各候選人的得票率之類數字。

如果對哪個地區特別感到好奇，筆者也會專程走訪該地。例如在正文中一直沒有機會提到，筆者曾經前往當初陳水扁的得票率大幅提升的雲林縣沿海小村莊（臺西鄉五榔村），訪問村內的重要人物，實際理解當地的狀況。筆者也曾經請數名村長聚在一起，請他們談一談對蔡英文的想法（雲林縣水林鄉）。除此之外，筆者也曾經造訪國民黨得票率非常高的村莊。每當筆者在地方上訪問當地人士，筆者便深深感覺到他們才是真正決定總統選舉結果的人。

除了總統選舉之外的各種選戰，筆者也會實際訪問候選人或競選總部的幹部，這些都是形成本書的關鍵要素。雖然筆者向許多人提出過採訪的請求，但他們有充分的理由可以婉拒。畢竟花時間接受一個外國研究人員的採訪，沒有辦法讓他們多拿到一張選票。即使如此，還是有許多候選人及相關人士願意接受採訪，筆者在這裡致上由衷的謝意。

從這些正面臨緊要關頭的候選人及相關人士口中，可以獲得非常多訊息。甚至有候選人因為太忙的關係，竟然安排在晚上十點接受筆者採訪。明明已經很累，卻還是盡全力向筆者說明參選的理念。話說到一半，還曾經不小心睡著數秒鐘。光從這一點就可以知道對方是如何排除萬難接受筆者的採訪。該採訪對象後來成功當選直轄市長。

另外也有候選人在進行非公開的競選活動時，願意讓筆者一同上車，隨著一起拜訪各地支持者及團體。筆者親眼看見候選人見了哪些人、拜訪了哪些團體，心裡興奮得不得了。這麼做等於是把最真實的一面，毫不掩飾地攤開在筆者的面前。這個採訪對象後來成功當選縣長。當然也有候選人凶巴巴地拒絕了筆者的採訪請求，這個人後來因為貪污案而遭到逮捕。

當然是否接受採訪與是否當選完全無關。候選人每天為了選舉而東奔西跑，要跟他們見上一面本來就非常不容易。但是筆者拜訪候選人的競選辦公室或服務處，觀察裡頭的氣氛，有時還是能看出一些能否當選的端倪。從五年、十年的漫長時間來看，善於迎合討好、見風轉舵的候選人終究會被選民看透本性，而願意無償協助外國人的候選人，就算在一次選舉中落選了，未來也可能會獲得選民認同而當選。筆者已經看過好幾次類似的例子，只能說臺灣選民的眼光往往非常銳利。或許這就是實地訪查最有趣的地方吧。

選舉的結果，會呈現在得票數及得票率這些數字上。選民的想法及選擇，同樣會以數字呈現，這就成為政治現實。筆者深信只要能夠精確分析選舉情勢，就能夠掌握臺灣政治的脈動，因此筆者長年以來一直堅持著選前的情勢調查及選後的結果分析。

經過了這些年，筆者累積了在各縣市、各立委選區判斷選情的經驗，也建立起了一套藉由數字來掌握選戰局勢的做法。利用選戰期間的實地訪查，搭配過去的選舉結果及各種資料數據，筆者已經能夠大致預測總統選舉或立法委員選舉的各黨得票率，誤差大多在二、三％的範圍內。例如二〇一六年選舉，筆者很幸運地完全猜對了三名候選人的得票率。

其實在各種判斷材料當中，還包含了一些每次選舉期間來自臺灣各地的一些個人消息。這些當地消息來自於好幾個與筆者有交情的朋友以及他（她）們對選舉特別感興趣的伯父、伯母，他們所提供的消息往往非常正確。

在精細分析過去選舉資料的過程中，筆者發現了中央選舉委員會的選舉資料中的一些訛誤。筆者在本書中的三個地方指出了這些訛誤，分別是第三章的注10、第四章的注15，以及第七章的注12。如果沒有詳細觀察Excel表格的每一項細目，絕對不會發現這些訛誤。筆者身為外國研究者，卻能夠找出這些訛誤，這讓筆者感到些微自豪。

撰稿的過程中，筆者受到了許多人的幫助。首先筆者想要向若林正丈老師致上感謝之意，他是筆者在臺灣研究領域的導師。能夠以日文讀到最優秀的臺灣政治研究成果，對筆者來說是相當幸運的事情。拜讀了老師的著作之後，筆者直接向老師請益，進一步與老師交換訊息及進行討論。除了最珍貴的研究成果之外，更重要的是筆者還從若林老師身上學到了以臺灣歷史為基礎，注重政局及社會的變化並且聆聽相關人士所表達意見的政治觀察方法。

在筆者的臺灣研究之路上，還有另外一位非提不可的人物，他就是松田康博。松田的年紀比筆者小，但是在筆者剛開始進行臺灣研究的時候，他已經是年輕的實力派臺灣研究學者。筆者從松田的身上學到了臺灣政治的運作規律。除此之外，松田還讓筆者明白了想要研究臺灣，就必須先瞭解中國的道理。這個觀點不僅針對兩岸的直接關係，還包含了必須確實掌握臺灣政治結構中的中國要素，以及理解中國共產黨的政治運作方式等等。松田是「兩岸關係研究小組」研究團隊的組長，筆者在這個小組裡與組員進行共同研究活動長達十幾年。有許多單靠一人的力量無法完成的訪談及情勢分析，都是靠著共同研究的方式才加以實現，在此致上由衷的謝意。

中國政治及國際政治學的前輩們也教導了筆者許多寶貴的知識。在此向天兒慧老師、國分良成老師、高木誠一郎老師、田中明彥老師、高原明生老師致上謝意。此外，臺灣研究領域的夥伴佐藤幸人、川上桃子、伊藤信悟、松本充豐、岸川毅、塚本元、沼崎一郎、上水流久彥、山田賢一、野嶋剛，以及日本臺灣學會的各位會員夥伴，也從各種不同的角度給了筆者很多的啟發，在此想要對他們說一聲「謝謝」。

在臺灣的期間，筆者受到了許多人的幫助。政治人物及智囊幕僚願意接受筆者的採訪，對本書的完成有非常大的助益。到目前為止，筆者總共見了總統蔡英文七次、前總統馬英九六次。能夠對一國的元首直接提問，可說是相當難得的經驗。

在臺灣最有名的競選軍師，就屬民進黨的邱義仁及國民黨的金溥聰。筆者在採訪他們的時候，他們當然不會說出任何內幕，但是詞句之間卻流露出了對臺灣選舉的敏銳洞察力，讓筆者長了許多見識。此外，身為選舉研究專家的臺灣大學王業立老師，以及政治大學選舉研究中心的陳陸輝老師，也教導了筆者許多臺灣選舉研究的動向，提供了許多珍貴的建議。

趙建民先生、陳明通先生、趙春山先生、邱坤玄先生、蘇起先生、蕭美琴女士、李鴻鈞先生、洪耀福先生、洪耀南先生、黃鴻鈞先生、周玉蔻女士、王業鼎先生、張瑞昌先生、早田健文先生等人，告知了筆者許多關於臺灣政治諸面相及兩岸關係動向的訊息。紀錦義老師教導了筆者關於雲林縣選舉的內情，對筆者而言就像是臺灣地方政治研究的老師。此外還有許多人，沒有辦法在這裡一一列舉，筆者在此想要對所有曾經幫助筆者的人說一聲：「謝謝！」

前述若林正丈老師及松田康博所各自主導的科學研究費共同研究計畫，也對本書提供了非常多的幫助。此外，筆者也在早稻田大學臺灣研究所，以招聘研究員的身分參與各種臺灣研究計畫，曾經得到數次在研討會上報告的機會，在出版本書的時候也獲得了援助，在此致上謝意。本書的出版及編輯獲得了晃洋書房的井上芳郎及德重伸的莫大幫助，在此一併感謝。

這四分之一個世紀以來，筆者見證了臺灣民主政治的起起伏伏。在未來的日子裡，臺灣恐怕還會遭遇更多苦難。即使如此，臺灣的自由及民主政治想必還是會延續下去，總統選舉的歷史也不會中斷。如果能夠讓更多人成為本書的讀者，對臺灣的民主政治抱持關心，將是筆者最開心的事情。筆者不知道接下來還能觀察臺灣多久，但衷心期盼能夠為本書寫出下一本的續作。

二〇一九年八月

本書繁體中文版獲得大家出版的邀請在臺灣付梓。由衷感謝大家出版提供非常寶貴的機會，讓筆者能與臺灣讀者分享自己的研究成果。李彥樺先生將原書翻譯成中文的工作非常周密、細緻，完全理解筆者的想法，對此筆者表達敬佩與感謝。內容力有限公司的鄧靜葳女士首先提出本書應可推出中文版，並且全程協助、鼓勵，對此筆者非常感謝。

二〇二一年五月修訂　**小笠原欣幸**

注釋

序章

1 〈全球最好用護照排名出爐 日本榜首台灣第32〉https://www.cna.com.tw/news/firstnews/202001080045.aspx，中央社，二〇二〇年一月八日。

2 日本國內有時會聽到「內省人」的說法，但這是錯的。不管是臺灣還是中國，都沒有這樣的說法。

3 黃宣範，《語言、社會與族群意識》（臺北：文鶴出版，一九九三年）。

4 關於臺灣民族主義的形成歷史，若林正丈曾運用班納迪克・安德森（Benedict Anderson）的理論加以論述（若林正丈，〈圍繞臺灣的兩種民族主義〉，平野健一郎編，《講座現代亞洲 4 地域系統與國際關係》（東京大學出版會，一九九四年）。

5 若林正丈，《臺灣—分裂國家與民主化》（東京大學出版會，一九九二年），頁125-142。

6 若林正丈《臺灣的政治—中華民國臺灣化的戰後史》東京大學出版會，二〇〇八年，頁401。

7 李登輝・中嶋嶺雄，《亞洲知略》（光文社，二〇〇〇年）。

8 司馬遼太郎，《臺灣紀行》（朝日新聞社，一九九四年），頁495。

9 若林正丈提出了臺灣民族主義的「最大綱領」及「最小綱領」的概念，相對應於本書中所指的「臺灣民族主義」與「臺灣認同」的概念。參見若林正丈，《臺灣的政治》。

10 關於臺灣族群的社會學研究，可參考王甫昌，《當代臺灣社會的族群想像》（臺北，群學出版，二〇〇三年）。

11 鄒景雯，《李登輝執政告白實錄》（臺北：印刻，二〇〇一年）。

12 小笠原欣幸，〈二〇〇四年臺灣總統選舉分析—陳水扁的連任與臺灣認同〉，《日本臺灣學會報》第7號，二〇〇五年。

13 松田康博，〈兩岸關係與國際安全保障〉，日本國際政治學會編，《國際政治》第135號，二〇〇四年。

14 關於胡錦濤政府的對臺政策及對抗陳水扁政府的做法，請參見小笠原欣幸，〈中國對臺政策的展開—從江澤民到胡錦濤〉，天兒慧・三船惠美編，《膨脹的中國對外關係—中華治世與周邊國家》（勁草書房，二〇一〇年），第5章。

15 小笠原欣幸，〈二〇〇八年臺灣總統選舉分析—政黨路線與中間選民的投票行動〉，《日本臺灣學會報》第11號，二〇〇九年。

16 小笠原欣幸・佐藤幸人編著，《馬英九連任—二〇一二年臺灣總統選舉的結果及其影響》（IDE-JETRO亞洲經濟研究所，二〇一二年）。

17 小笠原欣幸，〈回顧馬英九的8年政權—從支持率變化及兩岸關係的角度〉，松田康博・清水麗編著，《現代臺灣的政治經濟與兩岸關係》（晃洋書店，二〇一八年）。

第一章

1 臺灣人通常稱之為「國家認同問題」。【編注】原文為「台湾のあり方」，字面意義為「台灣應有的狀態」。據原書此注，中譯版將此詞譯為「國家認同問題」。

2 關於主要縣市地方派系的系譜，可參見張昆山・黃政雄主編，《地方派系與臺灣政治》（臺北：聯合報，一九九六年）、廖忠俊，《臺灣地方派系的形成發展與質變》（臺北：允晨文化，一九九七年）、廖忠俊，《臺灣地方派系及其主要領導人物》（臺北：允晨文化，二〇〇〇年）。

3 研究臺灣地方派系的文獻相當多，主題多圍繞在民主化的轉換期。代表性的研究文獻有陳明通，《派系政治與臺灣政治變遷》（臺北：月旦，一九九五年）。

4 侍從主義政治只能建立在上下的權力關係上，但人情的「欠」與「還」的機制在水平的關係上也能成立。關於侍從主義政治的理論及實例，可參見河田潤一編著，《貪污・腐敗・侍從主義的政治學》（Minerva書房，二〇〇八年）。

關於臺灣的人情機制，大坪力基，〈政權輪替：靠宣傳戰略拉攏有力人士——一九九八年臺灣T市民進黨候選人陣營的選舉過程〉，法政大學博士論文（二〇〇二年三月）做了相當耐人尋味的研究。

5 松田康博，〈臺灣眼中的美中關係——從結構變化展望蔡英文政府期〉，《美中關係與環繞著美中的關係》（日本國際問題研究所，二〇一七年三月），頁197－207。

6 松田康博，〈美中關係中的臺灣問題〉，高木誠一郎編，《美中關係——冷戰後的結構與展開》（日本國際問題研究所，二〇〇七年三月），頁96－98。

7 依據《總統副總統選舉罷免法》的相關規定。

8 二〇〇四年發生了陳總統遭槍擊的事件，導致雙方陣營都中止了選舉最後一天的造勢晚會。

9 ㈠農會相當於日本的農協。統管全縣的雲林縣農會底下，還有各鄉鎮市農會，由各總幹事掌握大權。總幹事在肥料及農藥的合購、農產品的出貨管理及資金融資上都擁有極大的影響力。因此在選舉的時候，能不能將每一處鄉鎮市農會都納入掌控之中，是一大關鍵。㈡水利會是管理縣內農業用水的組織，在九〇年代會員人數多達十七萬四千四百人，在灌溉用水使用權的策定上擁有強大的影響力。負責水壩、取水口及灌溉渠道的建設工程，在縣內是大型公共工程的發包機關。另，水利會在蔡英文政府的改革之下，在二〇一八年改編為公務單位。㈢行政組織方面，在雲林縣政府底下有二十處鄉鎮市公所。鄉的底下有村，鎮、市的底下有里。村的大小相當於日本的集落，里的大小則相當於町內會。從前的鄉長及鎮長不管是國民黨籍還是無黨籍，必定與地方派系有密切關聯。村長及里長的政治力則因地區而異。

10 關於雲林縣的地方政治，可參見小笠原欣幸，〈從地方解讀臺灣選舉——雲林縣的事例〉，若林正丈編，《解讀現代臺灣政治》（研文出版，二〇一四年）。

11 林明義在雲林縣內三百八十三個村里的得票率標準差為十二·八二（得票率的平均值為十九·二五%）。

12 到了下一屆的一九九八年選舉，廖大林期盼能夠再度當選，但是他在西螺鎮的選票凝聚力不像一九九五年那麼高，因此落選了，標準差也大幅下滑至八．六四。

13 沈富雄在臺北市第二選區共兩百二十四里的得票率標準差為二．四九（得票率的平均值為八．三三％）。

14 另外還有一名無黨籍候選人歐明憲，但由於得票率只有一．九二％，所以不列入討論範圍。雖然這次選舉的當選者為蘇文雄，但是後來蘇文雄病逝，在一九九九年進行補選，由張榮味當選，開啟了張派的黃金時代。

15 這次的縣長選舉，由於筆者並沒有取得雲林縣內五百一十二處投票所的得票數一覽表，所以僅使用縣內三百八十四個村里的數值。

16 這次的市長選舉，還有排名第四的候選人為無黨籍的紀榮治，但由於得票率只有〇．二八％，所以不列入討論範圍。

17 這次的市長選舉，由於筆者並沒有取得臺北市內一千一百三十七處投票所的得票數一覽表，所以僅使用市內四百三十五個里的數值。

18 根據一九九一年的調查，臺北市的外省人比例為二七．二四％。

19 假如各族群是平均混雜在臺北市內的各地區，那麼就算選民是基於族群動機而決定投票行為，標準差的數值也不會變高。但是臺北市基於歷史因素，有些社區的外省人比較多，而有些社區的本省人比較多。

第二章

1 關於憲政改革過程及推動總統直選的探討，可參見若林正丈，《臺灣的政治──中華民國臺灣化的戰後史》（東京大學出版會，二〇〇八年），頁189－194。

2 一九九〇年三月，許多學生為了爭取民主化而在臺北市內的中正紀念堂靜坐抗議。

3 陳耀祥，〈論總統選制對國家認同之影響：總統直選或委任直選的憲法意義〉，戴寶村主編，《總統直選20週年學術研討會論文集》（臺北：吳三連臺灣史料基金會，二〇一六年），頁62－63。

4 張慧英，《李登輝：一九八八－二〇〇〇執政十二年》（臺北：天下遠見出版，二〇〇〇年），頁270。

5 薛化元，〈總統直選的歷史回顧〉，戴寶村主編，《總統直選20週年學術研討會論文集》（臺北：吳三連臺灣史料基金會，二〇一六年），頁23。

6 薛化元，同上，頁18－24。

7 關於中國的對臺政策，可參見小笠原欣幸，〈中國對臺政策的展開—從江澤民到胡錦濤〉，天兒慧・三船惠美編，《膨脹的中國對外關係—中華治世與周邊國家》（勁草書房，二〇一〇年）。

8 蘇起，《危險邊緣》（臺北：天下文化，二〇〇三年），頁17－21。

9 許世銓，《一九九二年共識：海協海基兩會協商之回顧與評析》（北京：中國社會科學院臺灣研究所，二〇〇〇年），頁14。

10 蘇起，《兩岸波濤二十年紀實》（臺北：天下雜誌，二〇一四年），頁151－152。

11 International Monetary Fund, World Economic Outlook Database, October 2018.（https://www.imf.org/external/pubs/ft/weo/2018/02/weodata/index.aspx，二〇一九年六月二十三日連結）。

12 邵宗海，《兩岸關係》（臺北：五南圖書出版，二〇〇六年），頁319。

13 若林正丈，《臺灣的政治》，頁131。

14 若林正丈，同上，頁191。

15 若林正丈，《臺灣—變容與躊躇的認同意識》（筑摩書房，二〇〇一年），頁169。

16 中央選舉委員會〈第02屆立法委員選舉政黨席次統計表〉及〈第02屆立法委員選舉政黨得票〉。有些國民黨的候選人在中央選舉委員會的分類中被歸類為無黨籍，而且其中有七名當選，所以國民黨的得票率比這裡所記載的得票率更高。

17 關於民進黨在這個時期的困境，郭正亮，《民進黨轉型之痛》（臺北：天下遠見出版，一九九八年），內有詳細分析。

18 鄭明德，《一脈總相承：派系政治在民進黨》（臺北：時英出版社，二〇〇四年），頁125－195。

19 關於民進黨的黨內初選方式的變遷，可參見王業立，《比較選舉制度　第四版》（臺北：五南圖書出版，二〇〇六年），頁156－167。

20 楊毅周，《民進黨組織派系研究》（臺北：水牛出版社，二〇〇六年），頁132。

21 王業立，《比較選舉制度》，頁163－164。

22 民進黨新聞稿〈珍惜公民初選制度，公平的評論選舉事務〉，一九九五年八月二十八日（https://www.dpp.org.tw/media/contents/2281，二〇一九年六月三十日連結）。

23 若林正丈，《臺灣的臺灣語人、中國語人、日語人》（朝日新聞社，一九九七年），頁137。當時若林所留下的觀察紀錄多達一千三百張四百字稿紙，他將這些資料「大刀闊斧」地加以整理，彙編成了本書。若林大方地讓筆者閱覽這些不公開的全部紀錄資料，筆者在此致上感謝之意。

24 若林正丈，《臺灣—變容與躊躇的認同意識》，頁211。

25 若林正丈，《臺灣的臺灣語人、中國語人、日語人》。

26 若林正丈，《臺灣的政治》，頁388－390。該書389頁有一張表，列出了一九九五—九六年中共軍隊於臺灣海峽進行過的軍事演習。

27 政府每年都會公布原住民的人口統計資料。至於客家人口，雖然政府會委託研究人員進行調查，但由於其調查方式不同於以戶籍為依據的外省人、原住民人口統計資料，因此不適合放在一起進行統計處理。

第三章

1 陳水扁雖然是出生於一九五〇年十月十二日，但是直到四個月後的一九五一年二月十八日才報戶口，因此包含中央選舉委員會所提供的資料在內，所有的選舉資料中都記載為「出生於一九五一年」。

2 〈削弱宋實力 主流派動作大〉，《中國時報》，一九九九年三月四日。

3 小笠原欣幸，〈二〇〇〇年臺灣總統大選中的「宋楚瑜現象」之研究〉，《中山人文社會科學期刊》第 8 卷第 1 期（臺北：國立政治大學，二〇〇〇年六月），頁51－69。

4 對宋楚瑜的訪談內容，二〇〇〇年二月二十二日（《讀賣新聞》的專訪，筆者在場旁聽）。參見〈在美日兩國的協助下改善兩岸關係 臺灣總統選舉候選人宋楚瑜會見讀賣新聞記者〉，《讀賣新聞》，二〇〇〇年二月二十三日。

5 〈「不排除動用武力」中國公布白皮書 如果無期限拒絕統一的話〉，《讀賣新聞》，二〇〇〇年二月二十二日。

6 〈非主流擁連 終結李路線？〉，《中國時報》，二〇〇〇年二月二十九日。

7 〈臺灣副總統連戰表明 將與中國國家主席江澤民進行政治協商〉，《讀賣新聞》，二〇〇〇年二月十三日。

8 〈臺灣總統選舉 三人勢均力敵 「兩岸」及「黑金」問題引發熱議〉，《讀賣新聞》，二〇〇〇年二月十九日。

9 朱鎔基的發言可參見 YouTube 影片「朱鎔基：誰要是搞臺灣獨立，你就沒有好下場」（https://www.youtube.com/watch?v=GnKDgWBeR5Q，二〇一九年六月三十日連結）。

10 中央選舉委員會在其開設的網站「選舉資料庫」上，公開了自一九九四年之後的選舉資料。這對外國的研究者有非常大的幫助，可惜一部分的數值有誤。在該「選舉資料庫」內關於二〇〇〇年總統選舉的「第10任總統（副總統）各投票所明細（檔案下載）」（https://db.cec.gov.tw/histMain.jsp?voteSel=20000301A1，二〇一九年六月三十日連結）所供人下載的表格「第10任總統（副總統）得票概況 .xls」之中，高雄市小港區海城里的編號 110067 投票所及編號 110068 投票所的票數重複計算了。除此之外，從二〇〇〇年總統選舉的部分依照「候選人得票明細」→「全國」→

「高雄市」→「小港區」→「海城里」的順序點進去，會看到「第0760投開票所」、「第0761投開票所」、與「第0762投開票所」、「第0763投開票所」的票數完全相同，顯然為重複計算（二〇一九年六月三十日連結）。但是對於投票總數及各候選人的得票數並沒有影響。本書所使用的是修正了重複計算問題的表格。本書在日本出版後，中選會網站資料已修正。

第四章

1 小笠原欣幸，〈二〇〇一年立法委員選舉的得票數變動分析〉，《問題與研究》第31卷10號，二〇〇二年七月。

2 關於陳水扁第一次任期的政績，可參見小笠原欣幸，〈陳水扁政府—權力移轉期的臺灣政治〉，《問題與研究》第33卷11號，二〇〇三年十月。

3 〈邱義仁兵法：阿扁勝選的終極寄託〉，《新新聞》860號，二〇〇三年八月二十八日。

4 《客家》第153期，二〇〇三年三月。

5 馬賴古麥，〈民進黨執政二年臺灣原住民族政策總檢〉，《國政研究報告》091－057號，二〇〇二年五月。

6 'Running for Re-Election, Taiwan Leader Takes on China,' *New York Times*, 6 December 2003.

7 〈臺灣・陳總統、〝對中挑釁〞加速〉，《產經新聞》，二〇〇三年十二月二十七日。

8 〈〝公民投票、謹慎小心〞日本窗口機關罕見對臺提出建議〉，《讀賣新聞》，二〇〇三年十二月三十日。

9 〈全民應一起幫總統「脫困」〉，《中國時報》，二〇〇四年一月十日。

10 〈邱義仁：公投—綠營從大贏轉小贏〉，《聯合報》，二〇〇四年一月四日。

11 〈社論：在野黨唱高調、談老調之外能做什麼？〉，《經濟日報》，二〇〇三年九月八日。

12 〈特稿：國民黨的敵人是自己〉，《中國時報》，二〇〇三年十二月二十一日。

13 例如〈戳穿陳水扁的偽善面具〉，《人民日報海外版》，二〇〇四年三月一日。

14 年代電視臺民意調查「民眾對族群相關議題的看法民調」（年代民意調查中心）二〇〇四年四月十三日（http://survey.eracom.com.tw/file/productimages25/040413.pdf，二〇一九年六月三十日連結）。

15 中央選舉委員會「選舉資料庫」二〇〇四年總統選舉的「第11任總統（副總統）各投票所明細（檔案下載）」（https://db.cec.gov.tw/histMain.jsp?voteSel=20040301A1，二〇一九年六月三十日連結）供人下載的壓縮 Excel 表格「第11任總統副總統選舉各投開票所得票數一覽表 .xls」之中，有三十七處投票所重複計算，因此該表的各候選人得票總數比實際得票數要多。但是從「選舉資料庫」網站點進「候選人得票明細」之後再點進各投票所，就能夠看見正確的數值。這邊舉一些詳細的例子，屏東縣屏東市的武廟里、大同里、端正里（投票所的編號都是0001）共同使用一個投票所，但是該表內卻被分別計算。又如同樣屏東縣屏東市的光榮里及民權里（投票所的編號都是0002）也共同使用一個投票所，但是在該表內也被分別計算。全表共有三十七處像這樣重覆計算的狀況。本書所使用的是修正了重複計算問題的表格。

16 臺南市的西區及中區在二〇〇四年一月合併為中西區，因此在二〇〇〇年的時候，鄉鎮市區總數為三百六十九個，但是到了二〇〇四年的時候，鄉鎮市區總數變成三百六十八個。在進行統計處理的時候，筆者將二〇〇〇年臺南市西區及中區的資料合併了。這項變更不會影響標準差的計算。另外，擁有區的直轄市現在有六市，但是在二〇〇四年的時候只有臺北市及高雄市。

17 TVBS民意調查二〇〇四年三月十九日（TVBS民意調查中心）（https://cc.tvbs.com.tw/portal/file/poll_center/2017/20170602/osaka 20040427193847.pdf，二〇一九年四月十日連結）。依規定自投票的十日前到投票結束為止，不得公布民意調查結果，因此這份民調在選後才公布。

18 年代電視臺民意調查「二〇〇四總統大選結果相關議題」，二〇〇四年三月二十一日（年代民意調查中心）（http://

survey.eracom.com.tw/file/productimages25/040321.pdf，二〇一九年四月十日連結）。

19　ＴＶＢＳ民意調查，二〇〇四年三月十九日（ＴＶＢＳ民意調查中心）。

第五章

1　〈就職演說　辜寬敏盼扁勿提四不一沒有〉，《自由時報》，二〇〇四年五月十三日。

2　關於這個時期胡錦濤與陳水扁之間的戰略交鋒，請參見小笠原欣幸，〈中國對臺政策的展開—從江澤民到胡錦濤〉，天兒慧・三船惠美編，《膨脹的中國對外關係—中華治世與周邊國家》（勁草書房，二〇一〇年）。

3　松本充豊，〈「兩岸三黨」政治與侍從主義—中國的影響力機制的比較政治學分析〉，川上桃子・松本遙香編著，《兩岸關係的動態與臺灣》（IDE-JETRO亞洲經濟研究所，二〇一九年），頁44－45。

4　對某位中國學者（代稱Ｉ）的訪談，二〇〇七年十月三十一日。

5　呂秀蓮曾在一九七九年的美麗島事件中遭逮捕，判刑十二年（服刑五年後假釋）。蘇貞昌及謝長廷跟陳水扁一樣，是美麗島事件的律師。游錫堃在美麗島事件發生的時候，是遭逮捕且家人遭殺害的臺灣省議員林義雄的輔佐者。

6　根據《中國時報》的民意調查（調查時間為二〇〇七年二月二十七日至三月二日），針對「您支持誰代表民進黨參選總統」這個問題，回答蘇佔二七・三％、謝佔二一・六％、呂佔一一・五％、游佔五・一％，「沒意見」佔三四・四％。根據ＴＶＢＳ的民意調查（調查時間為二〇〇七年三月二十一日），則是蘇佔二四％、謝佔二〇％、呂佔一〇％、游佔四％、「誰都不支持・尚未決定」佔四二％。

7　「四不一沒有」為陳水扁在二〇〇〇年五月的就職演說上作出的承諾，即不會宣布獨立，不會更改國號，不會推動「兩國論」入憲，不會推動改變現狀的統獨議題公投，也沒有廢除國統綱領與國統會的問題。

8 媒體所使用的術語，指不管發生任何狀況都要守護陳水扁的人。

9 參見馬英九・蕭萬長，《治國：臺灣贏的新策略》（臺北：商周出版，二〇〇七年），以及彭琳淞，《馬英九這個人》（臺北：草根出版，二〇〇七年）。

10 關於國民黨主席選舉，可參見松本充豐，〈馬英九體制下的中國國民黨及其課題〉《問題與研究》第35卷1號，二〇〇六年一、二月。

11 馬英九・蕭萬長，《治國：臺灣贏的新策略》，頁40－44。

12 這篇訪談是非常有意思的重要文獻資料，有助於理解馬英九這個人的人格特質。訪談者為居住在臺灣的媒體工作者早田健文，他花了兩個小時的時間，深入探討了馬英九的內心世界（《臺灣通信》二〇〇六年六月二十九日號）。

13 由於活動名稱為「long stay」，民進黨取其諧音，譏諷為「攏係假」，這句話在臺灣一度成為流行語。

14 〈馬訪烏山頭　肯定日人治水〉，《聯合報》，二〇〇七年八月二十日。

15 〈臺灣與ROC　藍再爆路線之爭〉，《中國時報》，二〇〇七年九月十七日。

16 國民黨所提出的公民投票，被稱為「返聯公投」，其內容為：「您是否同意我國申請重返聯合國及加入其他組織，名稱採務實、有彈性的策略，亦即贊成以中華民國名義、或以臺灣名義、或以其他有助於成功並兼顧尊嚴的名稱，申請重返聯合國及加入其他國家組織？」

17 〈馬本土化路線　碰上深藍風暴〉，《中國時報》，二〇〇七年七月八日。

18 〈「馬蕭配」打選戰　典型吳敦義操作模式〉，《中國時報》，二〇〇七年七月二日。

19 〈國／黨／人：兩黨大選戰略的兩條相對動線〉，《聯合報》，二〇〇七年十一月九日、〈臺獨經貿政策 vs. 非臺獨經貿政策〉，《聯合報》，二〇〇七年十一月十日。

20 立法委員選舉依照慣例，通常都是在十二月上旬舉行。陳水扁原本打算讓立委選舉及總統選舉在同一天進行，因此將立委選舉挪至一月，但是最後兩場選舉還是沒有同時舉行。

21 二〇〇八年立委選舉不分區部分的各政黨得票率如下。國民黨五一・二三%、新黨三・九五%、無黨聯盟〇・七〇%、農民黨〇・五八%、紅黨〇・八〇%、客家黨〇・四三%、公民黨〇・四九%、民進黨三六・九一%、臺聯三・五三%、第三社會黨〇・四七%、綠黨〇・六〇%、制憲聯盟〇・三一%。

22 金恒煒，〈兩種價值的抉擇〉，《自由時報》，二〇〇八年三月二十九日。

23 石之瑜，《不獨之國：二〇〇八大選前後的臺灣政治》（海峽學術出版，二〇〇八年）。

24 黃天麟，〈兩相認知的錯誤〉，《自由時報》，二〇〇八年三月二十五日。

25 〈政黨競爭新標尺：全球經濟與單一選區〉，《聯合報》，二〇〇八年五月一日。

26 高雄市長陳菊訪談（二〇〇八年三月十二日）。另參照張世賢，〈敗選、內訌 懷念黨外時代〉，《自由時報》，二〇〇八年三月二十九日、盧世祥，〈臺灣民主不進反退〉，《自由時報》，二〇〇八年四月六日。

27 蔡惠萍，〈千萬別拍「阿九與阿青」〉，《聯合報》，二〇〇八年三月二十八日。此記者指出「臺灣社會原本就有把政治人物神格化的傾向」，同時她也強調陳水扁夫婦曾經有一陣子也遭到過度美化。

28 〈三二二真相：反扁高於挺馬〉，《聯合報》，二〇〇八年八月二十九日。

29 關於陳水扁的政權運作，筆者另外作了驗證研究，請參見小笠原欣幸，〈陳水扁的政權營運〉，若林正丈編著，《後民主化時期的臺灣政治─陳水扁政府的八年》。

第六章

1 民進黨新聞（https://www.dpp.org.tw/media/contents/3824，二〇一九年四月三十日連結）。

2 參見松田康博製作的協議事項一覽表。松田康博，〈馬英九政府下的兩岸關係─從經濟依賴到政治依賴？〉，松田康博・清水麗編著，《現代臺灣的政治經濟與兩岸關係》（晃洋書房，二〇一八年），頁170。

3 佐藤幸人，〈在選舉衝突點中浮上檯面的經濟問題〉，小笠原欣幸・佐藤幸人編著，《馬英九連任—二〇一二年臺灣總統選舉的結果及其影響》（IDE-JETRO亞洲經濟研究所，二〇一二年），頁50。

4 川上桃子針對中國大量採購農、水產品的現象進行了深入的分析。川上桃子，〈「惠臺政策」的政治經濟學〉，川上桃子・松本遙香編著，《兩岸關係的動態與臺灣》（IDE-JETRO亞洲經濟研究所，二〇一九年）。

5 竹內孝之，〈改善兩岸關係及臺灣參與國際社會〉，小笠原欣幸・佐藤幸人編著，《馬英九連任—二〇一二年臺灣總統選舉的結果及其影響》，頁91。

6 小笠原欣幸，〈回顧馬英九的8年政權—從支持率變化及兩岸關係的角度〉，松田康博・清水麗編著，《現代臺灣的政治經濟與兩岸關係》（晃洋書店，二〇一八年），頁29－30。

7 松本充豐，〈「兩岸三黨」政治與侍從主義—中國的影響力機制的比較政治學分析〉，川上桃子・松本遙香編著，《兩岸關係的動態與臺灣》（IDE-JETRO亞洲經濟研究所，二〇一九年），頁47。

8 〈和平協議不是統一而是轉移統一議題〉，《聯合報》，二〇一一年十月二十二日。

9 〈郭山輝：盼馬總統速推展ECFA〉，《旺報》，二〇一二年一月十五日。

10 小笠原欣幸・佐藤幸人編著，《馬英九連任—二〇一二年臺灣總統選舉的結果及其影響》，頁24－25。

11 蔡英文當選總統之後，在二〇一六年五月的就職演說上正是使用了這樣的邏輯。

12 《臺灣通信》早田健文對蔡英文的訪談，二〇一〇年十一月十一日（http://taitsu-news.com/front/bin/ptdetail.phtml?Part=int101&Category=303439，二〇一二年四月六日連結，此網站現已不存）。

13 到了二〇一六年總統選舉，蔡英文便提出了減少臺灣對中國依賴度的統括性策略「新南向政策」。

14 小笠原欣幸，〈解讀習近平的統括性對臺政策「習五條」〉（小笠原網站）二〇一九年一月十三日（http://www.tufs.ac.jp/ts/personal/ogasawara/analysis/xifivepoints.html，二〇一九年六月三十日連結）。

15 川上桃子，〈「惠臺政策」的政治經濟學〉，川上桃子．松本遙香編著，《兩岸關係的動態與臺灣》，頁105－109。
16 關於蘇貞昌在二〇一〇年臺北市長選舉中的競選活動特徵，請參見小笠原欣幸，〈二〇一〇年臺北．新北市長選舉考察〉，《東洋文化研究所紀要》（二〇一二年三月）。

第七章

1 〔TVBS民意調查中心網站〕（https://www.tvbs.com.tw/poll_center，二〇一九年四月三十日連結）。
2 〈馬總統：未來四年施政 首要目標均富〉，《聯合報》，二〇一二年二月二十三日。
3 關於王金平的關說事件及馬王鬥爭，可參見小笠原欣幸，〈馬英九政權論（4）─馬王政爭〉〔小笠原網站〕二〇一三年九月二十一日（http://www.tufs.ac.jp/ts/personal/ogasawara/paper/mayingjeou4.html，二〇一九年六月三十日連結）。
4 臺灣的檢調單位只要符合特定條件就可以進行合法監聽。
5 〈黃世銘八月三十一日夜奔掀關說 馬震驚鎖眉〉，《聯合報》，二〇一三年九月十日。
6 〈總統發表「臺灣民主法治發展的關鍵時刻」談話記者會〉〔總統府網站〕二〇一三年九月八日（https://www.president.gov.tw/NEWS/17981，二〇一九年四月三十日連結）
7 前往桃園機場迎接王金平的主要人物如下。立法委員有國民黨的洪秀柱、黃昭順、翁重鈞、陳根德、林郁方、王惠美、李鴻鈞、盧嘉辰、李慶華、廖正井、張慶忠；無黨籍的高金素梅；臺聯的黃文玲、葉津鈴。此外還有親民黨副祕書長劉文雄、國民黨中央常務委員李德維、雲林縣前縣長張榮味、高雄市農會總幹事蕭漢俊等。（〈十藍委接機、逾千人喊加油 王泛淚〉，《聯合報》，二〇一三年九月十一日）。
8 王金平方面的說明，參見李靜宜，《橋：走近王金平》（新北：河景書房，二〇一九年），頁197－214。馬英九方面的說明，參見馬英九，《八年執政回憶錄》（臺北：遠見天下文化出版，二〇一八年），頁276－305。

9 關於《海峽兩岸服務貿易協議》的探討，可參見竹內孝之，〈學生佔據立法院事件與海峽兩岸服務貿易協議（前篇）〉（二〇一四年四月（http://www.ide.go.jp/library/Japanese/Publish/Download/Overseas_report/pdf/1404_takeuchi.pdf，二〇一九年六月二十三日連結）。

10 小笠原欣幸，〈關於臺灣學生佔據立法院事件—太陽花學生運動〉〔小笠原網站〕二〇一四年四月十四日（http://www.tufs.ac.jp/ts/personal/ogasawara/analysis/taiwanstudentsoccupation.html，二〇一九年六月三十日連結）。

11 計算方法為無黨籍候選人的得票依照其立場特性，以八比二的比例在泛綠及泛藍之間做分配。例如臺北市的柯文哲、新竹縣的鄭永金、新竹市的蔡仁堅、彰化縣的黃文玲等人，得票的八成歸泛綠，二成歸泛藍。花蓮縣的傅　萁、基隆市的黃景泰、苗栗縣的康世儒、金門縣的陳福海等人，得票的二成歸泛綠，八成歸泛藍。最後還剩下一・五二%，就平均分配給泛綠跟泛藍。最後計算出來為泛綠五五・五%，泛藍五五・五%。小數點以下省略，取泛綠五五對泛藍四五。

12 中央選舉委員會所提供的得票資料，縣市議員及直轄市議員是分開的。表7–2為筆者自行合計統整之後的數值。關於一九九八年縣市議員選舉統計資料的部分，中央選舉委員會的「選舉資料庫」網站上公開的統計表有訛誤。筆者將各黨的得票數合計之後，發現與表上的合計值不同，才察覺了這個訛誤。二〇一五年九月，筆者將此事告知政治大學選舉研究中心，其後該中心的網站上公開了訂正表（http://vote.nccu.edu.tw/cec/G1998005.PDF，二〇一九年六月十三日連結）。本書中表7–2的數值，是根據訂正表計算而得。但是中央選舉委員會的「選舉資料庫」網站上公開的依然是錯誤的統計表（https://db.cec.gov.tw/histFile?voteCode=19980101T1C2&resourceCode=B3，二〇一九年六月十三日連結）。

13 小笠原欣幸，〈回顧馬英九的八年政權—從支持率變化及兩岸關係的角度〉，松田康博・清水麗編著，《現代臺灣的政治經濟與兩岸關係》（晃洋書店，二〇一八年），頁32－35。

14 松田康博，〈蔡英文政府的誕生與兩岸關係的轉換—是「失去的機會」？還是「新常態的肇始」？〉，《問題與研究》第46卷1號（二〇一七年一、二、三月），頁183－228。

15 評論家周玉蔻訪談，二〇一五年六月一日。

16 臺灣某大報記者（代稱F）的訪談，二〇一五年六月一日。

17 〈感受誠意 王鬆口：朱盼我領表〉，《中國時報》，二〇一五年五月二十日。

18 〈不領表？不選二〇一六？王金平：願做團結種子〉〔中時電子報〕二〇一五年五月十五日（https://www.chinatimes.com/realtimenews/20150515002178-260407，二〇一九年四月三十日連結。）

19 〈「有人會退黨」馬英九一句話 迫王金平放棄初選登記〉〔風傳媒〕二〇一五年七月十九日（https://www.storm.mg/article/57768，二〇一九年四月三十日連結）。

20 〈洪秀柱關於兩岸政治論述的說帖全文〉〔中國評論月刊網絡版〕二〇一五年五月二日（http://hk.crntt.com/crn-webapp/mag/docDetail.jsp?coluid=0&docid=103735163，二〇一九年四月三十日連結）。

21 人口最多的新北市有十二個選區，二〇一二年選舉的結果為民進黨二席、國民黨十席。但是筆者在二〇一五年十一月二十六至三十日進行實地訪查時，民進黨篤定可拿下六席，另有二席為激戰狀態（包含時代力量的一席），國民黨篤定可拿到的席次只剩下四席。到了十二月，原本處於激戰狀態的二席變成篤定可拿下，另有新的二席處於激戰狀態。最後民進黨拿到了十席（包含時代力量的一席）。

22 關於馬習會的探討，可參見松田康博，〈馬英九政府下的兩岸關係—從經濟依賴到政治依賴？〉，松田康博・清水麗編著，《現代臺灣的政治經濟與兩岸關係》，頁186－188，以及小笠原欣幸，〈馬英九 習近平 兩岸領導人會面發言〉〔小笠原網站〕二〇一五年十一月十九日（http://www.tufs.ac.jp/ts/personal/ogasawara/analysis/MaXimeetingcomment.html，二〇一九年六月三十日連結）。

23 「周子瑜公開致歉」〔YouTube〕二〇一六年一月十五日（https://www.youtube.com/watch?v=t57URqSp5Ew，二〇一九年

六月二十三日連結）。

24 〈TVBS民調 周子瑜至少催出五十萬票〉，《TVBS新聞》，二〇一六年一月二十日（http://news.tvbs.com.tw/politics/news-636079，二〇一九年四月三十日連結）。

25 計算的細節請見小笠原欣幸，〈二〇一六年臺灣總統選舉・立法委員選舉分析〉〔小笠原網站〕二〇一六年二月二十四日（http://www.tufs.ac.jp/ts/personal/ogasawara/analysis/election2016analysis.html，二〇一九年六月三十日連結）。

26 其實只要守在投票所的出口向投完票的民眾進行詢問，就可以確實掌握投票民眾的支持政黨與投票對象之間的關係。但是在中央選舉委員會的強烈要求下，各大媒體都有著不能進行「出口民調」的共識。因此在臺灣唯一的做法，只能在開票結束後進行電話民調，但是電話民調的精準度比出口民調差了很多。舉例來說，臺灣智庫在二〇一六年一月二十一日公布了一份電話民調資料，內容將筆者所提到的三種選票進行交叉比對，原本可以成為非常有價值的民調資料。但是在「把票投給了誰」這個前提問題上，統計出來的民調結果為「蔡英文五三・四%、朱立倫一〇・七%、宋楚瑜七・四%、棄權一七・〇%、拒絕回答一一・五%」，這與實際的開票結果「蔡英文五六・一%、朱立倫三一・〇%、宋楚瑜一二・八%」相比，朱立倫的得票率差異實在太大，導致這份電話民調資料的參考價值大幅下滑。由於這份電話民調的進行時間是投票日之後的兩天，而且臺灣人往往不喜歡承認自己把票投給了落選的候選人，因此這種調查往往會與實際狀況產生落差。對於中央選舉委員會要求媒體不得進行出口民調的做法，有些人持反對意見，認為這麼做是限制了採訪自由；但也有些人持贊成意見，認為臺灣人受了威權主義時代的後遺症影響，一旦知道有人在出口處詢問「你把票投給了誰」會產生心理壓力。

27 原住民席次又分為平地原住民（三席）及山地原住民（三席），全部都是採複數選區制（大選區制）。由於選區制度不同，影響當選的要素也不同（與出身部族有關），因此無法列入本章討論範圍。而且政黨票（不分區）及總統票並沒有特別區分出原住民，因此也沒有辦法進一步分析原住民的三種選票流向。

28 可參見〈二〇一六年總統選舉・立法委員選舉　選區・不分區　各黨得票率與三種選票的動向〉〔小笠原網站〕二〇一六年二月一日（http://www.tufs.ac.jp/ts/personal/ogasawara/analysis/2016/appendix1.pdf，二〇一九年六月三十日連結）。從這份資料可以看出選票的整體動向。

第八章

1 小笠原欣幸，〈蔡英文政府的兩年—受困頓感籠罩的臺灣政治〉〔小笠原網站〕二〇一八年八月十一日，http://www.tufs.ac.jp/ts/personal/ogasawara/analysis/tsaiadministration4.html。

2 小笠原欣幸，〈解讀臺灣九合一選舉（上）（下）〉《思想坦克》二〇一九年二月十三日，https://www.voicetank.org/single-post/2019/02/13/2018-Taiwan-election-Ogasawara-1。

3 小笠原欣幸，〈解讀習近平的統括性對臺政策「習五條」〉〔小笠原網站〕二〇一九年一月十三日，http://www.tufs.ac.jp/ts/personal/ogasawara/analysis/xifivepoints.html。

4 蔡英文與韓國瑜兩人的支持率民調頗有值得商榷的問題，因為在選戰的各個階段，還存在著柯文哲、郭台銘、宋楚瑜這些其他的可能候選人。不過單就兩人的支持率進行民調，有著容易看出傾向的優點。此外，關於蔡英文超越韓國瑜的時期，各家民調有著些許差異。圖中的美麗島民調，蔡英文超越韓國瑜的時期是在五月下旬，這在各大民調中是最早的。最晚的則是ＴＶＢＳ民調，蔡英文超越韓國瑜的時期落在八月中旬。不過在蔡英文超越韓國瑜之後的民意動向，則各家民調大致相同，最後都是蔡英文大幅領先。

5 渡邊將人，〈臺灣的選舉活動—從臺美比較的觀點（②中篇）〉〔笹川和平財團〕二〇二〇年三月，https://www.spf.

org/jpus-j/spf-america-monitor/spf-america-monitor-document-detail_44.html。

6 關於合併後的臺中市、臺南市及高雄市的選舉資料，在本章之前，為了確認從二〇一〇年之前延續下來的變化，因此在分析時將資料分解為舊臺中縣市、舊臺南縣市及舊高雄縣市。但是本章注重的是從二〇一二年之後的連續性，因此不再分解為舊縣市，維持原本的臺中市、臺南市及高雄市的選舉資料。

7 二〇一八年縣市長選舉的時候，發生了超過投票截止時間（下午四點）還有選民沒有投完票的情況，為了防止類似情況再度發生，所以增設了投票所。

終章

1 松田康博，〈臺灣（2）—民主化・臺灣化與臺灣問題國際化〉山田辰雄・小島朋之・小此木政夫編著，《現代東亞政治》（放送大學教育振興會，二〇〇四年），頁204。

2 若林正丈，《臺灣—變容與躊躇的認同意識》（筑摩書房，二〇〇一年），頁219。

3 若林正丈，《臺灣的政治—中華民國臺灣化的戰後史》（東京大學出版會，二〇〇八年），頁214。

4 王御風，《臺灣選舉史》（臺中：好讀出版，二〇一六年），頁7。

5 根據《總統副總統選舉罷免法》的規定，選區為「中華民國自由地區」。該法的條文內亦使用了「大陸地區」、「臺灣地區」等用語，因此「中華民國自由地區」亦可替換為「臺灣地區」。「臺灣地區」地理範圍的定義，根據《臺灣地區與大陸地區人民關係條例》（簡稱為《兩岸人民關係條例》，制定於一九九二年）的規定，為「臺灣、澎湖、金門、馬祖及政府統治權所及之其他地區」。

6 在臺灣的高中一年級所使用的《臺灣史教科書中》中，只在介紹憲政改革的歷史時簡單提及了第一次的總統直選。

7 「天然獨」一詞最早出自於二〇一四年七月十九日，蔡英文陣營的年輕工作人員在網路上回答問題時所使用的一段話。其原文為：「隨著臺灣的民主化，我們建構了深厚的『臺灣意識』，這個認同臺灣、堅持獨立自主的價值，已經變成年輕世代的『天然成分』。」但是這段發言卻被某媒體報導成了「蔡英文說臺灣獨立是年輕世代的天然成分」。其他媒體在引用的時候，便開始使用「天然獨」一詞作為標題。關於「天然獨」的議題，可參考林泉忠，《誰是中國人：透視臺灣人與香港人的身份認同》（臺北：時報出版，二〇一七年）。

8 臺灣大學政治系教授王業立訪談，二〇一五年六月三十日。

9 若林正丈，《臺灣的政治》，頁225－230。

10 政治大學選舉研究中心自一九九二年起，每年都進行兩次民調，並在網路上公布結果。基於其調查的累積量及調查方法的一貫性，堪稱是同類型民調中可信度最高者。

11 關於這個議題，筆者在拙作〈二〇二〇年臺灣總統選舉和立法委員選舉：投票結果分析〉，《當代日本與東亞研究》（二〇二〇年十二月），http://jeast.ioc.u-tokyo.ac.jp/numbers/20201201-01.html 之中，配合立法委員選舉進行了分析。

12 若林正丈指出臺灣在民主化之後，「中國論述」已無法發揮作用（若林正丈，《臺灣的政治》，頁246）。不過雖然中國民族主義的影響力降低，但由於中國的壯大，中國民族主義的政治基礎並沒有跟著喪失。

13 小笠原欣幸，〈二〇〇四年臺灣總統選舉分析─陳水扁的連任與臺灣認同〉，《日本臺灣學會報》第7號（二〇〇五年五月），頁45－46。

14 請參見小笠原欣幸，〈二〇一六年 臺灣總統選舉 預測幾乎全部猜中〉〔小笠原網站〕（http://www.tufs.ac.jp/ts/personal/ogasawara/prospect/2016predictionresults.html）、〈二〇二〇年 臺灣總統選舉 預測幾乎全部猜中〉〔小笠原網站〕（http://www.tufs.ac.jp/ts/personal/ogasawara/prospect/2020predictionresults.html），以及〔小笠原網站〕上關於總統選舉的拙作。本預測模型的梗概，發表於二〇二〇年一月三十一日的日本臺灣學會研討會。

15 請參見《日本臺灣學會報》第23號，二〇二一年五月的〈特集：臺灣總統選舉的四分之一個世紀〉的各論文。

16 事件的詳情可參見劉彥甫，〈臺灣的駐大阪外交官為什麼死了〉〔東洋經濟 ONLINE〕二〇一八年九月十九日，https://toyokeizai.net/articles/-/238262，二〇一九年六月三十日連結。

17 導演魏德聖所拍攝的三部電影《海角七號》、《賽德克・巴萊》及《KANO》為臺灣認同電影中較具代表性的例子。可參見野嶋剛，《認識・TAIWAN・電影——從電影認識臺灣》（明石書店，二〇一五年）。

參考文獻

日文

【編注】中譯書目為中譯本所加。

岩崎正洋，《選舉與民族主義》，吉田書店，二〇一三年。

大坪力基，《市長誕生—一九九八年臺灣高雄市長選舉：在野黨候選人擊敗現任市長》，博論社，二〇一九年。

小笠原欣幸，〈二〇〇〇年臺灣總統選舉—國民黨統治的終結〉，《亞研世界趨勢》No. 58，二〇〇〇年。

小笠原欣幸，〈二〇〇四年臺灣總統選舉分析—陳水扁的連任與臺灣認同〉，《日本臺灣學會報》第 7 號，二〇〇五年。

小笠原欣幸，〈民主化、臺灣化的政治體制〉，天兒慧・淺野亮編著，《中國・臺灣》Minerva 書房，二〇〇八年。

小笠原欣幸，〈二〇〇八年臺灣總統選舉分析—政黨路線與中間選民的投票行動〉，《日本臺灣學會報》第11號，二〇〇九年。

小笠原欣幸，〈陳水扁的政權營運〉，若林正丈編著《後民主化時期的臺灣政治—陳水扁政權的八年》，IDE-JETRO 亞洲經濟研究所，二〇一〇年。

小笠原欣幸，〈中國對臺政策的展開—從江澤民到胡錦濤〉，天兒慧・三船惠美編，《膨脹的中國對外關係—中華治世與周邊國家》，勁草書房，二〇一〇年。

小笠原欣幸，〈二〇一〇年臺北・新北市長選舉考察—臺灣北部兩大都市的選舉政治〉，《東洋文化研究所紀要》第161卷，二〇一二年。

小笠原欣幸・佐藤幸人編著，《馬英九連任—二〇一二年臺灣總統選舉的結果及其影響》，IDE-JETRO 亞洲經濟研究所，二〇一二年。

小笠原欣幸，〈從馬英九的博士論文解讀臺日漁業交涉〉，《東洋文化》第94號，二〇一四年。

小笠原欣幸，〈從地方解讀臺灣選舉—雲林縣的事例〉，若林正丈編，《解讀現代臺灣政治》，研文出版，二〇一四年。

小笠原欣幸，〈二〇一二年臺灣總統選舉及立法委員選舉分析—同日選舉效果與分割投票〉，《日本臺灣學會報》第16號，二〇一四年。

小笠原欣幸，〈二〇一六年臺灣總統選舉・立法委員選舉分析〉，〔小笠原網站〕二〇一六年二月（http://www.tufs.ac.jp/ts/personal/ogasawara/analysis/election2016analysis.html）。【中譯】網站上同時有中文翻譯版。

小笠原欣幸，〈回顧馬英九的八年政權—從支持率變化及兩岸關係的角度〉，松田康博・清水麗編著《現代臺灣的政治經濟與兩岸關係》，晃洋書店，二〇一八年。

小笠原欣幸，〈別誤判臺灣統一地方選舉的本質〉，《Voice》二〇一九年二月。

何義麟，《臺灣現代史—圍繞二二八事件歷史的再記憶》，平凡社，二〇一四年。

川上桃子，〈「中國團體觀光客生意」的扭曲構圖〉，IDE-JETRO 亞洲經濟研究所，二〇一三年。

川上桃子，〈中國影響力對臺灣大眾媒體的滲透機制〉，《日本臺灣學會報》第17號，二〇一五年。

川上桃子，〈「惠臺政策」的政治經濟學〉，川上桃子・松本遙香編著，《兩岸關係的動態與臺灣—馬英九政權期的展開》，IDE-JETRO 亞洲經濟研究所，二〇一九年。

川島真・松田康博・楊永明・清水麗，《臺日關係史一九四五—二〇〇八》，東京大學出版會，二〇〇九年。【中譯】增訂版《台日關係史（一九四五—二〇二〇）》，國立臺灣大學出版中心，二〇二一。

川島真，《中國的邊境—從搖擺的境界思考》，岩波書店，二〇一七年。

河田潤一編著，《貪污・腐敗・侍從主義的政治學》，Minerva 書房，二〇〇八年。

黃偉修，《李登輝政權的大陸政策決定過程》，大學教育出版，二〇一一年。

佐藤幸人，〈金融改革—從兩個挫折看陳水扁政府的問題點〉，佐藤幸人・竹內孝之編著《陳水扁連任—臺灣總統選舉與第二次扁政府的課題》，亞洲經濟研究所，二〇〇四年。

佐藤幸人，〈在選舉衝突點中浮上檯面的經濟問題〉，小笠原欣幸・佐藤幸人編著《馬英九連任—二〇一二年臺灣總統選舉的結果及其影響》，IDE-JETRO亞洲經濟研究所，二〇一二年。
佐藤幸人，〈馬英九政權稅制改革的明暗與臺灣的政治制度〉，松田康博・清水麗編著，《現代臺灣的政治經濟與兩岸關係》，晃洋書店，二〇一八年。
佐藤幸人，〈臺灣年輕人的職業選擇與兩岸關係—年輕人會為了追求高薪而前往中國？〉，川上桃子・松本遙香編著，《兩岸關係的動態與臺灣—馬英九政權期的展開》，IDE-JETRO亞洲經濟研究所，二〇一九年。
司馬遼太郎，《臺灣紀行》，朝日新聞社，一九九四年。【中譯】《台灣紀行》，台灣東販，一九九五。
清水麗，《臺灣外交的形成—日華斷交與中華民國的轉換》，名古屋大學出版會，二〇一九年。
杉本仁，《選舉的民俗誌—日本的政治風土基層》，梟社，二〇〇七年。
竹內孝之，〈改善兩岸關係及臺灣參與國際社會〉，小笠原欣幸・佐藤幸人編著，《馬英九連任—二〇一二年臺灣總統選舉的結果及其影響》，IDE-JETRO亞洲經濟研究所，二〇一二年。
沼崎一郎，《臺灣社會的形成與變容—從二元・二層結構到多元・多層結構》，東北大學出版會，二〇一四年。
野嶋剛，《Last Battalion—蔣介石與日本軍人們》，講談社，二〇一四年。【中譯】《最後的帝國軍人：蔣介石與白團》，聯經，二〇一五。
野嶋剛，《認識・TAIWAN・電影—從電影認識臺灣》，明石書店，二〇一五年。【中譯】《銀幕上的新台灣：新世紀台灣電影裡的台灣新形象》，聯經，二〇一五。
野嶋剛，《什麼是臺灣》，筑摩書房，二〇一六年。【中譯】《台灣十年大變局：野島剛觀察的日中台新框架》，聯經，二〇一七。
福田圓，《中國外交與臺灣—「一個中國」原則的起源》，慶應義塾大學出版會，二〇一三年。【中譯】《中國外交與台灣：「一個中國」原則的起源》，五南，二〇二一。
防衛研究所，《中國安全保障報告二〇一七—不斷變化的兩岸關係》，防衛省防衛研究所，二〇一七年。

松田康博，〈臺灣（2）─民主化・臺灣化與臺灣問題國際化〉，山田辰雄・小島朋之・小此木政夫編著，《現代東亞政治》，放送大學教育振興會，二〇〇四年。
松田康博，〈兩岸關係與國際安全保障〉，日本國際政治學會編《國際政治》第135號，二〇〇四年。
松田康博，《臺灣一黨獨裁體制的成立》，慶應義塾大學出版會，二〇〇六年。【中譯】《台灣一黨獨裁體制的建立》，政大，二〇一九。
松田康博，〈中美關係中的臺灣問題〉，高木誠一郎編，《中美關係─冷戰後的結構與展開》，日本國際問題研究所，二〇〇七年。
松田康博，〈改善的「機會」是否曾經存在？─兩岸對立的結構變化〉，若林正丈編著《後民主化時期的臺灣政治─陳水扁政權的八年》，IDE-JETRO 亞洲經濟研究所，二〇一〇年。
松田康博，〈馬英九政權下的臺美關係〉，小笠原欣幸・佐藤幸人編著，《馬英九連任─二〇一二年臺灣總統選舉的結果及其影響》，IDE-JETRO 亞洲經濟研究所，二〇一二年。
松田康博，〈蔣介石與反攻大陸─一九六〇年代對共產黨軍事鬥爭的展開與終焉〉，山田辰雄・松重充浩編著，《蔣介石研究─政治、戰爭、日本》，東方書店，二〇一三年。
松田康博，〈蔡英文政權的誕生與兩岸關係的轉換─是「失去的機會」？還是「新常態的肇始」？〉，《問題與研究》第46卷1號，二〇一七年一、二、三月，頁183-228。
松田康博，〈臺灣眼中的中美關係─從結構變化展望蔡英文政權期〉，《中美關係與環繞著中美的關係》，日本國際問題研究所，二〇一七年三月，頁197-207。
松田康博，〈馬英九政權下的兩岸關係─從經濟依賴到政治依賴？〉，松田康博・清水麗編著，《現代臺灣的政治經濟與兩岸關係》，晃洋書房，二〇一八年。
松田康博・清水麗，〈臺灣所抱持的「繁榮與自立的矛盾」有解答嗎？〉，松田康博・清水麗編著，《現代臺灣的政治經濟與兩岸關係》，晃洋書房，二〇一八年。
松本充豐，〈臺灣的半總統制—總統的「強度」與政黨領導能力〉，粕谷祐子編著，《亞洲總統的比較政治學》，Minerva書房，二〇一〇年。
松本充豐，〈金權政治的再編與政治腐敗〉，若林正丈編著，《後民主化時期的臺灣政治—陳水扁政權的八年》，IDE-JETRO亞洲經濟研究所，二〇一〇年。
松本充豐，〈國民黨奪回政權—馬英九與其選舉戰略〉，若林正丈編著，《後民主化時期的臺灣政治—陳水扁政權的八年》，IDE-JETRO亞洲經濟研究所，二〇一〇年。
松本充豐，〈中國國民黨與馬英九的戰略〉，小笠原欣幸・佐藤幸人編著，《馬英九連任—二〇一二年臺灣總統選舉的結果及其影響》，IDE-JETRO亞洲經濟研究所，二〇一二年。
松本充豐，〈小選舉區比例代表並立制的議會選舉與總統選舉—臺灣・韓國〉，岩崎正洋《選舉與民族主義》，吉田書店，二〇一三年。
松本充豐，〈兩岸協議的政策決定分析—以海峽兩岸經濟合作架構協議及海峽兩岸服務貿易協議為主〉，松田康博・清水麗編著，《現代臺灣的政治經濟與兩岸關係》，晃洋書店，二〇一八年。
松本充豐，〈「兩岸三黨」政治與侍從主義—中國的影響力機制的比較政治學分析〉，川上桃子・松本遙香編著，《兩岸關係的動態與臺灣》，IDE-JETRO亞洲經濟研究所，二〇一九年。
安田淳・門間理良編著，《關於臺灣的安全保障》，慶應義塾大學出版會，二〇一六年。
李登輝・中嶋嶺雄，《亞洲知略》，光文社，二〇〇〇年。【中譯】《亞洲的智略》，遠流，二〇〇〇。
若林正丈，《臺灣—分裂國家與民主化》，東京大學出版會，一九九二年。【中譯】《台灣：分裂國家與民主化》，新自然主義，一九九四。
若林正丈，〈圍繞臺灣的兩種民族主義〉，平野健一郎編，《講座現代亞洲4 地域系統與國際關係》，東京大學出版會，一九九四年。
若林正丈，《臺灣的臺灣語人、中國語人、日語人》，朝日新聞社，一九九七年。
若林正丈，《蔣經國與李登輝—從「大陸國家」離陸》，岩波書店，一九九七年。【中譯】《蔣經國與李登輝》，遠流，一九九八。
若林正丈，《臺灣—變容與躊躇的認同意識》，筑摩書房，二〇〇一年。
若林正丈，《臺灣的政治—中華民國臺灣化的戰後史》，東京大學出版會，二〇〇八年。【中譯】《戰後臺灣政治史：中華民國臺灣化的歷程》，國立臺灣大學出版中心，二〇一六年。
若林正丈，〈李登輝所留下的脈絡—後民主化時期的「憲政改革」〉，若林正丈編著《後民主化時期的臺灣政治—陳水扁政權的八年》，IDE-JETRO 亞洲經濟研究所，二〇一〇年。
若林正丈，〈康寧祥與「黨外」的黎明—臺灣在野黨第二次組黨運動前夜〉，《日本臺灣學會報》第17號，二〇一五年。
若林正丈，〈馬英九政權八年的位置—中華民國臺灣化的國家再編．國民再編的跛行性〉，松田康博．清水麗編著，《現代臺灣的政治經濟與兩岸關係》，晃洋書店，二〇一八年。

中文

【編注】刪去原書中列出之日譯版。

王業立，《比較選舉制度》，臺北：五南圖書出版，二〇〇六年。
王御風，《臺灣選舉史》，臺中：好讀出版，二〇一六年。
王甫昌，《當代臺灣社會的族群想像》，臺北：群學出版，二〇〇三年。

小笠原欣幸，〈二〇〇〇年臺灣總統大選中的「宋楚瑜現象」之研究〉，《中山人文社會科學期刊》第8卷第1期，臺北：國立政治大學，二〇〇〇年。
小笠原欣幸，〈二〇一六年臺灣大選分析〉，《臺灣研究》第139期，中國社會科學院臺灣研究所，二〇一六年。
郭正亮，《民進黨轉型之痛》，臺北：天下遠見出版，一九九八年。
許世銓，《一九九二年共識：海協海基兩會協商之回顧與評析》，北京：中國社會科學院臺灣研究所，二〇〇〇年。
吳介民・黃健群・鄭祖邦，《吊燈裡的巨蟒：中國因素作用力與反作用力》，新北：左岸文化，二〇一七年。
吳重禮，《政黨與選舉：理論與實踐》，臺北：三民書局，二〇〇八年。
黃紀主編，《臺灣選舉與民主化調查（TEDS）方法論之回顧與前瞻》，臺北：五南圖書出版，二〇一三年。
黃宣範，《語言、社會與族群意識》，臺北：文鶴出版，一九九三年。
蔡英文，《洋蔥炒蛋到小英便當：蔡英文的人生滋味》，臺北：圓神出版，二〇一一年。
蔡英文，《英派：點亮臺灣的這一哩路》，臺北：圓神出版，二〇一五年。
蔡佳泓・徐永明・黃琇庭，〈兩極化政治解釋臺灣二〇〇四總統大選〉，《選舉研究》第14卷第1期，二〇〇七年。
朱雲漢・游盈隆・曾建元主編，《總統直選與民主臺灣》，新北：致知學術出版，二〇一八年。
周育仁・謝文煌主編，《臺灣民主化的經驗與意涵》，臺北：五南圖書出版，二〇一一年。
周玉蔻，《李登輝的一千天》，臺北：麥田出版，一九九三年。
周玉蔻，《雙英解密：不為人知的蔡英文與馬英九》新北：印刻出版，二〇一一年。
徐火炎，〈臺灣結、中國結與臺灣心、中國情：臺灣選舉中的符號政治〉，《選舉研究》第11卷第2期，二〇〇四年。
徐宗懋，《臺灣人論》，臺北：時報文化出版，一九九三年。
蕭怡靖，〈從政黨情感溫度計解析臺灣民眾的政治極化〉，《選舉研究》第21卷第2期，二〇一四年。
邵宗海，《兩岸關係》，臺北：五南圖書出版，二〇〇六年。

鄒景雯，《李登輝執政告白實錄》，臺北：印刻出版，二〇〇一年。
鄒景雯，《蕭萬長政治秘錄》，臺北：四方書城，二〇〇三年。
薛化元，〈總統直選的歷史回顧〉，戴寶村主編，《總統直選20週年學術研討會論文集》，臺北：吳三連臺灣史料基金會，二〇一六年。
盛治仁，《臺灣兩千年總統選舉投票行為研究》，臺北：韋伯文化出版，二〇〇一年。
蘇起，《危險邊緣》，臺北：天下文化，二〇〇三年。
蘇起，《兩岸波濤二十年紀實》，臺北：天下雜誌，二〇一四年。
張昆山・黃政雄主編，《地方派系與臺灣政治》，臺北：聯合報，一九九六年。
張慧英，《李登輝：一九八八—二〇〇〇執政十二年》，臺北：天下遠見出版，二〇〇〇年。
張　文，《蔡英文：從談判桌到總統府》，臺北：商業周刊，二〇一五年。
趙永茂，《臺灣地方政治的變遷與特質》，臺北：翰蘆，一九九七年。
陳水扁，《臺灣之子》，臺中：晨星出版，一九九九年。
陳耀祥，〈論總統選制對國家認同之影響：總統直選或委任直選的憲法意義〉，戴寶村主編，《總統直選20週年學術研討會論文集》，臺北：吳三連臺灣史料基金會，二〇一六年。
陳明通，《派系政治與臺灣政治變遷》，臺北：月旦，一九九五年。
陳明通・楊喜慧，〈二〇一四臺灣地方選舉「柯文哲現象」的外溢效果〉，《選舉研究》第23卷第1期，二〇一五年。
陳陸輝・游清鑫・黃紀，《二〇〇八總統選舉：論二次政黨輪替之關鍵選舉》，臺北：五南圖書出版，二〇〇九年。
陳陸輝主編，《二〇一二年總統與立法委員選舉：變遷與延續》，臺北：五南圖書出版，二〇一三年。
陳陸輝主編，《二〇一六總統大選：新民意與新挑戰》，臺北：五南圖書出版，二〇一八年。
鄭夙芬，〈族群、認同與總統選舉投票抉擇〉，《選舉研究》第16卷第2期，二〇〇九年。

鄭明德，《一脈總相承：派系政治在民進黨》，臺北：時英出版社，二〇〇四年。
馬英九，《八年執政回憶錄》，臺北：遠見天下文化出版，二〇一八年。
馬英九．蕭萬長，《治國：臺灣贏的新策略》，臺北：商周出版，二〇〇七年。
彭琳淞，《馬英九這個人》，臺北：草根出版，二〇〇七年。
蒙志成，〈「九二共識」對二〇一二年臺灣總統大選的議題效果：「傾向分數配對法」的應用與實證估算〉，《選舉研究》第21卷第1期，二〇一四年。
游盈隆，《民意與臺灣政治變遷：一九九〇年代臺灣民意與選舉政治的解析》，臺北：月旦出版，一九九六年。
游清鑫．蔡佳泓主編，《選舉預測》，臺北：五南圖書出版，二〇〇九年。
楊毅周，《民進黨組織派系研究》，臺北：水牛出版社，二〇〇六年。
李靜宜，《橋：走近王金平》，新北：河景書房，二〇一九年。
李登輝，《見證臺灣：蔣經國總統與我》，臺北：允晨文化，二〇〇四年。
廖忠俊，《臺灣地方派系的形成發展與質變》，臺北：允晨文化，一九九七年。
廖忠俊，《臺灣地方派系及其主要領導人物》，臺北：允晨文化，二〇〇〇年。
林瓊珠，〈穩定與變動：臺灣民眾的「臺灣人／中國人」認同與統獨立場之分析〉，《選舉研究》第19卷第1期，二〇一二年。
林泉忠，《誰是中國人：透視臺灣人與香港人的身份認同》，臺北：時報出版，二〇一七年。

英文

【編注】刪去原書中列出之日譯版，加上中譯版。

Christopher H. Achen and T. Y. Wang, *The Taiwan Voter*, Ann Arbor: University of Michigan Press, 2017.

Richard C. Bush, *Uncharted Strait: the future of China-Taiwan relations,* Washington DC: Brookings Institution, 2013.【中譯】《未知的海峽：兩岸關係的未來》，遠流，二〇一三。

John F. Copper, *The KMT Returns to Power: Elections in Taiwan 2008 to 2012,* Lanham, Maryland, Lexington Books, 2013.

Dafydd Fell, *Government and Politics in Taiwan,* London: Routledge, 2018.

Dafydd Fell, Hsin-Huang Michael Hsiao eds., *Taiwan Studies Revisited*, London: Routledge, 2019.

Shoko Kiyohara, Kazuhiro Maeshima, Diana Owen eds., *Internet Election Campaigns in the United States, Japan, South Korea, and Taiwan,* Cham, Switzerland: Palgrave Macmillan, 2017.

Wei-chin Lee ed., *Taiwan's Political Re-Alignment and Diplomatic Challenges,* Cham, Switzerland: Palgrave Macmillan, 2018.

Yoshiyuki Ogasawara, "China-Taiwan Relations: Taiwanese Identity and 'One China Principle'" in Srikanth Kondapalli and Emi Mifune eds., China and its Neighbours, New Delhi: Pentagon Press, 2020.

William Poundstone, *Gaming the Vote: Why Elections Aren't Fair (and What We Can Do About It),* New York: Hill and Wang, 2008.

Shelley Rigger, *Politics in Taiwan: Voting for Reform*, London: Routledge, 1999.

Common 62

臺灣總統選舉

作　　者　小笠原欣幸
譯　　者　李彥樺
責任編輯　賴書亞
封面設計　鄭宇斌
內頁編排　吳郁嫻
行銷企畫　陳詩韻
總 編 輯　賴淑玲
社　　長　郭重興
發 行 人　曾大福
出　　版　大家／遠足文化事業股份有限公司
發　　行　遠足文化事業股份有限公司
　　　　　231新北市新店區民權路108-2號9樓
電　　話　(02) 2218-1417
傳　　真　(02) 8667-1065
劃撥帳號　19504465　戶名・遠足文化事業股份有限公司
法律顧問　華洋法律事務所　蘇文生律師

I S B N　9789865562083（EPUB）
I S B N　9789865562090（PDF）
定　　價　600元
初版一刷　2021年7月
初版二刷　2023年4月

台灣總統選舉 / 小笠原欣幸著 ; 李彥樺譯. -- 初版. --
新北市 : 大家出版 : 遠足文化事業股份有限公司發行,
2021.07
面 ; 公分. -- (Common ; 62)
譯自 : 台湾総統選挙

ISBN 978-986-5562-10-6(平裝)
1. 選舉 2. 總統 3. 臺灣
572.3　　110009383

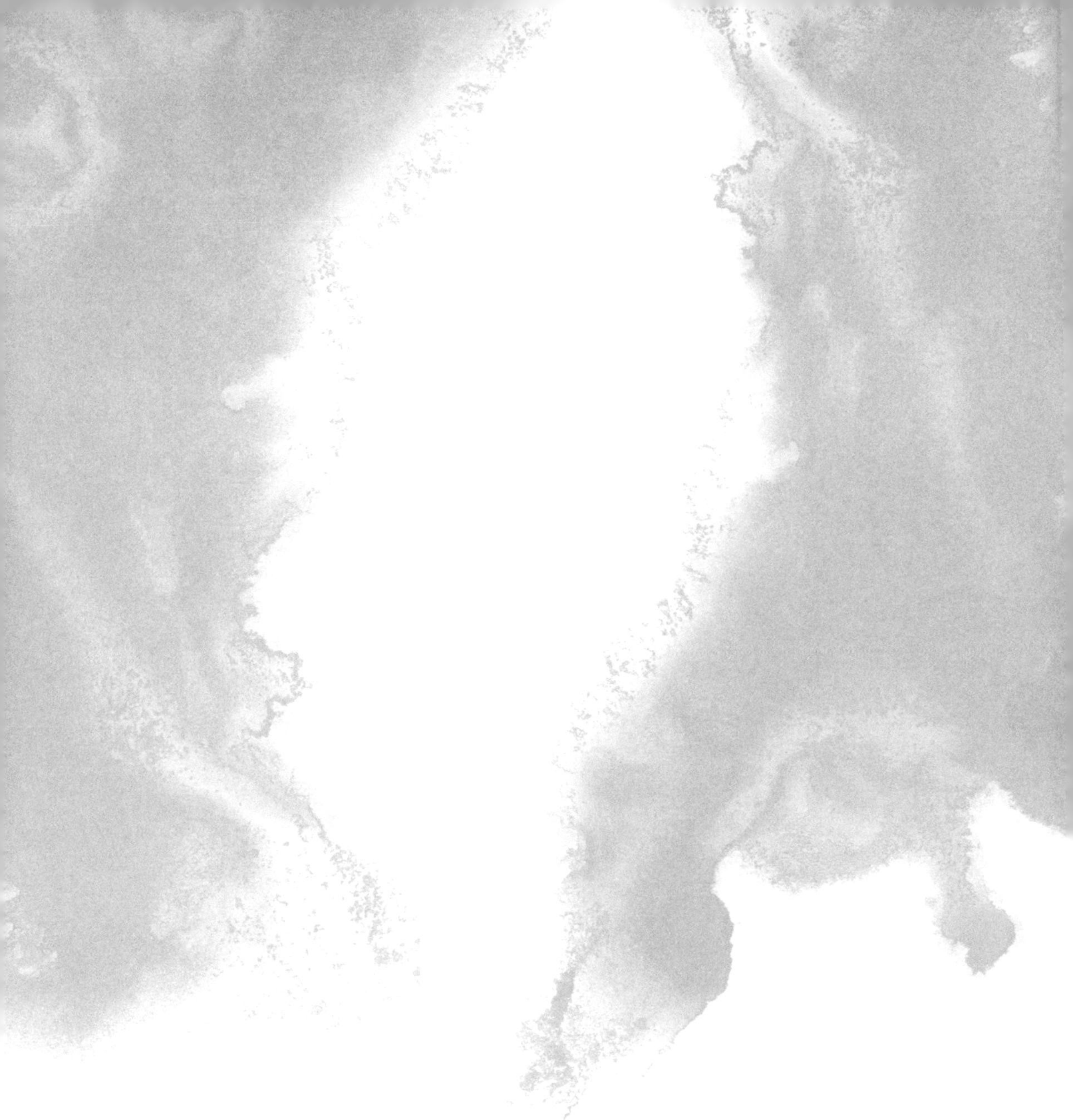

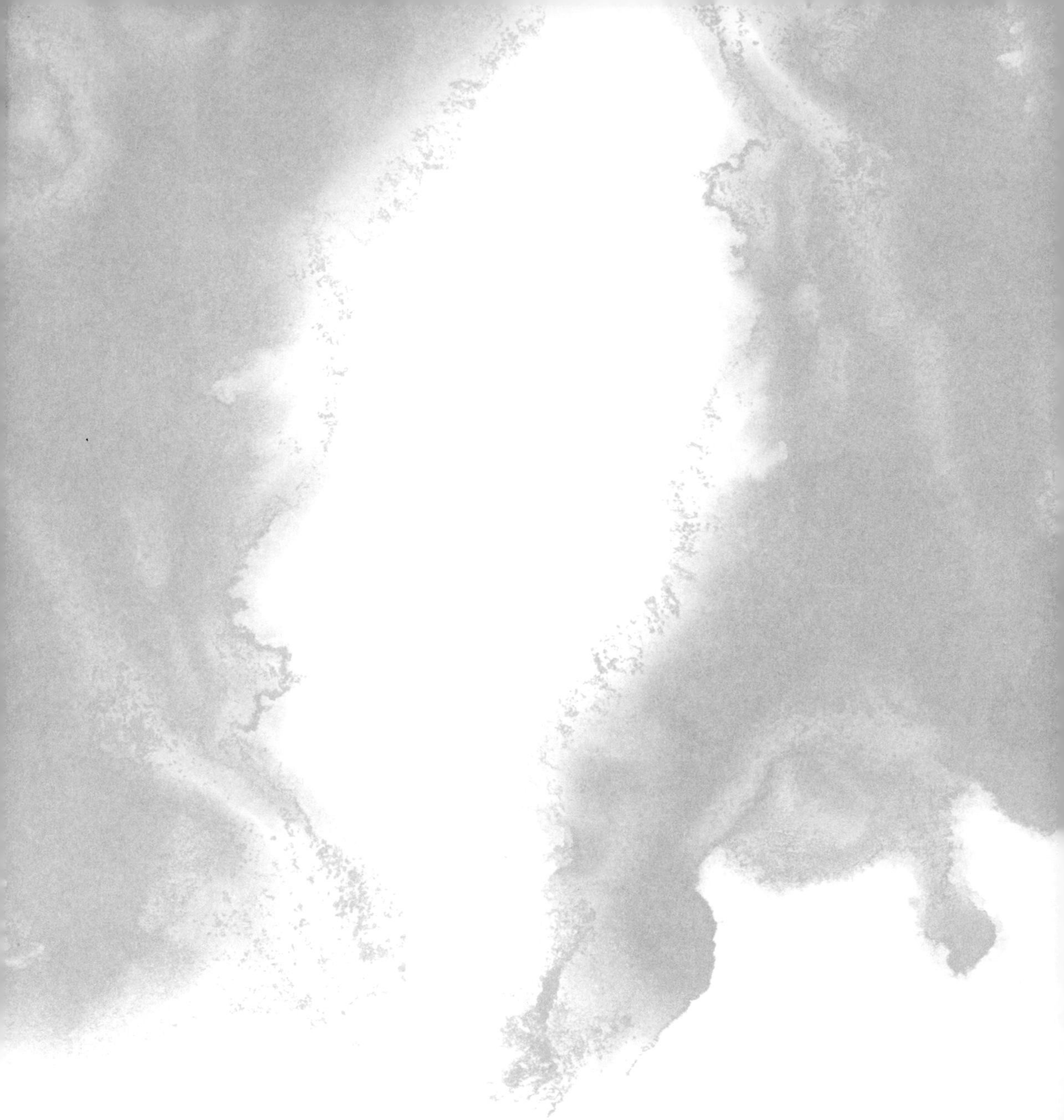